北京师范大学

地理学与遥感科学学院院史

History of School of Geography, Beijing Normal University

(1902～2012)

赵　济　朱　良◎主　编

图书在版编目（CIP）数据

北京师范大学地理学与遥感科学学院院史 / 赵济，朱良主编.
—北京：北京师范大学出版社，2014.2
ISBN 978-7-303-16693-0

Ⅰ.①北… Ⅱ.①赵… ②朱… Ⅲ.①北京师范大学地理学与遥感科学学院—校史 Ⅳ.①G659.281

中国版本图书馆 CIP 数据核字（2013）第 154595 号

营销中心电话　010-58802181　58805532
北师大出版社高等教育分社网　http://gaojiao.bnup.com
电子信箱　gaojiao@bnupg.com

BEIJING SHIFAN DAXUE DILIXUE YU YAOGAN KEXUE XUEYUAN YUANSHI
出版发行：北京师范大学出版社 www.bnupg.com
北京新街口外大街 19 号
邮政编码：100875
印　　刷：北京京师印务有限公司
经　　销：全国新华书店
开　　本：184 mm × 260 mm
印　　张：32
字　　数：600 千字
版　　次：2014 年 2 月第 1 版
印　　次：2014 年 2 月第 1 次印刷
定　　价：68.00 元

策划编辑：胡廷兰　　责任编辑：胡廷兰
美术编辑：毛　佳　　装帧设计：本色年华
责任校对：李　菡　　责任印制：李　啸

编 委 会

前言 FOREWORD

经编写组多年的辛勤劳动，《北京师范大学地理学与遥感科学学院院史》即将付梓。这是一部记录几代北师大地理人与国家同呼吸共命运的奋斗史！这是一曲描绘几代地理人筚路蓝缕、开拓进取的创业之歌！

历史是时间的长河。1902 年，北京师范大学前身京师大学堂师范馆创立，1904 年设史地类(地理系的前身)，1928 年设立地理系，1993 年改称资源与环境科学系，2003 年组建地理学与遥感科学学院……百又十年斗转星移，百又十年风雨沧桑，北师大地理系走过了求索奋进的一百一十年，无私奉献的一百一十年，春华秋实的一百一十年。翻阅那些过往的老照片，仿佛凝固了岁月的沧桑；那些历史的符号，仿佛铭记了成长的历程。这是一部壮丽的史诗，恢弘壮美，气势磅礴，见证着北师大地理人为中国地理科学及教育事业发展的倾力奉献，记载着北师大地理学科从无到有、从弱到强、求实创新、厚积薄发的成长历程。

不经意间，拨动了历史的车轮。回想 19 世纪末 20 世纪初，我国在中小学堂设置地理课程，后在北京高师设置地理系科，率先培养地理师资。诞生在民族羸弱危难之时的北京师范大学地理系，肩负开创中国地理教育事业的使命和重任，更与民族解放、国家兴亡、社会发展息息相关，血脉相连。百又十年历经沧桑，几多耕耘，几多拼搏。恰逢北京师范大学 110 周年校庆之际，我们驻足回望，检视行囊，滋兰树慧，桃李芬芳，承载厚重，如此丰盈！从基础教育到高等师范教育，从人才培养到地理学科发展，无一不留下了她的辉煌成就。

百又十年，北师大地理系在基础教育领域成为众人皆知的领跑者。重视教育，是地理系百年不变的传统，重视为中学地理教育的发展与改革服务，更是地理系百年不变的坚持。从过去到现在，正是这种坚持，让地理系始终走在改革的最前端，不断引领着中学地理教育前进。20 世纪二三十年代，全国共出版 100 多部基础教育地理教材，其中由北师大地理系教师或毕业生编著的就达 52 种之多；新中国成立后，地理系又多次编写具有里程碑意义的中学地理教材，着眼于中学教学水平的提高。1958年教育大革命、20世纪60年代初期教育的整顿调整、20世纪末的新一轮课程改革……在这些教育的转折点上，北师大地理系利用学术前沿的优势，充分调动师资力量，其教师、毕业生在课程改革、课标研制、新教材编写等方面都作出了重要的贡献。“教育是民族振兴的基石”，北师大培养了一批基础教育地理改革的领军人物，为基础教育事业贡献着自己的力量。

百又十年，北师大地理系为我国高等师范教育作出的贡献卓越辉煌。作为全国领先的地理系，援建多所院校，甘为人梯，带动了多所院校地理学科的发展。她的毕业生中，担任大学校系领导的就达100多人。新中国成立初期，北师大地理系多次参与制定全国师范院校所使用的教学计划、教学大纲、教材、实验室设计等。

百又十年，北师大地理系培养了大批莘莘学子，将地理学薪火相传。她已为国家培养出高素质地学人才约6000余名，其中包括本科生4000余名，硕士生1300余名，博士生300余名，进修生300余名。经过多年的发展，形成了“学士—硕士—博士—博士后”一套完整的人才培养体系；另外还有函授生、进修班、短训班、免费师范生等多种教育形式，为适应不同需求开展不同层次的地理学教育。正是她培养出的一大批优秀地理教师，传播了地理科学的知识，启蒙了一大批杰出的地理学家，为提高中华民族的素质奋力拼搏。

百又十年，北师大地理系致力于地理学科的发展生生不息，成绩斐然。黄国璋教授积极推进了地理教育从传统地理学向现代地理学的变革，是中国地理学发展史上重要的代表人物；周廷儒院士在20世纪五六十年代开创了中国的新生代古地理研究，并在80年代与张兰生教授一道积极推进了我国高校的环境演变研究与教学；刘培桐教授在20世纪60年代率先开展了化学地理学、环境科学研究，是中国环境科学研究的先驱者之一；Li-Strahler几何光学学派创始人之一的李小文院士是现今我国基础遥感理论研究的带头人。一个个响亮的名字，一段段栉风沐雨的开拓史，引领着北师大地理系走向了学科的前沿，成为全国地理学的重要基地，其学科涵盖了自然地理、人文地理、区域地理、资源、环境、自然灾害、全球变化、遥感、地理信息系统等多个门类。一级学科地理学在2012年教育部学位中心学科评估中雄踞榜首。

百又十年，北师大地理系为国家建设事业无私奉献，贡献突出。在为国家输送大批人才的同时，更是用自己的学科专长，为国家分忧解难。著名的南海九段线的雏形，就是在北师大地理系白眉初教授，毕业生郑资约、傅角今的努力下绘制出来的。在国家主权受到侵犯的时候，北师大地理人用自己的所学，廓清当下，引照未来，为我国南海主权的确立提供了不可磨灭的历史证据。

栉风沐雨，并肩努力，不断攀登，北师大地理系走过了百又十年，虽历经战乱、辗转搬迁、艰难跋涉、数次更名，然历史的脚步依然执著前行，文明的传承总是绵延不息。爱国、重教、创新、开放，是北师大地理学科蓬勃向上的动力，是北师大地理系薪火相传的精髓，是北师大地理人生生不息的灵魂。

古人云：以史为鉴，可知兴替。不了解过去，就不能对未来作出正确的预测和推断；不了解昨天，就不能很好地继承和发展；不了解历史发展过程，就不能使我们更加清醒地意识到历史的使命和责任。鉴于此，《北京师范大学地理学与遥感科学学院院史》编写组搜旧罗今，终成此书，以回顾地理系教研工作之往昔，折射地理学科发展之征程，纪念先贤，继承传统，振奋当代，激励未来。

弘扬传统，展示成就，回首征程多壮丽！

继往开来，协力创新，展望明天更辉煌！

编写组

2013 年 8 月

目录 CONTENTS

第一章　历史沿革

第二章 学科发展

第三章　人才培养

第四章　人物风采

第五章　学海情缘

第六章　成果荟萃

附录

第一章

历史沿革

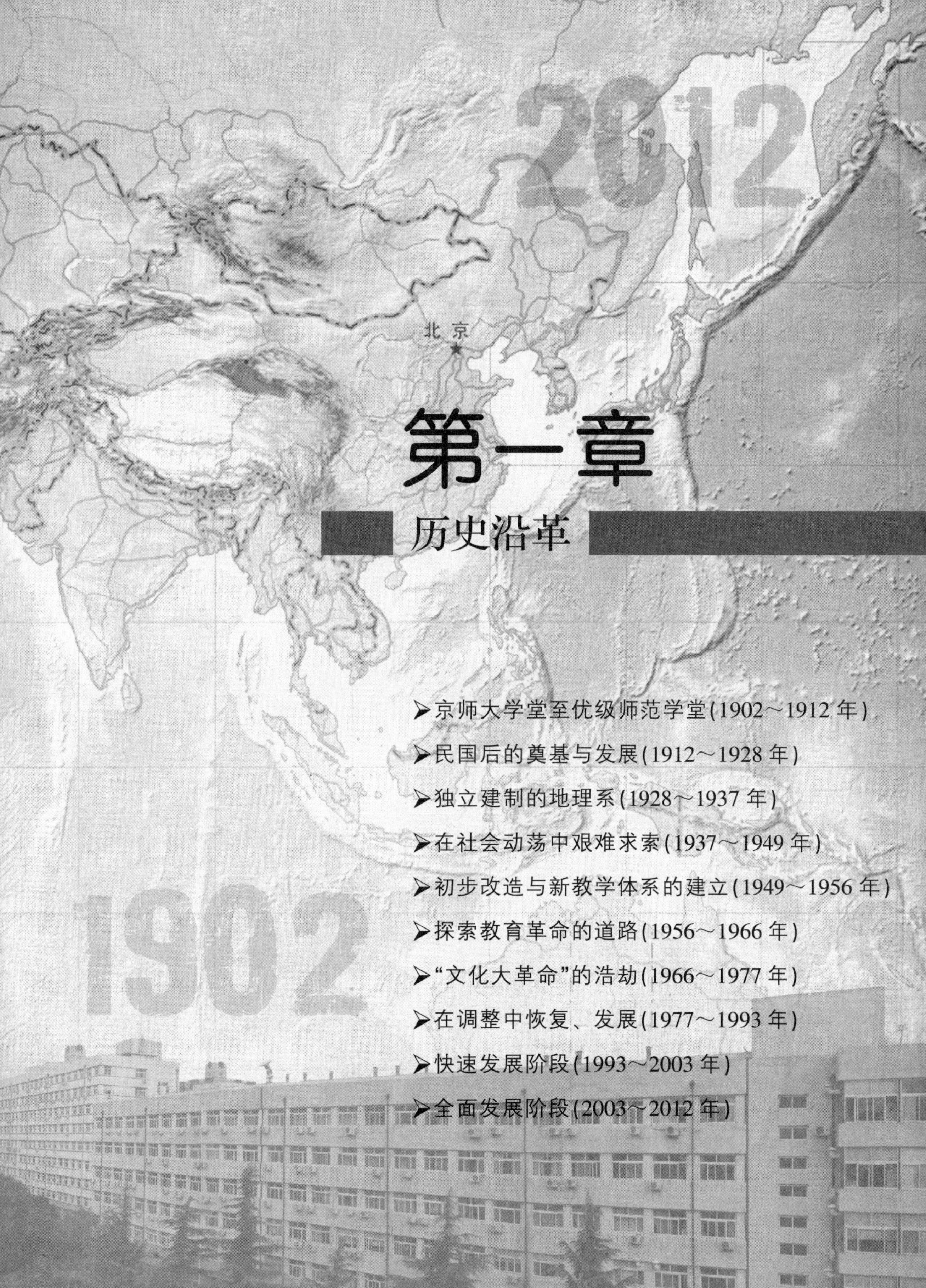

第一节　京师大学堂至优级师范学堂（1902～1912年）

19世纪末，中日甲午战争以后，大清帝国面临被日本与西方列强瓜分的危险。国内一些有识之士认识到国势衰微，救国迫在眉睫；救国之本在于开办新学、培养人才。1898年9月，戊戌政变后清政府废除了所有维新举措，仅留大学堂一项。后经义和团进京、八国联军侵占北京（庚子之乱）等变故，尚在草创时期的京师大学堂屡遭摧残，完全停办。

1901年，清政府派张百熙为管学大臣，主持重建京师大学堂。因考虑“国家需材孔亟”，先设速成科，下分“仕学馆”（北京大学前身）和“师范馆”（北京师范大学前身），于1902年12月17日（这一天曾被定为北京大学和北京师范大学的建校纪念日）开学。校址设在景山东马神庙，旧称四公主府。

京师大学堂

景山东马神庙四公主府京师大学堂旧址（现沙滩后街）

京师大学堂师范馆即北京师范大学之前身，不但是中国高等师范教育之滥觞，而且也奠定了北京师范大学在中国现代高等师范教育史上的领军地位。

一、全国最早的地理系科

京师大学堂开学时师范馆录取79人，仕学馆录取57人。后来又多次补招学生，至1903年年底，师范馆名册上有学生193人（包括未入堂者），仕学馆有80人。至1905年3月，师范生已有500余人。[①] 当时招生有两种方式：自愿投考录取和由各省保送复试后录取。学制四年，第一年为普通课，第二年开始分科学习。招生考试题目中的地理试题涵盖中外自然地理、人文地理，多史地结合之题，并有一定难度。

1903年，由张之洞参与拟订的《奏定大学堂章程》（亦称《癸卯学制》）中，规定

① 大学堂总监督张亨嘉上奏《大学堂开办预科并添招师范生》折附件

开经、文、格致、农、商等科皆应学习地理课程，文科设中、外地理专业，学制三年。文科地理课程有：地理学研究法、中国今地理、外国今地理、政治地理、商业地理、交涉地理、历史地理等。进士馆课程有：地理总论、中国地理、外国地理、界务地理、商业地理。译学馆课程有：中国地理、亚洲各国及大洋洲地理、欧洲各国地理、非洲及美洲地理、地文学。师范馆则有：亚细亚洲、大洋洲、欧罗巴洲、阿非利加洲、亚美利加洲等。所列地理课程多达二十余种，足见当时对地理的重视程度。

《奏定大学堂章程》中对地理学研究有如下表述："地理学研究法：中国与外国之关系、气候与地理之关系、财政与地理之关系、海陆交通与地理之关系、动植物与地理之关系、文化与地理之关系、军政与地理之关系、风俗与地理之关系。交涉地理：日本各国国际地理，可斟酌采用，仍应自行编纂。"这基本上反映了 20 世纪初期中国知识分子对地理学所研究内容的认识。

在《奏定初级师范学堂章程》、《女子师范学堂章程》中对地理学也都有明确的规定。如："凡教地理者在使知大地与人类之关系；其教外国地理，须尤详于与中国有重要关系之地理，且务须发明中国与列国相交之分际，养成其爱国心性志气。其讲地文须就中国之事实教之。"在《奏定高等小学堂章程》中也明确设置舆地课程，"其要义在使地球表面及人类生计之情况，并知晓中国疆域之大概，养成其爱国奋发之心；更宜发明地文地质之名类功用，大洋五带之区别，人种竞争与国家形势利害之要端"。《奏定大学堂章程》是中国较完善且影响较久的近代学制，它明确了地理学是爱国教育、国民素质提升必不可少的文化知识，初步奠定了地理教育作为基础课的地位。

1904 年设史地类。① 后形成四类：第一类为国文、外国语，第二类为中外历史、地理，第三类为数学、物理，第四类为博物农学。

1904 年秋，大学堂的第一期师范生开始分科学习。进行分类报名时，第一类报名者有 100 余人，第二类仅 4 人，第三类 30 多人，第四类 20 多人。② 当时科举未废止前，许多学生仍将出路寄托在科举上，国文类因与科举考试关系紧密，报名人数较多，对历史地理及其他学科感兴趣者寥寥。而当时主持大学堂事务的张百熙、张之洞、张亨嘉等具有远见卓识，希冀有更多的人熟悉、了解并学习西方，因此史地类受到应有的重视。最终分班的结果是：第一类 24 人，第二类 28 人，第三类 28 人，第四类 25 人。

1904 年师范馆改为优级师范科。

北京师范大学地理系前身就是京师大学堂师范馆的史地类。北京师范大学地理学与遥感科学学院的前身即地理系。追根溯源，地理学与遥感科学学院从诞生至今已经

---

① 《国立北平师范大学一览·理学院》，1934 年 8 月出版

② 《大公报》，1904 年 7 月 11 日

走过百又十年的风雨历程。

二、课程与考核

师范馆（优级师范科）第一学年为普通课，分习英、德、法、俄等文（日语为人人必修）及普通科学，还有国学，如经学大义、国文、中外历史地理等。

1908 年 5 月，京师大学堂优级师范科改名为京师优级师范学堂（简称优师），校址迁往厂甸五城学堂（今和平门外师大旧址）。这是我国高等师范学校独立设置之始。学校仍分四类，第二类为地理、历史类，课程包括：中国文学、教育法令、英文、法制、生物、外国地理、中国地理、世界史、亚洲史、中国史等，还有随意科目一门：德语。学生除学习各类必修课程外，还有通习科目：教育学、心理学、辨学、哲学大纲、人伦道德、经学大义、体操等。优级师范学堂开设的各门课程中，“人伦道德”和“经学大义”两门课受到特别的重视，“人伦道德”课程贯穿公共科和分类科的四年中，“经学大义”则通设于分类科的三年中。

厂甸五城学堂全景（今和平门外师大旧址）

大学堂的教材，除去西学采用由编译局翻译的教本之外，其他课程很多都是由中外教习自己编撰并且讲授的，如《伦理学讲义》由副总教习张鹤龄编撰，《经学讲义》由教习王舟瑶编撰，《经济学讲义》由日本教习于荣三郎编撰，《掌故学讲义》由教习杨道霖编撰。“中国地理科讲义，分为中国地理与中国地理志二类，均由教习邹代钧编撰，其讲义最称完备，颇获好评。”① 邹代钧编撰的中国地理讲义，由商务印书馆 1904 年出版。

大学堂学生的成绩考察，分为月考（平日分数）、期考、年考三种。月考成绩要排列出等级名次，发榜公示。考取及格者，师范馆发给最高 14 元、最低 4 元的奖金。学生平时考试的压力主要在于日本教习的课。“中国教习所授的课，除去舆地须赶备外，其他经史文学通常出一二题目，作论文一篇或两篇，学生多能振笔直书，一小时内下笔数千言，所得分数多在 80 分以上。当时学生受旧传统教育的影响，长于理论而短于科学知识，旧学有余，新知则不足。”②

① 庄吉发：《清末京师大学堂的沿革》，原载（台北）《大陆杂志》，1970，41（2）

② 潘敬：《京师大学堂忆述》，见全国政协文史资料委员会编（马玉田，舒乙主编），《文史资料存稿选编·教育》，中国文史出版社，2002

学生的毕业成绩，是将毕业考试分数与历年积分作为每门平均分，毕业考试分数占到1/2。每一门课程的平均分数，即毕业分数，都要写在毕业文凭上。

1907年2月25日至3月2日，京师大学堂举行师范生首届毕业考试，考试内容包括将近五年的学习内容，“都是从开宗明义第一章考起，到那门功课的结束为止”。由于所习课程内容多，考题又较难，毕业考试竟持续了七天，考完之后，每个考生都瘦了不少。①

参加师范馆毕业考试的有104名学生，其中第一类20人，第二类33人，第三类27人，第四类24人。有三名学生缓考后，总成绩为：最优等19名，优等62名，中等22名，下等4名。毕业成绩排在第一名的是第二类学生廖道传。根据大学堂考试章程，名列下等者须留堂补习一年再行考试。

第二届毕业生是1904年入学的优级师范科的学生。1908年12月30日至1909年1月5日（光绪三十四年十二月初八至十四日），优级师范学堂举行毕业考试，有7名学生因事未能参加此次毕业考试，而是于4月12日至17日（宣统元年闰二月二十二日至二十七日）在学部分场补行考试。毕业考试的结果是：最优等23名，优等77名，中等103名，一共毕业203名。另有下等1名，照章补习一年再行考试。

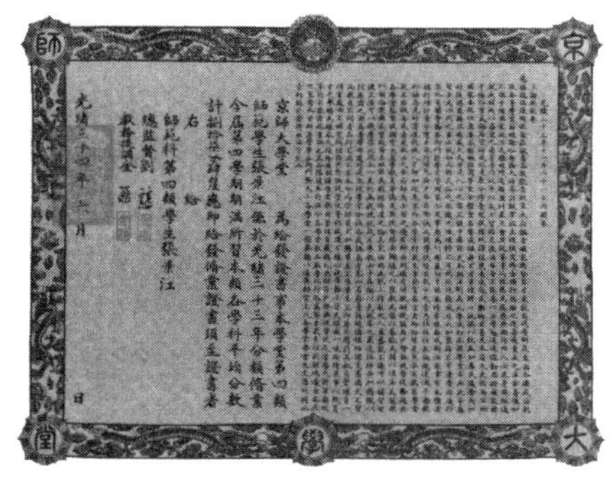

京师大学堂修业证书（光绪三十四年）

1909年6月19日，优级师范学堂举行毕业典礼。②

1911年8月，优级师范学堂招考第二类（史地类）志愿的公共科新生。招考公示规定：一、资格：须初级师范学堂中学堂或与中学程度相当之学堂毕业生；二、志愿：须志愿入本学堂第二类学习历史地理主课之学生；三、体格：须身体强壮，素无痼疾者；四、报名期限：从7月15日起，至7月29日止，须持县毕业文凭、相片赴本堂报名；五、考验日期：定于八月初四、初五两日考验，逾期者不补；六、考验科目：国文、英语、历史、地理、算学、格致六学科，均以中学程度为标准；七、招收数额：以60名为限。③ 9月25日、26日进行考试。“此次所考最注重者为英文、地理、历史、算学四科。命题甚难，佳卷殊不易得。至国文一艺，缔制尤严。既禁名词，复限篇幅。其题如左：博习亲师说”。④ 此次录取史地类公共科新生54名。但后因辛亥革命爆发，这54名新生没有按时入校。

---

① 邹树文：《北京大学最早期的回忆》，见北京大学，《北京大学五十周年纪念特刊》，北京大学出版社，1948

② 《大公报》，1909年6月17日

③ 《大公报》，1911年8月29日

④ 《大公报》，1911年9月30日

1902年10月京师大学堂师范馆招生考试的地理试题

* 朝鲜本箕子旧封，其南有马韩、辰韩、弁韩等部，至西汉末有高句丽，据箕子旧壤百济，据马韩地新罗，据辰韩、弁韩地，于是半岛之内有三国鼎峙。试分言此三国疆域，各在今朝鲜何道之内。

* 马基顿王亚历山德，雄才霸略著于一时，所领域地亦最广远。试言其疆域东西南北各至何处。

* 澜沧江之西，怒江之东，云南之南，暹罗之北其间有何土部，现属何国？

* 欧罗巴洲有最小之国，如安道尔，如胜马里虐，如摩纳哥，如列支敦士敦，如亚尔坦波格，壤地虽极偏小，然能自存。试分指其疆域或在何的国之内或居二大国之中。

* 欧罗巴民族约分为三：曰斯拉夫尼族、曰拉丁族、曰鸠督尼苦族。试将三族所居之国分别言之，并言三族风俗不同之大略。

* 亚欧两洲之宗教，其著者有佛教、波罗门教、犹太教、基督教、罗马教、希腊教，或一国专行一教，或一国并行数教，试言其大略。

* 亚西亚、欧罗巴两洲以何山何水为界？

* 亚西亚、阿美利加洲相距以何处为最远，何处为最近？

* 欧罗巴面积约三百七十万方英里，阿非利加面积约一千三百万方英里，是欧洲小于阿洲将近四分之一，而欧洲海岸线之长约一万九千五百英里，阿洲海岸线长仅一万六千英里。欧洲地小而海岸长，阿洲地大而海岸短，其故何也？

* 希马纳雅为地球最高之山，其最高峰系何名？高于海岸若干尺？

* 北美洲之密士失必河，上源曰密苏厘河；南美洲之阿马孙河，上源曰乌开亚利河；阿非利加洲之尼罗河，上源曰厄尔吉贝河。三水均海外最大之水，试各言其发源何处、向何方流入何海？

* 西伯利亚铁路西自乌拉岭东至尼布楚，中间当越何大山渡何大水过何大城镇？

（《华北译著编》卷10）

1907年师范馆第二类学生毕业考试试题

●中国地理学题

问：《汉书沟洫志》，齐人延年欲开大河，出之胡中，东注海。试揣延年之意，揆之今地，当由何处开河？何处入海？

问：汉张骞请通蜀达身毒之道，武帝迁使出西南夷指求，卒不得通。以今之地望揆之，应由何处通道方称近便？

问：自陕入汉之道有三：曰子午道、傥骆道、褒斜道。自汉入蜀之道有二：曰金牛道、米仓道，皆古今险要处。此数地之山势，系如何联属，如何分支？

问：春秋时，楚有不城之险，城口之隘。南宋时有光黄五关，皆南北要冲。此数处山势系如何联属？

问：海南赤道下之水常向南北二极而流，两极下之水常向赤道下流，其故何也？

问：长江、大河于将入海处，往往分为无数支流或于入海之口成大洲岛，试详其理。

问：中国沿海之岸，自长江以北，大沽口以南，唯登来半岛为峭岸，余多浅沙，其故何也？

问：长江流域在中国最为广，试略明其流域之界。

问：北宋于三关外置缘边塘泺以御契丹，其遗迹尚可寻求，试就地明之。

问：元太祖子术赤及察合台睿宗子旭烈兀，封地有西方三大藩之称，试言其疆域所在。

问：东三省至大川流，试举其名目及流域所经之地。

问：中国沿海之地如旅顺、如威海、如胶州湾、如舟山、如大鹏峡、如香港均极好屯泊之处，试略言其形势。

●外国地理学题

问：中国京师与英国伦敦其水程几何？并沿途所经要地，能指其名否？

问：欧美各国京师之名并商埠之最著者。

问：亚西亚洲中间多高平原，试明其所在及联亘之势。

问：亚西亚洲之水分四向而流，试明何方之水流为最长，何方之水流为最短。

问：亚西亚洲有南伸入海中之半岛，在南者为阿剌伯、为印度、为后印度（即缅甸、暹罗、安南及马来隅等地），在北者为冈扎德加。试以欧罗巴洲地势比之，与亚洲各半岛相似者为何地？

问：英吉利、日本皆称地球雄国，而其国内皆无长河大川，其故何也？

问：英吉利据仰光，法兰西据西贡及河内，均承云南之下游，将来仰光等处商业孰盛衰，务详其原因。

问：英吉利据地中海之马里他岛为海军重地，又西据直布罗陀，以扼大西洋之口，论者谓英吉利能得地中海全势，其说然乎？

问：昔年俄罗斯据海参崴，英吉利即欲据巨文岛。其后俄罗斯借租旅顺口，英人复借租威海卫。试明其地之关系。

问：俄人常借朝鲜之马山浦为屯兵地，日人辄力拒之。试明马山浦地势及两国用意所在。

问：俄人常欲修铁路入阿富汗与印度铁路接，又欲得波斯海湾为出海之口，英人均力阻之，试明其关系。

（中国第一历史档案馆 学部 教学学务 卷78）

京师大学堂宣统元年（1909年）年假中外地理考试题目

＊山由水分，两山之间必有一水。诸生研究地理，能就诸大山脉说明诸川流水之大势？

＊亚洲东南沿海之地，何以雨季最多，蒙古、西藏、青海等处何以不常遇雨？试言其理由。

（中国第一历史档案馆 学部 教学学务 卷79）

三、教师队伍

大学堂延揽国内外名流学者充任大学堂教务、行政各职，如桐城派古文家吴汝纶、阳湖派古文家张鹤龄、著名学者蒋式瑆担任总教习、副总教习等职，姚锡光出任大学堂副总办等。担任汉文分教习的杨道霖、王舟瑶、屠寄、杨模，担任算学分教习的胡玉麟，历史教习陈黼宸、经学教习林纾，以及译书局总办严复等，均为当时遐迩闻名的学者。

大学堂聘任的地理学方面的教习如下。

谭绍裳——字彝仲，湖南善化县人，癸巳举人，福建知县。教授舆地。

邹代钧——字源帆，湖南新化县人，国子监典簿，编书局舆地总纂。教授测绘、中国地理。

胡宗瀛——字玉轩，安徽休宁县人，东京高师特别班毕业。教授植物、矿物。

江绍铨——字亢虎，江西弋阳县人，留学日本，曾任刑部主事。教授外国地理。

板本键一——日本人，日本第二高等学校教授，理学士。教授外国地理。

杜邦杰——教授舆地。

四、教育救国育英才

这个时期是中国备受列强凌辱、侵略的时期，当时知识界有不少人提倡教育救国，并且尤其重视地理教育，期望了解自己国家的情况，了解中国为什么受欺压、中国丢了哪些领土。在这样的背景下，作为全国最早的地理系科，北师大史地系开设了许多地理课程，比如边疆地理、政治地理、外国地理等。通过对这些课程的学习，学生明晰了中国的基本国情，也了解了其他国家的概况，不少学生用自己所学，为革命事业、社会进步贡献了自己的力量。

第二节　民国后的奠基与发展（1912～1928年）

1912年中华民国成立，同年5月15日，京师优级师范学堂改为北京高等师范学校（简称北京高师）。此后政府频繁更迭，军阀混战，民不聊生。但是，国内有识之士仍念念不忘发展现代教育，并期以此提高民德、民智、民力，实现强国之梦。北京高师深知重任在肩，于重重困难中求发展。所培养之学生服务社会，声名远播，北京高师成为社会各界瞩目的知名大学。1922年，北京高师校长李建勋提出的提案《请改全国国立高等师范为师范大学案》通过，教育部发给北京高师正式《训令》称：由北京高师首先筹备师范大学。1923年7月1日，国立北京师范大学校成立。这是中国教育发展史上的一个重要里程碑，对中国师资的提高和全国教育水平的提高，其意义重大而深远。但是，受当时政局风云变幻的影响，学校在不到十年的时间里先后四次被迫易名改组。政府无心教育，主管教育的官吏对师范教育多谬见，使师大的发展遇到较其他院校更多的困难。

一、社会变革中的艰难发展

1912年5月15日，京师优级师范学堂改为北京高等师范学校。

1912年8月，按照教育部颁布的直辖学校暂行章程，原京师优级师范学堂的“公共科”改成“预科”，原分类科的“类”改成“部”。1913年因原史地类学生已毕业，学校没有史地类学生。

京师优级师范学堂曾于1911年9月招考54名公共科学生，原是为升入史地类做准备，因辛亥革命爆发没有入校。1912年，北京高师对这批学生的政策是：“除存有照片在校的新生准令随同旧班一体入校外，其取回相片者，须面试中西文一场，核对笔迹相符，程度相当，始准入校。如缺额过多，至时再招考一次，以补其缺。”①

北京高等师范学校新建大门（今和平门外）

1912年9月，北京高师首次招生。

① 《高师下学期办法》，1912年，北京师范大学档案馆·第一全宗·第368卷

经过两次考试，录取预科学生 64 名，编为一班，5 日开学。①

1913 年 8 月，北京高师本科增设历史地理部（简称史地部），与英语、物理化学、博物三部并列。9 月设史地部阅览室。前京师优级师范学堂公共科的毕业生，在高师开办之后，有插入本科续学的。例如 1914 年 9 月，原优级师范学堂公共科毕业生蒋玉衡禀请续学，经试验及格插入历史地理部第一年级。但当时经费不足，所招收学生有限，1915 年的史地部和博物部一年级没有学生，因此 1918 年两部都没有毕业生。

由于经费有限，北京高师建立之初并没有按照《高等师范学校规程》的规定完备六个部的建制。直至 1918 年 8 月，高师才有了完整的本科六部（英语、物理化学、博物、历史地理、国文、数理），另外设有各种专攻科、专修科。本预科达到 21 班，学生约 720 人。北京高师规模已明显扩大。

美国教育思潮的引进，促进了北京高师的教育科学化的进程。经过几年的筹备，北京高师于 1920 年开办教育研究科。1922 年 4 月，教育研究科第一期学生 16 人毕业，其中包括后来成为地理系教授的殷祖英、程国璋，他们被授予"教育学士"学位。这开启了我国高等学校考试招收研究生之先河，也是我国首次给学生授予教育学士学位，是中国教育史上的一大盛事。1921 年，北京高师增设理化、博物、数理三部的研究科，同年招收女生与男生同班上课，成为较早招收女生的大学。到 1923 年，续办了国文、英语、史地三部的研究科，与原来已招生的四部，共七个部招收研究科学生。研究科学生从高等师范本科毕业生、国立大学本科二年级以上肄业生、国立各高等专门学校毕业生、教育部立案大学本科二年级以上肄业生、教育部立案各高等专门学校毕业生之中招收，考试分初试（第一试）、复试（第二试）、口试、身体检查、心理测验等。初试科目为国文、英文、教育原理、心理学、心理测验等；复试分别由各科根据专业要求规定科目，史地研究科为中外历史、中外地理、地学通论。招生方式分为两种：一是在本校直接考试；二是由各省区选送，由本校复试。②③

1923 年，北京高师正式改组为国立北京师范大学校（简称北师大），实行董事会领导下的校长负责制，梁启超、范源廉二人分别担任董事长和校长。北师大取得了与其他大学同等的地位。但是国内政局动荡，国力衰微，民生凋敝。政府欠资教育严重，学校办学经费拮据，债台高筑。范源廉是当时与蔡元培齐名的著名教育家，曾数次出任教育总长，对发展教育颇有卓见，以其能力管理好一所大学绰绰有余。但是，1924 年 9 月，他"因不能强人枵腹从公而辞职"。④ 然而，身肩为国家、民族培育人才的重

---

① 《本校沿革要略》，见《北京高等师范学校十周纪念录》，1918，第 6 页

② 《国立北京师范大学招生简章》，北京师范大学档案馆·第一全宗·第 5 卷

③ 《关于师大课程之意见（课程委员会提出经教务会议修正）》，原载《教育丛刊》，4（6），"附录"，第 34～35 页

④ （北京）《晨报》，1924 年 9 月 26 日

要使命，北师大校长、教师在任一日都没有些许懈怠，即使“薪金不发，严冬教室无火，而授课无间”①。

1927 年 8 月，奉系军阀控制下的军政府把北京九所国立大学合并为国立京师大学校，原国立北京师范大学校被改为国立京师大学校师范部。师生们虽反对，但在白色恐怖下敢怒不敢言。1928 年 6 月，奉系军阀退出北京，中华民国国民政府（简称国民政府）随即把大学区制推行到北方地区，将北平、天津的大学合组为国立北平大学，原国立北京师范大学校为国立北平大学第一师范学院。

二、陆续完善的学制与课程

（一）北京高等师范学校的课程

1912 年至 1923 年，北京高等师范学校根据教育部公布的《高等师范学校规程》②规定学生学习科目：预科：国文、英语、数学、图画、乐歌、体操；本科各部通习之科目：伦理学、心理学、教育学、英语、体操；历史地理部分习之科目：历史、地理、法制经济、国文、考古学、人类学。

此外，各部可加授世界语、德语、乐歌为随意科，英语部可加授法语。国文在各部均为较重要的课程，在史地部，一年级每周至少有三课时。

北京高师在教学中十分注意专业学习与外文学习的有机结合。早在 1916 年，学校就规定史地部二年级学生在学习“日本地理”时，采用日人中目觉氏所著的《日本地理》为教科书，每周三小时。由教员讲授，学生翻译，既研究了地理，又学习了日文。同时，英文课也停上，改为由《西洋史》、《美国史》、《外国地理》三科代替，三科全部使用英文教材，将每周三小时的英文课时间加到美国史和外国地理上。③

北京高师的教学比较注意发挥学生的主动性，同时注重实地练习及修学旅行。早在 1913 年，初任北京高师校长的陈宝泉就向教育部提议减免学生修学旅行的车船费用，得到教育部的同意。④ 本科学生一般都安排在北京附近参观游览，当时叫“远足”，作为教学的辅助活动，“以资博览，而供参考”。规定史地、博物二部的本科学生肄业期间有两次国内旅行，借以“访历史之名迹，探地理之形胜，调查动、植、矿各种物产。每次旅行，均作报告书，并绘图摄影，采集各种标本”。1918 年，由史地部王桐龄、黄人望、刘玉峰、章嵚四位教授带领学生赴孔庙、国子监、历史博物馆、雍和宫、柏林寺参观；博物部赴三家店考察地质。返校后，学生写出报告书，供教授品评。部

① 《师大毕业同学录》，1931

② 舒新城：《中国近代教育史资料》，中册，第 718～722 页，人民教育出版社，1961

③ 《北京高等师范学校校友通讯》，第一集，1916

④ 《本校沿革要略》，《北京高等师范学校十周纪念录》，1918，第 6 页

分报告至今仍保存在（南京）中国第二历史档案馆。

北京高师还规定了暑假“特别修业”制度。放暑假前给各班学生发两份调查表格，一为关于学校之调查表，一为关于社会之调查表。使学生各就其居住地或经行地之学校、社会现状，分别调查，填注表内。这项活动既可使学生练习做事的能力，调查成果又可以作为学校实际工作之研究参考。“此外并出种种研究问题，任学生各就所见及者，作为笔答。而学生蒐集乡土产物及绘图演算、自著论说者亦颇不乏。凡此成绩，均于暑假后入学时，送交各教务主任评定分数。更开教务会议公决，作为学年试验分数之一种，与他项成绩合算之。”

每年暑假，总有一些学生留在学校。学校就组织他们到西山大觉寺开展社会实践：到周围农村搞实地调查，找出各村的主要问题，并提出解决办法；义务为村民讲解儿童不分男女都要上学接受教育的深远意义；宣传人人要讲卫生，预防疾病；劝说农民要改变单一种植粮食作物的状况，应搞多种作物种植等。这些活动在社会曾引起反响。

1922 年学校撤部改系，学科设置更趋完备，本科设有教育系、国文系、英文系、史地系、数学系、物理系、化学系、生物系，并设体育专修科（为初级大学）和手工专修科。

（二）北京师范大学的学制与课程

1923 年，北京高师正式改组为国立北京师范大学校。“改大”后，学校设有预科、本科两个层次。暂设预科，学习年限二年，其中第一年为普通科，第二学年分为文、理两科。预科生从中等学校和师范学校毕业生中招收，入学考试科目为国文（作文、标点）、英文（文法、翻译、作文）、数学（算术、代数、平面几何）、历史地理（中外历史地理）、物理化学、博物（中学程度的动物、植物、矿物、生理学）等。本科分为初级大学和高级大学两部，修业年限各两年。四年毕业后授予学士学位。

关于“改大”后的办学宗旨，《国立北京师范大学校暂行组织大纲》明确规定为：“本校以造就师范与中等学校教师及教育行政人员，并研究专门学术为宗旨。”① 首次把师范大学定位为培养中等师资（包括师范学校和中学）、教育行政人员和研究专门学术，与此前的高等师范相比，明显增加了研究专门学术的任务。这说明“高师改大”，并不只是单纯的学制年限的增加、教育程度的提高、与普通大学相当，而是在性质上真正达到大学的标准。

为提高水平，学校自 1919 年年底起就在六部先后招收研究生。1923 年招收第一届史地系研究科学生，1925 年有 9 人毕业，其中包括第一位到南沙群岛测绘地形图、绘制“九段线”雏形（原为“十一段线”）的郑资约；1925 年，学校再次招收史地系研究

---

① 《国立北京师范大学校暂行组织大纲》，原载《教育丛刊》4（4），“附录”，第 6 页

科学生，1927 年 14 人毕业。

（三）史地系课程特点

史地系的课程比较多，学生学习的知识面宽，职业的适应能力强。毕业生就业之后，在工作中能触类旁通，举一反三，把本科时期所学的知识融汇到他们的事业中，聚焦形成自己的闪光亮点。

史地系的优势是对时间及空间的融会贯通，对人文和自然关系协调发展的综合研究。以现代的观念来看，史地兼修有助于对问题进行全方位的系统分析、动态分析和可持续发展研究。

三、实力雄厚的教师队伍

北京高等师范学校成立后，学校聘请了许多著名学者任教，教师阵容整齐，深受学生们的欢迎。史地部部分教授及其任课如下。

白眉初——直隶卢龙县人。清末廪生，北洋师范学校史地部毕业并奖励举人，曾任中国地学会总编辑。中国地理专任教员，教授中国地理总论、中国地志、地理哲学、地理实习、模型指导。

朱炎——比利时黎业斯大学理化学博士，教授天文气象。

王桐龄——日本东京帝国大学毕业，曾任史地部教务主任。

何炳松——毕业于美国威斯康星大学和普林斯顿大学，获硕士学位。曾任史地部教务主任、代国文部教务主任、英文部教务主任，教授外国地理。《史地丛刊》编辑部主任。

丁文江——字在君，江苏泰兴人。早年留学日本、美国，曾任工商部地质研究所、农商部地质调查所所长。讲授遗传学。

梁启超——清末举人。著名思想家、教育家、学者。讲授中国文化史等课程。

刘玉峰——直隶蠡县人。日本广岛高等师范学校史地部毕业，地理专任教员，讲授地理通论、人文地理、地学概论、绘图法、地文大义。

翁文灏——浙江鄞县人。比利时鲁凡大学地质学博士。教授地质学、矿物学。

熊燧——西洋历史地理专任教员。

章鸿钊——日本东京帝国大学地质系毕业，讲授地质学、矿物学。

章嵚——北京高师国文部教务主任，教授地理。

高仑瑾——教授地理、西洋史。

李宝生——前清举人，日本宏文师范学校毕业，教授地理。

符鼎升——教授气象学。

李彬——美国矿业专门学校毕业，教授矿物学。

张泰昌——日本振武学校毕业，教授地形测图学。

程振钧——教授测量术。

瞿桐岗——美国阿利根大学经济学硕士，教授外国地理。

马寅初——北洋大学毕业，后留学美国，获哥伦比亚大学博士学位，教授经济学。

关菁麟——教授外国地理。

赵景健——教授地理。

藏焯——教授地理实习。

许寿裳——曾就读于日本东京高等师范学校，教授地理。

殷祖英——京兆北京房山人。本校史地部、教育研究科毕业，曾任附中部地理教员，教授外国地理。

黄人望——日本早稻田大学历史地理科毕业，附中地理教师。

程国璋——直隶深县人。本校史地部、教育研究科毕业，本部助教。

北京高等师范学校职教员合影（1916 年）

刘玉峰指导学生学习（20 世纪 20 年代）

四、科学研究蔚然成风

在此期间，师生思想活跃，积极学习，勇于探索，大家踊跃参与学术研究，各种学术团体如雨后春笋般在校园大量涌现。

1915 年 4 月，史地部率先成立了北京高等师范学校历史地理学会（简称史地学会），成为中国高校中两个最早成立的史地学会之一（另外一个是 1920 年年初，南京高等师范学校文史地部在原有地学会基础上成立的史地研究会。1921 年该会创办《史地学报》，缪凤林出任总编辑。）①。学会以“研究历史地理、交换学识”为宗旨，本会会员研究所得之结果用演讲、评判方法发表，不定期发行杂志——《史地丛刊》分配给会员，此杂志亦可由会员及名誉职员自由投稿。本会会员可从本校历史地理部暨预科中志愿入历史地理部之全体学生中选择。本校教员及他部学生如有与本部宗旨相合

① 吴忠良：《南高史地学派与中国史学会》，原载《福建论坛·人文社会科学版》，2005，(2)：61～66

愿入本会者，得由本会会员二人介绍入会。① 该会每月开会一次，每次轮流讲演者三四人。

继史地学会成立之后，北京高师又有数学学会、英文学会、教育研究会、国文学会、理化学会、博物学会等先后成立，并都出版相应刊物，研讨学术，使北京高师的学术空气浓厚。

史地学会是个十分活跃的师生共同参与的学术团体，从 1915 年 4 月到 1919 年间，仅讲演会就举办了 40 余次，会员发表讲演稿年均 20 篇，内容除历史、地理之外，还涉及哲学、天文、经济、国势民情诸领域。② 1920 年 6 月，史地学会编辑的《史地丛刊》创刊，编辑主任为何炳松。刊物主要发表探讨中外历史、地理和人类学等方面的论文和译著，并介绍各地社会历史发展状况、一般地理知识和各地文化风俗，兼载部分中外时评，还有关于探索历史、地理教学改革方面的文章。该刊从 1922 年 2 月第 1 卷第 3 期起改由中华书局发行。

《史地丛刊》创刊号封面（1920 年 6 月）

《史地丛刊》所发表的部分文章如下。

• 地理教学方面：《地理教科书之急宜改造与其教授法之急宜革新》（刘玉峰，第 2 期）；《我国将来怎样教授地理》（盛叙功，第 3 期）；《中学中国地理科教授实例》（武学易，第 3 期）；《改良中学校历史地理教法议案》（朱希祖，第 4 期）。

• 自然地理学研究方面：《黄河河道变迁考略》（朱建勋，第 2 期）；《活的地理臆说》（邹宗儒，第 4 期）等。

• 人文地理学方面：《历史与地理之意义》（杜威著、吴相如译，第 1 期）；《大战后地理上变更述略》（李逢源，第 1 期）；《山东与中国之关系》（贾伸，第 1 期）；《中国文化起源与农业》（于炳祥，第 2 期）；《人类之原产地》（贾伸，第 2 期）；《国史释地篇》（天行，第 3 期）；《萨尔流域统治委员会》（殷祖英译，第 3 期）；《美国政府建设之经过》（德却尔（Dutcher）博士在北京大学的讲演，杨玉如等译，第 3 期）等。

• 地理学理论研究方面：《地理之科学观》（白月恒，第 2 期）；《佛教东来之历史地理的研究》（梁启超，第 2 期）等。

• 其他与地理有关的文章：《内蒙古风俗纪略》（王华隆，第 1 期）；《风水说之由

---

① 《北京高等师范学校历史地理学会简章》，原载《北京高等师范学校校友会杂志》，第一辑，“本校规程”第 94～95 页，1916

② 《本会沿革》，原载《史地丛刊》，1920，(1)

来及其弊害》（陆承赟，第1期）；《云南土人状况》（楚图南，第2、第3、第4期）；《云南开化史略》（夏光南，第3期）等。

《史地丛刊》的创刊号上还刊载史地部学生李荫清写的《唯物的历史观与科学的历史》一文，公开宣传马克思的唯物主义历史观，第3期还刊登了邹宗儒的文章《苏维埃俄国述略》，反映了当时《史地丛刊》编辑与作者群的思想开放与进步状况。

在北京高师的其他学术刊物上，也时有关于地理学研究与地理学教学法研究的文章。如《北京高师教育丛刊》于1919年12月创刊，在创刊号上有张大钰撰写的《地理学习法大要》，第3卷第2集上有陆光宇的《对于中学中外地理学上的意见》，第3卷第3集上有卢成章所写《中小学校地理教授之研究》等文章。

五、俊彦云集

1912年9月28日，政府公布《师范教育令》[①] 规定：高等师范学校以造就中学校、师范学校教员为目的。北京高师培养目标明确，管理严格规范。学校为学生制定了“诚实、勇敢、勤勉、亲爱”八字校训，使学生勤俭刻苦，仪态温良谦恭，举止儒雅深沉，并心怀大爱，德操高尚，在社会上口碑一直很好。许多学生来自贫寒家庭，深知读书机会来之不易，他们关心国事，勤奋攻读，品行笃正，为人师表，奠定了师大优良的学风校风。

这一时期史地部有六届学生毕业：1916年24人、1917年25人、1919年20人、1920年34人、1921年26人、1923年24人，总计153人。其中，有后来成为革命烈士的魏野畴；教育家、政治活动家、革命烈士杜斌丞（原名杜丕功）；教育家、法学家、教育部部长、最高法院院长、全国政协副主席杨秀峰；教育家、外交家、全国人大常委会副委员长楚图南；曾与方志敏一起创建赣东北革命根据地、新中国成立后任江西省省长的邵式平……殷祖英、盛叙功、程国璋、李泰棻、王金绂、陆光宇、苏从武、王毕隆、杨蕙田等一大批地理教育家从史地系走出。

① 舒新城：《中国近代教育史资料》，中册，第700～702页，人民教育出版社，1961

第三节　独立建制的地理系（1928～1937年）

“民国十三年以前，地理系与历史系合称为历史地理部。十三年六月，增订师范大学组织大纲，始分设历史系与地理系。今之地理系实造端于此。”① 即在1924年6月就决定史地分别设系。1932年理学院院长刘拓在《理学院各系之过去、现在与将来》②中也曾说：“史地系经多年演进结果，辄分历史地理两组。而地理除人文地理外，渐兼重自然地理，增设矿物学科。至民国十七年独立为地理系……”可见早在史地系正式分门立系之前，学生已经自然分化，在课程上也已经各有侧重，只是在行政上尚未正式分开而已。

直至1928年12月10日，史地系才正式分为历史学系和地理学系。以此算起，北师大地理系是全国成立最早的地理系之一。

国立北平师范大学校校门（和平门外）

国立北平大学女子师范学院
（合并后为文学院，石附马大街）

1929年7月，在平、津高校师生的反对声浪中，国民政府被迫撤销北平大学区；8月，宣布国立北平大学第一师范学院独立，改为国立北平师范大学。③ 1931年7月，国立北平师范大学（简称北平师大）奉教育部令与国立北平大学女子师范学院（即女师大）合组为新的国立北平师范大学，合并后辖教育学院、文学院、理学院三个学院和一个研究院（从事史学、文学、文字学、地学、哲学、教育学等学科研究）。地理系隶属理学院，明确了地理学的科学范畴和属性，改变了人们一向认为地理姓“文”不姓“理”的传统观念。女师大史地系随之归入北平师大地理系，但仍独自成班，直到

① 刘玉峰：《地理学系之过去及未来》，原载《师大月刊》，1933，(7)

② 原载《师大月刊》，1932，(1)

③ 《教育部训令字第249号》(1931年2月10日)，北京师范大学档案馆·第一全宗·第2卷号

1933 年最后 3 名学生毕业而结束。至此，国立北平师范大学史地系宣告结束。

然而，国民党的派系斗争渗透到各个领域，也殃及教育界。北平师大因此备受排挤和压制，必需的办学经费被缩减，研究院和系科被无端取消……他们甚至不顾中国教育落后的现状，无视社会各界对北平师大毕业生好评如潮，于 1932 年声言“将现行师资教育一律取消”；国民党四届三中全会的《改革高等教育案》中称：“国立北平师范大学应即停办”；同年即借口整顿教育，强令北平师大停止招生，为停办北平师大制造舆论。全校师生没有被权势吓倒，他们在校长李蒸的带领下，在社会各界的支持下，开展了“护校运动”，为学校的生存和发展、为师范教育体制在中国的确立进行了顽强的抗争。国立北平师范大学不仅成为全国“硕果仅存”的师范大学，并在官方的管、卡打压下傲然屹立，不断发展壮大。

在此阶段，从 1924 年史地系内部酝酿独立设置起，地理系主任依次为白眉初（1926～1927 年）、王谟（1928～1931 年）、谢家荣（1931～1932 年）、刘玉峰（1932～1935 年）、王益崖（1935～1936 年）、黄国璋（1936～1937 年）。其中 1935 年刘玉峰辞职后，理学院院长刘拓曾兼代地理系系主任至 9 月。1935 年 10 月，原中山大学地理系主任、中央大学教授王益崖接替刘玉峰任地理系主任。他深知北平师大地理系在全国地理教育中执牛耳的重要地位，多次邀请在中央大学任教的黄国璋加盟师大，1936 年更亲自前往南京诚邀黄国璋。同年 9 月，著名地理学家黄国璋到任。他抵达北平后，即施展雄才，科学管理，努力提升地理系在全国的地位。

一、课程设置

1929～1930 年，地理系制订并修改地理系组织架构及课程标准。因地理系涉及自然科学和社会科学，且当时中学史地仍未分开。为适应时代的要求，满足中学的教学需要，地理系将学生分为两部分：地理历史组和地理博物组。两部分学生必修专业课程有 22 门，又分别有 10 门选修课。

1933 年 8 月，重新修订北平师大《组织大纲》和《学则》。《学则》规定学生课程采取学分制及学年制，并分主、副科制。即学生除选一主要科（系）外，必须另选一科（系）为副科，学生在四年中须修满主、副系 146 学分方得毕业。其中修养类16 分、专业类 96 分、教育教法类 34 分。

1933 年后地理系实行主、副科制，课程包括必修课、选修课、公共必修课和公共选修课，学生必须修满 168 学分（1 学期每周授课 1 小时为 1 学分）才准毕业。地理系教学计划也不断补充修订，以适应学分制和主副科制。如学生侧重自然地理者须以生物为副科，侧重人文地理可选历史学为副科。外系学生也可选地理为副科。公共必修课必须修满 50 学分；主科必须修满 50～70 学分；副科要求修满 20～30 学分；自由选修课为 8～16 学分。实行这种学制的目的是为了使毕业生一专多能、基础宽厚、适应面广，能够更好地为教育事业服务。当时地理系课程涵盖范畴很广，内容也十分丰富、广博、新颖、深邃，并与社会实际有着紧密的联系。

1936年，黄国璋来北平师大主持地理系，他雷厉风行，进行了一系列改革，决心把这个系办成全国有影响的教学研究单位。黄国璋认为“中学地理教师的素养，直接影响中学生的地理程度，间接影响小学生的地理程度及社会一般对于地理的认识和兴趣，中国地理学术的基础能否广立，将来能否有长足的进展，中学地理教师是负最大责任的”，因此，他首先明确地理系的任务和培养目标有三：①改进各中等学校的地理教学；②培养中等学校的未来良好地理教师；③研究高深地理学术。其次，他决定进一步完善地理系教学计划，添置图书、仪器和必要设备，为教学和研究创造良好条件。最后，他计划创设地理教学咨询处、《地理教学》月刊社、中小学地理挂图绘制室。总之，“凡有利于中等学校地理教育之事项而本系人力物力所及者，无不规划周详，亟图充实”。在他的努力下，在很短的时间内，北师大地理系在教学质量、学术研究、人才培养、基础设施等方面都有了显著进展。当时的地理系俨然成了一个地理教育的基地。

学校对独立设置的地理系十分重视和支持。仅就1933年度学校理科五系的新购图书杂志统计即可窥见一斑。据统计，当年五系购买中文图书387册，总开支775余元，其中地理系购263册，约占68%，费用470元，占61%。五系购西文图书484册，总费用6 191余元，其中，地理系购西文书127册，占26%，开支2499余元，占近40%，购买的杂志占五系之4%。①

二、科学研究

1928年前后，国民政府颁布多项措施加强教育、普及教育，教学秩序相对稳定。北平师大地理系成为普及中学地理教育的中坚力量，编写了大量的中学地理课本，系里的大多数老师都编过地理教材，目前仍然有六七十本教材在北师大图书馆收藏，如《初中世界历史》（殷祖英）、《初中世界地理》（殷祖英）、《中国近世史》（陆光宇）、《初中本国地理》（程国璋），这些教材被当时全国许多中学采用。另一个突出贡献是通过编写读物、编制地图，向全国人民普及地理知识，如白眉初在此阶段编写了很多中国地理读物，绘制了中国各省区的地图。另外值得一提的是在这个时期，北平师大地理系开始翻译外国教材，如谌亚达翻译的《人地学原理》、《地形学》，王钧衡翻译的高中教科书《自然地理学原理》，吸收西方科学的精华，打开了解西方地理的大门。

1931年7月两师大合并后，原女师大的研究所改称研究院。其任务是“研究高深学术，增进对于教育界及学术界之贡献”；在研究方向上，暂时分为中国语言文字组、治学工具及方法组、历史学组、地理学组、中国文学史组、中国学术史组、中国民俗

① 《国立师范大学一览·二十二年度新购图书杂志》

史组等七个组；组织上设研究院院长一人，各组设研究主任一人、导师若干人，并设研究员、编辑、书记等职员。并规定了研究生招收与培养等内容。地理学组聘请了刘仁钧、方壮猷为研究员，王华隆为特约名誉研究员。研究院成立后，出版了《北京女子师范大学研究季刊》，其中与地理学有关的文章有：《附录天山南路大沙漠探险谈》（黄文弼，第 1 卷第 3 期）、《居延海考》（黄文弼，第 1 卷第 4 期）、《西北科学团在新疆考古情形》（黄文弼，第 1 卷第 4 期）、《蒙新探险的生涯》（丁道衡，第 1 卷第 4 期）、《蒙古新疆人民之生活状况》（丁道衡，第 1 卷第 4 期）等。

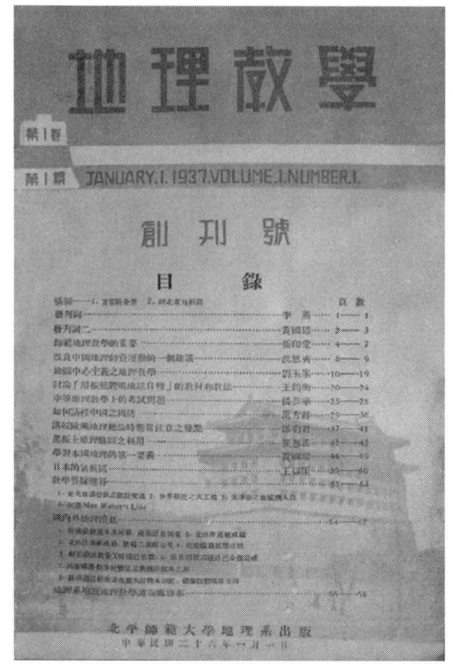
地理教學
第1卷
第1期 JANUARY.1.1937.VOLUME.1.NUMBER.1.
創刊號
目錄
北平師範大學地理系出版

1937 年《地理教学》创刊号

这一时期地理系学生的科学研究活动非常活跃，他们自动筹建地理学会，凡本系学生皆为会员，本系教授、讲师及在北平的地理地质中外学者亦聘为学会特别会员，几乎每周举行轮流学术讲演会或报告会，并于每学期末将会员研究成果会集出版。这些活动大大地丰富了学生的专业知识，提高了学生的研究能力和语言表达水平。正如当时学生自己所说，充满了“蓬蓬勃勃，叶茂而本实”的“进取精神”。1932 年 10 月，地理学会常委会讨论决定：每年出版地学杂志两期，并请学校恢复原地学系旅行考察费用，充实标本及改选委员。

黄国璋主管地理系后，着力引导地理系从传统地理学走向现代地理学，跻身学术前沿，在北平师大地理系发展史上起了关键性的作用。他力主创立地理丛刊委员会、

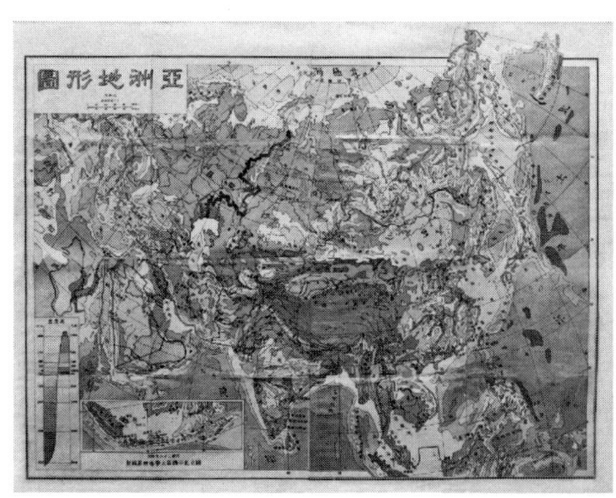

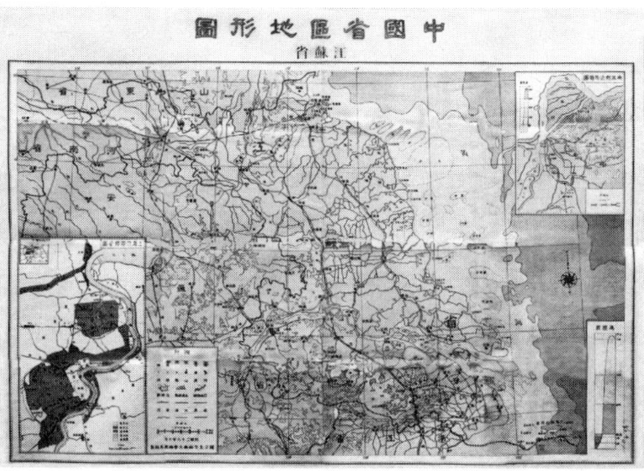

1937 年地理系出版的《亚洲地形图》、《江苏地形图》

中小学地理教学研究会，编辑地理教学用图，组织北平师大地理系教师创办《地理教学》杂志，这是我国第一种专门研讨地理教育的刊物，内容涉及介绍地理新知、供给地理教材、讨论教学方法、解答教学疑问等。他还约请全国地理界的知名学者写稿，任美锷、李旭旦、周廷儒、周立三、徐近之、王德基、洪思齐、张印堂等都纷纷发表文章，由于内容新颖，栏目多样，研讨问题切中地理教育的关键，《地理教学》受到广大读者欢迎。在此期间，北平师大地理系培养了大批中学地理骨干教师。同时还出版了《亚洲地形图》、《河北地形图》等，用等高线和分层设色的绘图方法代替传统的“毛毛虫”表示山脉。黄国璋本来还计划出版成套的各种教学用图，制造各种地理模型，设立地理丛刊委员会和中小学地理研究会，建立地理系测候室等。但 1937 年 7 月，日寇发动全面侵华战争，中国半壁江山顿时陷入腥风血雨之中，学校被迫西迁，地理系发展的宏伟规划无奈中止。

三、广揽人才

学校的发展壮大需要有更多著名学者、大师。各届校长摈弃门派之见，兼容并包，延揽了留学欧美、日本的多位博士、硕士及国内著名学者任各科教员，他们几乎都成为各学科的领军人物，因此这一时期也是新中国成立前教师队伍最雄厚的时期。

地理系独立建系后，为提高课程标准，千方百计广揽人才，一批国内知名专家、学者纷纷前来任教，使地理系的师资力量雄厚，人才荟萃。除高师时期就已任教的白眉初、刘玉峰、翁文灏、陈映璜等教授外，1928 年独立设系以后，地理系又增聘了多位著名地理学者：

王烈——德国富莱堡矿业大学毕业。1923 年 10 月到北师大，教授德文和岩石学。

王谟——四川仪陇人。日本东京帝国大学地理学科毕业。1925 年 8 月到北师大，讲授经济地理、地学研究、美洲地志、欧洲地志、亚洲地志。

陈翰生——江苏无锡人。1925 年到北师大，讲授商业地理。

杨钟健——陕西华县人。北京大学毕业后留学德国，获慕尼黑大学博士学位。1929 年 1 月到北师大，教授地质学。

王成祖——江苏南汇人。美国芝加哥大学文科学士、理科硕士。1928 年 9 月到北师大任教。

萧怀雅——江西兴国人。北京大学工科采矿冶金科毕业。1929 年 1 月到北师大，讲授矿物学。

余同甲——河南人。法国巴黎大学博士。1929 年 1 月到北师大任教。

鲍明钤——浙江宁波人。美国耶鲁大学学士、哥伦比亚大学硕士、约翰霍普金斯大学博士。1924 年 6 月到北师大，讲授英文地理。

王益崖——字钟麟，日本东京高等师范学校毕业、法国巴黎大学文学博士。曾任中山大学地理系系主任、中央大学地理系教授。1935～1936 年任国立北平师范大学地理系系主任。

张鸣韶——河南汝南人。美国密歇根大学地质硕士。1930 年 9 月到北平师大，讲授地质学。

谢家荣——上海人。美国威斯康星大学硕士。1930 年 9 月到北平师大，1931～1932 年任北平师大地理系系主任。讲授地质学。

王雪涛——河北成安人。北平艺术学院毕业。1929 年 9 月到北平师大，讲授写生绘画。

黄国璋——湖南湘乡人。长沙雅礼大学学士，美国芝加哥大学理学硕士，耶鲁大学研究院研究员。曾任中央大学、清华大学教授。1936 年 9 月到北平师大，任地理系系主任，讲授北美地理、地理学原理、外国经济地理、中国经济地理等。

王金绂——直隶丰润人。1927 年 9 月到北师大，讲授中国地理。

李学清——江苏吴江人。美国密歇根大学理科硕士。1927 年 9 月到北师大，讲授矿物学。

饶用泽——江西南昌人。美国约翰霍普金斯大学政治学学士。1927 年 10 月到校，讲授政治地理。

游风池——贵州贵阳人。1929 年 9 月到北平师大任教。

谌亚达——江西南昌人。日本东京高等师范学校毕业。1936 年到北平师大，讲授亚洲地理。

刘衍淮——山东平阳人。德国柏林大学博士。讲授气象学。

王竹泉——河北交河人。美国威斯康星大学地质学硕士。讲授地质学。

郑资约——河北衡水人。毕业于北平师大。1932 年来北平师大执教。

冯景兰——河南唐河人。曾留学美国。讲授地形学。

徐鸿逵——四川简阳人。本校毕业，1924 年 8 月到北师大，任地理系助教。

除以上教师系统讲授专业课程外，各届系主任还约请社会著名人士来校讲演。

四、人才辈出

地理系不仅重视学生的学业，也很注意对学生的思想、品德等方面的教育，力求使学生德智体全面发展。

学校较早就实行公共必修课、公共选修课、专业必修课、专业选修课四大课程体系，使学生既有丰富的教育学、心理学知识，同时也具备扎实的专业基础和较强的适应性，以音乐、钢琴、游戏、乐理、体操、舞蹈等艺术科目为自由选修课，这充分体现了人格培养与师范教育的特点。

此阶段地理系毕业的学生有后来成为著名地理教育家的王钧衡，地理学家邹豹君，自然地理学家万方祥，优秀地理教育家张子桢、张恩护、张景华、姜玉鼎、赵毓岷、盛福尧、孔福民等。曾任中国科学院原子能研究所党委书记的李毅（原名李国耀）也是1937年地理系的毕业生。

地理系更不乏为国家、民族献出青春和热血的有志青年。1927年与李大钊一起遇害的谢伯俞烈士，是史地系三年级的学生。他于1925年加入中国共产党，曾任北师大地下党支部书记。被捕后，谢伯俞在严刑拷打下，坚贞不屈，毫不动摇，最后献出了年轻的生命。新中国成立初期在贵州领导“土改”时被害的周清辑烈士是1930年地理系毕业生。

抗日战争爆发后，地理系许多学生放弃学业，奔赴抗日战场。如1934年考入地理系的张仁槐，抗日战争爆发后投笔从戎，任冀中军区政治部宣传部长等职，1942年在“五一大扫荡”中壮烈牺牲。与他一起奔赴前线的还有地理系杨淑英、齐剑秋等，新中国成立后，他们都在各自的岗位上兢兢业业、奉献终生。

另外，此阶段女师大与地理学相关专业也有学生毕业：1923年，有生物地质学系学生24人毕业；1930年有史地系4名学生毕业；1933年两师大合并后又有3名史地系学生毕业。

第四节　在社会动荡中艰难求索（1937～1949年）

1937年7月，卢沟桥的枪声拉开了全国抗战的序幕。师大部分学生在教授、中共地下党员杨秀峰的率领下奔赴抗日前线，学校保留了他们的学籍。国立北平师范大学迁往西安，与国立北平大学、国立北洋工学院三校奉命组成西安临时大学；1938年到陕南城固，4月，学校奉命改称国立西北联合大学（简称西北联大）。各学校保持相对独立性，原三校的校长、院长仍保留，学校公章照用，学生也都具有原有学校和新组建学校的双重学籍和校徽，学生毕业仍发原学校证书。1939年8月后，西北联大解体，北平师大改称国立西北师范学院（简称西北师院）。至此，国立北平师范大学的历史暂时告一段落。1941年学校奉命再迁至甘肃兰州十里店。

在抗战的八年时间里，学校经历三次改组：西安临时大学、西北联合大学教育学院（师范学院）、国立西北师范学院；经历三次大搬迁：北京到西安，西安到城固，城固到兰州。抗战胜利后，迁回北平。在此期间，师大师生精诚团结，共赴国难，在颠沛流离中坚持学业；在西北荒凉的黄河乱石滩上建起一座声名远播的著名大学。1937～1939年，地理系仍按原国立北平师范大学地理系的教学计划坚持课程；1939年后，地理系与历史系再次合并为史地系。

一、颠沛流离，弦歌不辍

1937年七七事变后学校迁至西安组建西安临时大学，11月1日开学，15日正式上课。地理系在北大街同济坊上课。

抗战时率西北师院附中学生翻越秦岭

搬迁到城固后，学校地址在文庙及校场坝，原校长李蒸担任院长；毕业生仍发给国立北平师范大学毕业证书，直到1941年止。1938年以后招收的新生，以西北师院的名义毕业。1941年后，老生在城固逐年毕业，新生在兰州招收，至1944年学院彻底搬到兰州。西北师院学生一律免收学膳费，由政府公费负担。这是一所完全继承国立北平师范大学优良学风校风的大学。国民政府教育部承认西北师院为国立北平师范大学之赓续。

抗战爆发后，地理系学生中有40余人辍学，其中相当一部分人奔赴了抗日前线。当此非常时期，学生人数变化很大，有陆续返校的，也有其他学校投奔来旁听的。学校一律采取宽容态度，只要程度相当就可听课。地理系仍按原国立北平师范大学地理系的教学计划执行。局势虽然动荡，但是，教学活动仍在有条不紊地进行。

1938 年 2 月 15 日，以历史、地理两系为主要研究者的《西北史地季刊》创刊，标志着新形势下的科研活动仍在继续。

1938 年 7 月，国民政府教育部颁布《师范学院规程》，正式确立师范学院制度，明确办学目的为“养成中学校之健全师资”，并把师范学院学制改为五年，增加的一年进行实习（包括参观、见习、教学实习、行政实习等项目）。

1938 年 11 月，为适应抗战形势，地理系系主任黄国璋向联大校务委员会提出的“整理抗战地理资料计划书”得到批准。12 月，地理系学生在黄国璋等教授的带领下，对陕南地区土壤改良及紫阳县茶叶状况进行调查、研究，学校为此拨款 150 元。1939 年，校常务委员会决议：虽然经费紧张，仍同意地理系《地理教学月刊》出版一期。

1938～1939 年夏，在地理系任教的教师除系主任黄国璋外，还有教授谌亚达、殷祖英、王益崖、王德基，副教授郁士元，讲师李季谷、黄文弼，助教韩宪纲、姜玉鼎、王钧衡。

1939 年后，地理系与历史系合并称史地系，系主任初仍由黄国璋担任。1940 年，黄国璋去重庆任地理研究所所长，史地系系主任先后由黎锦熙、谌亚达代理。此时，史地系的教授有陆懋德、邹豹君、苗迪青、张云波等。1942～1946 年（兰州），史地系系主任由邹豹君担任，在职教授有谌亚达、张云波、王心正、罗志甫等，兼任教授先后有黄文弼、王德基、王曰伦等，讲师、助教有卢蕴章、吴宏中、李存禄、万方祥（1947 年为副教授）、万九河等，兼任讲师有董文朗等。

国立西北师范学院仍继承北平师大的校风学风，重视学业，崇尚发明和创造精神。在课程安排上，仍注意培养学生专业知识要扎实、宽泛，学习方法要灵活。在课程设置上分为四部分：普通基本科目、教育基本科目、专业必修科目、专业选修科目。其中，史地系的专业必修科目中的地理课程有：自然地理、人文地理、中国地理、中国区域地理、世界地理、中国历史地理；专业选修科目中的地理课程有：国防地理、经济地理、政治地理、地理实察、地图读法、天文地理、测量学、地形学、气候学、气象学。

当时教育部规定，西北师院负责对河南、陕西、甘肃、宁夏、绥远、青海六省区的教育进行辅导。因此从 1941 年起，西北师院增设了国文、史地、理化、国语、体育 5 个专修科，国文、史地、理化三科初设时称“初级部”。招收高级中学或同等学校毕业生，进行三年的学科及专业（即教育、教材、教法等）训练，合格者补充到中学任教。在抗战的八年中，学校培养各类专修科学生四五百人，大大缓解了西北地区中小学师资紧缺的状况。期间，学校本科毕业生达 1300 余人，绝大部分留在西北地区任教。学校还曾办有优良小学教师训练班、中等各科讲习班和先修班，为西北地区培养了大批合格的中小学各科教师，为西北地区的普通教育和高等教育的确立均作出了卓越贡献。

抗战八年，师大多次搬迁，校名多次更改，教职员、学生的变动也很大。当时办学条件异常困难，师生在“共赴国难”、“以教育为开发西部先驱”① 等思想的鼓舞下，以苦为乐，艰苦创业，为国家、民族的教育事业作出巨大贡献。学生赞扬教师“时艰共济，学绍传薪，惠周士类，功不可泯”。校友称赞母校：“母校如一大洪炉，亦陶铸成无数胸怀锦绣，壮志凌云而能吃苦耐劳忠诚朴实的青年，以从事清高神圣之教育事业，而达到其救国救世之目的。伟哉母校!”②

二、复员北平与迎接解放

1945 年 8 月 15 日，抗日战争胜利，举国上下一片欢腾。1946 年 8 月，兰州西北师院的部分师生留在西北，还有部分教师留在西北大学，为建设西北教育事业继续作出贡献；部分师生回到北平复校，并和北平临时大学（简称临大）第七分班合并在一起，成为国立北平师范学院。袁敦礼担任院长，黄国璋再次任地理系系主任，兼任理学院院长。北平临时大学是抗日胜利后，民国政府接收北平沦陷区各院校，将之组合一起称临大，把不同院校分别编号，“师大”被称为第七分班。在沦陷时代，绝大部分师生都很爱国，有的曾和敌伪势力做坚决斗争，并牺牲在日寇魔爪之下。当时第七分班设地学系，除四年级学生外，其余可自愿转入清华地学系。从兰州复员北平后，有284 名学生随学校返回北平，与临大第七分班约 600 多名学生合并，人数空前增多；同年 9 月，学校在北平、上海、沈阳、开封、济南、太原、西安、青岛等地招收新生二百余人。截至 1946 年 10 月，学校有学生 1100 余人。同年 11 月学校开学。当时学校设有国文、英语、历史、地理、数学、物理、化学、博物、教育、体育、音乐、家政 12 个系和劳作专修科。地理系又独立设系。但是，此时学校只被允许称为国立北平师范学院（简称北平师院），随后学生掀起了一场“复大运动”，并得到全体教师的支持，终于在 1948 年 1 月恢复了“国立北平师范大学”的名称。

复员后，黄国璋任系主任伊始便精心擘画，一方面筹划恢复《地理教学》出版事宜，委派薛贻源、宋春青负责组稿、编辑、校对、出版、订阅、发行等全部工作，在缺少经费和专职人员的条件下，终获复刊。当时许多著名学者，如张印堂、洪思齐、刘玉峰、邹豹君、王益崖、冯景兰、谌亚达、周立三、鲍觉民、王德基、严德一、卢鋈、沙学俊、任美锷、徐近之、李海晨、傅角今、朱炳海、罗开富等，都为该刊撰稿，因此曾产生很大的影响。另一方面还委托王钧衡、张景华、赵毓岷、赵淑梅等编辑中

① 李蒸：《国立西北师范学院师范研究所一览》（教育视察报告），1940

② 方永蒸：《忆母校》载《国立北平师范大学》（台湾出版）

学地理教材、参考教材和中学教学用图，很受全国中学师生欢迎，对普教的改革起了积极作用。

1949 年 1 月 31 日，在万众欢呼声中北平迎来了和平解放。2 月 27 日，军管会正式接管师大，不久组成校务委员会，由著名语言学家黎锦熙主持校务。黄国璋继续主持地理系工作。

三、一支有凝聚力的学术队伍

学校迁往西北的 8 年多时间里，原师大的大部分教师不愿在沦陷区苟且偷生，他们不惧办学条件简陋和生活艰苦，多次随校迁移。正如李蒸校长所说："本院全校有师生约 2500 人，教授中 2/3 为师大的老教授，虽然生活困难，及外界的引诱，仍随学校迁移跋涉，历尽艰苦，仍不离此，此为本院可以自豪的一点。"① 当然，也有其他学校的教师慕名辗转而来。史地系的地理教师除黄国璋、王益崖、邹豹君、谌亚达、殷祖英、王钧衡等人外，又增加了黄文弼、郁士元、韩宪纲、姜玉鼎、李季谷、武果、郑象铣、林占鳌、卢蕴璋、何竹淇、朱振声等。

复员北平后，袁敦礼出任师大校长，教务长汤璪真，总务长焦实斋，训导长温广汉；文学院院长黎锦熙，理学院院长黄国璋，教育学院院长袁敦礼兼。地理系系主任仍由黄国璋担任；教授有：刘玉峰、王钧衡、郑象铣、殷祖英等；讲师有：薛贻源、刘培桐、张恩护、黄绍鸣、孙盘寿等；助教有：卢念能、赵淑梅、宋春青、魏文泽；绘图员有：崔文继、童卓然；兼职教授有：黄玉蓉、董绍良、冯景兰、张印堂等。这是一支学术水平高，敬业、乐业的老、中、青结合的教师队伍。1949 年，黄国璋还聘任卢鋈、盛叙功、谌亚达、王嘉荫、王鸿祯、侯学煜、杨昌业、周卡等来系任教，邀请新从美国归来的周廷儒、万方祥等来系任教，师资力量空前壮大。

四、优秀学子

据资料统计，1938～1941 年间，从北平到城固的地理系学生在艰苦条件下努力完成学业，先后毕业。1938 年毕业学生 11 人，1939 年毕业 6 人，1940 年毕业 8 人，1941 年毕业 11 人。1938 年史地系在城固招生 28 名，又改为五年制，因此 1942 年没有毕业生。1943 年史地系毕业学生 17 人，1944 年毕业 21 人，1945 年毕业 22 人，1946 年毕业 9 人。总计以上本科毕业生共 105 人。②

1942 年 9 月增设史地专修科，起初称初级部。1944 年毕业学生 12 人，1945 年毕业 32 人，1946 年 25 人，1947 年 21 人，共培养学生 90 人。②

---

① 1943 年《国立西北师范学院校务汇报》第 61 期

② 校友会编：北京师范大学校友百年校友名录 1902～1949 卷，校友会编

1946年，清华大学地学系重建，由于地学系学生数量少，与师大地理系商定，师大地理系学生可以同级转入清华大学地学系。在此情况下，不少师大地理系学子转入清华大学，并以优异的成绩在清华大学毕业。这导致此后几年师大地理系毕业生减少：1947毕业24人，1948年毕业10人，1949年毕业19人。①

地理系的毕业生在各自的工作岗位上独当一面，并有较高的学术造诣，在地理学界、教育界和其他各界都作出了卓越贡献。例如，荣若绅（书之）、黄绍鸣、韩宪纲、郑象铣、焦北辰、卢村禾、王成敬、吉作哲、贾秉温、刘培桐、薛贻源、金瑞莘、田世英、屈履泰、李存禄、李国英、周肇锐、董文朗、刘仲夫、尚世英、史承斋、李书田、刘德生、褚亚平等许多人后来在大学任教授或兼任地理系系主任等职务。

北京师范大学以其对国家、民族的责任，培育了大量优秀师资，道传薪火，教泽永垂。这是不争的事实。

---

① 校友会编：北京师范大学校友百年校友名录1902～1949卷，校友会编

第五节 初步改造与新教学体系的建立(1949～1956年)

1949年1月31日，北平和平解放。2月27日，军管会接管北平师大。从此，北师大进入了一个崭新的时期。5月6日，北师大成立校务委员会，黄国璋为成员之一，并兼任理学院院长。[①] 新中国成立后，地理系获得新生，在国家的指引下，改造旧的中国高等教育，经历了初步改造和建立新教学体系的阶段，在摸索中走出了一条新中国体制下的发展之路。

1949年9月，北平改称北京，国立北平师范大学相应改为北京师范大学。

1950年1月，教育部通过了《关于改革北京师范大学的决定》(简称《决定》)，对北师大的任务、课程、教学方法、行政制度与教师的研究组织作了明确规定。根据《决定》着手对北师大进行改革，并以北师大改革的经验作为全国各地师范院校、教育院校改革的示范、样本。

1949年3月至1952年春，北京市体育专科学校、中国大学理学院、燕京大学教育系、中国人民大学教育研究室和教育专修班、北京大学教育系先后并入北京师范大学；1952年夏，辅仁大学与北京师范大学合并，著名历史学家陈垣出任校长，辅仁大学历史系教授杨曾威转为北师大地理系教授。北师大的规模空前扩大，和平门外原旧址称南校，定阜大街原辅仁大学校址称北校，并在海淀区北太平庄建设新校舍，占地82万平方米。

一、地理系初步改造时期(1949～1952年)

新中国成立后，党领导全国人民开展了一系列革命运动。在抗美援朝、土地改革、镇压反革命、“三反”、“五反”等运动中，广大师生受到了锻炼，提高了思想觉悟，树立了为人民服务、贯彻党的教育方针的信念。根据教育部关于改革北师大的决定，对办学方针、课程设置、人才培养方式等都进行了改革。在这个时期，黄国璋仍任地理系主任，教授有：谌亚达、盛叙功、王钧衡、周廷儒、殷祖英、卢鋈、杨曾威，后又调进留美归来的万方祥，组成了一支实力雄厚的教师队伍。经历了革命战争洗礼的中国，各行各业百废待兴，党和政府带领社会各界纷纷投入新中国的建设当中。北师大地理系的部分师生参军参干，到祖国最需要的地方去，为国家建设贡献自己的力量。国家根据建设发展需要，从地理系抽调了一部分优秀师资，援建其他院校，大大促进

① “军管会委字第004号”委状

了地方教育事业的发展。

教学改革是此阶段一项重要工作。在华北高教委和教育部的领导下，召开了高校改革会议，颁布了一系列文件，全国各高校普遍实行课程改革。北师大从1949年年底开始改进教学研究工作，根据学校以培养中等学校师资为首要任务的目标，对旧课程均重新评估改革。1950年8月，学校又根据教育部5月颁发的《北京师范大学暂行规程》和当月编印的《高等学校课程草案》，拟定了《北京师范大学课程草案》。按照《北京师范大学暂行规程》规定的教学原则，学校课目类别大致分为：①政治课目；②教育科学课目（包括逻辑学）；③教育技术课目；④业务必修课目；⑤选修及补修课目。前3个课目为公共必修课目；后2个为业务课目。课程草案规定本科四年制各系科目的比重为：政治课目占最低学分总数为11.67%，教育科学课目10.83%，教育技术课目13.33%，业务必修课目46.67%，选修及补修课目（按学分幅度的最低额）17.5%。并规定四年制各系学分总数为120～136。每学期必修科课目不得超过四门。从1951年开始，各系拟订了课程设置计划。当时地理系的主要专业课程是：地图学、地形学、地理学原理、地质学、地形测绘、世界地理、政治经济地理、土壤地理、矿物岩石学、乡土地理、气候学、中国地理等。

黄国璋早在1946年就担任中国地学会的总干事，当时地学会的秘书处就设在北师大地理系。新中国成立后，中国地学会与地理学会合并，称中国地理学会，首任理事长是黄国璋，学会曾一度挂靠在北师大地理系，当时《地理学报》办公室也一度设在北师大地理系。黄国璋利用自己的特殊地位，为师大充实师资力量，延揽各路名师来系任教，周廷儒就是在他的号召下来系工作的。另外，不能来系长期任教的，黄国璋就组织他们给学生开设短期课程。当时来系开设课程的学者很多，比如聘请气象学家卢鋈教授开设气象学课程；聘请植物生态学、地植物学专家侯学煜教授开设植物地理学；地质学院的周卡教授曾经在美国学习地质测量，黄国璋就请他来为北师大地理系学生讲测量学；侯仁之教授受邀开设北京地理课程；聘请从美国归来的薛贻源教授来地理系开设航空像片判读课程；社会学家吴泽霖教授受邀讲述民族地理学；王嘉荫教授受邀讲授岩石学；罗开富教授受邀讲授水文学。受黄国璋邀请，来系参加学术会议的地理学者大多在地理系做过学术报告，学术氛围空前活跃。新中国成立之初的1949年、1950年连续发生日食、月食现象，社会上谣言四起。为此，中宣部常务副部长徐特立多次来北师大，与系主任黄国璋筹划，在1950年1月举办了大型科普展览，利用北师大的仪器模型，由地理系师生讲解日食、月食形成的科学原理。参观展览者络绎不绝，展览内容由中央新闻电影制片厂拍摄成纪录片，在全国放映。北师大地理系又一次走在了为国家排忧解难的前列。新中国成立之初，建设工作开展得如火如荼，对人才更是求贤若渴。在这个阶段，北师大地理系为国家培养了大量人才，输送到各个部门：有的前往铁道部进行铁路选线，有的到民政部研究行政区划问题，有的到水利部进行流域规划……地理系学子尽其所学，全力投入到新中国的建设工作。

二、全面学习苏联阶段（1952～1956 年）

1952 年夏，黄国璋受到不公平待遇，后调往西北大学任教。周廷儒被学校任命为地理系系主任。

20 世纪 50 年代，学校坚持以教学为主，维持正常的教学秩序。当时帝国主义对我国全面封锁，缺少信息和交流。政治、外交一边倒，导致了教育全面学习苏联的局面。从 1950 年 9 月开始，北师大陆续聘请苏联专家来校工作，请他们介绍苏联的教育理论和教育经验并指导工作。当时地理系的课程体系完全参照苏联，属于教学型的高师院校地理系方案。从这个阶段开始，地理系制定了较为完善的教学计划，并把这一教学计划推广到全国各高等师范院校。这是地理系对中国地理教育的贡献和服务。从旧中国的师范走向新中国的师范，这是一个转折点，虽有诸多不足，但应该肯定的是，这一阶段逐步建立了一个全新的高等师范教育模式。

1952 年，北师大积极贯彻党中央关于改革旧教育和学习苏联的指示，全面向苏联学习，对教育制度、教学内容、教学方法、教学组织等，都进行了有计划的改革。1952 年秋，教育部委托北师大草拟《师范学院教学计划（草案）》。波波夫教授和周廷儒参照苏联列宁师范学院 1951 年的教学计划，主持制订了北师大地理系新的教学计划。该教学计划连同学校其他系的教学计划一起呈报教育部，并由教育部印发给各师范学院作为参考，成为新中国成立后拟定的第一个师范学院教学计划。教育部对此非常重视，于 11 月 5 日发布了《关于试行师范学院教学计划（草案）的通知》，向全国推广实施。1953 年受教育部委托，周廷儒负责草拟全国高等师范院校地理系教学计划草案。该草案是以北师大地理系的教学计划为基础拟定的，在 1953 年秋召开的全国师范教育会议上讨论并略作修改后通过，于 1954 年由教育部正式颁布实施。后来，周廷儒领导全系教师开始制定各门专业课程的教学大纲。1954 年年初，地理系受教育部委托，起草“中国自然地理”、“土壤地理学”和“地图与测量”三门专业课的教学大纲，这些教学大纲经教育部讨论通过，于 1955 年正式颁布，并在全国各高等师范院校实施。此版教学大纲的特点是规范了教学，但是却弱化了部分自然地理课程。从 1952 年开始，周廷儒组织全系教师编写各专业课程教材。至 1955 年暑假前，基本完成了各科教材的编写，部分教材铅印并与各大学地理系交流。

北京师范大学率先学习苏联，设置教研组/室。地理系成立了中国地理组、世界地理组、地理学原理组、教材教法组；教研组的首要工作是制订教学计划和编写教学大纲。教学计划内容包括：本科的目标任务、学分、实验实习的时数、教学内容概要、教学方法、教学进度、效果检查的项目。教研组的设立，使教学逐步走向了规范化，有效地帮助教师进行改革教学，提高了教学质量。

这一阶段，地理系的教学重视面向中学，重视基础（包括基础课程和基本动手能力、实习），重视专业思想教育，相对稳定在师范性上。

20 世纪 50 年代中期，地理系开始招收研究生班，学制二年，分别是 1954～1956 年、1959～1961 年土壤地理学研究生班（24 人、2 人）；1955～1957 年地图与测量研究生班（18 人）；1955～1957 年经济地理研究生班（21 人）；1959～1961 年、1961～1964 年中国自然地理研究生班（4 人、5 人）；1960～1962 年化学地理研究生班（11 人）；1965～1968 年古地理研究生班（5 人）。这些研究生班毕业的学生被分配到各高校或返回原单位（东北师大、华东师大、北京大学、南开大学、中山大学等高校），后来大多都成为相应学科的领军人物。

为扩大地理系的教育覆盖面，地理系从 1956 年起开始招收函授生，学制五年。1956 年、1958 年、1960 年、1963 年共招了四届，学生人数分别为 82 人、52 人、140 人、63 人，来自全国各地的这 337 人通过函授教育，接受了北师大地理系的培养。

另外，地理系注重对中青年教师的培养，20 世纪 50 年代曾派武吉华、邬翊光、李华章、刘培桐、李之保、贾旺尧等同志赴苏联留学。他们学成归国后，都成了地理系的骨干力量。

第六节 探索教育革命的道路（1956～1966年）

1956～1966年，是地理系曲折向前、探索发展的时期。近十年间，北京师范大学经历了政治运动的洗礼，进行了教育大革命的探索和实践，中间经过整顿充实，然后又经历了新一轮教育改革。

反右斗争扩大化和随之而来的频繁政治运动，使学校的教学和科研受到相当的负面影响。为了配合实施总路线、“大跃进”，学校开展了教育大革命。一方面，地理系面临着思想解放的重任，要破除对苏联的迷信，要从办学理念上解放思想。另一方面，广大师生纷纷下厂、下乡，大炼钢铁，参加生产劳动。正常的教学秩序被打乱，师生的积极性受到挫伤。但是，通过教育与工农结合、和生产结合，广大师生增进了对工农的感情，加深了对社会的认识。而且，通过积极参加面向生产实际的科研活动，为地理系的专业建设打下了一定的基础，也为地理系后来坚持开展科研活动奠定了基础。

实施“调整、巩固、充实、提高”八字方针和贯彻“高教六十条”以后，学校进入全面整顿和充实提高阶段。学校确立了以教学为主的方针，教材建设、人才培养重新受到应有的重视，科研也迈出了新的步伐。教育事业重新步入兴旺发展的轨道。但发展的同时，“左倾”思想仍在产生影响。“以阶级斗争为纲”再次代替了以教学为主的方针。“社教”运动一开始，正常的教学和科研工作又受到冲击，刚刚建立的教学秩序又遭到破坏，教育事业又陷入了曲折艰难的境地。

一、教育大革命阶段（1956～1961年）

1957年5月，中共中央开展了整风运动，但运动被扩大化了，地理系部分师生受到错误的批判、斗争。此后，在“左”的思想指导下，开展了一系列运动，这些运动使知识分子的积极性一次次受到严重挫伤。在全国“大跃进”运动的背景下，全校在各系党总支的领导下，大办工厂和学校。从1958年5月至9月，北师大共办起工厂64个，学校270个。这一时期全校师生还参加大炼钢铁运动和农村劳动锻炼。

全面开展科学研究的“大跃进”。全校采取干部、教师、学生三结合的方式，未经调查研究和认真总结经验，短期内突击制定了103门课程的新教学大纲。1958年国庆以“丰硕”的科研成果向国庆“献礼”后，马上又提出继续“跃进”的口号，要在1959年的元旦、“三八”、“五一”、“七一”、“十一”分五次进行科研成果“献礼”。由于广大师生的高度热情和艰苦奋斗，在科研方面的确做出了一些成绩，但无论是数量还是质量，当时都被过分夸大了。师生们整天忙于体力劳动、政治运动和所谓的科研活动，正常的教学秩序受到影响。

1958 年地理系师生参加渣棉厂劳动

从 1958 年开始，数学、物理、化学、生物、地理五系的学制从四年制改为五年制，实行半工半读，甚至要求本科生在五年毕业时，达到研究生水平。

虽然 1958 年的教育大革命使教学秩序受到严重破坏，但是，师生联合搞科研、编教材，使地理系冲破了苏联的师范院校只搞教学的模式，科研不再神秘，教学大纲的范围也可以突破，地理学为国家建设服务得到进一步体现；学生在读书期间就程度不同地参与科研活动等，不能不说也是一种进步。为提高科研水平，学生的数理化课程增加了，数理化基础水平提高了；增加了气象与气候、水文学等课程，还增加了部门地理，分科教学，学科齐全，提高了地学基础水平；同时，保留综合课，研究自然地理和经济地理的组合，强调区域性，注意各地理要素的相互影响、彼此作用，探索地理学的综合研究方向。

1959 年，地理系派出 7 支队伍，分别参加新疆综合科学考察、新疆和宁夏治沙、渤海海岸调查、南水北调调查、长江三峡谷地地貌调查、祁连山动物疫源地调查、国家大地图集编辑。多名师生参与到铁路规划建设，北京市温榆河，大石河流域规划，土壤改良，人民公社规划等工作中。地理系坚持教学、科学研究与生产结合，锻炼了师生的实践能力。

1960 年，地理系在“向综合大学看齐”口号的鼓舞下，提出建立四个新专业：自然地理、化学地理、生物地理和气象专业。

二、调整教学秩序阶段（1961～1966 年）

1961 年，在教育部《教育部直属高等学校暂行工作条例（草案）》（即《高教六十条》）调整、巩固、充实、提高思想的指导下，地理系配合学校纠正了“大跃进”时的一些错误做法，逐渐恢复了正常的教学秩序，并确立了相对稳定的办学理念。

1962 年对所办的四个专业进行了调整，但是改革思路仍然延续，地理系的办系方向更趋于明晰。在课程配置上，纠正之前的问题，提出加强基础教育，一是恢复并加强部门自然地理；二是加强数理化基础课程；三是加强当时地理系著名的“三驾马车”，即在全国享有盛誉的三位教授及他们所领军的专业：周廷儒的“自然地理学与新生代古地理”、刘培桐的“化学地理学”、王钧衡的“地理教育”。1960 年刘培桐主持开办了化学地理研究生班；1959 年、1961 年周廷儒招收了中国自然地理研究生；1965 年周廷儒招收了古地理方面的研究生，他们在地理分支领域内开始了新的探索。

1965年，全国上下开展社会主义教育运动，使学校刚刚恢复正常的教学秩序，再次受到干扰。地理系三年级以上学生到山西等地参加政治运动长达一学期，在校生每周也要抽出相当时间参加运动，检讨思想，斗私批修。在贯彻执行阶级斗争是学生的“一门主课”和减轻学生负担等指示中，教学计划不断修改，所学课程减少，内容缩水，甚至为了保证政治运动的进行，部分学生的考试也取消了。

1956～1966年，地理系的发展遇到很多阻力，但在诸多教授、教师矢志不渝的努力下，仍取得较大进步。在提高教学质量的基础上，开展科学研究，在传统学科的基础上开辟了新的研究领域，更加面向地理科学的前沿，并为以后的发展打下了一定的基础。1963年，经教育部批准，地理系成立了“新生代古地理研究室”，并在1965年由周廷儒招收了古地理方面的研究生，为培养高层次的地理科研人才，迈出了非常可贵的一步。

从新中国成立后至“文化大革命”前，地理系的主要贡献和成就表现为以下三个方面。

（1）对中学地理教育的贡献：贯彻了中央“高等师范教育面向中学”的精神，引领了中学的地理教育。

（2）对全国高师院校的贡献：拟订了师范院校地理系教学计划，发挥了领军作用。

（3）对地理学发展的贡献：开创地理学两个新领域：“新生代古地理”、“化学地理学”。

第七节　“文化大革命”的浩劫（1966～1977 年）

十年浩劫，灾难深重。“文化大革命”使党、国家和人民的事业遭到新中国成立以来最严重的挫折和损失。教育战线是遭到“左倾”错误和“四人帮”反革命集团摧残、破坏的“重灾区”。由于江青、康生、张春桥等人直接插手干预，北京师范大学遭受的破坏和损失极为严重：原有秩序被彻底打乱，原有规章制度遭废弃，各级党组织和行政机构瘫痪，大批教师和干部遭到打击迫害，教学、科研全面停滞、倒退。北师大地理系的很多教师遭到了批斗和暴力攻击，有的甚至被抄家游街，受到了非人的折磨和凌辱。教学秩序被全部打乱，教学活动几乎停滞。地理系的诸多仪器设备被破坏，许多珍贵标本遗失，给地理系带来了不可估量的损失。

一、“文化大革命”的破坏

在“怀疑一切”、“打倒一切”和“资产阶级知识分子统治我们学校的现象，再也不能继续下去了”等指示下，学生不爱自己所习专业。1967 年地理系 64 级一战斗队甚至提出了“不破不立”、“彻底砸烂地理系”的口号。地理系 65 级经过讨论，一致通过转系决议。全班除 1 位学生转入数学系外，23 人转入化学系就读直至毕业分配。另外，受到这种思想的影响，高中取消了所有的地理课程，高中生不再上地理课。

二、重压之下耕耘不止

这一时期，地理系无论是教学科研还是学科发展，都深受“重创”。然而，即便如此，地理系的部分教师仍默默工作，耕耘不止。

1972 年，根据周恩来总理的指示“中国科学院应重视基础研究和加强基础理论研究”，中国科学院决定成立以竺可桢副院长为主任的《中国自然地理》编辑委员会，组织各方面专家从事这项专著的编著任务。周廷儒先生受聘为编辑委员会委员，并承担了撰写《中国自然地理·古地理》分册的任务。从 1973 年起，在缺少助手和资料的情况下，周廷儒先生克服困难，自己动手搜集资料。撰写期间，他因为过度劳累导致体质下降、疾病纠缠，更有甚者，说搞基础理论研究是“回潮”，请老先生写东西是“否定‘文化大革命’”。面对种种压力，他全然不顾，就这样，经过前后四年的艰苦奋斗，他终于完成了这部近四十万字、填补中国地理学空白的科学著作。1987 年，周廷儒关于中国古地理的研究成果，与中科院黄秉维教授等共同获得中国科学院科技成果一等奖、国家自然科学奖二等奖。另外，刘培桐先生坚持对环境化学的研究，他的《化学地理学》（初稿）也产生于“文化大革命”期间，并且培养了一些优秀学员。

1973 年 7 月，中国人民大学停办，其经济地理教研室的大部分教师并入师大地理系。在并入的教职工中，有些是参加革命多年的老干部，有些是造诣较深、经验丰富的教师。他们在地理系工作的几年中，做了很多工作，为地理系经济地理学的发展作出了贡献。1978 年 7 月，中国人民大学恢复时，这批同志回归人大。

10 年中，地理系的教师主动上山下乡，自觉地为农村服务，参与了地震普查、水土保持、气候观测、山区找水、土壤改良等应用项目的科研工作。在为生产服务、为农业和农民服务等方面，作出较大努力，也得到了有关方面的好评。

三、招收工农兵学员

1966 年 6 月，中共中央、国务院发出《关于改革高等学校招生考试办法的通知》，废除了全国统一考试招生制度，高校教学工作陷于停顿。1970 年，根据“要从有实践经验的工人农民中间选拔学生，到学校学几年以后又回到生产实践中去”的指示，我国部分高等学校开始试点招生。在这样的背景下，师大也开始招生办班，以“开门办学”的形式，恢复教学活动。除了招收“工农兵”学员外，本校还开办了师资培训班、进修班、函授班等，但在招生制度、生源标准、教学计划、教学内容等方面都与“文化大革命”前有很大的不同。

在此阶段，地理系曾在 1973 年、1974 年招收了两届“工农兵”学员，计 80 人。在多年没有大学毕业生的情况下，为社会各界输送了一批有一定科学知识的青年。20 世纪 70 年代初期，地理系一些教师还和北京水文地质大队举办了两届“水文地质班”(共招生 64 人)，培养出一批北京郊区县水文地质工作干部。根据当时气象工作的需要，地理系与北京市气象局、河北省气象局、天津市气象局合作开办了三届“气象班”，共培养近百名气象预报员、观测员。这批学生后来逐步成长为相关地区、市、县气象局的专业骨干乃至领导，为北京市、河北省、天津市的气象工作作出了重要贡献。

第八节　在调整中恢复、发展（1977～1993年）

1976年10月，中央采取果断措施，结束了给整个民族带来深重灾难的十年内乱，我们的国家由此进入了一个新的历史发展时期。随着全国拨乱反正，北京师范大学重新站在了一个新的起点上。

由于“文化大革命”的惯性影响，粉碎“四人帮”之后，教学和科研依然没有受到重视。直到1978年3月和4月，随着第五届全国人民代表大会和全国科学大会以及全国教育工作会议的召开，以及1977和1978两级新生的入学，教学和科研才逐渐恢复和发展。在党和国家的指引下，致力于建立完整的学位教育体系，紧跟时代前沿，强调多学科发展，在为国家培养优秀人才的同时完善自身学科建设，成为地理学科前进的风向标。

一、拨乱反正，艰难起步

1977～1983年是地理系不平凡的一段岁月，是充满希望、困难和挑战的时期。国家重新肯定高校的成绩，为广大教师知识分子平反，地理系面临着艰难起步的艰巨任务：首先是地理系在思想理论上与国际地理学的发展有极大的差距，对遥感、信息、实验测试等新技术知之甚微，在学术水平上远远落后于西方国家。其次，大批老中年教师作古或退休，加之中国人民大学经济地理教研室的全体同志返回人大，使得北师大地理系教师队伍减少了1/3以上，师资匮乏，就连本系专业课、基础课的教学都比较困难，公共课更是难以保证，而此时面临的任务又十分繁重。1977年工农兵学员仍在上课，仅1978年，就有本科77级、78级和二分校三个年级同时开班。同时，自然地理、环境科学、古地理、经济地理等专业又招收了数十名研究生。面对这些困难，在周廷儒主任的领导下，全系教职员艰苦奋斗，团结努力，采取了几项重要措施：第一，大量调入教师，增加师资力量，恢复教学秩序。第二，增添仪器图书，筹建生地楼，建设实验室。第三，自力更生，培养新生力量，选派一批研究生出国留学。第四，派一批教师出国进修和交流，引进发达国家先进地理学理论和技术。第五，聘请中国科学院、北京大学、中国人民大学、北方交通大学等兄弟院校的教师来地理系任兼职教师，协助培养研究生和本科生。第六，在保证完成繁重教学任务的同时，大力开展科研工作，接受国家重大科研任务，如三峡工程前期论证。这些工作使地理系逐步恢复和发展，初步完成了新老交替，面貌一新。

二、教学工作的恢复

1977年下半年，国家宣布恢复高考制度。1978年3月，“文化大革命”后按照新的考试办法招收的第一届新生入学，即“77级”大学生。他们于1978年春季入学，地理系招收了住宿生和走读生共47人。1978年9月，78级本科50人入学。实际上77级、78级入学时间只差半年。从此本科学制恢复为四年。

当时在以师范人才培养为主的办学思想指导下，地理系为全国各地的中学及高等学校培养和输送了大批优秀地理老师。“文化大革命”结束后，恢复高中地理课程，但是高中地理师资力量严重不足，于是地理系教师废寝忘食编写出“文化大革命”后全国第一本高中地理教材《地学》，并在人民剧场义务为北京市高中地理教师授课，普及地理知识。地理系的赵淑梅、宋春青、武吉华、彭望琭、郭瑞涛等老师的讲课得到中学地理教师的一致好评。

在高校地理教育方面，为适应新形势下的教学需求，1977年在上海嘉定召开了全国高等师范院校地理教材会议。北京师范大学地理系武吉华、段宝林、张如一、李天杰、赵济等参加了会议。会议决定，北师大地理系主持编写四部主要教材：地质学基础、植物地理、环境学原理、土壤地理；参与编写教材：地图学、中国自然地理、世界自然地理、气象气候学等。20世纪80年代，北师大地理系教师主编或合编的高等师范院校地理专业基础教材有：植物地理学、地质学基础、中国自然地理、土壤地理学、地图学等共计11种。还主编了多部中学和中专教材，如中国地理、世界地理、气象与气候学等。另外，北师大地理系大力援建地方院校地理系，以进修教师的方式为其培养优秀教师。直接主持援建宁夏大学地理系、湖南湘潭师范学院地理系，曾多次派出本系教师开展教学和科研活动。北京师范大学地理系在全国高等师范院校的地位和辐射作用显而易见。

改革开放后，地理系的研究生培养进入新时期。1978年9月，以刘培桐为首的环境科学教研室招收了第一批环境地学硕士研究生10名；1979年，以周廷儒为首的古地理教研室招收古地理研究生3名。1981年，经北师大理科学术委员会全体委员会议讨论通过，地理系古地理学科成为学校11个重点学科之一，后经校务会议和校学术委员会审议后，报教育部党组备案、审批，自然地理学成为我校第一批博士授予学科之一周廷儒成为我校第一批博士生导师；古地理学、自然地理学、环境地学、区域地理学成为我校第一批具有硕士学位授予权的专业。

1978年、1979年入学的15名研究生班学生，成为地理系第一届（81届）获得硕士学位的硕士研究生。1982年年初，地理系招收了第一批从恢复高考后的本科生中选拔出来的硕士研究生6名。1985年，周廷儒以古地理专业首次招收了一名博士生——邱维理（地理系1978级本科生）。随后于1986年录取了第二名博士生——毕业于兰州冰川与沙漠研究所的硕士史培军。1988年，博士生史培军以优异成绩提前毕业，成为地理系第一个获得博士学位的毕业生。1976～1993年，地理系共培养博士研究生6名、硕士研究生143名。这些研究生大多成为所在单位科研骨干，在各自领域作出了突出成绩。

三、科研工作重新起步

“文化大革命”期间，科研机构被拆散，实验设备遭破坏，教学和科研人员遭到打击迫害，致使绝大多数研究项目被迫中断。粉碎“四人帮”后，特别是1978年全国科学大会召开后，北师大地理系全面跟进国际地理学科的发展，与时俱进，着力恢复自然地理，大力发展环境、遥感、自然灾害，扶持带动经济地理、人文地理。

1978年，全国科学大会召开，重申了“科学技术是生产力”这一马克思主义基本观点，从而澄清了长期束缚科学技术发展的重大理论是非问题，打破了“文化大革命”以来长期禁锢知识分子的桎梏，迎来了科学的春天。北师大地理系周廷儒作为大会的特邀代表参会。大会提倡高等学校建立两个中心，特别是重点院校，要建立教学、科研两个中心，要办研究所、科研院所。大会通过了《1978～1985年全国科学技术发展规划纲要（草案)》(简称《纲要》)，提出科技领域许多新的发展方向以及新学科，北师大地理系由此受到很大启发，大力贯彻落实《纲要》精神。《纲要》中提到的多个重点领域都与地理系有关，比如空间科学领域中的遥感、环境保护和污染治理等。在国家科学技术亟待发展的大背景下，地理系重视科研，关注学术前沿，走在了科学发展的前列。

结合地理学科特点，针对国内外地理科学发展的前沿以及我国社会主义建设的需要，地理系在地理学的许多领域开展了系统的科学研究，其中尤以古地理、自然资源与环境评价、遥感技术在地学中的应用研究、区域开发与国土规划、环境演变与自然灾害、专题地图编制等方面更为突出，取得了显著的成果。周廷儒在古地理研究的基础和沉淀之上，提出了环境演变这一新发展方向。赵济、朱启疆、彭望琭等紧跟地理学发展前沿，学习、引进遥感科学技术，促进了地理系遥感学科的起步发展。这一时期，地理系在科研发展和院系建设方面取得了一系列成就：建成了中国自然地理学博士点，强调了用遥感及地理信息系统推动自然地理研究的信息化、现代化和自然地理学研究从静态到动态过程的转变。全国第一个环境学博士点、全国第一个环境评价专业在北师大地理系诞生。1977～1993年，特别是自20世纪80年代以来，在周廷儒的带领下，地理系率先开展了我国北方农牧交错带环境演变的研究工作，获得了一系列重要成果；刘培桐在20世纪70年代率先开展了环境地学研究，成为中国环境科学研究的先驱者之一。地理系从1989年开始从事灾害研究，从古地理的角度，根据历史成因分析灾害的地理空间分布规律。这项研究符合20世纪90年代联合国“国际减灾十年”的国际科研需要，也为我国的灾害研究奠定了基础。20 世纪 90 年代，以史培军为主的科研队伍又开拓了自然灾害研究方向，拓展了地理系的科研范围和发展空间。

1987 年，周廷儒院士（左二）与张兰生教授（右二）、赵济教授（左一）、史培军博士（右一）讨论中国自然灾害问题

1976～1993 年，地理系组织教师参加国家重大科研项目，共承担各类项目 149 项，其中包括国家自然科学基金 11 项，参加外单位主持的国家自然科学基金 10 项；其他研究基金 15 项；国家教委博士学科点基金 4 项；国家“六五”科技攻关项目 4 项；“七五”科技攻关项目 14 项；“八五”科技攻关项目 10 项。已鉴定项目 44 项，出版专著 56 部、译著 5 部、科普著作 10 余部，发表学术论文 510 余篇。在这些研究成果中，获得国家级科技奖励 5 项，省部级及其他科技奖励 56 项，获奖者达 130 人次。这些研究成果凝聚了地理系教师及其研究生团队的辛勤劳动，也记录了地理系师生对科学事业的执著追求与献身精神。

四、环境科学研究所建立

1983 年，环境教研室从地理系中分离，成立了全国第一个以地理学者为主体开展环境科学与环境保护研究的学术机构——环境科学研究所，首任所长刘培桐（任职期为 1982～1990 年）。在刘培桐、王华东的带领下，北师大环境科学研究所逐步建立起高水平的科研与教学队伍，拥有了一定规模的现代化实验设施，1983 年研究所接受世界银行对我国高等教育的第一批贷款，在国内首次装备了环境科学现代分析测试实验设备。

1990 年经国务院学位委员会批准，以王华东为学科带头人，环境科学研究所成为我国第一个环境地理学博士培养授予点。1978～1990 年，陆续培养硕士研究生数十名，博士生十余名，他们分别走上国家环境保护科研、教学及管理等领域的重要岗位，并作出了重要贡献。

环境科学研究所

环境科学研究所的成立，不仅标志着地理系在全国率先介入了环境科学的研究，而且反映了地理系的办系思想和学生培养计划已经呈现出由师范性向综合性、研究型转化的趋势。

五、国际交流逐步开展

改革开放以后，地理系加快了国际交流的步伐。1976～1993 年，地理系与美国、加拿大、澳大利亚、英国、日本、苏联等国相关机构建立了各种联系。十几年来，地理系共派出国进修或攻读学位的教师 10 名、访问学者 7 名，出席在国外召开的国际会议近 20 人次，出席在国内召开的国际会议 50 余人次。还与澳大利亚莫纳什大学合作开展了“中、澳半干旱地带环境演变比较研究（1990～1992 年）”。

1987 年 9 月日本大阪大学、神户大学地质教授来访

1988 年 11 月苏联科学院地理研究所副所长等三人来访

1992 年 8 月为美国 Fulbright-Hays 教师修学团讲授中国地理环境

第九节 快速发展阶段（1993～2003 年）

1982 级校友赠送的刻有系名的山石

1993 年，为满足地理科学面向 21 世纪发展的需要，地理系易名为资源与环境科学系（简称资环系），首任系主任史培军。同年，又在资源与环境科学系和环境科学研究所的基础上成立了资源与环境学院（简称资环学院），首任院长张兰生，1998 年由刘昌明院士继任院长。1997 年资环系部分教师分出成立资源科学研究所（简称资源所）。此时，资环学院包含一系两所：资环系、环境科学研究所（简称环科所）和资源所。

一、人才培养成绩卓著

把握地理学发展趋势，着眼国家资源与环境问题的解决，20 世纪 90 年代以来，北师大资环系的人才培养建设取得空前成就：1995 年被批准成为中国首批地理学博士后流动站，1996 年被批准成为国家地理学基础科学研究与教学人才培养基地，2000 年自然地理学被评为国家重点学科，形成了从本科生、硕士生、博士生到博士后完整的人才培养体系。2000 年，系主任樊杰被教育部任命为义务教育地理课程标准（简称“新课标”）制定组组长，编制初中、高中地理课程标准。1995 年，张兰生获得“国家级优秀教师”奖励。2001 年 12 月，赵济、王静爱、葛岳静、吴殿廷、史培军的“区域地理课程体系建设与改革”获得“国家级教学成果奖一等奖”，葛岳静等的“注重素质教育的公共课教学改革与实践”获得“国家级教学成果奖二等奖”，这是北师大地理系第一次获得国家级教学成果奖励。经过“九五”和“十五”两期建设，资环学院已建成 8 个教学实验室和 9 个研究型实验室；在河北小五台山建立了地质地貌实习基地，在河北丰宁县坝上建立土壤植物实习基地，在江苏吴县东山建立了人文地理综合野外实习基地，以及校内气象园；并在北京市及周边地区建立了 12 个短途实习点或线路。

国家级教学成果奖

获奖证书

获奖成果

获奖者

获奖等级 一等奖

证书号 2001056

中华人民共和国

教育部部长

赵济等获得资环系第一个国家级教学成果奖一等奖

虽然在这一时期，资环系的办学思想全面实现了由师范性向综合性研究型的转化，但是地理教育依然是资环系发展建设中的一个重点。在这一办学思想指导下，院系在课程设置上注重学生专业基础知识和基本技能的培养，使学生具有获取地理学知识和信息、独立分析和解决地理学问题的能力和创新能力，能够熟练地应用计算机、遥感技术和地理信息系统进行地理信息系统教学与研究工作。学生的培养方向由原来的侧重师范人才转向了具有实践型、研究型人才的培养。资环系积极参与面向21世纪课程教材和教师进修教材的编写，在新兴学科课程如遥感、全球变化、环境教育等方面尤其突出。

二、学科建设与科研齐头并进

1993～2003年的十年间，资源与环境科学系的学科建设和科学研究都有了长足的发展。1996年，地理教育中心成立，承担资源与环境科学系的人才培养任务，研究领域集中在地理课程论、地理教学论。1999年，北京师范大学资源环境遥感地理信息系统研究中心（简称遥感中心）成立。截至2002年，建成了教育部、北京市和北京师范大学的三级重点实验室五个：1994年建成教育部重点实验室——环境演变与自然灾害实验室；2002年建设了北京市重点实验室——环境遥感与数字城市实验室；1999年、2000年、2001年分别建成北京师范大学校级重点实验室——土壤侵蚀研究实验室、地貌与环境沉积分析实验室、区域地理研究实验室。这些中心和实验室自创建以来，结合国家和社会发展的需求，在不同领域开展科学研究，走产、学、研一体化的发展道路，高质量地完成了多项国家攀登项目、“863”高技术项目、自然科学基金重大项目及国际合作项目等。

1999年，北京师范大学资源环境遥感地理信息系统研究中心成立，陈述彭院士任名誉主任，资环系李小文任中心主任，朱启疆任副主任；同时成立了北京师范大学遥感研究中心学术委员会，由徐冠华任学术委员会主任。其目的在于建立一支致力于遥感技术和地理信息系统支持下的遥感与地理空间信息基础研究队伍，从事遥感基础与应用研究，以及遥感与地理信息系统工程开发，为国家培养高水平、高层次的遥感基础研究人才，提高基础研究水平。研究中心的科研方向是：加强遥感科学基础研究，针对不同尺度的研究目标的基本参数特征，检验经典物理定理与定律在遥感象元尺度上的适用性，建立并发展相适应的遥感物理模型，从而不断促进遥感基础理论研究上的知识创新，为形成科学、系统的遥感科学而努力。

环境演变与自然灾害实验室是教育部重点实验室，成立于1994年。该实验室在不同尺度气候与环境演变、中国自然灾害时空格局与风险评估、中国土壤侵蚀机理与过程、多尺度生态系统动力学、环境演变与自然灾害信息分析及遥感测量、极端环境与药用资源研究等方面，开展了大量的研究工作。通过短尺度的气候变化过程研究，揭示了气候过程的区域遥感相关与响应；针对我国自然灾害种类多、频发且灾情重的特点及减灾的迫切性，提出了致灾因子、孕灾环境、承灾体共同组成的区域灾害系统理论，应用于水旱、风沙等自然灾害的研究，进而创建了自然灾害风险分析的软计算方法体系；针对我国坡地、耕地面积多的特点，研究出陡坡侵蚀模型；开展了人地关系以及生态环境对全球变化影响的研究，建立了土地利用/覆盖变化与生态景观模拟模型。

环境遥感与数字城市实验室是北京市重点实验室，批建于2002年。下设遥感（RS）图像处理、地理信息系统（GIS）、遥感基础研究、数字地球与景观模拟、全球定位系统（GPS）与GPS测量（建设中）等五个专业实验室。实验室长期致力于遥感基础理论研究、遥感应用研究和遥感与地理信息系统工程开发。实验室主要的研究方向有：植被冠层遥感建模与反演、遥感信号的尺度效应与尺度纠正、热红外与微波遥感应用、景观与生态模拟、资源与环境管理信息系统及城市基础设施地理信息系统开发以及“3S”技术应用集成方法等。实验室承担了国家重点基础研究规划项目（973项目）“地球表面时空多变要素的定量遥感理论及应用”、“利用热点卫星数据研究地表热点效应”、“中国陆地植被净第一性生产力的遥感模型研究”等多个国家级研究项目。

三、师资力量显著增强

此阶段，一批杰出的海归学者先后加盟，资环系的师资力量得到显著增强。1996年，在美国普渡大学、美国农业部国家土壤侵蚀实验室进行博士后研究的刘宝元回国加盟自然地理研究队伍，1997年即成为北师大首次获得国家杰出青年科学基金资助的学者之一。1998年，世界遥感领域Li-Strahler几何光学学派创始人李小文加盟资环系，标志着中国遥感基础理论研究中心在北京师范大学形成，也预示着北京师范大学遥感与地理信息系统研究进入了一个新的阶段。2000年，李小文成为资环系第一位“长江学者奖励计划”特聘教授，2001年当选中国科学院院士。2002年，国家杰出青年科学基金获得者戴永久加盟资环系，随后成为第二位“长江学者奖励计划”特聘教授。

第十节 全面发展阶段（2003～2012 年）

地理学与遥感科学学院成立大会
（2003 年 11 月）

2003 年 11 月 5 日，由传承百年历史的地理系发展壮大的地理学与遥感科学学院（简称地遥学院）正式成立，刘宝元任学院首任院长。

2003 年，资环学院重组为地理学与遥感科学学院、环境学院、资源学院和协调性机构“地学与资源环境学部”，刘昌明院士任学部主任。随后，相继于 2005 年组建了水科学研究院，2006 年组建了减灾与应急管理研究院，2008 年组建了全球变化与地球系统科学研究院。此外，1991 年与清华大学、北京大学、中科院生态所等共建“环境模拟与污染控制国家重点实验室”；2003 年与中国科学院遥感技术应用研究所共同建立了“遥感科学国家重点实验室”；2007 年组建了“地表过程与资源生态国家重点实验室”。到 2008 年年底，北京师范大学地学与资源环境学科已基本完成了学校“985”二期工程中“地表过程与综合减灾”国家Ⅰ类创新平台的建设任务。至此，作为国家一级学科重点学科，北京师范大学的地理学科建设进入了一个全面发展时期。

地理学与遥感科学学院主楼

地理学与遥感科学学院后配楼

一、全方位高层次人才培养体系

2007 年地理学被批准成为一级学科国家重点学科，同时也是全国 7 个地理学“国家理科基础科学研究和教学人才培养基地”之一，并被评为“优秀基地”。2007 年，区域地理教学团队被教育部评为“国家级优秀教学团队”。从 2007 年开始，地遥学院响应国家号召，开始招收地理学免费师范生，首批招生 33 人。2008 年，顺利通过教育部本科教学工作水平评估。近年来主持与参加省部级教改项目10项，获得国家优秀教学成果奖等省部级以上教学奖励14项，出版面向21世纪课程教材等教材10余部，16部教材入选“普通高等教育‘十一五’国家级规划教材”。2006年，王静爱教授获国家级教学名师奖。

现已形成4个本科专业（地理科学专业招收免费师范生；地理学类（国家理科基地班）实施宽口径招收非师范生，包含自然地理与资源环境、人文地理与城乡规划和地理信息科学三个专业），9个硕士专业（自然地理学、人文地理学、地图学与地理信息系统、全球环境变化、摄影测量与遥感、区域经济学、土地资源管理、水土保持与荒漠化防治、课程与教学论），5个博士专业（自然地理学、地图学与地理信息系统、人文地理学、全球环境变化、课程与教学论），以及地理学博士后流动站。形成了从本科、硕士、博士到博士后完整的人才培养及教育教学管理体系。每年招收本科生百余名、硕士生80余名、博士生30余名。

二、机构、学科与科研三维并举，优势凸显

2003年，地理学与遥感科学学院成立，为进一步优化结构、组合优势力量，地理学与遥感科学学院依据二级学科设立了自然地理研究所、城市与区域规划研究所、地球空间信息研究所、地理与可持续发展教育中心，承担学院的研究生培养以及科研管理工作。

自然地理研究所传承北师大地理学优势学科，汇集优秀师资与科研力量，主要研究集中在以下六个领域：①全球变化、环境演变与自然灾害；②土壤侵蚀与水土保持；③土地利用、土地整理及其影响评价；④水土资源评价与管理；⑤景观生态与环境地球化学研究；⑥第四纪地质与地貌学研究。城市与区域规划研究所的基础理论研究集中在经济—人文—社会的空间分析、资源的区域管理、地缘政治等领域。在此基础上进一步开展了文化地理、资源与环境经济、土地管理、区域与城市规划、旅游规划、房地产开发与地价评估、中国周边地缘等应用研究。该研究所目前承担着国家自然科学基金委员会、国土资源部、北京市、其他省份等多个部门、地区的科研项目。地球空间信息研究所在定量遥感基础理论研究方面居全国领先地位。下设光学遥感机理、微波遥感机理、水文气象遥感实验室和“3S”① 集成实验室。并与北京农科院、中科院遥感所等单位共建了小汤山遥感实验基地、怀来遥感实验场，拥有全遥感波段完备的专业仪器设备和遥感与地理信息系统专业软件。地理与可持续发展教育中心的基础研究集中在地理课程论、地理教学论上。在理论研究基础上开展了中学地理教材编制、中外地理教材比较、环境与可持续发展教育、现代地理教育技术、环境与遗产解说等研究，该中心是全国第一个环境与可持续发展教育方向的博士授予点。

① 3S是遥感（RS）、地理信息系统（GIS）、全球定位系统（GPS）的简称

2003年，地理学与遥感科学学院联手中国科学院遥感应用研究所，联合申报建设遥感科学国家重点实验室。12月科技部发布了批准建设“遥感科学国家重点实验室”的通知，2004年进入建设期，2005年通过国家验收和全国实验室评估，正式运行开放。其主要研究内容包括：①多角度遥感：研究不同地表反射、辐射的非朗伯特性，建立多角度遥感模型，研制多角度遥感设备，研究多角度遥感数据处理方法，多角度遥感反演理论。②试验遥感基础理论与方法：根据测量目标和研究内容的不同，确定合适的测量仪器、技术规范和精度要求，测量所得的原始数据通常经过一套标准算法加工处理，获得满足遥感模型研究及验证需要的数据。③星机地遥感综合实验的组织和设计：以定量遥感在农业生态中的应用为目的，华北平原为研究对象，北京顺义为重点试验区，于2001年4月组织了星机地遥感综合实验，获取了不同尺度的一系列遥感数据及配套的地面参数。星载遥感图像广泛推广应用，田间测量支持模型和方法研究，而高信息量的机载遥感数据则是联系这两种不同尺度数据的桥梁。④遥感辐射机理：研究电磁波与地球表层物体的相互作用和成像机理、电磁波在介质中的传输规律、遥感信息传输模型、遥感尺度效应和尺度转换理论与方法、遥感信息定量反演理论与方法，并开展农业、林业、水文、气象、生态等领域动态监测应用示范研究，开展典型地物波谱特征分析及波谱知识库关键问题研究。

2007年，地理学与遥感科学学院、资源学院、生命科学学院、减灾与应急管理研究院等联合建设地表过程与资源生态国家重点实验室，2008年通过科技部验收。该实验室旨在揭示地球表层气、水、土、生复杂过程及相互作用的机理，建立多营力和多尺度地表过程的动力学模型，探索生物多样性维持机制，为建立合理利用可更新自然资源的生态—生产范式，实现生态系统的可持续性管理与退化生态系统的恢复重建提供科技支撑。主要研究领域包括：土壤侵蚀过程、地表风沙过程、环境演变过程、景观生态过程、生态系统结构与功能、资源利用与生态—生产范式。史培军任实验室主任，安芷生院士任学术委员会主任。

2008年1月19日，北师大地理学科依托综合性、交叉性和系统性的多学科优势，在地理学与遥感科学学院、环境学院、资源学院、水科学研究院、减灾与应急管理研究院的基础上组建成立了“全球变化与地球系统科学研究院”。研究院以地表过程与资源生态国家重点实验室、遥感科学国家重点实验室、水环境模拟国家重点实验室、高性能科学计算中心，以及一批部（市）级重点实验室、工程中心为支撑平台，通过与国内外高水平科研机构、科学家的合作组建创新团队，形成一个具有国际水平的研究与教学群体，培养多学科交叉的具有创新能力的研究与应用人才。

2010年，地理学与遥感科学学院“十二五”规划（2011～2015年）编制完成，规划发展四个新的学科增长点并建设相应的研究机构。根据规划，2010年7月，成立了数字水土保持校级重点实验室，主要研究方向是数字水土保持技术方法及系统研发，旨在服务于全国和区域土壤侵蚀动态监测与数据分析，提供相关技术方法指导和信息。

该实验室是数字地球思想和技术在水土保持领域的应用和发展，体现了土壤侵蚀与水土保持监测理论方法与信息技术的交叉和融合。地理计算与分析中心成立于2011年，旨在以中心为平台，联合校内外、国内外地理计算与空间分析的科研力量，通过广泛交流与合作，不断提升地理计算、空间分析和地理模拟的理论研究水平，研究先进的地理分析理论和方法，通过地理分析模型与方法的技术实现和共享服务技术，推进理论和方法的地理学应用。2012年3月，中国周边地缘研究中心成立，其旨在从我国周边地缘环境的多样性和复杂性出发，面向我国周边外交这一国家利益的重大需求，针对周边地缘环境的信息获取与集成分析评价等问题，开拓地缘环境研究学科领域，开展周边地缘环境信息获取、数字周边构建、周边地缘环境分析评价、周边热点问题等研究，形成一个跨学科、跨机构的研究平台，建设周边事务管理领域的智库团队，培养周边外交事务研究与管理人才，为“稳定周边、开拓周边、塑造周边”及维护和延长我国发展的重要战略机遇期提供科技支撑。在学科建设上，地理学与遥感科学学院的学科逐渐形成了多个各具特色、各有优势的研究方向，并取得了突破性进展。土地研究中心是“产—学—研”相结合的新型研究机构。中心集合政府、民间和学术界的优秀人才，围绕国家经济发展所面临的土地问题，共同进行相关政策、策略和关键技术的研究与学术交流，沟通各方思想，集聚优秀人才，力图为国家土地资源管理提供科学与技术支持，为国家决策、区域和企业的发展提供土地政策、土地开发和资产经营的科学咨询和技术服务。

经过多年积累，地理学与遥感科学学院的各领域已独具特色，并取得了重要成果。2006年以来，学院承担各类科研项目800余项，总经费超亿元。包括国家重点基础研究发展计划（973）项目与课题，高技术研究发展计划（863）项目与课题，国家科技支撑项目，国家自然科学基金委杰出青年科学基金、重点项目、面上项目，国际合作项目以及省部委项目等。获得中国高校科技进步一等奖等省部级以上奖励38项。李小文院士获“长江学者成就奖”一等奖，刘宝元教授获国家自然科学二等奖，全院教师年均发表科研论文百余篇。

2013年1月29日，教育部学位与研究生教育发展中心在北京发布2012年全国学科评估结果，北京师范大学地理学（0705）获评第一。经过几代的拼搏奋斗，北师大地理学人终于让这个历史悠久、积淀深厚的学科在我们的手中达到又一个新的高峰。

三、不断壮大的师资队伍

截至2012年，学院共有教师77人，其中教授23人（包括院士2人、长江学者特聘教授1人、杰出青年科学基金获得者1人）、副教授22人。教师中90%以上具有博士学位，其中7人具有海外博士学位，有过半年以上海外留学经历的占50%以上。同时，有多名国内外知名学者受聘为兼职教授。全院师资队伍年龄、专业结构合理，教学、科研力量雄厚。

地理学与遥感科学学院 2011 年全院教师合影

四、新的起点

北京师范大学地理学和遥感科学学院的百年历史，见证了地理科学、地理教育在中国从弱到强的发展、壮大历程，是中国地理科学在高等教育中的一个缩影，记录了北京师范大学地理学人百年来为中国的地理科学和地理教育发展、进步所作出的巨大贡献。

继往开来，续写华章。2010 年，以《国家中长期教育改革和发展规划纲要（2010～2020 年）》、《国家中长期科学和技术发展规划纲要（2006～2020 年）》、《国家中长期人才发展规划纲要（2010～2020 年）》为指导，地理学与遥感科学学院集思广益、运筹帷幄，编制完成学院“十二五”规划（2011～2015 年），提出了建设“国内一流、世界知名的地理学研究基地和人才培养基地”的总目标，将学院定位成“国家地表过程与资源生态研究基地、国家遥感科学与技术及地理信息系统研究基地、国内有影响的人文地理学应用与研究基地、国家基础教育地理课程与教材研究培训基地。”在人才培养、科学研究、学科建设、师资队伍、国际化等多个方面确立了学院新的挑战和任务。

站在新的起跑线上，北京师范大学地理学与遥感科学学院全体师生将继承团结拼搏、艰苦奋斗的优良传统，发扬求实创新的开拓精神，在新的征程上锐意进取，再创辉煌。

附 1 地理系 /地理学与遥感科学学院沿革简图

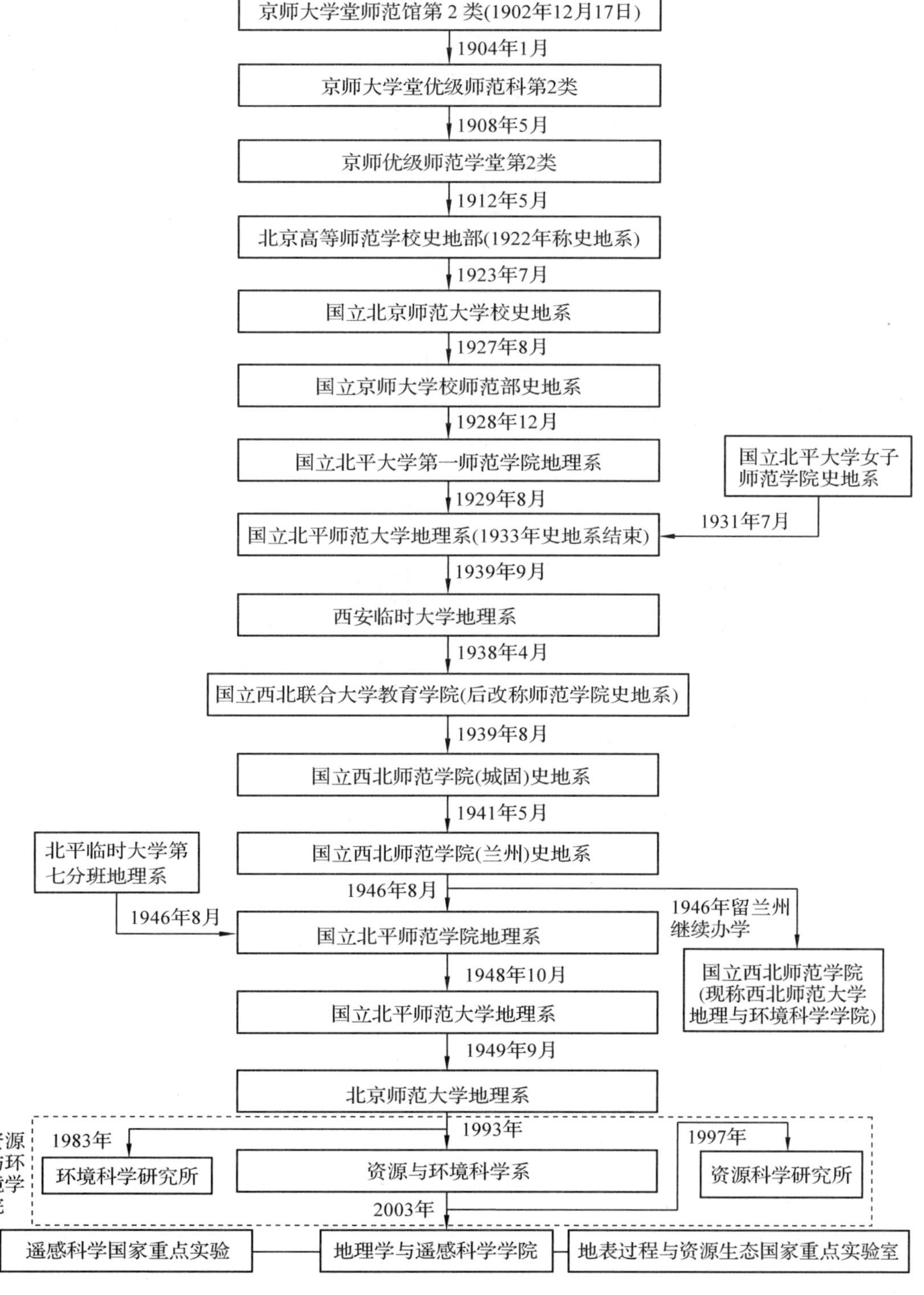

附 2　地理学与遥感科学学院机构示意图

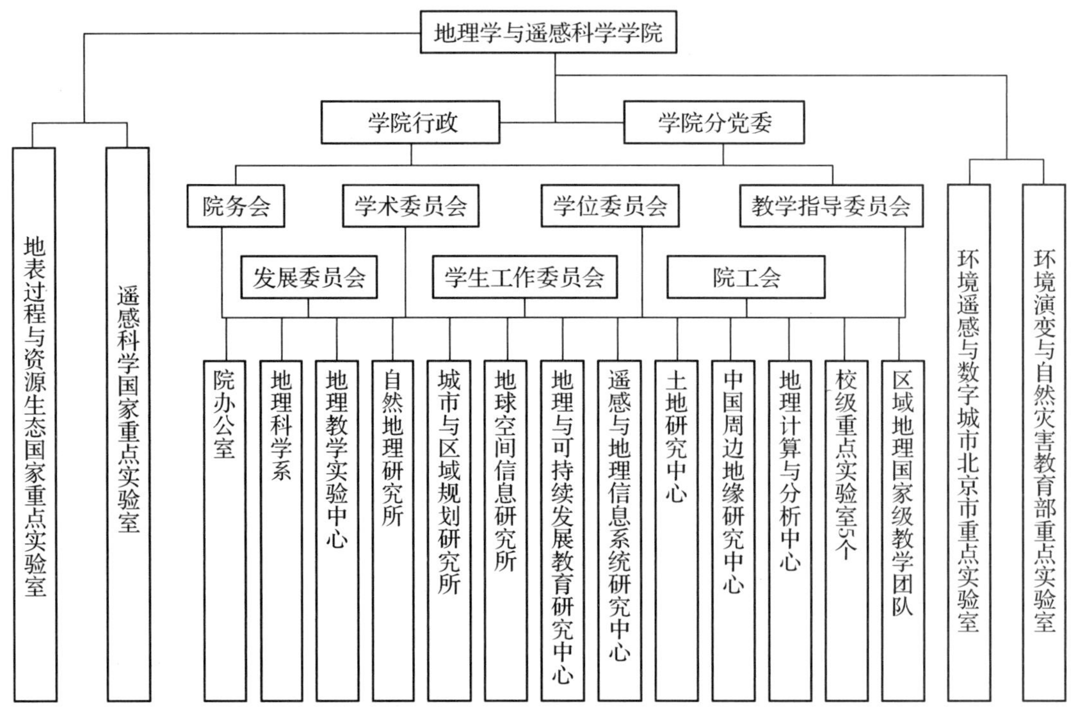

附 3　历届院系行政领导一览表

姓名	任职年份	当时校院系名称	备注
白眉初	1926～1928	国立北京师范大学校史地系	
王　谟	1928～1931	国立北平师范大学地理系	
谢家荣	1931～1932	国立北平师范大学地理系	
刘玉峰	1932～1935	国立北平师范大学地理系	
王益崖	1935～1936	国立北平师范大学地理系	
黄国璋	1936～1937	国立北平师范大学地理系	
黄国璋	1937～1940	西安临时大学地理系 国立西北联合大学地理系 国立西北师范学院地理系	在陕西西安、城固
谌亚达	1940～1942	国立西北师范学院史地系	在城固
邹豹君	1942～1945	国立西北师范学院史地系	在兰州
刘玉峰	1945～1946	北平临时大学第七分班地理系	
黄国璋	1946～1952	国立北平师范学院地理系 国立北平师范大学地理系	系秘书：卢念能
周廷儒	1952～1983	北京师范大学地理系	副系主任： 万方祥（1954～1957） 杨曾威（1954～1957） 李之保（1959～1977） 武吉华（1977～1983） 邬翊光（1977～1983） 张文照（1980～1984） 系秘书： 段宝林（1952～1954） 郭忠骥（1954～1958） 李之保（1954～1958） 邬翊光（1954～1958） 叶志华（1959～1962） 贾曰仲（1960～1966）
张兰生	1983～1984	北京师范大学地理系	副系主任： 张文照、张振春、冒海天、郭瑞涛 系办公室主任：卢云亭

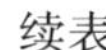

续表

姓名	任职年份	当时校院系名称	备注
赵　济	1984～1991	北京师范大学地理系	副系主任： 徐振溥（1984～1991） 郭瑞涛（1984～1985） 王建序（1987～1991） 系主任助理：张亚立（1987～1991） 系办公室主任：傅佑和
邬翊光	1991～1993	北京师范大学地理系	副系主任： 冯嘉萍（1991～1993） 史培军（1991～1993） 张宝民（1991～1993） 系办公室主任：刘秋芳
史培军	1993～1997	北京师范大学 资源与环境科学系	副系主任： 黄军旗（1993～1997） 杨明川（1994～1997） 周尚意（1993～1997） 系办公室主任：张亚立
刘宝元	1997～2000	北京师范大学 资源与环境科学系	副系主任： 吴殿廷、赵烨、梁进社 系办公室主任：刘敬忠
樊　杰	2000	北京师范大学 资源与环境科学系	副系主任： 张科利、王民、刘慧平 系办公室主任：虞立红
刘宝元	2001～2003	北京师范大学 资源与环境科学系	副系主任： 张科利、王民、刘慧平 系办公室主任：虞立红
刘宝元	2003～2004	北京师范大学 地理学与遥感科学学院	副院长： 张科利、王民、刘慧平、张立新 院长助理：虞立红
戴永久	2004～2008	北京师范大学 地理学与遥感科学学院	副院长： 葛岳静（2006年起兼任）、 杨胜天、谢云、朱良 院办公室主任： 虞立红（2004～2005） 姜秀梅（2005～2008）
杨胜天	2008年至今	北京师范大学 地理学与遥感科学学院	副院长： 宋金平、邱扬、朱良 院办公室主任： 姜秀梅（2008～2013） 党一诺（2013年至今）

附 4　历届系主任/院长

白眉初（1876—1940）　教授

河北卢龙人；北洋师范学校史地科毕业。

1926～1928 年任国立北京师范大学校史地系主任。

王　谟（生卒年不详）　教授

四川仪陇人；日本东京帝国大学地理学科理学士、日本东京高等师范学校博物科毕业。

1928～1931 年任国立北平师范大学地理系系系主任。

谢家荣（1898—1966）　中国科学院院士

上海人；美国威斯康星大学硕士毕业。

1931～1932 年任国立北平师范大学地理系系主任。

1993 年至今任北京师范大学副校长、常务副校长

刘玉峰（1884—1951）　教授

河北蠡县人；日本广岛高等师范学校地理历史部毕业。

1932～1935 年任国立北平师范大学地理系系主任。

1945～1946 年任北平临时大学第七分班地理系系主任。

王益崖（1897—?）　教授

江苏常熟人，法国巴黎大学文学博士。

1932～1933 年任中山大学地理系系主任，是该系担任系主任的第一位中国学者。

1935～1936 年任国立北平师范大学地理系系主任。

黄国璋（1896—1966）　教授

湖南湘乡人；美国芝加哥大学地理系硕士毕业。

1936～1937 年任国立北平师范大学地理系系主任。

1937～1940 年任国立西北联合大学、国立西北师范学院地理系系主任。

1946～1952 年任国立北平师范学院、国立北平师范大学地理系系主任。

谌亚达（1901—1981）　教授

江西南昌人；日本东京高等师范学校毕业。

1940～1942 年任国立西北师范学院史地系系主任。

邹豹君（1906—1993）　教授

山东蓬莱人；国立北平师范大学地理系本科毕业，英国利物浦大学硕士。

1942～1945 年任国立西北师范学院史地系系主任。

周廷儒（1909—1989）　中国科学院院士

浙江新登（今富阳）人；美国加州大学伯克利分校地理系硕士毕业。

1952～1983 年任北京师范大学地理系系主任。

张兰生（1928—　）　教授

浙江浦江人；浙江大学地理系本科毕业。

1983～1984 年任北京师范大学地理系系主任。

1984～1992 年任北京师范大学教务长。

1993～1998 年任北京师范大学资源与环境学院院长。

赵　济（1930—　）　教授

内蒙古呼和浩特人；北京师范大学地理系本科毕业。

1984～1991 年任北京师范大学地理系系主任。

邬翊光（1931—　）　教授

湖南沅陵人；北京师范大学地理系本科毕业。

1991～1993 年任北京师范大学地理系系主任。

史培军（1959—　）　教授

陕西靖边人；北京师范大学地理系博士毕业。

1993～1997 年任北京师范大学资源与环境科学系系主任。

1993 年至今任北京师范大学副校长、常务副校长

刘宝元（1958—　）　教授

陕西佳县人；中国科学院西北水土保持研究所博士毕业；美国普渡大学、美国农业部国家土壤侵蚀实验室博士后。

1997～1999 年、2001～2003 年任北京师范大学资源与环境科学系系主任。

2003～2004 年任北京师范大学地理学与遥感科学学院院长。

樊　杰（1961—　）　研究员

甘肃兰州人；北京大学地理系城市与区域规划专业毕业。

2000 年任北京师范大学资源与环境科学系系主任。

戴永久（1964—　）　教授

湖南武冈人；中国科学院大气物理研究所博士毕业。

2004～2008年任北京师范大学地理学与遥感科学学院院长。

杨胜天（1965—　）　教授

贵州贵阳人；北京师范大学资源与环境科学系博士毕业；北京师范大学环境科学研究所博士后。

2008年至今任北京师范大学地理学与遥感科学学院院长。

附 5　历届党组织领导成员一览表

书记	任职年份	党组织名称	备注
冒海天	1957～1959	地理系党总支	副书记：高士冰
李　峰	1959～1960	地理系党总支	副书记： 张鸿宾（1959～1962） 郁光影（1960～1977）
何秀琴	1960～1962	地理系党总支	
张鸿宾	1962～1974	地理系党总支	副书记：郁光影（1960～1977）
王　经	1974～1977	地理系党总支	
韩绍祥	1977～1982	地理系党总支	副书记： 周凤花（1977～1980） 张文照（1980～1982）
邬翊光	1982～1987	地理系党总支	副书记： 张文照（1982～1985） 金雅玲（1985～1987）
刘改有	1987～1995	地理系党总支	副书记： 任森厚（1990～1992） 蒋立红（1990～1995） 葛岳静（1993～1995）
周尚意	1995～1999	资源与环境学院党总支	副书记：邱维理
王红旗	1999～2002	资源与环境学院分党委	副书记： 郝　冰（1999～2000） 张素丽（2000～2001） 蒋立红（2000～2002）
吴殿廷	2002～2006	资源与环境科学系党总支（2002～2003） 地理学与遥感科学学院分党委（2003～2005）	副书记：朱青（2002～2005）
葛岳静	2006～2010	地理学与遥感科学学院分党委	副书记：苏筠
葛岳静	2010 年至今	地理学与遥感科学学院分党委	副书记：黄宇（2009～2012） 副书记：严帅（2012 年至今）

注：党总支成立前，由刘逸浓担任教师党支部书记。

附6　历届党总支/党委书记

冒海天（1925—1991）
宁夏平罗人；北京师范大学英语系1951届本科。
北京师范大学首任团委书记
1957～1959年任地理系党总支书记。

李　峰（1922—2005）
山西交城人。
曾任北京师范大学人事处处长。
1959～1960年任地理系党总支书记。

何秀琴（1927—2005）
北京人；辅仁大学1951届本科。
曾任北京师范大学党委组织部部长。
1960～1962年任地理系党总支书记。

张鸿宾（1929—　）
河北永清人；辅仁大学经济系1952届本科。
1962～1974年任校党委委员、地理系党总支书记。

王　经（1925—2005）
河北宁河人；华北联大修学。
1974～1977年任地理系党总支书记。

韩绍祥（1944—　）

山东章丘人；北京师范大学政教系 1969 届本科。

1977～1982 年任地理系党总支书记。

邬翊光（1931—　）　教授

湖南沅陵人；北京师范大学地理系 1954 届本科。

1982～1987 年任地理系党总支书记。

刘改有（1937—　）

河北蔚县人；北京师范大学地理系 1961 届。

1987～1993 年任地理系党总支书记。

1993～1995 年任资源与环境学院党总支书记。

周尚意（1960—　）　教授

广西罗城人；北京师范大学地理系 1983 届本科；北京大学硕士；北京师范大学地理学与遥感科学学院博士。

1996—2001 年任北京师范大学党委委员。

1995～1999 年任资源与环境学院党总支书记。

王红旗（1960—　）　教授

浙江义乌人；中国地质大学水资源与环境学院 1992 届博士。

1999～2002 年任资源与环境学院党总支书记。

吴殿廷（1958—　）　教授

辽宁大连人；东北师范大学1988届本科、1990届硕士、1993届博士。

2002～2003年任资源与环境科学系党总支书记。

2003～2006年任地理学与遥感科学学院分党委书记。

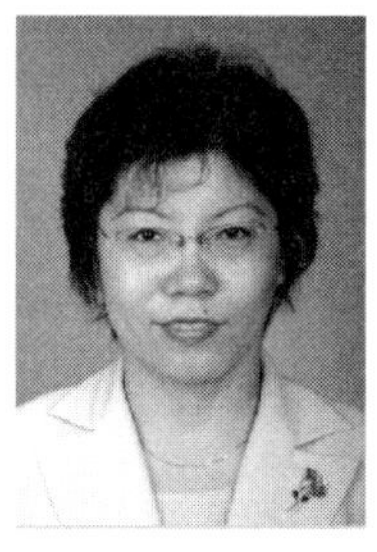

葛岳静（1963—　）　教授

北京人；北京师范大学地理系1985届本科、1988届硕士，地理学与遥感科学学院2004届博士。

2006年至今任地理学与遥感科学学院分党委书记。

附 7　历届团总支/团委书记一览表

书记	任职年份	团组织名称
彭润平	1959～1962	地理系团总支
郭月珍	1962～1964	地理系团总支
卢云亭	1964～1976	地理系团总支
周凤花	1976～1979	地理系团总支
金雅玲	1979～1983	地理系团总支
祁　力	1983～1984	地理系团总支
李远航	1984～1985	地理系团总支
李　恂	1985～1986	地理系团总支
蒋立红	1986～1989	地理系团总支
高伟华	1989～1992	地理系团总支
田　辉	1992～1997	地理系团总支 资源与环境学院团总支
王雯菲	1997～2000	资源与环境学院团总支
朱晓禧	2000～2003	资源与环境学院团总支
周红敏	2003～2005	地理学与遥感科学学院团委
刘泠馨	2005～2008	地理学与遥感科学学院团委
王　佳	2008～2009	地理学与遥感科学学院团委
林小鹏	2009～2013	地理学与遥感科学学院团委
倪佳琪	2013 年至今	地理学与遥感科学学院团委

注：团总支成立前，高如珊担任团支部书记。

附 8　历届工会主席一览表

工会主席	任职时间	工会主席	任职时间
王钧衡	20 世纪 50 年代	殷宗慧	1983～1987
万方祥	20 世纪 60 年代	郑新生	1987～1994
金瑞莘	20 世纪 60 年代	杨明川	1994～1998
朱惠芗	20 世纪 60 年代	温　良	1998～2013
高如珊	20 世纪 70 年代	朱　青	2013 年至今
刘吉祯	1980～1983		

附 9 地理系/地理学与遥感科学学院大事记（1902～2012 年）

- 1902 年 12 月 17 日，在清政府张百熙主持下，京师大学堂开学，师范馆录取 79 人。
- 1903 年，由张之洞参与拟订的《奏定大学堂章程》（亦称《癸卯学制》）中，规定开经、文、格致、农、商等科皆应学习地理课程，文科设中国、外国地理专业，学制三年。
- 1904 年，京师大学堂添设史地类，即第二类，为中外历史、地理。
- 1908 年 5 月，京师大学堂优级师范科改名为京师优级师范学堂，简称优师，校址迁往厂甸五城学堂（即今和平门外师大旧址）。这是我国高等师范学校独立设置之始。学校仍分四类。第二类为地理、历史类。
- 1912 年，优师改为北京高等师范学校，简称高师。其专业设置由原来的 4 个类改为 6 个部，把原来的第二类改成史地部。
- 1913 年 8 月，北京高等师范学校本科增设历史地理部，博物部主任彭世芳兼任史地部教务主任；9 月设史地部阅览室。
- 1915 年 4 月，北京高师史地部成立史地学会，成为中国高校中两个最早成立的史地学会之一。
- 1920 年 6 月，史地学会编辑的《史地丛刊》创刊，编辑主任为何炳松。刊物主要发表探讨中外历史、地理和人类学等方面的论文和译著。
- 1922 年，学校把所有各部改称为系，史地部开始改称史地系，白眉初任系主任。
- 1923 年，招收第一届史地系研究科学生，1925 年有 9 人毕业。
- 1923 年，北京高师改称国立北京师范大学校。
- 1928 年 12 月 10 日，国立北平大学第一师范学院的领导机构——院务委员会议决：将史地系正式分为历史学系和地理学系。
- 1928 年，王谟任地理系系主任。
- 1930 年 11 月 11 日，地理系独立设置后，为提高课程标准，聘请教授 20 人。
- 1931 年，国立北平大学女子师范学院并入国立北平师范大学，女师大史地系随之并入师大地理系，但仍独自成班，直到依次毕业而结束。
- 1931 年，谢家荣任地理系系主任。
- 1932 年 10 月 20 日，地理学会常委会讨论议决：每年出版地学杂志两期，并请学校恢复原地学系旅行考察费用，充实标本及改选委员。

- 1932 年，刘玉峰任地理系主任。
- 1933 年 6 月，女师大史地系最后一批学生毕业，标志着史地系结束，暑假后，学校分为 10 个系：国文、外文、历史、数学、物理、生物、化学、地理、教育、体育。
- 1933 年 10 月 30 日，《师大月刊》（理学院专号）第 7 期出版，刊登刘玉峰撰写的《地理学系之过去及未来》。
- 1935 年 9 月 12 日，地理系代理主任刘玉峰辞职，由刘拓兼任地理系系主任。
- 1935 年 10 月 2 日，王益崖任地理系主任。
- 1936 年 9 月 16 日，地理系系主任王益崖辞职，黄国璋出任地理系系主任。
- 1937 年，在黄国璋先生的组织下，创办《地理教学》杂志，这是我国第一种专门研讨地理教育的刊物。
- 1937 年 7 月，日寇发动全面侵华战争，中国半壁江山顿时陷入腥风血雨之中，学校被迫西迁。地理系学生 30 余人，在黄国璋主任的带领下来到西安，旋迁陕南城固，后至兰州。学校名称由西北联大改为国立西北师范学院，隶属和名称多次更易。地理系亦根据当时情况恢复旧称为史地系。
- 1938 年 2 月 15 日，《西北史地季刊》创刊。
- 1939 年 4 月 12 日，学校常务委员会会议决议：通过师院地理系建设地理绘图室提案。
- 1939 年后，地理系与历史系合并称史地系，系主任仍由黄国璋担任。
- 1940 年 10 月 14 日，谌亚达代理国立西北师范学院史地系系主任。
- 1940 年 10 月，中国地理研究所成立，黄国璋任首任所长。
- 1942 年，邹豹君任国立西北师范学院史地系系主任。
- 1945 年 12 月 3 日，民国政府接收北平师大后，暂称北平临时大学第七分班。第七分班将原来的历史、地理两系合并为史地系，刘玉峰任系主任。
- 1946 年秋，师大复校，由兰州迁回北平称国立北平师范学院，地理系再次独立设系。同时，北平临时大学第七分班并入师大，而临大第七分班的地理系随之并入师院地理系。
- 1946 年 7 月，黄国璋再次任地理系系主任。
- 1948 年，学校发生“复大运动”，北平师院重新称国立北平师范大学。
- 1949 年 1 月 31 日，北平解放。
- 1949 年 9 月 27 日，中国人民政治协商会议通过，中华人民共和国首都北平改称北京。与此对应，北平师范大学改称北京师范大学。
- 1952 年，学校进行院系调整。同年暑假，辅仁大学与北京师范大学合并。辅仁大学历史系教授杨曾威转为师大地理系教授。

- 1952 年暑期，理学院（包括地理系）从和平门外南校迁至定埠大街（北校）。
- 1952 年夏，黄国璋调往西北大学。周廷儒任地理系系主任。
- 1952 年秋，周廷儒主导制订了北师大地理系新的教学计划。
- 1954 年，教育部正式颁布实施全国高等师范院校地理系教学计划，该教学计划由周廷儒草拟编制。
- 1954 年，受教育部委托，起草“中国自然地理”、“土壤地理学”、“地图学”等三门专业课的教学大纲，这些教学大纲经教育部讨论通过，于 1955 年正式颁布，并在全国各高等师范院校施行。
- 1954 年，地理系的人才培养不再停留在本科生阶段，开始招收研究生（不授硕士学位，称研究生班），学制二年。
- 1954 年，周廷儒、施雅风、陈述彭完成中国地形区划，提出中国地形三大区划分的思想。
- 1955 年暑期，北京师范大学主体由定埠大街迁至北太平庄新校址。
- 1956～1959 年，中国科学院综合考察委员会组织新疆综合考察队，周廷儒参加，并出版了《新疆塔里木河中游的变迁问题》等重要著作。
- 1957 年，地理系党总支成立，冒海天任书记。
- 1958 年，地理系的学制从四年制改为五年制。
- 1958 年，与人民教育出版社合编九年制义务教育教材。
- 1959 年，地理系派出 7 支队伍，分别参加新疆综合科学考察、新疆和宁夏治沙、渤海海岸调查、南水北调调查、长江三峡谷地地貌调查、祁连山动物疫源地调查、国家大地图集编辑。
- 1959 年，李峰任地理系党总支书记。
- 1960 年，何秀琴任地理系党总支书记。
- 1962 年，张鸿宾任地理系党总支书记。
- 1966 年，“文化大革命”开始。北京师范大学遭到严重破坏。从 1966 年 6 月至 1973 年 8 月，学校停课。科研机构被拆散，仪器设备遭到破坏，科研项目被迫中断。
- 1973 年 6 月中旬，中国人民大学停办，其经济地理教研室 11 位教师并入北师大地理系。
- 1973 年 9 月，北师大在停止招生 7 年之后，开始招收三年制“工农兵”大学本科生。同时，还招收了“水文地质班”和“气象班”学员。
- 1974 年，王经任地理系党总支书记。
- 1976 年 10 月，粉碎了“四人帮”，国家进入了新的历史发展时期，我国高等教育事业也开始萌发勃勃生机。

- 1977 年恢复高考制度，地理系于 1978 年 3 月招收了改革开放后第一批 47 位 1977 级本科生。随后，于 1978 年 9 月又迎来了 50 位 1978 级本科生。
- 1977 年，韩绍祥任地理系党总支书记。
- 1978 年 2 月 18 日，周廷儒教授作为特邀代表出席全国科学大会。
- 改革开放后，地理系的研究生培养进入新时期。1978 年 9 月，以刘培桐为首的环境科学教研室招收了第一批环境地学研究生 10 名，段宝林招收外国经济地理研究生 5 名。这些研究生于 1981 年获得硕士学位。
- 1980 年 8 月 31 日至 9 月 5 日，周廷儒教授出席在日本东京举行的第二十四届国际地理学大会，在会上宣读了《中国东部第四纪冰川问题》的论文，受到与会专家的重视。
- 1981 年，地理系第一批硕士点申报成功，包括古地理、自然地理、环境地学、区域地理等专业。
- 1981 年 4 月，周廷儒教授被遴选为中国科学院学部委员（院士）。
- 1981 年 7 月，由北京师范大学地理系《地学》编写组编著的“文化大革命”后全国第一本高中地理教材《地学》正式出版。地理系教师在人民剧场义务为高中地理教师授课，普及地理知识。
- 1981 年，经国务院学位委员会批准，北京师范大学地理系古地理研究室成为中国第一个古地理学博士学科点，周廷儒被批准为博士生导师，招收了第一位博士研究生邱维理。
- 1982 年后，周廷儒相继出版了两部著作：《古地理学》、《中国自然地理·古地理》，其对研究地球历史时期的地理古环境、中国古季风建立及中国三大自然区的形成背景有重要学术价值。其中，《中国自然地理·古地理》与中科院黄秉维等人的成果共同获国家自然科学奖二等奖。
- 1982 年，邬翊光任地理系党总支书记。
- 1983 年环境教研室从地理系分出独立，成立全国第一个以研究地理环境为主的环境科学研究所，刘培桐、王华东、赵俊琳、薛纪渝、杨志峰等先后任所长。
- 1983 年，张兰生任地理系主任。
- 1984 年，张兰生任北京师范大学教务长，赵济任地理系系主任。
- 1985 年 10 月，生地楼竣工，地理系从教 2 楼搬入生地楼西段。教学科研环境得到较大改善，实验室建设全面加强。
- 20 世纪 80 年代，大力援建地方院校地理系，以进修教师的方式为其培养大量优秀教师。直接援建宁夏大学地理系、湘潭师范学院，曾多次派出本系教师帮助其组织教学、开展科研。
- 1987 年，刘改有任地理系党总支书记。

- 1988 年，史培军博士毕业，成为地理系第一位获得博士学位的毕业生。
- 1989 年 7 月 18 日，中国科学院学部委员、原中国地理学会副理事长、中国新生代古地理研究的开拓者、地理系教授周廷儒先生因病逝世，享年 80 岁。
- 1991 年，邬翊光任地理系系主任。
- 1993 年 2 月，鉴于地理学科面向 21 世纪发展的需要，地理系易名为资源与环境科学系（简称资环系），史培军为首任系主任。同年，又在资环系和环科所的基础上成立了资源与环境科学学院（简称资环学院），张兰生为首任院长，1998 年由刘昌明继任院长。
- 1994 年，环境演变与自然灾害教育部重点实验室建成。
- 1995 年，资环系被批准成为中国首批地理学博士后流动站。
- 1995 年，周尚意任资源与环境学院党总支书记。
- 1996 年，"国家理科基础科学研究和教学人才培养基地——北京师范大学地理学基地"被批准建立，从而确立了北师大地理系培养地理学科高素质人才的地位。
- 1996 年，北京师范大学地理教育中心成立，隶属资源与环境科学系。
- 1997 年，资环系部分教师分离成立资源科学研究所（简称资源所）。此时，资环学院包含一系两所：资环系、环科所和资源所。
- 1997 年，刘宝元任资源与环境科学系系主任。
- 1997 年，周尚意当选学校党委委员。
- 1999 年 5 月 4 日，资源与环境学院"资源环境遥感地理信息系统研究中心"成立，中科院院士陈述彭担任中心名誉主任，李小文任主任，徐冠华任学术委员会主任。
- 1999 年，王红旗任资源与环境学院党总支书记。
- 2000 年，樊杰任资源与环境科学系主任，并被教育部任命为义务教育地理课程标准（新课标）制定组组长。
- 2000 年 8 月 14～18 日，在第 29 届国际地理学年会上，资源与环境学院院长刘昌明院士当选国际地理联合会副主席，任期 4 年。
- 2000 年 8 月 20 日，地理学在"国家理科基础学科研究与教学人才培养基地"教育部专家组中期检查中被评为优秀。
- 2000 年，李小文成为地理系第一位"长江学者奖励计划"特聘教授。
- 2000 年，自然地理学被评为二级学科国家重点学科。
- 2001 年年初，刘宝元任资源与环境科学系系主任。
- 2001 年，李小文获长江学者成就奖一等奖，国家领导人朱镕基亲自接见并颁奖。
- 2001 年 12 月，李小文教授当选中国科学院院士。
- 2001 年，赵济、王静爱、葛岳静、吴殿廷、史培军的"区域地理课程体系建设与改革”获得北师大地理系首个国家级教学成果奖一等奖。

- 2001 年，北京师范大学土地研究中心成立。
- 2002 年，吴殿廷任资源与环境科学系党总支书记。
- 2002 年，创建环境遥感与数字城市北京市重点实验室。
- 2002 年，戴永久教授被批准为第四批“长江学者奖励计划”特聘教授。
- 2003 年，资环学院的资环系、环科所和资源所分别扩充为地理学与遥感科学学院、环境学院和资源学院。2003 年 11 月 5 日，传承北师大地理系百年历史的地理学与遥感科学学院正式成立，刘宝元为首任院长。
- 2003 年，地理学与遥感科学学院联手中国科学院遥感应用研究所，联合申报建设遥感科学国家重点实验室。12 月科技部发布批准建设“遥感科学国家重点实验室”的通知，2004 年进入建设期，2005 年通过国家的正式评估验收，正式运行开放。
- 2004 年，戴永久任地理学与遥感科学学院院长。
- 2004 年，地理学与遥感科学学院新增人文地理学博士点。
- 2005 年 1 月，学院新版网站及域名（geog. bnu. edu. cn）正式发布。
- 2005 年，经院务会讨论通过，地理学与遥感科学学院院史编制正式启动。
- 2006 年 9 月，周廷儒铜像揭幕仪式举行。
- 2006 年，王静爱获评第二届国家教学名师奖。
- 2006 年，葛岳静任地理学与遥感科学学院分党委书记。
- 2007 年，区域地理教学团队被教育部评为“国家级优秀教学团队”。
- 2007 年，地理学与遥感科学学院、资源学院、生命科学学院、减灾与应急管理研究院等联合建设地表过程与资源生态国家重点实验室。
- 2007 年，北京师范大学地理学被批准成为一级学科国家重点学科。
- 2007 年，国务院决定在 6 所教育部直属师范大学实施师范生免费教育，9 月，学院招收的第一批免费教育师范生 33 人正式入学。
- 2008 年 1 月，地理学与遥感科学学院自行筹建的北配楼竣工，学院教学科研办公环境得到极大改善，为后续发展提供了充分的保障。
- 2008 年 1 月 19 日，依托综合性、交叉性和系统性的多学科优势，在地理学与遥感科学学院、环境学院、资源学院、水科学研究院、减灾与应急管理研究院的基础上组建成立了“全球变化与地球系统科学研究院”。
- 2008 年 4 月 14～18 日，北师大接受教育部本科教学工作水平评估。在此期间，学院接受了专家组围绕本科教学工作展开的全面检查。
- 2008 年 12 月，杨胜天任地理学与遥感科学学院院长。
- 2009 年 10 月，“周廷儒院士奖学金”设立。

- 2009 年 10 月，中国地理学会成立 100 周年，学会授予张兰生、赵济“中国地理科学成就奖”。
- 2009 年 10 月 17～19 日，由北京师范大学地理学与遥感科学学院承办的“中国地理百年庆典暨 2009 年全国人文经济地理学大会”圆满召开。
- 2010 年 7 月，地理学与遥感科学学院“十二五”规划（2011～2015 年）编制完成。
- 2010 年 7 月，数字水土保持校级重点实验室成立。
- 2010 年 11 月 17 日，分党委换届选举大会召开，葛岳静再次当选书记，组建了学院新一届党委会。
- 2010 年 12 月 17 日，“京师地理讲坛”第一期讲座在北京师范大学曾宪梓楼（教九）502 报告厅正式开幕，陆大道院士作了题为“我国地理学发展成就及当前若干值得重视的倾向”的报告。
- 2011 年，地理计算与分析中心成立。
- 2011 年 11 月 16～26 日，杨胜天院长率领学院各学科负责人一行 7 人赴美国威斯康星大学麦迪逊分校访问交流，努力推进学院国际化进程。
- 2012 年 3 月，中国周边地缘研究中心成立。
- 2012 年 7 月 21 日，学院设立“经纬”系友奖助学金，1980 级（1984 届）校友刘鸿捐资人民币 110 万元，启动该项奖学金。
- 2012 年 9 月，院史初稿编制完成，献礼北师大及地理学与遥感科学学院 110 周年大庆。
- 2013 年 1 月 29 日，教育部学位与研究生教育发展中心在北京发布 2012 年全国学科评估结果，北京师范大学地理学（0705）获评第一。

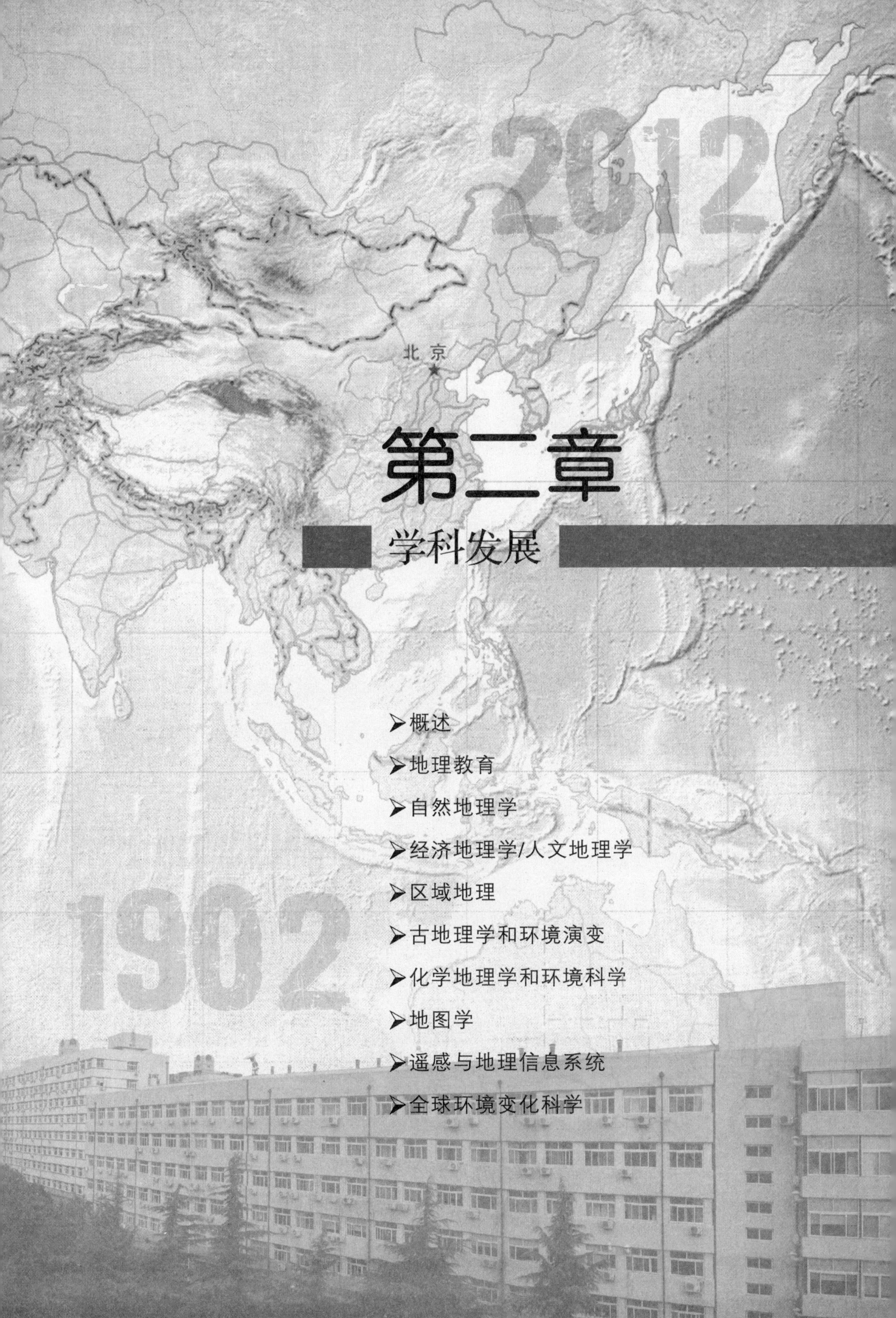

第二章

学科发展

- 概述
- 地理教育
- 自然地理学
- 经济地理学/人文地理学
- 区域地理
- 古地理学和环境演变
- 化学地理学和环境科学
- 地图学
- 遥感与地理信息系统
- 全球环境变化科学

第一节 概述

一、西方地理学影响下的地理学科初创（1902～1949 年）

任何学科发展都有其特定的历史背景及其自身发展规律。中国近代地理学是 19 世纪末、20 世纪初在西方地理学思想影响下形成和发展起来的。1904 年京师大学堂师范馆史地类的创设，1909 年中国地学会的成立，西方近代地理学理论、方法的引进与传播，地理学研究领域的开拓与人才的培养等，都是中国近代地理学形成与发展的里程碑。

甲午战争失败后，中国的志士先贤认识到地理学在资本主义产生和发展中起到的重要作用。中国要摆脱列强的侵略和掠夺，必须了解世界各国发展的态势，认清自身的宏观条件和社会基础，掌握本国的资源和配置，探索经济社会发展的战略，走富国强兵之路。这种爱国思想为中国近代地理学的产生与发展奠定了思想基础。白眉初、刘玉峰等以教育为职业，积极引进西方近代地理学的理论与方法，推动了昔日以地理现象记述为主的地理学向以探求成因与规律为主的近代地理学的转型。他们通过讲授近代地理学，开设“地学通论”、“地理哲学”、“中国及世界区域地理”、“地理教育”、“政治地理”等课程，培养了一批又一批的地理专业人才。当时学科的发展特点是地理与历史相结合，文理兼容，注重边疆地理、国防地理等方面的研究。这一时期的主要论著有《中国边疆史》（王金绂）、《政治地理学》（韩道之）、《中国人文地理》（白眉初）、《民国地学总论》（白眉初）、《地理哲学》（白眉初）等。学术论文大多发表在北京师范大学创办的《史地丛刊》与中国地学会创办的《地学杂志》上。

1928 年地理系独立建系，1931 年将地理系划归理学院，强化地理学的基础建设，明确了地理学的科学范畴和属性。一方面，强化建设自然地理、人文地理等分支学科；另一方面，加强地理学的综合研究。建系以来，北京师范大学地理系有了飞速发展。

（1）黄国璋、王益崖、谌亚达、邹豹君、殷祖英等分别从美、法、日、英留学归国，引入欧、美、日等国家和地区先进的地理学理论与方法。黄国璋于 1930 年发表《社会的地理基础》，全面论述了环境的类别与变迁、地理位置、地形、矿藏、土壤、水、气候、生物等与社会发展的关系，辩证地论证了人地关系的性质、缘由和结果。这是我国最早全面论述人地相互关系的著作。他的论著和办系思想充分体现出对地理学的整体性、综合性以及各分支学科的高度重视和均衡发展自然地理、人文地理、地理教育的风格。谌亚达一方面从事人文地理、区域地理教学，另一方面着手翻译布吕

纳的《人文地理学》(1933)、龙井重次郎的《地形学》(1936) 及葛德石的《中国地理基础》(1943) 等著作。盛叙功翻译了野口保市郎的《人文地理学概论》(1935)。邹豹君先生著有《欧洲地理》(1944)。王益崖先生著有《地理学》、《地学辞典》、《人文地理学》等。

(2) 黄国璋注重办学的开放性，吸纳了众多地学界知名学者。翁文灏、谢家荣、裴文中、杨钟健、王竹泉、王嘉荫、张印堂、黄厦千、洪思齐等都相继来地理系授课，大大活跃了学术气氛，增强了地质学、地形学、气象与气候学、人文地理学、区域地理等的教学与科研力量。

(3) 1930 年，徐炳昶接管女师大、北师大，他曾于 1928 年任中瑞西北科学考察团中方团长。到北师大后，原西北科学考察团成员丁道衡、刘衍淮、黄文弼等均调入北师大任教，广泛总结野外考察成果。徐炳昶创办了《北京女子师范大学研究季刊》，先后有多篇西北考察团的研究论文刊载在该季刊上。

(4) 黄国璋为了改进地理系的教学，特别重视师范教育，创办了《地理教学》杂志（双月刊)。除聘请本系教师写稿外，还邀请全国著名地理学家撰写论文。所发表的论文都是这些学者多年教学经验的总结和最新研究成果，对提高教师教育水平大有裨益。

(5) 1929 年，国民政府教育部颁布《初级中学地理暂行课程标准》和《高级中学地理暂行课程标准》。1932 年教育部对上述课程标准作了修订后，作为正式课程标准公布。中国地理教学大纲内容涉及人口、侨民、粮食、水利、垦殖、国都与政区、边疆、交通贸易、关税、外交、开发资源、发展实业、军备、航空等问题；外国地理则包括日本、太平洋问题，亚洲被压迫民族，不列颠诸国，德国复兴，法意两国与欧美、苏俄等国，新兴诸国，近东、美洲集团，世界经济，世界交通，国际联盟，南洋澳洲，南北极探险等问题，涉及内容十分广泛。由于颁布标准要求编制新的教材，北师大地理系的教师、校友等纷纷参与编写中学地理教科书。白眉初、黄国璋、王益崖、谌亚达、殷祖英、盛叙功、程国璋、杨秀峰、王谟、王钧衡、万方祥、王华隆等先后编辑了 50 多种初中、高中地理教科书，此外还编制出版地理教学挂图、学生作业暗射图、中学地理讲授提纲等，为普及中学地理教育作出了重大贡献。

1937 年 7 月，抗日战争爆发，学校被迫西迁，先后搬迁到西安、城固、兰州。在办学条件困难的情况下，全系师生仍继续进行教学与科研，开展对西北地区、川康地区的研究工作，为西北地区的地理教育与区域研究工作作出了贡献。抗日战争结束后，学校重新迁回北平。第二次世界大战后，世界各地恢复重建。欧美、苏联等国的地理学有了迅速发展，而中国受内战影响，地理学发展相对滞后、趋于停滞。

二、新中国成立后的地理学科变革与发展（1949～1978 年）

新中国成立之初，地理系一方面承接过去的历史，另一方面也全面学习苏联的教育思想和地理学理论与方法。这一时期的主要成就如下。

（1）黄国璋积极引进人才。周廷儒、谌亚达、卢鋈、盛叙功、杨曾威、万方祥、金瑞苹等先后到校任教，又聘请周卡、侯学煜、王嘉荫、杨昌业、侯仁之、史念海、罗开富、吴泽霖等兼职任教，充实教师队伍，活跃学术气氛。

（2）1952 年，周廷儒以苏联列宁师范学院地理系教学计划为蓝本，制订了北师大地理系新的教学计划。此后，又陆续制订了地理类各门必修课程的教学大纲，规范了实验室建设、野外实习和教育实习。同时，翻译苏联有关教材，并先后派遣多人赴苏联留学。在相当长的历史时期内，苏联地理学的思想都占据着统治地位，其把地理学分割成自然地理学与经济地理学，导致人文现象的研究局限于经济生产力配置的狭窄范畴内，人文地理学的发展受到严重阻碍；同时，其过分强调师范性，使得地理专业基础课大量减少，削弱了地理专业人才培养的基础，降低了质量。

（3）1958 年，党中央要求解放思想，发动教育革命。全国地理界的研究工作主要是围绕经济建设中的重大问题开展。北师大地理系师生走出校门，分别参加新疆、西南、黄土高原综合考察，部分师生参加新疆与宁夏沙漠防治、渤海湾海岸地貌、川陕铁路选线、北京温榆河流域规划、人民公社规划、陕北黄土高原公路选线调查、三峡地区长江河谷地貌等项目的考察与研究工作。通过这些工作，地理系师生的野外工作能力在实践中得到锻炼和提高，也极大充实了教学内容。但是，学校正常的教学秩序也因此受到了严重的影响，提出了学生上讲台、学生编教材、批判学有专长的教师为“白专道路”等错误口号，挫伤了部分师生的积极性。这些问题在贯彻党中央制定的“高校六十条”后才得到纠正。

（4）“文化大革命”前，北师大地理系学科发展的主要方面是：

- 周廷儒开创了新生代古地理学研究方向。1962 年成立古地理研究室，陆续撰写了《古地理学》教材（讲义）及若干重要论文，首创古季风研究，首次编制古近纪、新近纪、第四纪古地理图。
- 1954 年完成了《中国地形区划》，揭示了东部季风区、西北干旱区、青藏高原区三大地形区的分异；完成《新疆地貌》专著，首次绘制新疆地貌图（1∶100 万）。
- 刘培桐开创了化学地理学研究方向，成为自然地理学主要的新兴研究领域编著《化学地理学》一书。
- 王钧衡积累了多年丰富的教学经验，在指导地理教育实习、地理教育理论和方法方面独树一帜，在提高全国地理教育质量方面颇有建树。
- 1954 年、1959 年举办了土壤地理学研究生班，1955 年开办了地图与测量研究生班与经济地理研究生班，为全国培训了数十名土壤地理、地图与测绘、经济地理等学科领域的骨干教师。1959～1964年又招收中国自然地理（导师：周廷儒）、化学地理（导师：刘培桐）、古地理（导师：周廷儒）的研究生，凸显地理系在这些领域的优势。

- 自然地理学、部门地理有所加强，地貌学（周廷儒、杨曾威）、土壤地理（刘培桐、李天杰、王华东）、植物地理（武吉华）、动物地理（张銮光 ）得到长足发展。1965年，张銮光编著的《动物学基础与动物地理学》出版，这是我国高校第一部动物地理学教材。
- 区域地理学继续加强。中国自然地理（周廷儒、张兰生、赵济）、外国自然地理（殷祖英、万方祥）、中国经济地理（黄国璋、谌亚达、金瑞莘、任金城）、外国经济地理（盛叙功、段宝林、李文华）等课程的开设，培养了青年教师和学生的综合分析和区域分析能力。

（5）1966～1976年的十年间，地理系教学科研工作大多停顿。“文化大革命”后期，中国自然地理、古地理、新疆地貌等研究工作仍在进行，新开展的研究有官厅水库污染防治（王华东等）、外国地理、农业地理及公社土地利用规划等。

三、改革开放后的全面发展与开拓创新（1978年至今）

1977年以来，地理系恢复招生，教学与科研也逐步走上发展正轨。国际地理学的先进理论与方法陆续被引入国内，地理系的部分教师先后获得出国进修学习的机会。遥感、计量技术与地理信息系统等新技术逐步推广应用，人文地理、区域地理得到重视，地理教育改革也日渐深入。地理学科迈入了一个崭新的阶段。此外，学位制的建立与完善，使地理学科发展、教学、科研走上了正轨，是与国际接轨极其重要的一步。自1977级起，我院（系）各类毕业生都获得了各类不同的学位。随着国家需求日益广泛，地理系承担的国家科技攻关项目、攀登计划、“863”项目、“973”项目、自然科学基金项目日渐增多。长江学者、杰出青年等人才的引进，研究生学位教育体系的完整建立，实验室设备的逐步增加，都为提高教学质量、促进学科发展提供了保证。

把握地理学发展趋势，着眼国家资源与环境问题的解决，20世纪90年代以来，北师大地理系的学科建设取得空前成就：1995年被批准成为中国首批地理学博士后流动站；1996年被批准成为国家地理学基础科学研究与教学人才培养基地；2000年自然地理学被评为国家重点学科；2006年顺利通过自然地理学国家二级重点学科评估；2007年地理学被批准成为一级学科国家重点学科。2002年，教育部学位与研究生教育发展中心首次开展一级学科整体水平评估（简称：学科评估），并根据评估结果进行聚类排位。在首次评估中，北师大地理学整体水平排名第六；在2009年的第二轮评估中，北师大地理学的全国排名跃居第二；在2012年的第三轮评估中，北师大地理学整体水平排名位居全国第一。百年地理系的发展，百年地理学科的辉煌，离不开地理系广大师生孜孜不倦的科学探索与追求，主要表现在：

- 古地理学、环境演变、全球变化科学的创立与发展。
- 化学地理、环境地学的开创与深入。
- 资源地理、灾害风险评价的探索。
- 人文地理的复兴与发展。
- 区域地理课程体系的逐步完善。
- 遥感基础理论与应用、地理信息科学与技术的发展。
- 土壤侵蚀研究的深化。
- 处于学术前沿的地理教育研究。

第二节 地理教育

地理系建系110年以来，为国家培养了大批优秀人民教师，对提高全民族文化素质、推动中国地理教育的发展起到了巨大的作用。进入新世纪，在基础教育上继续发挥主导作用的同时，进一步开拓了环境与可持续发展教育、环境与遗产解说等新的领域，推动中国地理基础教育和高等教育稳步向前发展。

一、初创时期的地理教育（1902～1949年）

京师大学堂师范馆自1902年建立之时，就立足于师范教育。

1904年在京师大学堂师范馆的第二类——史地类（地理系前身）第一批招生的课程计划中，就有教育、心理的课程。1934年地理系必修科目为：一年级必修课目：教育概论（4学分）；二年级必修课目：教育心理（4学分）；三年级必修课目：普通教学法（4学分）；四年级必修课目：地理教学法（2学分）；占总课时110课时的12.7%。到1940年地理系的必修课中，有分科教材及教法研究（8学分）、教育实习（16学分）。地理教学法的出现是地理学与教育学不断结合的产物，也是师范教育发展的需要和必然。

从地理系建系之初起，地理教育就得到了全系老师的关注和参与，这具体表现在：

（1）积极从事地理教科书的编写，致力于地理知识的普及与提高，特别是历届系主任大多带头参与编写地理教科书，包括白眉初、黄国璋、王谟、王益崖、谌亚达、殷祖英等，教师及毕业生中有王钧衡、王毕隆、万方祥、傅角今、王成组、王金绂、盛叙功、邓启东、田世英、杨蕙田、程国璋、吕士熊、苏从武、韩道之、陆光宇等。1923年毕业的楚图南（新中国成立后曾任全国人大常委会副委员长）翻译出版了《地理学发达史》一书。1924年毕业的杨秀峰（新中国成立后曾任国家教育部高等教育部部长、最高人民法院院长）也参加过中学地理教科书的校订工作。

根据北京师范大学图书馆编著的《北京师范大学图书馆藏师范学校及中小学校教科书书目（清末至1949年）》（吴艳兰，2002年出版）统计，1949年前共有小学教科书44种，中学地理教材160种，师范学校课本16种。北师大地理系教师、毕业生编著中学地理教科书达50多种，约占其中的1/3，充分说明地理系师生在全国地理教材编写方面占有举足轻重的地位。此外，地理系殷祖英、陆光宇等人还曾编写过历史教材。

（2）对地理教学法的研究，也得到全系老师的重视。1915年4月史地部成立了史地学会。1920年6月，史地学会编辑的《史地丛刊》创刊，《史地丛刊》所发表的关于地理教学方面的文章有：《地理教科书之急宜改造与其教授法之急宜革新》（刘玉峰，第 2 期）；《我国将来怎样教授地理》（盛叙功，第 3 期）；《中学中国地理科教授实例》（武学易，第 3 期）；《改良中学校历史地理教法议案》（朱希祖，第 4 期）。《北京高师教育丛刊》于 1919 年 12 月创刊。在创刊号上有张大钰撰写的《地理学习法大要》；第 3 集上有卢成章所写《中小学校地理教授之研究》等文章。

1936 年，北京师范大学地理教学研究会组织的《地理教学》创刊。当时的系主任黄国璋在“《地理教学》发刊词”中提出，《地理教学》杂志内容包括：介绍地理新知——凡地理上新学说、新发现，或以翻译，或以转载，或以摘要，或以专著为之介绍。供给地理教材——凡关地理教学之基本知识、小区域之专门研究、国内外之教学资料及各项之新欵统计、图表等均将尽量供给。讨论教学方法——凡关于地理教学之原理问题及实施方法等，将一一详细讨论，以备中小学地理教员之参考。解答教学疑问——凡各方有关地理之疑问，当本同人之所知或参考之所得，尽量予以公开之解答。1937 年《地理教学》第 1 卷第 3 期刊登了周廷儒的《野外考察与地理教育》，文章强调野外考察对高中学生地理学习的重要性。王钧衡曾发表《中等地理教材的教法片段论述》的文章。

1932 年，王钧衡编译出版了高中教科书《自然地理学原理》①。之后的几年，他又陆续编写出版了《初中本国地理教科书（卷上）》②、《新标准高中外国地理》③、《初中本国地理教科书（卷上）》④ 等中学地理教科书。

二、地理教育的发展与调整（1949～1977 年）

在地理系地理教育发展过程中，王钧衡功不可没，他在我国地理教学理论和地理教学方法、中学地理教材编写、地理科学普及等方面都作出了重大的贡献。

20 世纪 50 年代初，王钧衡主要讲授“地理教学法”课程。1952 年，朱惠芗调入地理系，讲授地理教学法。全面学习苏联阶段，苏联专家来地理系指导，客观上也推进了地理教学法的研究，当时王钧衡曾与苏联专家在北京师范大学附属中学交流、评课。

王钧衡十分重视对中学教学实际的研究。新中国成立后，他以北京师范大学四个附属中学为研究基地，并与众多的中学保持密切联系，与各校任教的地理教师携手合作，形成了庞大的教学研究队伍。有计划地深入中学进行观察研究，并拟定教学上一些专题，如怎样钻研教材、怎样编制教案、如何用图和制图、启发式谈话如何进行等。

---

① （英）弗莱（G. C. FRY）著；王钧衡译述；谢季骅等校订，全 1 册，北平，京城印书局，1932

② 全 2 册，北平，立达书局，1933～1934

③ 全 3 册，北平，北洋图书社，1936

④ 王钧衡、万方祥编，上、下卷，北平，北方学社，1936

通过与中学任课教师反复研究和试验，取得经验；并采取定期有准备的校际大规模观摩课，多次举行评议会、座谈会，与地理教师共同探讨。

在王钧衡的积极倡导下，1961～1963年连续召开两次全国高等师范院校地理教学法学科座谈会和学术讨论会（大连和北京），总结历史经验，吸收国内外有关理论，结合中国地理教学实际，对学科的研究对象、任务、理论基础，以及学科本身的基本理论、基本知识、基本训练和学科体系等重大问题，作了较为深入的讨论，并拟定了地理教学纲要。这极大地推动了地理教学法的理论研究与学术交流，意义深远。会后，王钧衡倡议建立全国性的学科资料网。在他的指导下，高如珊、杨涵完成了1949～1963年地理教学法论文的目录索引工作。

地理教学法课程的教材在新中国成立后也实现了从无到有。王钧衡主编的《地理教学法》交流材料第一版于1953年问世，在各兄弟院校间进行交流，并被广泛采用，受到欢迎与好评。1960年前后，王钧衡察觉到过去存在忽视中学地理教材研究的倾向，为了更确切地表达这门学科的本质和特点，同时为防止一些人误解地理教学法仅仅是研究方法，将学科的名称改为"地理教材教法"。并于1963年编写出版《地理教材教法》，其极富理论性和实用性，是一本难得的优秀教材。

1949到"文化大革命"前，王钧衡出版和发表过的地理教科书、地理教育论文、地理科普读物和文章达数十种。其中，许多地理教学论文，如《掌握地理教学特点、提高教学质量》、《在教学中培养地理思维问题》、《编制地理教案的理论和方法》、《地理课中的口讲方法和说话艺术》、《系统性原则在地理教学中的具体运用》、《中学地理教师中的矛盾及其解决的探讨》等重要论文，在当时对提高地理教师的思想认识、改革地理教学、改进地理教学手段、推动地理教学发展，发挥了重要的作用。特别是《地理》杂志1964年第1期刊登的《中学地理教学中的矛盾及其解决途径的探讨》一文，在地理教育界产生广泛影响。该文揭露了我国自清末实施新教育60年以来中学地理教学存在的四大主要矛盾：①轮回设科同内容重复的矛盾；②普通自然地理同年龄特点的矛盾；③科学体系同教学体系之间的矛盾；④中外地理总论与分论间的矛盾。文章对如何解决这些矛盾进行了探讨。

王钧衡还曾数次应人民教育出版社的邀请，参与中学地理教材编写工作。

1950年王钧衡、林超联合发起成立北京地理学会，王钧衡任北京地理学会第四、五、六、七届（1954～1966年）理事长等职。1963年第三届中国地理学会改选，竺可桢连任理事长，王钧衡当选秘书长，此外他还担任全国科普协会理事等职。"文化大革命"后，高如珊曾任北京市地理学会理事，北京地理教育学会副理事长，全国地理教育学会理事、常务理事及学术委员会委员。

三、地理教育恢复发展（1977～1990年）

1977年12月恢复高考，1978年3月北京师范大学地理系招收的"文化大革命"

后第一批大学生进校。开设的课程中有高如珊讲授的“地理教学法”，该课程很注重学生在教育实习中的讲练结合，同时聘请中学优秀教师如王树声、刁传芳、李志瑗等举办专题讲座，通过多种方式让学生掌握讲课技能。整套的实习计划和方案得到了许多师范院校的肯定和借鉴。在此期间，地理系编写了多本广泛应用于中学地理教育的教材，如《中学地理教材教法》（高如珊、刁传芳著），以系统论的思想认识地理教育，为中学地理教育作出了很大的贡献。

1978 年起，国内开始了全国通用教材《全日制十年制学校初中课本（试用本）》的编写，“中国地理”部分由人民教育出版社的陈尔寿、芮乔松、巴克良、刘淑梅，北京师范大学地理系张兰生、高如珊，华东师范大学附中胡明生等人参与编写；“世界地理”部分由北京师范大学地理系邬翊光、辽宁师范大学地理系李涵畅、华东师范大学地理系金鼎馨、河南师范大学地理系王建堂、人民教育出版社李明等负责。两部分共计四册，供初中一年级和二年级学习使用。

1981 年，教育部采纳了中国地理学会等 11 个自然科学学会的建议，在全国高中重新开设地理课。同年北京师范大学地理系编写了《地学》作为高中地理的教科书，参与编写工作的教师有武吉华、宋春青、郭瑞涛、汪家兴、彭望琭等，《地学》弥补了当时高中教材的空白，它的编写对推动高中地理教学发挥了重要作用。

1982 年 3 月，王民留校任教。为了熟悉中学地理教学实际，被派到北京师范大学附属中学讲授高中地理，同时跟王树声、秘际韩两位特级地理教师学习地理教学。1982 年 9 月至 1984 年 1 月，王民在北京师范大学附属中学讲授高中地理，历时 3 学期，为日后从事地理教学法的研究奠定了坚实基础。张亚立于 1985 年调入地理系，从事“地理教学法”的教学工作。

1986 年，《中华人民共和国义务教育法》颁布，教育部开始组织教育改革，编写新的中学地理教学大纲与教材。

1987 年，教育部委托北京师范大学地理系、人民教育出版社地理室、北京教育学院地理系三家起草初中地理教学大纲。作为全国使用的大纲，又分为“五・四”制和“六・三”制两套。北师大成立的课题研究组，由时任地理系副主任的郭瑞涛任组长，参加的还有冯嘉萍、金陵、高如珊、王民等。1988 年，《初中地理教学大纲（初稿）》编写完成。同年，北京师范大学地理系承担教育部的任务，编写了义务教育“五・四”学制教材，共计四册。此外，人民教育出版社编写了面向全国“六・三”学制学校的教材；广东省教育厅和华南师范大学共同组织编写了“六・三”学制沿海版初中地理教科书；四川省教委和西南师范大学合编了内陆版地理教科书。这些教科书均为 1992 年审定通过，从而形成了“一纲多本”的局面。1993 年，教材正式在全国使用。

地理系负责编写的“五・四”学制的地理教材，在山东诸城等地实验，同时地理系负责相应的教师培训。最初的实验教材由冯嘉萍（任中国地理部分主编）、金陵（任

世界地理部分主编）担任主编，王民担任副主编（后来担任两个部分的主编）。

我国1986年成立了中小学教材审定委员会和各学科教材审查委员会，北师大地理系邬翊光、赵济、王民等人先后被教育部聘为审查委员。

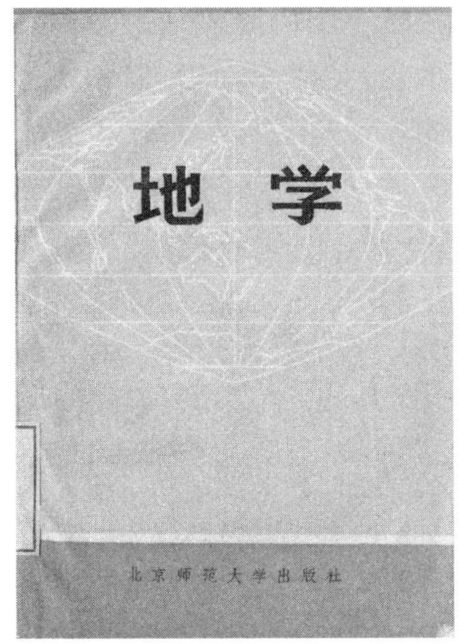

1981年编写的高中《地学》教材

1988年编写的“五·四”学制地理教材

四、地理教育全面发展与开拓创新（1990～2012年）

进入20世纪90年代，地理教育进入全面建设与发展阶段，一方面，全面参加到教育部中学地理课程和教科书的研究编写中；另一方面，大力扩展研究教学的领域，建设学科发展平台。同时，积极参加国内外学术交流和社会活动，扩大社会影响。

（一）扩展研究领域，建设学科发展平台

1. 扩展研究领域

（1）中国—德国地理教科书合作和地理教科书国际比较研究

中国与德国的地理教科书合作始自20世纪90年代初。1991年11月，当时的国家教委有关部门与德国乔治·埃格特国际教科书研究所签署了两国《关于教学计划、教科书交流与合作的议定书》，同时制订了《中国、德国关于历史、地理教科书的评审办法》。德国乔治·埃格特国际教科书研究所是国际上著名的教科书研究中心，也是联合国教科文组织的教科书中心。根据协议，双方交换了教科书。从那时起，王民作为地理学科的代表参加了对德国地理教科书中有关中国地理内容的评审。1993年6月，王民作为中国教科书代表团地理学科的代表，参加了在德国不伦瑞克举行的第一次中国—德国教科书评审会议，就德国中学地理教科书中有关中国地理的内容发表报告。随后，1994年9月，两国在北京召开第二次中国—德国教科书会议，双方对对方

地理教科书中介绍本国的内容进行了评审，各自指出对方地理教科书中介绍不准确甚至错误的地方。双方同意，在尊重历史、尊重科学的原则下，对审查出来的问题进行修订。

从 1994 年起，王民开始与德国维尔茨堡大学地理系博恩教授进行深入合作，双方合作研究两国的地理教学大纲，经过充分讨论，尝试并开辟出一个新的思路，由一国的地理学家为另一国的学生编写本国的地理，以此作为另外一国编写相关内容的基础资料。这是国际地理教科书研究中的一个新发展，被乔治·埃格特国际教科书研究所所长贝歇尔教授称为国际上此类研究的首创。

经过 4 年的合作，博恩、王民合作编写完成了《中国—德国：地理教科书视野的扩展》一书，该书分别由德国汉诺威雄鸡出版社于 1997 年 10 月以德文出版，1998 年8 月由中国地图出版社以中文出版。该书已经成为德国编写中国地理内容的重要参考书，德国 Cornelsen 出版社 2005 年出版的德国文理中学高中地理教材（Mensch und Raum—Geographie Der asiatisch-pazifische Raum）中使用了本书的内容，中国地图出版社出版、在全国使用的新课程初中地理、高中地理都采用了书中的材料。这一成果的出版，引起了国际上一些国家的关注，如加拿大和德国进行了同类研究；在德国地理教学界产生了广泛的影响。该项目获得 2000 年北京师范大学教学成果二等奖。

2000 年起，北京师范大学、德国维尔茨堡大学和德国乔治·埃格特国际教科书研究所三方开展了可持续发展教育教师培训的研究。2002～2005 年，王民曾三次带领中国老师赴德国下萨克森州自然保护学院进行培训。该培训是与德国乔治·埃格特国际教科书研究所和下萨克森州自然保护学院合作开展的。

《中国—德国：地理教科书视野的扩展》中文版

《中国—德国：地理教科书视野的扩展》德文版

在中国、德国合作基础上，又扩展为《德国、美国、中国、巴勒斯坦四国跨文化的可持续发展教育教师培训项目（2006～2010）》（Intercultural Dialogue on Educational Approaches to Sustainable Development，IDEAS），旨在开发一个主要集中于课程和教学方面的可持续发展教育职前教师培训模式。通过培训，使职前和在职的地理教师具有可持续发展的意识和尽可能广阔的国际视野，并把这种观念融合于他们的教学之中。参加项目研讨会的专家有来自德国维尔茨堡的 Dieter Boehn 教授，德国乔治·埃格特国际教科书研究所的 Roderich Henry 先生，北京师范大学地理学与遥感科学学院的王民教授、蔚东英博士，美国得克萨斯州立大学的 James Peterson 教授，美国得克萨斯大学的 Sarah Bednarz 教授和 Robert Bednarz 教授，巴勒斯坦教育部的 Ferial Aiyha 先生和 Ahmad Atiyha 先生。该项目的研究成果分别于 2006 年在澳大利亚召开的国际地理联合会布里斯班区域会议、2006 年在德国不来梅召开的德国地理教育大会、2007 年在瑞士卢塞恩召开的国际地理联合会地理教育会议上发表论文并宣读，在国际地理教育界引起了关注。

2002 年 10 月，北京师范大学与德国乔治·埃格特教科书研究所在北京师范大学举办了中国—德国地理教科书合作 10 年回顾研讨会。2012 年 11 月 7～8 日，北京师范大学基础教育课程研究中心、北京师范大学地理与可持续发展教育中心、中国地图出版社合作举办了"中国—德国地理教科书合作二十年回顾研讨会暨 2012 年国际地理教科书研究与比较交流会"。此次会议特别邀请了德国维尔茨堡大学地理系博恩教授、德国维尔茨堡大学地理系学术主任贝塔·哈门斯博士，回顾了中国—德国地理教科书合作二十年的发展历程，介绍了德国新的地理课程标准和教科书，同时也介绍了中国中图版地理教科书最新修订以及教学案例评比的情况。参加此次会议的有来自全国 24 个省的 200 多名地理教研员和教师。

中国—德国地理教科书合作研究历时 20 年，取得了丰硕的成果，大大扩展了学院地理教育研究的领域，引起国际地理教育界的关注，加速了学院地理教育研究国际化的进程，提升了学院地理教育在国内教育界以及国际地理教育界的地位和水平。

至今，中国与德国地理教科书合作项目已经出版了：《中国—德国：地理教科书视野的扩展》①、《Die Volksrepublik China and Die Bunderrepublik Deutschand—Erweiter Ungen Schulbuchbezogener Wahnehungshorizonze》②、《地理教学法 — 概念》③、《日本、德国中小学地理课程与教科书》④（以上四本书 2000 年以"中国与德国地理教科书的合作研究与编写"获得北京师范大学教学成果一等奖）、《鲁尔区：一个杰出的欧洲

① 王民、Dieter Boehn 编著，中国地图出版社，1998

② Dieter Boehn 、Wang Min ，Verlag Hahnsche Buchhandlung ，Hannover ，1997

③ 博恩著，王民等译，北京师范大学出版社，1996

④ 王民，海南出版社，1999

区域的结构变化》①、《地理比较教育》②、《可持续发展教育案例研究》③（主要介绍中国—德国可持续发展教育培训案例）等。发表中文、英文研究报告和文章 20 多 篇。

（2）地理课程与教科书研究

本系教师编写中小学地理教科书有长期的历史和传统。进入 20 世纪 90 年代，地理系在中学地理课程、教科书研究方面又进一步发展，领域得到了进一步的扩展。王民自 1987 年参加初中地理教学大纲的编写之后，参加了之后教育部历次中学地理教学大纲、地理课程标准的编写。

1991 年，王民参加教育部组织的《中小学地理学科国情教育纲要（试用）》的编制，并参加编写初中教材《地理国情教育图册》，其于同年由中国地图出版社出版，在全国使用。

1992 年，《九年制义务教育全日制初级中学地理教学大纲（试用）》正式颁布，王民参与了整个大纲编制过程。

1993 年，由冯嘉萍、金陵、王民主编的“五・四”制义务教育地理教科书通过教育部审查，在全国使用。

1994 年，国家教委开始组织与九年义务教育初中地理大纲相衔接的普通高中地理教学大纲的编制，王民是编制组成员。

1996 年，国家教委颁发《全日制普通高级中学地理教学大纲（供试验用）》，后教育部根据试验情况，对大纲做了适当的调整，于 2000 年 2 月颁布了《全日制普通高级中学地理教学大纲》，在全国使用。

1996 年，北京市教委根据北京市高中的情况，计划编写一套新的高中地理教材，邀请王民担任主编，在新大纲的基础上，增加了一些内容，编写了北京市高级中学实验课本《地理》（全 4 册）。从 1999 年秋季开始，在北京的一些高中进行实验，2002 年教材通过教育部审查。

2000 年，新一轮的基础教育课程改革开始，在这次课程改革中，教育部采用课程标准项目招标的方式。王民于 2000 年提交的《初中、高中地理课程标准研究与编制项目书》经教育部基教司组织专家委员会评审，以第一名中标，确定北京师范大学为课程标准组的组长单位。地理课标组成立后，教育部任命当时北师大地理系系主任樊杰担任课标组组长，王民为课标组成员，先后编制初中、高中地理课程标准。

2002 年，北京师范大学基础教育教材总编委员会与中国地图出版社合作，王民为主编，成功申报教育部立项，编写出版“义务教育课程标准实验教科书”《地理》，蔚东英担任分册副主编。

---

① 德国鲁尔工业联合会编，王民等译，德国鲁尔出版社，2008

② 王民主编，广西教育出版社，2006

③ 王民主编，地质出版社，2006

2003 年，北京师范大学基础教育教材总编委员会与北京市教委、中国地图出版社合作，成功申报教育部立项，编写出版高中地理教科书。王民担任新世纪版高中地理教科书主编，朱青、朱良、蔚东英分别担任部分单册的副主编。2003 年编写义务教育阶段教科书共计 4 册通过教育部审查。2004 年编写的“普通高中课程标准实验教科书”《地理》（必修 3 册，选修 7 册，共计 10 册）陆续通过审查，并在全国推行使用。北京师范大学地理学与遥感科学学院依据课程标准编写地理教科书并拥有全套初中、高中教材的三家编写单位之一。目前，中图版地理教科书在全国十多个省（市、区）使用，建立了教师培训网络，北京师范大学地理学与遥感科学学院也与全国很多地方教研部门和学校保持经常的联系。

2003 年教育部审查通过的“义务教育课程标准实验教科书”《地理》

2004 年编写的“普通高中课程标准实验教科书”《地理》（必修 1～3 册）

在中国测绘学会 2010 年科学技术奖授奖大会上，由王民主编、中国地图出版社出版的高中《地理图册》（全 10 册）荣获优秀地图作品“裴秀奖”（其为我国地图作品的最高奖项，每两年评选一次）银奖。

由王民主编、中国地图出版社出版的高中地理教科书《地理》（全 10 册）2013 年获得第四届北京市基础教育教学成果二等奖。

此外，2004 年，王静爱主编、苏筠参编了人民教育出版社的高中地理教材选修 5《自然灾害与防治》及其教师教学用书。周尚意从 2002 年起先后主编了商务印书馆、星球地图出版社合作出版的教育部实验教材《地理》及上海教育出版社出版的义务教育课标教材《历史与社会》教科书。

自 2008 年以来，王民积极参加教育部“国培计划”——负责地理教师培训工作，担任教育部教师教育专家委员会委员、第二届全国教师教育课程资源专家委员会文科工作委员会委员。参加教育部师范司“国培”课程标准的制订，负责起草“国培计划”初中地理教师培训课程标准（初稿）。主持多项“国培计划”初中地理教师培训项目，并参与申报成功两项教育部培训资质，主编的《初中地理教学策略》①，2011 年被教育部师范司评为教师教育优秀资源。由王民担任首席专家、高等教育出版社承办的教育部“国培计划”（2012）——远程培训项目初中地理骨干教师培训 2012 年分别对我国东部、中西部共 30 个省区市的 10000 多名初中地理教师进行了远程培训，得到了广大老师的好评。主编的全国教师资格考试学习参考书《地理学科知识与教学能力》（初中版）②、《地理学科知识与教学能力》（高中版）③ 出版，为地理教师的培训提供了有效的资源。

2010～2013 年，接受教育部基础教育司委托，王民承担高中地理新课程实验教科书使用情况调研，有 10 个省参加。2012 年，王民主持国家哲学社会科学基金重大委托项目“中小学地理教材难易程度的国际比较（高中地理）”，比较分析 10 个国家高中地理教科书的难易程度。

1988～2006 年的近 20 年间，王民参加了教育部考试中心的全国成人高考和部分全国普通高考地理试卷的命题工作，并参编考试大纲，还被聘为考试中心的兼职研究员，之后，周尚意等人也参加了全国普通高考的地理试卷命题工作。

学院地理教育中心通过参加国家地理课程标准的编制、地理教科书的编写、国培计划的制订与培训，承担教育部委托的研究项目，进一步扩展了已有的研究领域，提升了水平和地位。

编写出版的其他教材还有：《地理课程论》④、《国外地理教育动态》⑤、《日本、德国中小学地理课程与教科书》；《地理新课程教学论》⑥、《地理比较教育》、《课程标准与

① 北京师范大学出版社，2010
② 高等教育出版社，2011
③ 高等教育出版社，2011
④ 王民主编，广西教育出版社，2001
⑤ 王民主编，北京师范大学出版社，2001
⑥ 王民主编，高等教育出版社，2003

教学大纲对比分析——高中地理》①、《基础教育新课程师资培训指导——初中地理》②，《地理教学论（第二版）》③、《初中地理教学策略》。其中，《地理新课程教学论》、《地理比较教育》、《课程标准与教学大纲对比分析——高中地理》、《基础教育新课程师资培训指导——初中地理》四本教材获得 2008 年北京师范大学教学成果二等奖。

地理教育教材

（3）环境与可持续发展教育

1993 年，地理系易名为资源与环境科学系，表现出对资源、环境问题的关注。地理教育也开始了环境教育方面的研究与探索。1993 年资环系与中国环境报社合作，承担国际合作项目“中国中小学环境教育研究”，邬翊光任顾问，王民任课题组副组长，由此开始了资环系的环境教育研究。该项目对全国 10 个省 800 多所学校 16000 多名中小学生进行环境意识调查，研究了我国环境教育的历史、方法和经验，全国人大王丙乾副委员长专门给邬翊光写信，对资环系开展环境教育给予很好的评价。

项目研究的具体成果是编写出版了环境教育的系列教材，包括《环境意识及测评方法研究》④、《中国中小学环境教育研究》⑤、《国外中小学环境教育课程设置方式》⑥、《可持续发展教育教师培训手册》⑦。该系列教材获得 2000 年北京师范大学教学成果一等奖、2001 年北京市高等教育教学成果一等奖。

1995 年，北师大与华东师范大学、西南师范大学等合作，参与了世界自然基金会资助的“中国中小学绿色教育行动”项目。同年，张兰生领导成立了北京师范大学环

---

① 王民主编，东北师范大学出版社，2005
② 王民主编，北京师范大学出报社，2003
③ 王民主编，高等教育出版社，2010
④ 王民著，中国环境科学出版社，1999
⑤ 王民主编，中国环境科学出版社，1999
⑥ 王民编著，海南出版社，2000
⑦ 北京师范大学环境教育中心等编著，北京师范大学出版社，1998（王民编写、定稿）

境教育中心，黄宇负责环境教育中心的日常工作。

1998年，联合国可持续发展教育研究机构主席霍普金斯教授访问中国，专门到北京师范大学，与王民商谈合作事宜。2005年7月，王民邀请Hopkins教授和美国田纳西大学Roselin教授访问中国，举办了可持续发展教育研讨会，也正式开始了中国北京可持续发展教育专业区域中心的申请和推进工作。2006年，应王民邀请，联合国大学校长兼联合国大学副秘书长Ginkel教授访问北京师范大学，会见了北京师范大学钟秉林校长，并在地理学与遥感科学学院作报告。2007年1月，以北京师范大学为首的北京可持续发展教育专业区域中心被联合国大学正式批准。2007年8月，北京可持续发展教育专业区域中心与北京市昌平区教委合作在北京昌平举办了可持续发展教育专业区域中心国际论坛。联合国大学校长兼联合国副秘书长Ginkel教授应邀参加，参加会议的还有来自德、美等国的学者约百人。

出版了联合国可持续发展教育十年规划培训丛书①：《可持续发展教育概论》、《可持续发展教育研究项目与国际动态》、《可持续发展教育实践》、《可持续发展教育案例研究》、《可持续发展教育实施指南评价理论·案例·试题》②、《可持续发展教育评估探索》、《绿色大学与可持续发展教育》。这是全国第一套系统的可持续发展教育系列丛书，获得2008年北京师范大学教学成果二等奖。

王民于2001年、2003年、2005年、2009年、2011年十年间5次赴台湾进行绿色大学的学术交流活动，推动了海峡两岸绿色大学的研究与交流。2006，在师大统战部资助下，王民代表中国民主促进会师大基层委员提出了“以科学发展观为指导，努力把我校建设成为世界知名的绿色大学”的建议，得到学校领导的重视。2008年9月，开始与北师大后勤管理处等部门具体合作。2010年提出“基于绿色大学的北京师范大学校园解说规划”。2010年5月27日，王民被清华大学建设绿色大学专家委员会聘为委员。

王民长期关注环境教育法的研究。2009年，承担国家环境保护部科技司项目“环境教育法的国际比较与中国实践”，自2009年4月到2010年5月在《环境教育》杂志已经连续发表14篇文章，详细介绍世界上环境教育法立法情况以及我国开展环境教育法立法研究的情况，课题2010年12月2日通过环保部科技司验收审查。王民自2008年4月开始参与《宁夏回族自治区环境教育条例（初稿）》的有关工作，2009年他利用随民进中央领导访问环保部的机会，向环保部周生贤部长建议，关注、支持宁夏回族自治区环境教育立法工作，并联系了宁夏回族自治区银川市民进组织，在区政协、人大会上，积极推进环境教育法的建议。同时，与相关单位保持经常的联系，利用各种机会，积极呼吁，引起社会的关注和领导机关的重视。2011年12月1日，宁夏回族自治

① 王民主编，地质出版社，2005

② Rosalgn Mckeown 著，王民、蔚东英、陈红等译

区第十届人民代表大会常务委员会第二十七次会议审议通过《宁夏回族自治区环境教育条例》，自 2012 年 1 月 1 日起施行。

（4）环境与遗产解说

在开展环境教育研究的同时，2002 年北师大地遥学院又开始了环境与遗产解说的研究，先后承担了云台山世界地质公园环境解说评价研究项目（2005～2008）、北京市环保局宣教中心“北京的世界文化遗产环境解说调查研究”项目（2007～2008）、环保部科教司“博物馆环境教育与环境解说功能规划与培训研究”项目（2008～2009）、建设部“国家解说标准”项目（2006～2009）。

2007 年与美国国家解说协会合作，翻译出版环境解说的书籍。

经过 10 年的建设，目前环境解说已经成为硕士和博士的培养方向。已经完成的、即将出版的教材有《环境与遗产解说概论》、《环境与遗产解说评价》、《环境与遗产解说规划》、《环境与遗产解说培训》、《Interpretation Evaluation for Geoparks：Theory into Practice》(Italian Society of Geography. Volume 10 of IGU Publication Series，2012）等。

2. 建设学科发展平台

1996 年，开始招收地理教学论方向的硕士研究生。王民开设“地理课程论”、“环境教育”课程。2004 年起，朱良加入到地理教育学科队伍中，并于 2005 年开始为本学科、研究生开设“现代地理教育技术”课程；2009 年蔚东英从美国密苏里大学圣路易斯分校获得博士学位（之前于 2008 年获得北京师范大学博士学位）留校，讲授研究生课程“环境与可持续发展教育”、“地理教学设计与案例分析”；黄宇讲授“地理学科教育测量与评价”。在学科建设上，从“地理课程与教学论”逐渐扩大到“环境与可持续发展教育”，再到“环境与遗产解说”。

北京师范大学地理与可持续发展教育中心根植于北京师范大学地理教育的百年传统，不断发展，勇于开拓，与国际相关领域有广泛的联系，形成了鲜明的特点，研究生培养集中在以下三个方向。

（1）地理课程与教学论。主要进行地理课程的国际比较研究、地理课程理论研究、地理教科书研究与编写、地理教学理论与实践研究等。

（2）环境与可持续发展教育。主要研究环境与可持续发展教育理论、教师培训，可持续发展教育区域中心实践等。

（3）环境与遗产解说。主要进行环境与遗产解说的调查、评估、规划、设计。

其中，北京师范大学的环境与可持续发展教育、环境与遗产解说方向是国内最早的硕士、博士学位授予点。

2002 年开始设立博士点，王民成为国内第一批地理教育方向的博士生导师。地理课程教学论专业从 2003 年开始招收博士研究生，第一批博士研究生于 2006 年 7 月毕业。到现在已经有近 20 名博士毕业，论文集中在地理课程与教学论、环境与可持续发展教育、环境与遗产解说三个研究方向。而且还招收了外国留学生，美国留学生罗星薇经过三年的学习，在导师王民指导下，完成了“灾害教育中两性平等与合作培训研究——以北京师范大学为例”的博士论文，2012年获得北京师范大学博士学位，她是地理学与遥感科学学院获得博士学位的第一个外国留学生。

1997年地理教学法教研室改为地理教育中心。

2007年建立了“北京师范大学地理与可持续发展教育中心”；随后，建立了地理学与遥感科学学院“环境与遗产解说中心”、“地理教育、环境与可持续发展教育及环境与遗产解说综合实验室”。

2007年成立了北京可持续发展教育专业区域中心。

（二）适应新时期人才培养需要的教学建设与发展

1. 建设地理教育新课程（课程、教材、教育实习）

地理学与遥感科学学院的地理教育得到了空前发展，逐步形成了地理教育课程体系。

本科生的课程从“地理教学法”到“地理教材教法”，再到“地理课程与教学论”、“地理教育技术”，逐渐形成理论与实际结合、与现代化技术相结合的课程体系。

2008年，根据学校免费师范生工作的要求，制订了适用于免费师范生的教学计划，2010年开始为免费师范生开设地理教育课程有：“地理教学论”（王民）、“地理教材分析与教学设计”（王民、蔚东英）、“地理教学技能实训”（王民主持）、“地理教育见习”（王民）、“地理教育专题讲座”（王民主持），选修课“环境与遗产解说”（蔚东英，双语课程）、“地理教育心理学”（蔚东英）。

学院免费师范生自2011年起，在全国各地进行教育实习，学院多名教师参与教育实习的指导，并承担学校教改项目“华北教育振兴试验区山西太原教育实习基地的建设”（王民、蔚东英）。

经过多年建设，地理教育的各个课程已经具有完善的教学大纲、教科书、教学模式，注重启发性、探究性和交互性的教学方法，受到学生的一致好评。

2. 拓展新的学习方式

利用多种资源，开辟新的学习方式，为学生提供新的学习机会。鼓励学生参加全球地理教育在线中心项目（Online Center for Global Geography Education，CGGE）。该项目是由美国地理学家联合会（Association of American Geographers，AAG）组织、美国科学基金会赞助的，其设计了一套研究地理问题的教学模式，并运用互联网技术进行国际教学合作。北京师范大学地遥学院的本科生、研究生2004年与德国的学生、2005年与智利的学生、2010年与美国的学生进行人口、水资源等模块的合作学习，每次学习与讨论持续1～3个月。参加这个项目也进一步扩大了学院与国际地理教育界的联系，《国际地理与环境教育研究》(International Research in Geography and Environmental Education）杂志数次发表文章介绍该项目。

（三）积极参与国内外学术交流与社会活动

地理学与遥感科学学院地理教育的发展还表现在积极参加国际与国内的学术交流与社会活动、扩大社会影响上。

1. 参与中国地理学会的工作

学院教师长期担任中国地理学会地理教育委员会的工作，张兰生、史培军先后任地理教育委员会主任，2002年，王民开始担任中国地理学会地理教育秘书长，作为地理教育组的召集人组织每年中国地理学会年会地理教育组会议。

2007年中国地理学会成立地理奥林匹克竞赛工作组，王民任组长。依托北京师范大学地理与可持续发展教育中心组织承办了：

- 中国地理奥林匹克竞赛暨国际地理奥林匹克竞赛选拔赛，具体组织承办了第一届（2006，广东番禺)、第二届（2007，北京)、第三届（2009，广东韶关)、第四届（2011，湖北武汉）中国中学生地理奥林匹克竞赛，组织参加了2006年澳大利亚布里斯班、2008年突尼斯迦太基、2012年在德国科隆举办的国际中学生地理奥林匹克竞赛。
- 中国初中生世界地理竞赛暨（美国）国家地理世界锦标赛①选拔赛，具体组织承办了第一届（2009，北京)、第二届（2010，北京)、第三届（2012，北京）中国初中生世界地理竞赛，组织参加了2011年在美国举办的国家地理世界锦标赛及2013年在俄罗斯举办的国家地理世界锦标赛。
- 中国中小学生环境地图比赛，并组织参加了日本旭川环境地图比赛，此比赛自2004年第一届至今已经举办了10届。
- 自2007年开始，担负地理小博士活动的出题和评审工作；还负责地理学会教师优秀论文的评审工作。

2. 参与国际地理联合会的工作

1990年张兰生教授担任国际地理联合会地理教育委员会执行委员，参与了1992年《国际地理教育宪章》的相关工作，并校订了其中文版。2004年经国际地理联合会副主席刘昌明院士举荐，王民被选为国际地理联合会地理教育委员会执行委员，2007年参加了《卢塞恩可持续发展地理教育宣言》的相关工作，并将其翻译成中文，在《地理学报》上发表（2008年2月)。2008年王民连任国际地理联合会地理教育委员会执行委员，同时担任国际地理联合会奥林匹克竞赛委员会委员，还担任《国际地理与环境

① 英文为 National Geographic World Championship

教育研究》杂志编委。

2012 中国地理奥赛队在德国科隆

蔚东英于 2008 年起担任国际地理联合会地质公园委员会主任，2012 年连任；创办了会刊《International Journal of Geoheritage》并担任主编；组织举办了地质公园国际论坛。第一届地质公园云台国际论坛于 2007 年 10 月 11～14 日在河南省焦作市修武县云台山世界地质公园召开。论坛由国际地理联合会、中国地理学会、北京师范大学、河南省修武县人民政府和云台山风景名胜管理局共同主办。来自 6 个国家的 30 多位国外代表及河南省焦作市、修武县领导，国内相关领域的专家，云台山世界地质公园的 40 多位代表，共计 80 位代表出席了本次论坛。在论坛上，代表们探讨了当今世界解说发展的趋势、中国地质公园解说现状、美国大峡谷国家公园与云台山地质公园之间的比较、领导力与地质公园的可持续发展、国家公园和地质公园的环境教育、地质公园的可持续旅游、地质公园的解说系统、地质公园的员工管理培训、地质公园解说与可持续发展国际网络的建立等主题。

第二届地质公园泰宁国际论坛——能力构建与可持续发展兼国际地理联合会地质公园委员会执委会于 2011 年 5 月 26～29 日在福建泰宁世界地质公园召开，由北京师范大学环境与遗产解说中心承办。来自中国、美国、日本、意大利、加拿大等国，包括国际地理联合会主席罗纳德先生、中科院院士秦大河、刘昌明等在内的专家、学者、管理者，围绕“能力构建与可持续发展”议题展开广泛讨论，最终形成了《地质公园泰宁宣言》（发表于 2012 年《地理学报》英文版），以指导未来地质公园的发展目标和工作中心，推动地质公园的可持续发展。

在地理教育方面，学院先后建立了诸多网站，诸如中学生地理奥赛网（www.igeocn.com）、解说中国网（www.interpchina.com）、北京可持续发展教育区域中心网（www.rcebeijing.com）、王民教育网（www.wangminedu.com）。

第三节　自然地理学

自然地理学是北京师范大学的传统优势学科。京师大学堂师范馆在建立初期，史地部、史地系主要开设“地理通论”、“区域地理”等综合性的地理学课程。1928 年地理系正式独立建系之后，分设地理历史组和地理博物组，前者侧重人文地理学，后者侧重自然地理学。此后，自然地理学在本院的发展历史中一直占有重要位置，具有悠久的历史和深厚的学术积淀，是北京师范大学各地学领域开拓、发展的基础，2000 年自然地理学被评为国家重点学科，2006 年顺利通过国家二级重点学科评估。

自然地理学先后培养了一批批社会建设的有用之才。同时，在富有创造力的学科带头人的领导下，开辟了一个个崭新的学术方向。20 世纪 60 年代，自然地理学家、地貌学家、古地理学家周廷儒在区域地貌与区域自然地理研究的基础上，开创了中国的新生代古地理学。20 世纪 70 年代，土壤地理学家和环境学家刘培桐在土壤地理学和化学地理学的基础上，率先在国内高校开辟了环境科学的研究。20 世纪 80 年代，张兰生在新生代古地理学的基础上，进一步发展了环境演变的研究方向。20 世纪 90 年代，史培军把环境演变与自然灾害研究相结合，并从自然地理学的角度，关注资源开发与环境问题，开辟了资源科学的研究方向。21 世纪以来，在刘宝元的带领下，土壤侵蚀与水土资源管理又成为本学院面向国家重大资源问题的特色领域。

一、地质学与地貌学

（一）课程历史

地质学与地貌学（曾称地形学）是地理学专业的主要基础课程。前者主要研究地壳的组成物质（矿物、岩石）、构造变动和发展历史，可进一步分为结晶学、矿物学、岩石学、矿床学、构造学（包括新构造学）、动力地质学、地史学、古生物学、古地理学等学科，以及资源矿产调查与勘探等内容。后者是从地质学中分化、发展而来，曾被认为是地质学中新的一章，主要研究地球表面形态的特征、成因、分布规律和发育演化历史，是自然地理学的基础学科之一。在我院的发展历史中，历来受到极大的重视。

早在 20 世纪 30 年代，地质学方面的课程在北师大地理学就占有重要的地位。不仅先后开设了矿物学、岩石学、构造地质学、地层学及地史学、普通地质学、应用地质学等必修课程，还有应用矿物、古生物学、大地物理学等选修课程，更是聘请了一批知名学者传道授业，如翁文灏、章鸿钊、谢家荣、谭锡畴、王竹泉、杨钟健、冯景兰等地质学家。虽然抗战期间正常的教学被打乱，但在抗战胜利后至新中国成立初期（1945～1952年），地质学方面的教学已基本恢复到抗战前的水平。在系主任黄国璋的组织下，聘请多位著名老师前来授课：如地质调查所裴文中、清华大学冯景兰、北京地质学院王嘉荫、地质学家德日进等常来校做专题报告，极大地提升了地理系的教学水平和学术氛围。“文化大革命”之后，恢复了地质学课程的正常教学，宋春青、张振春、刘吉祯等分别担任主讲，张宝民、耿侃先后接手主持日常教学。

地貌学课程在1930年开设，当时称为地形学，所占比重不大，以类型描述为主。1949年新中国成立后，受黄国璋的邀请，周廷儒回国来地理系任教，先后讲授地形学（地貌学）、中国自然地理及古地理等课程，并指导地形学野外实习，开创了系统讲授地貌的形态成因与发展演变的先河。1952年院系调整后，周廷儒依据教育改革精神并参照苏联列宁师范学院地理系1951年的教学计划，制订了北师大地理系的教学计划。新教学计划体现了政治与业务、理论与实践的结合，突出了师范教育的特点。随着新教学大纲的实施，地貌学与气象学、水文学等学科组成“普通自然地理”课程，杨曾威、刘培桐、冯克嘉、张如一、徐振溥、朱国荣、邱维理等先后承担该课程的讲授任务。

此外，在与地质学和地貌学相关的课程中，李华章、刘清泗还曾为本科生开设“第四纪地质学”选修课程，为研究生开设“新构造学”课程；李容全曾为本科生和研究生开设“沉积分析”课程。

20世纪90年代以来，邱维理、谭利华先后承担了本科生“地质学与地貌学”课程的教学与建设。目前，谭利华主讲本科生必修课程“地质学与地貌学”，并开设“第四纪环境”、“地质灾害”等选修课；邱维理为研究生开设“地貌学原理与研究方法”、“沉积分析”等课程。

地质学野外实习
（河北蔚县小五台山地区）

（二）实践教学与教材建设

地质学是一门实践性很强的学科，在教学中不仅要强调基础理论与基本概念的准确性，还要做到理论与实践紧密结合。1933年，系主任刘玉峰曾明确指出：“本系以养成中等教育地理学科之师资，并培养独立研究地理学之能力为目标”。各种类型的实习在教学中历来受到重视。

地质地貌课程相应的实习包括普通地质学实习、矿物岩石学实习、古生物学及地史学实习、地貌学（地形学）实习等。其中，野外实习除在北京郊区进行外，还先后在河北省下花园、秦皇岛、小五台山，山西省大同，山东省烟台，江西省庐山，河南省三门峡等地建立了野外实习基地。矿物、岩石、古生物的室内实习主要在本院地质标本室进行。

本院地质标本室在全国高校地理系中属于比较典型的，它不仅拥有比较齐全的矿物、岩石、古生物、地质现象标本实物，还有规格统一的各类岩石标本配备的岩石切片，通过光学显微镜观察，可使学生从宏观到微观加深对各种岩石结构及分类的认识。此外，大量的晶体、构造、生物模型，可加深学生的认知能力。1952 年院系调整，北京师范大学与辅仁大学合并，辅仁大学博物馆所藏大量岩、矿标本调拨给本院，使地质标本室藏品大为增加。除此之外，在历年野外实习时，还发动同学采集大量有价值的标本，如在下花园地区采集的硅化木化石、在大同地区采集的大型火山弹、在朝阳地区采集的恐龙足迹化石、在秦皇岛地区采集的众多哺乳动物化石等，均大大提升了标本室的规格与水平。

1978 年，宋春青、张振春编写出版了《地质学基础》（高等教育出版社），成为“文化大革命”后高校第一批重点教材之一。此后，对该教材进行了 3 次修订，总发行量近 30 万册，并荣获国家教委高校优秀教材二等奖，2005 年出版的第 4 版被评为“普通高等教育‘十五’国家级规划教材”。该教材被广泛用于全国高等院校地理专业本科生、专科生以及其他相关专业学生的教学，还被许多中学教师用做教学参考书并且出版了蒙文版，产生了显著的教学效果和社会效益，是一本不可多得的精品教材。地质学教材的建设推动了高校地质学教学工作的研讨与经验交流，1978 年创立了“全国高校地质学教学研究会”，宋春青连任 12 届研究会理事长（1978～1991 年），6 届名誉理事长（1992～2004 年）。

《地质学基础》教材

此外，在宋春青的带领下，还编写了许多岩矿实习指导和野外实习讲义，刘吉祯、耿侃、李容全合编出版大专教材《地质学基础》（北京师范大学出版社，1988）。李容全参加编写《地貌研究方法与实习指南》（高等教育出版社，1991）。

“文化大革命”后，周廷儒为研究生开设“古地理学”课程，任森厚为本科生开设“古地理”选修课（1983～1992 年）。北京师范大学成为全国唯一一所为大学本科生开设“古地理学”课程的院校。

（三）科学研究

新中国成立初期，地质地貌方面的研究主要围绕国家经济建设的需要开展。1951 年，在周廷儒、宋春青的带领下，完成了内蒙古铁路选线考察等国家科研项目，以及其他与地质地貌有关的科研项目。20 世纪 50 年代初，在周廷儒带领下多次参加由中国科学院组织的科考项目，为培养年轻教师的教学与科研能力奠定了坚实基础，完成《中国地形区划草案》，并与施雅风、陈述彭合作编写了《东北地貌》、《华北地貌》等著作。1956～1960 年，周廷儒、赵济、朱国荣等参加新疆考察。1978 年出版专著《新疆地貌》及 1∶100 万新疆地貌图。

1966 年邢台地震后，党中央国务院十分重视地震的预测预报工作，周恩来总理直接指示："密切注视京津地区地震动向"。地理系部分教师于 1967～1971 年接受国家科委的"京津地区新构造运动与地震趋势研究"任务，李华章、朱国荣等与中国科学院地理所张青松等合作研究"北京地区新构造运动和地震趋势研究"。任森厚与地质部华北地质研究所、地质部地震地质大队、石油部六四一厂、地质部海洋地质研究所、海洋局海洋情报所、北京大学地质地理系等七家单位开展天津地区新构造运动和地震趋势的研究工作，历时 3 年完成《天津地区新构造运动和地震趋势》科学报告，绘制 1∶20万专题地图十余幅。

1976 年唐山发生了 7.8 级大地震，李华章、刘清泗等参加了北京地震地质会战工作，参加并负责第四专题组的部分工作，先后完成了《北京平原区断裂构造及其活动性的初步探讨》、《从航片解译看北京平原地貌、古河道及隐伏断裂》、《北京地区新构造运动特征与地震的关系》等多篇论文，历经四年圆满完成任务，并获得北京市科技成果二等奖。

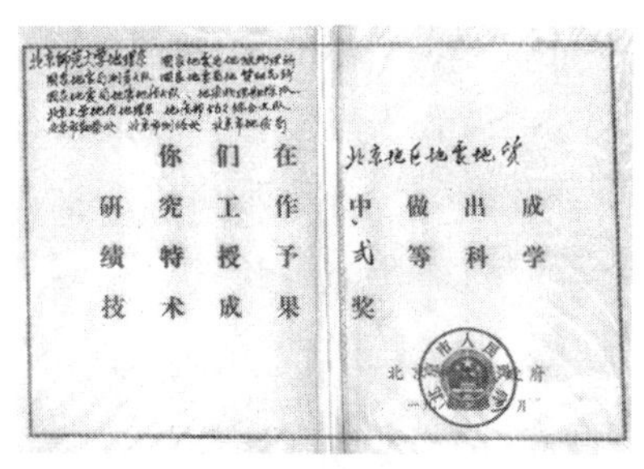

北京市科技成果二等奖获奖证书

1980 年前后，受北京市农委委托，徐振溥、朱国荣承担了北京地区农业地貌调查及地貌图编制工作，经评审获得好评。"七五"期间，李容全、徐振浦、朱国荣等参加黄土高原综合考察与治理项目，承担了"黄土高原重力侵蚀与潜蚀的遥感分析"、"黄土高原的沟谷稳定性的遥感分析"等子项目，并发表了相关研究论文。

承担地质学与地貌学课程教学任务的教师，主要是周廷儒领导的新生代古地理研究室的成员，因此更多的研究工作，是结合古地理学与环境演变开展的。

二、气象学与气候学

（一）课程历史

气象学与气候学是研究大气圈层的科学。大气圈层是自然地理环境的重要组成部分，也是自然地理环境形成、变化的积极因素之一。因而，高等院校地理系（科）均开设气象学或气候学课程。北京师范大学地理系早在 1930 年就开设了气候学，这是中国最早开设气候学课程的高校之一。1933 年开始把气象学及气候学列入教学计划。此后，气象学与气候学时分时合。刘衍淮、蒋丙然、黄厦千等先后讲授过气象学与气候学。

新中国成立初期，北京师范大学地理系曾开设了气象学、中国气候（卢鋈）、农业气象。并邀请中央气象局同志介绍气象观测、天气图、天气预报的基础知识。

1954年后，按照教育部颁发的新教学计划，气象学与气候学并入普通自然地理学中。先后由刘培桐、冯克嘉、张如一讲授。

1977年，上海会议确定的教学计划中把气象学与气候学从普通自然地理课中分离出来，独立成科。课程内容明显增多，除包括气象、天气、气候的基础知识外，还增加了一定课时的教学实习，以加强学生的动手能力。

1993～1996年，根据当时课程改革的需要，气象学与气候学与其他5个部门自然地理学课程被取消，全部并入自然地理学课程，气象学与气候学实习课程也相应取消。

1997年，为了加强学生的基础理论水平，气象学与气候学课程恢复至今，由谢云讲授。

2000年，在国家自然科学基金委员会地理学理科基地项目资助下，气象学与气候学实习课程恢复至今，先后由谢云、殷水清讲授。

此外，还曾为本科生、研究生开设了动力气象学、气候学、数理统计学、城市气候学、气候影响评价等选修课程，先后分别由张如一、施尚文、吴永莲、巢俊民、涂美珍、谢云等讲授。

（二）人才培养与教材建设

1959年为了气象专业的发展，地理系先后派出张如一、季和子、郭瑞涛、涂美珍、黄毓灵等前往中国科技大学、北京气象学院、南京大学的相关专业进修气象课程。1975～1978年地理系与北京市气象局、河北省气象局联合举办气象进修班（一年期），培养基层气象台站工作人员100多名。1989年，开办“气象学助教进修班”（一年期），为高校地理系培养气象课程助教人才。

《气象学与气候学（第3版）》

通过教学实践与客观需求，参加编写了下列教材：《气象学与气候学》①、《气象学与气候学实习》②、《气象学基础》（提高中学教师水平）③、《气象学基础》（大专教学用书）④、

① 周淑贞主编，1、2、3版，张如一、张兰生参加编写，高等教育出版社出版，该书曾获教育部优秀教材二等奖

② 周淑贞等编，1、2版，张如一、张兰生参加编写，由高等教育出版社出版

③ 张如一、施尚文著，江西教育出版社，1986

④ 吴永莲、涂美珍编，北京师范大学出版社，1987

《气象教学用图》①、《自然地理基本过程和基本规律》②、《大气、天气和气候》③。

此外，张如一等还参加编写《中国大百科全书》（地理卷、气候篇）、《简明大百科全书》、《应用百科全书》、《中学教学百科全书》、《小学教学百科全书》等辞书中的若干条目。

（三）科学研究

气象教研室的科学研究是同地理科学、大气科学的发展以及地理系的教学实际情况相结合的。研究工作主要侧重于气候资源和城市气候两方面。

气候资源与灾害方面的研究主要有：①张如一、施尚文及研究生参加中国科学院组织的“黄土高原地区农业气候资源的合理利用”课题的野外调查和室内总结，完成专著，该课题与其他课题获中科院一等奖。②张如一、吴永莲、李平参加“宁夏生态系统改善途径”研究课题，研究成果获宁夏科技二等奖。③参加“七五”科技攻关项目“黄土高原地区综合治理开发研究”，张如一、李平完成“黄土高原西部的气象条件与天然草场”，施尚文、刘家强完成“宁甘青黄土高原地区的旱害”，成果发表在《黄土高原地区综合治理开发研究（宁甘青部分）》（科学出版社，1988）上。④参加国家自然科学重点基金资助项目“中国自然灾害区域分异规律”，负责晋陕蒙接壤区环境灾害研究；国家土地局项目“内蒙古自治区土地利用总体规划”，承担气候生产潜力评价，成果发表在《自然资源学报》和《北京师范大学学报（自然科学版）》等上。⑤主持国家教育部资助项目“作物生长模型适用性研究”，与瑞典哥德堡大学陈德亮教授共同主持中国气象局气候变化专项项目“气候变化下东北三省粮食生产的脆弱性评价”，成果发表在《Agronomy Journal》、《Agronomie》、《中国农业科学》、《自然资源学报》、《中国农业气象》等上。⑥主持国家自然科学基金资助项目“中国降雨侵蚀力研究与应用”、参加国家重点基础研究发展计划（973 计划）课题“区域水土流失过程与趋势分析”，成果发表在《Catena》、《Transactions of the ASAE》、《地理学报》、《地理研究》、《水土保持情况普查》（第一次全国水利普查《培训教材之六：水土保持情况普查》）等上。

1980 级本科生在北京中山公园进行气象观测

城市气候方面的研究主要有：与中科院地理所、国家气象局、北京市气象局、北京大学联合开展北京城市气候研究，进行了定点和流动气象观测，会集、分析了大量资料，

① 与国家气象局、人教社合作编写，由气象出版社出版

② 赵济、张如一、赵烨编著，人民教育出版社，2001

③ R.G. 巴里、R.J. 乔利著，施尚文、张如一、吴永莲、巢俊民译，高等教育出版社，1982

编写成北京市城市气候报告。多次组织学生进行北京市不同季节、不同下垫面的气象观测，获得了丰富的气象资料，发表了一些论文。此外，还成立了高校城市气候研究中心，地理系作为中心负责单位之一，负责组织及协调各校研究工作和交流活动。

三、水文学和海洋地理

（一）课程历史

水是地理环境重要的组成要素和物质能量的运动载体，它是水圈中一个连续的要素。新中国成立前不同时期开设的相关课程有海洋学及湖沼学（1930 年）、海洋学（1932 年）、海洋学（附湖沼学）（1933 年）、海洋及生物地理（1935 年）、生物地理及海洋地理（1943 年）、海洋学（1947 年）、海洋学及淡水学（1947～1948 年）。对于陆地各种水体，除讲授水体的水文特征外，水仅被当成地理环境变迁的一种外营力，内容比较简单。而海洋学内容相对充实，1932 年刘玉峰编写的《海洋学》共有四章：海洋之区划及其组成、海底之沉积物、海水之性质、海水之运动。

1952 年，邀请中科院地理所罗开富讲授“水文地理”，主要阐明水文现象在时间与空间上的分布变化特征。1954 年后，按照教育部颁发的新的教学计划，把涉及水的内容并入普通自然地理学，教学内容相对广泛，地球表面各种水体都作简单介绍。先后由杨曾威、刘培桐、冯克嘉、张如一讲授。

1961 年，地理系在缺乏水文专业师资和仪器设备的背景下开设了普通水文学课程，内容包括海洋、河流、地下水、湖泊、冰川、沼泽等水体，朱启疆讲湖泊、沼泽、冰川水体，刘改有讲河流水情要素。为充分储备师资，先后派钟骏襄、汪家兴前往南京华东水利学院（现为河海大学），派刘改有先后前往华北水利学院、山东海洋学院（现为中国海洋大学）进修相应的水文课程，朱启疆到南开大学调拨该校多余的水文测验仪器。通过三年的努力，初步形成了从课堂教学到实习、实验的完整教学体系。

“文化大革命”期间，教学中断，20 世纪 70 年代后期，在教育要联系生产实践的形势下，地理系开始招收工农兵学员，其中有两期水利班。朱启疆和钟骏襄讲“水文地质学”，一期后由宋春青讲授。朱启疆为水利班讲授“水利工程概论”，并与其他教师一起在十三陵碓石口进行水库库区测量与重力坝设计。汪家兴和刘改有在北京水文地质大队的支持配合下，负责讲授“电测找水”课程，并和钟骏襄、朱启疆共同带领学生进行野外电测找水普查工作，主要在平谷、密云、延庆、怀柔、昌平等区（县）的山前缺水地区进行，在一定程度上改变了缺水山区的生活面貌。

1977 年开始恢复正常教学工作。“普通水文学”课程先后由钟骏襄、刘改有、汪家兴分别主讲。1982 年刘改有、汪家兴、钟骏襄赴三门峡考察，收集水库水文资料，由刘改有执笔编写《三门峡水库水量平衡计算实习指导》。

早在 20 世纪 60 年代初，海洋在地理环境中的重要作用和影响就引起了系领导的重视。80 年代初，随着海洋热在全世界的兴起，以及人口、资源、环境问题的日益深化，地理系决定率先在全国开设“海洋地理”课程。1984 年从 1982 级开始，把“海洋水体”从“普通水文学”中分离出来，并增加“海洋与大气”、“海洋资源与开发”、“海洋区域差异”等内容，定名为“海洋地理”。课程的教学工作由刘改有担任，陆地水文部分则由汪家兴、钟骏襄讲授，并负责野外实习教学。20 世纪 80 年代后，水资源利用与保护受到重视，陆地水文教学部分也相应增加了这方面的内容。1994～1998 年，钟骏襄先后给本科生讲授“水资源管理”、“水文学”、“水文学与水资源”课程。

1999 年以后，“水文学”课程由张光辉主讲，主要讲授水循环、流域产汇流、地表水体及地下水等内容。2003 年以后，“水资源计算与管理”课程由符素华主讲，主要讲授水资源区划、水质评价、可供水量、需水量、供水平衡等内容。2004 年以后，“流域管理”改为双语教学课程，由刘宝元主讲，主要讲授流域水文过程、泥沙运移、流域管理等内容。

（二）教材建设

“文化大革命”以后，为解决教材、教学参考书缺乏和教师授课经验不足的双重问题，地理系一方面组织教师编写、参编相关教材，另一方面派有关教师到相关教育单位讲课。1989 年，刘改有编写了《海洋地理学》教材，由北京师范大学出版社出版。刘改有、汪家兴除在地理系夜大、函授大学地理本科、东城区教师学院先后讲授相关课程外，还到外省一些院校讲授“海洋地理”和“陆地水文学”。通过教学积累、科研实践，相继编著、出版了多部大、中学教材和相关参考书（表 2-1），部分教师还参加了《中国大百科全书》相关条目的编写。

《海洋地理》教材

表 2-1　水文学和海洋地理教材编写情况

名称	编著情况	出版社	时间	适用
《海洋地理》	刘改有著	北京师范大学出版社	1989	大学
《水文学与水资源概论》	汪家兴参编	华中师范大学出版社	1986	大学
《自然地理基础》	武吉华主编、汪家兴参编	北京师范大学出版社	1988	大学
《地学》（下册）	武吉华主编、汪家兴参编	北京师范大学出版社	1981	中学
《洋流与气候》	刘改有、郭瑞涛编	北京师范大学出版社	1982	中学
《中国的湖泊》	汪家兴编	人民画报出版社	1984	中学
《初中地理学习词典》	邬翊光主编、汪家兴副主编	北京师范大学出版社	1993	中学
《中国名山名川》	汪家兴编	京华出版社	1994	中学

（三）科学研究

地理系师生在完成教学任务的同时，也积极参加科学研究，由于水文学涉及多个自然水体，因此研究内容十分广泛。

20世纪60年代初，在刘培桐先生的指导下开展了河流、湖泊水文特征和河流水化学的研究。1963年，朱启疆参加了内蒙古凉城岱海的湖水水文研究。之后刘培桐、王华东、朱启疆发表了《内蒙古凉城县岱海的水量平衡》①。随后，朱启疆和汪家兴研究了河北省滹沱河和滏阳河的水化学特征，发表了《滹沱河和滏阳河水文化学特点的对比研究》②。钟骏襄和刘昌明共同研究了黄土高原植被对河川径流的影响，发表了《黄土高原森林对年径流影响的初步分析》③。

水旱灾害是关系到国计民生的大问题。1979年由黄河水利委员会王涌泉牵头，南京地理所及北师大地理系（汪家兴参加）三个单位共同研究黄河中下游大水大旱问题，据此编写了《黄河流域大水大旱年表》（山西部分）和《黄河流域大水、大旱、大沙、大淤问题》（摘要）。1986年在完成北京市农业区划办下达的“北京山区地表水资源遥感分析”研究任务的基础上，刘改有发表了《在北京山区地表水资源研究中遥感技术的应用》④。1985～1989年，由武吉华牵头，多学科参加宁夏回族自治区农业区划办的“宁夏生态系统特征和建立新生态平衡途径”的研究。在调查和研究了宁夏引黄灌田水资源和生态环境的关系、区域地表水和地下水资源状况后，刘改有、汪家兴发表了《宁夏清水河流域水文和水资源特征》⑤，该项研究获宁夏集体科技二等奖。刘改有和朱启疆等参加“七五”国家攻关项目“黄土高原重点小流域治理试验示范区水土流失与综合治理效益的遥感监测专题研究”，获山西省科学技术进步二等奖（1994年）。1991年古地理组开展了内蒙古高原湖泊演变研究，李华章、刘清泗、汪家兴合作发表论文《内蒙古高原黄旗海、岱海全新世湖泊演变研究》⑥。汪家兴在此基础上又独立出版了《内蒙古岱海流域挽近时期水系演变》⑦。20世纪末，武吉华等编写了《自然资源评价基础》⑧。

① 原载《北京师范大学学报（自然科学版）》，1963，(2)
② 原载《北京师范大学学报（自然科学版）》，1963，(3)
③ 原载《地理学报》，1978，(2)
④ 原载《北京师范大学学报（自然科学版）》，1986，(S1)
⑤ 原载《北京师范大学学报（自然科学版）》，1988，(S1)
⑥ 原载《湖泊科学》，1992，4 (1)：31～39
⑦ 地质出版社，1992
⑧ 北京师范大学出版社，1990

四、生物地理学

（一）课程历史

20 世纪 30 年代，地理系独立建系之初，就曾开设生物地理学方面的课程。新中国成立前开设的相关课程有生物地理学（1930～1933 年）、海洋及生物地理（1935 年）、生物地理及海洋地理（1942～1944 年）、生物地理（1947 年）。

1951 年地理系首次以讲座形式开设植物地理学，由中国科学院植物研究所著名专家侯学煜担任主讲，并在河北省昌黎县海岸指导野外实习。1952 年后依照苏联相应教学计划，将植物地理学列入教学安排，即一学期为植物学基础，一学期为植物地理学。1952 级学生正式接受植物地理学教育，主讲教师为北京大学王恩涌、马毓泉，北师大生物系邢其华，实习指导教师是贺士元（1957 年后为周仪），其后此课程先后由武吉华、贾炅、江源、康慕谊、邱扬主讲。地理系室内实习设备由周仪逐步配置与完善。动物地理学于 1960 年后由张鎏光主讲，1965 年出版了我国第一部动物地理学教材，张鎏光在“文化大革命”时被调往南开大学生物系。

（二）教材建设与实践教学

《植物地理学（第一版）》（1979 年）

植物地理学课程的教材前期主要参考苏联出版的《植物地理学》（附植物学基础）（B. B. 阿略兴著），1959 年后将此课课时改为一学期，1961 年教育部门要求出版一本中国自编的植物地理学教材，指令北京大学王恩涌、兰州大学卓正大与北京师范大学武吉华快速合编（仍保留植物学基础），当年出版，供全国高校地理系使用，但北师大仍用自编教材（一学期用）。1965 年，兰州全国高校教材建设会议决定由武吉华与西北大学雷明德编写植物地理学简明教程（一学期用），1966 年完成编写评审与印刷清样，后因“文化大革命”开始而被毁失。

1978 年在上海嘉定高等师范院校地理系会议上，决定由北京师范大学武吉华负责、华东师范大学张绅参加编写植物地理学教材。1978 年由教育部委派武吉华制订高师植物地理学教学大纲，其后通过评审颁布。1979 年新教材问世，为全国高师地理专业通用，两年后进行修订改编，于 1982 年发行第 2 版，此版教材在 1988 年获教育部优秀教材一等奖。1994 年武吉华退休前完成了第 3 版修订，1995 年出版。2004 年在江源、康慕谊、邱扬的大力支持下又完成了第 4 版修订，并被评为北京市精品教材。

植物地理学野外实习最初在山西大同，其后改在北京百花山等地。“文化大革命”

后，1980 年在中亚热带江西庐山和暖温带河北雾灵山创建实习基地，分别坚持到 1988 年与 1999 年。2000 年以来，植物地理学和土壤地理学课程在河北丰宁坝上建立了综合野外实习基地，并逐渐改进、完善野外实习的软硬件条件，坚持至今。

植物地理学的课程改革从 1959 年起，首先取消了占据一学期的植物学基础，将其中必要内容融入植物地理学有关章节，避免了重复中学课程，减轻了学生的负担，有利于全系课程调整。植物分类学基本知识主要通过室内外学习获取，强调在野外调查中的作用。

植物地理学教学改革于 1989 年获北京市高等教育局优秀教学成果奖二等奖；1993 年武吉华获“曾宪梓高等师范院校教师奖”三等奖；2006 年，植物地理学课程被评为北京师范大学校级精品课程。

五、土壤地理学

土壤地理学是自然地理学的一门综合性很强的分支学科，是地理学教学计划中必修的基础课程，在地理学研究与人才培养中具有重要的位置。土壤地理学作为北京师范大学的传统优势学科，拥有雄厚的土壤地理学教学与研究力量，如著名的土壤地理学家和环境学家刘培桐、刘逸浓、李天杰、王华东、许嘉琳等，他们 60 多年来为中国的土壤地理学研究、学科体系建设和人才培养作出了突出的贡献。

（一）课程历史与高层次人才培养

著名地理学家黄国璋任北京师范大学地理系主任时，十分重视土壤地理课程建设，20 世纪 40 年代刘培桐率先在全国地理系中开设了土壤地理学课程，并开展土壤地理学调查与研究工作。1954 年在全国高等院校进行的教学改革与课程体系建设过程中，刘培桐受教育部委托，负责拟定土壤地理学教学大纲。

1953 年，北京师范大学开始招收土壤地理学课程进修教师，招收了来自华中师范大学的李景锟和来自河北师范大学的霍亚贞。

1954 年，北京师范大学地理系招收了两年制（1954～1956 年）的土壤地理学研究生班。该研究生班招收了全国师范院校地理系的教师 22 名，进修教师 3 名。土壤地理学研究生的培养采用国内外著名专家、教授授课和举办专题学术讲座的双重教学模式，逐步形成了土壤地理基础理论、土壤地理室内实验分析技术与方法、土壤地理野外调查技术与方法等高层次人才培养模式，为全国高等师范院校培养和输送了大量高层次的土壤地理学骨干教学和科学研究带头人，为新中国土壤地理学科的发展作出了突出的贡献。

1986～1987 年，李天杰主持开办了土壤地理学骨干教师进修班，来自国内各高等院校的 15 名土壤地理学骨干教师参加；1985～1987 年李天杰开办的土壤环境与土壤地理学研究生班招收了 17 名学生，从而使北京师范大学成为高等院校特别是高等师范院校土壤地理学科学研究、师资培养与教学改革的重要基地。

（二）教材建设与教学改革

作为国内开展土壤地理教学与研究最早的高等院校之一，北京师范大学历来重视土壤地理学教学改革和教材建设。

《土壤地理学》教材（1979 年）

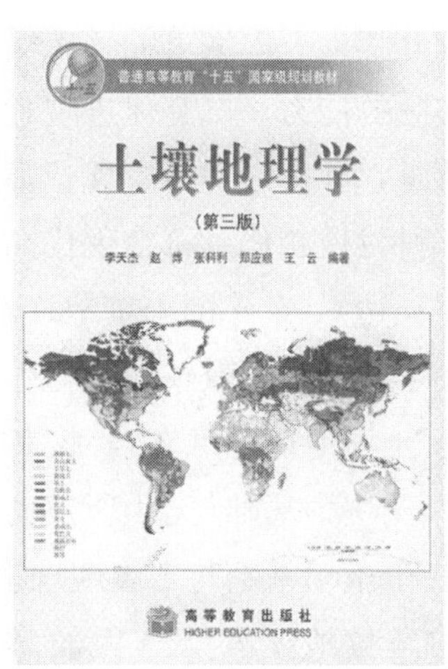

《土壤地理学（第 3 版）》

新中国成立后，北京师范大学围绕国家建设和农业生产发展，较早地开展了土壤地理学教学与研究，并于 20 世纪 50 年代初编写《土壤地理学讲义》；并在国家教育部的组织和领导下，举办了多期全国高等院校土壤地理学研究班和土壤地理学骨干教师进修班。1961 年与南京大学、华东师范大学合作编著了《土壤学基础与土壤地理学》；1978 年由李天杰负责组织，北京师范大学、东北师范大学和华东师范大学编著了《土壤地理学》，于 1979 年由人民教育出版社出版，至今该教材已经出版发行 12 万册。1996 年李天杰组织南京农业大学、山东农业大学和安徽师范大学的教师合作编写的《土壤环境学》由高等教育出版社出版。2001 年在北京师范大学地理学人才培养基金资助下，赵烨编著了《土壤—植物系统地理学野外实习讲义》。

近 20 多年来，全球人口持续增长、资源逐渐减少和生态环境加剧恶化，给土壤地理学提出了新的任务；现代系统理论、数理方法、信息技术、遥感技术和测试分析等技术向土壤地理学不断渗透，促进了土壤地理学的飞速发展，使其研究向定量化、标准化、数字化和信息化的方向发展；同时，高等教育模式和课程体系不断革新，使土壤地理学面临新的发展机遇和挑战。为此，李天杰、赵烨、张科利等对《土壤地理学》进行了全面的修订，使它充分体现当今国际土壤地理学发展的新动向和新成果，以适应 21 世纪高等教育创新人才培养的需求，于 2004 年出版了国家“十五”规划教材

《土壤地理学》(第 3 版)。该教材得到了同行专家的广泛好评，中国科学院南京土壤研究所研究员龚子同、张甘霖合作撰文《新世纪的土壤地理学教程——评李天杰等著〈土壤地理学〉(第 3 版)》①，认为该教材是一本引进了新的观念、采用了新的土壤分类体系、对土壤地理学从内容到形式进行了革新的、具有时代特点的好教材，并指出该教材的出版发行必将对土壤地理教学起到重要作用，也可为土壤地理学研究的创新起到积极作用。首都师范大学资深教授霍亚贞撰文《面向现代化和国际化的全新教材——评介李天杰等编著的〈土壤地理学〉(第 3 版)》②，认为该教材一是培养学生理论联系实际的能力，二是促进现代高新技术在土壤地理教学与研究中的应用，给人以全新的感觉，并很好地适应现代高等教育改革发展的新方向，是一本体现当前国际土壤地理学科发展趋势、符合现代高等教育改革方向、提高教学质量的好教材。

在长达 60 余年的土壤地理学教学与研究过程中，北京师范大学地理系始终重视土壤地理学教学内容改革与教材建设，完成的相关教材与讲义有：

- 《土壤地理学讲义》，北京师范大学印制，1954 年。
- 《土壤学基础与土壤地理学实验讲义》，北京师范大学印制，1954 年。
- 《土壤学基础与土壤地理学》，人民教育出版社，1961 年 (合作主编)。
- 《土壤地理学》，人民教育出版社，1979 年 (主编)。
- 《土壤地理学》，高等教育出版社，1983 年修订 (主编)。
- 《土壤地理实验实习》，高等教育出版社，1986 年 (合作主编)。
- 《土壤环境学 (第 2 版)》，高等教育出版社，1996 年 (主编)。
- 《土壤—植物系统地理学野外实习讲义》，北京师范大学，2001 年。
- 《土壤地理学 (第 3 版)》，高等教育出版社，2004 年 (主编)。
- 《土壤地理学电子教材》，高等教育出版社，2004 年 (主编)。

(三) 科学研究的拓展与创新

刘培桐是北京师范大学地理系土壤地理学的开拓者和奠基人，他对中国高等院校特别是高等师范院校地理系土壤地理学的学科体系与教学内容改革作出了突出的贡献。他早在 20 世纪 30 年代便开始了土壤地理学调查研究工作，于 1941 年发表了《汉渝公路中段暨渠江流域之土壤与土地利用》，1942 年又发表了《中国气候与土壤之关系》，1946 年参加编写了《汉中盆地地理考察报告》等；1956 年，刘培桐与周廷儒合作出版了《中国的地形和土壤概述》。这些区域性成土环境调查、土壤性状分析与土壤开发利用的成果，丰富和发展了中国的土壤地理学。

---

① 原载《土壤》，2005，(1)：109～111

② 原载《中国大学教学》，2004，(10)：62

1957年，刘培桐赴苏联莫斯科大学地理系进修土壤地理学与景观地球化学，并进行中国土壤地理与苏联土壤地理的比较研究，回国后于1960年发表了《中苏黑钙土基本特征的对比研究》，对欧亚大陆的西部、中部、东部黑钙土的形成发育与分类、土壤组成与特性和空间分布规律进行系统的总结。1961年发表《土壤地理学发展的方向和途径》，阐述了在人类生产劳动作用影响条件下，土壤内、外因之间的矛盾及其所确定的土壤与环境条件之间的物质能量转化与交换过程的机理，并指出了农业土壤地理学的研究对象和主要研究内容，即掌握这个过程的规律性，有目的地调节与控制这个过程以适应农业生产的需要，成为农业土壤地理学研究的中心任务。上述学术观点引起了当时土壤地理学界的广泛关注，著名学者朱莲青、侯学煜、李孝芳、曾昭顺等都发表相关论文并参与讨论，虽然对自然土壤地理学与农业土壤地理学的区别与联系，农业土壤地理学的学科地位还存在不同的认识，但学术界一致肯定了这些学术观点对土壤地理学的发展起到了积极推动作用。

20世纪60年代，北京师范大学土壤地理学教师先后承担了一些高层次的科学研究任务，如参加1957年黄河中游水土保持考察研究、1959～1961年沙漠考察、1959～1961年南水北调调查研究、京郊土壤抗旱保墒调查研究、全国第一次土壤普查等。20世纪70年代初，北京师范大学在土壤地理与化学地理领域开展了土壤与环境污染状况调查研究、土壤环境背景调查与研究等工作。

20世纪70年代末，开始运用“3S”技术进行土壤地理学的研究。“3S”技术在区域土壤地理调查与制图中的应用，推动了土壤地理学基础理论的丰富与发展。李天杰等运用上述新技术方法开展了土壤地理发生学、土壤地理地带性、土被结构理论、土壤调查与制图、土壤演替、土壤动态监测等方面的探索性研究，并取得了丰硕的研究成果。如承担并完成了国家科技攻关项目“卫星遥感在山西省农业自然条件与资源调查与制图中的应用”（1980～1981年）、“长江三峡地区水利枢纽工程的生态环境影响评价中土壤与土被结构的遥感调查与制图”、“土壤环境影响评价”（1982～1987年）、“‘三北’防护林立地条件的遥感综合调查研究”（1987年）、“黄土高原重点小流域水土流失与综合治理效益的遥感监测”（1986～1990年）、“新疆昌吉自治州米泉县土地评价研究”（1986～1987年）。李天杰、郑新生等参加完成了中国科学院南京土壤研究所主持的国家自然科学重点基金项目“中国土壤系统分类研究”（1985～1987年）。20世纪90年代李天杰主持完成了国家科技攻关任务“南极地区晚更新世晚期以来气候与环境演变及现代环境背景研究”子课题。

上述研究不仅进一步拓宽了土壤地理学的研究领域，而且丰富和发展了土壤地理学的研究方法。在这一过程中，北京师范大学土壤地理学科的教师获得了十余项国家级、省部委级科技奖励，同时，发表了一系列具有重要学术影响的论文，如《数学方法在土壤分类中的应用》（李天杰、王华东、许嘉琳，1979）、《关于陆地卫星影像土壤目视解译方法论的探讨》（李天杰，1981）、《内蒙古土被与土壤资源评价的遥感分析》（李天杰，1990）、《我国灰钙土带重金属环境基准的区域特征》（许嘉琳，1992）、《灰钙土带重金属环境容量的区域特征及其与自然地理过程的联系》（英文）（许嘉琳、杨居荣、徐红宁，1994）、《黄土高原重点小流域水土流失与综合治理效益遥感监测研究技术总结》（李天杰、郭立民、朱启疆，1994）、《南极乔治王岛菲尔德斯半岛土壤发生类型及其诊断特性》（赵烨、李天杰，1994）、《南极乔治王岛菲尔德斯半岛土壤中$CaCO_3$的来源分析》（赵烨，1995）、《南极乔治王岛菲尔德斯半岛土壤矿物化学风化特征分析》（赵烨、李天杰，1996），编辑出版了《南极研究》（土壤地理学与环境地学）专刊，出版专著和译著《南极土壤及风化过程与环境》（李天杰、曹俊忠，1997）、《南极乔治王岛菲尔德斯半岛土壤与环境》（赵烨，1999）。

（四）土壤侵蚀研究

1996年，在美国普渡大学国家土壤侵蚀实验室进行博士后研究的刘宝元，回国加盟地理系自然地理研究队伍。次年获得国家自然科学基金委员会的杰出青年基金项目“土壤水蚀预报模型”资助，与心理系董奇同时成为我校首次获得杰出青年基金资助的学者。随后通过从清华大学、中国科学院等单位引进，以及本学院培养等多种方式建设队伍，这不仅为我院自然地理学开拓了新的研究方向，而且形成了在国内外有一定影响的土壤侵蚀研究团队。在刘宝元的带领和国家相关课题的支持下，该团队在北京密云、门头沟等地区修建了坡面径流试验观测点，在黑龙江鹤山农场建立了北京师范大学九三水土保持试验站，并被纳入水利部全国水土保持监测网络。在房山修建了人工降雨试验大厅，这些基础设施为研究组的研究工作打下了基础，同时也为我院研究生的学习提供了实习场所。

房山人工降雨试验大厅

近二十年来，该研究团队围绕土壤侵蚀模型开展了深入细致的工作，建立了中国土壤流失方程，并以此为基础，提出了土壤侵蚀普查方法。研究成果应用于2010～2012年国务院领导水利部组织实施的第一次全国水利普查土壤水力侵蚀普查，设计了水蚀普查实施方案，该团队成为本次水蚀普查的技术支撑。

1997年至今，与北京市水务局水土保持工作总站进行了长期友好合作，累积到位科研经费数百万元，合作内容包括土壤侵蚀监测技术支撑、土壤侵蚀模型和面源污染模型开发、土壤侵蚀调查技术支撑等，对北京市土壤侵蚀影响因子、过程与机理、危害评价与治理措施等进行了全面系统的研究。

2002年在国家自然科学基金委员会重点项目资助下，该团队开始在东北黑土区研究土壤侵蚀，对该地区水土流失现状有了新的认识，认为保护黑土资源已经到了刻不容缓的地步，与水利部松辽流域委员会、中国科学地理科学与资源研究所共同呼吁有关部门，启动了东北黑土区水土流失综合治理工程，保护我国的主要粮食生产基地，打破了以往对黑土地水土流失严重性认识不足和治理投入不足的局面。

2010年7月，因承担第一次全国水利普查土壤水力侵蚀普查，建设了北京师范大学数字水土保持校级重点实验室，主要用于该次普查数据的存储、处理与分析。普查成果已于2012年12月提交国务院第一次全国水利普查领导小组办公室。实验室计划以此为基础，进一步开展数字水土保持技术方法和系统研发，为全国和区域土壤侵蚀动态监测提供数据分析、处理和评价，以及相关技术方法指导。目前已建设了中国数字水土保持网站(http://www.digisoilcons.com)。

该方向先后主持了“国家重点基础研究发展计划”(“973”计划)课题2项，国家科技支撑计划项目课题1项，国家自然科学基金重点项目1项，面上项目10余项，欧盟合作项目1项，水利部和北京市等省部级项目10余项。2005年，刘宝元与中国科学院合作开展的“黄土高原沟壑区土地利用与土壤侵蚀”获国家自然科学二等奖(排名第二)；2008年，与北京市水土保持工作总站的合作研究项目“北京市土壤侵蚀模型及其应用研究”获得北京市水利学会科学技术一等奖(排名第一)；2009年，在科技部组织召开的新中国成立以来首次野外科技工作会议上，刘宝元荣获“全国野外科技工作先进个人”称号；张科利的“多年冻土地区公路生态环境保护与评价技术研究”项目在2008年获得了中国公路学会科学技术奖一等奖(排名第四)。

土壤侵蚀研究成果获奖证书

六、自然地理学的新发展

集多年的学科建设之成果，2000年自然地理学被评为国家重点学科。我院自然地理学的发展由20世纪中期以周廷儒创立的古地理学研究为特色，拓展到20世纪末期的环境演变研究。目前为适应现代自然地理学过程研究与定量化的发展趋势，重点开展了以地球表层物质迁移过程为主的土壤侵蚀研究，同时注重地球表层过程的人文化趋势，以全球变化对我国的区域影响评价和人类对环境演变影响的适应研究为重点，以气候变化与土地利用/土地覆盖变化为主线，以人地相互作用的关系为纽带，把环境演变的基础研究应用到对区域影响的评价研究之中。

20 世纪八九十年代，全球性资源与环境问题凸显，给地理学的发展带来了新的机遇和挑战。为了实现地理学服务于国家社会经济发展所需要的人才培养目标，1993 年地理系改名资源与环境科学系，同年成立资源与环境学院，其下包括资源与环境科学系和环境科学研究所两个独立机构。自然地理学的教学计划和内容也因此发生了较大变化。原来的各个部门自然地理学被合并为自然地理学(开设一年)，分为基础和综合两部分。同时加强了与资源和环境相关的专业基础课程的开设，如生态学、环境科学、自然资源评价原理、环境工程学等。考虑到地理科学专业面向地理教育的需要，继续提供部分部门自然地理课程选修，如气候学、地貌学、地质学、海洋地理等。1997 年，教学计划重新修订，恢复部分自然地理学课程，如地质学与地貌学、气象学与气候学、土壤地理学和植物地理学，同时增设了自然地理学(双语)，2006 年新增设了综合自然地理学。

早在 20 世纪七八十年代，周廷儒先生就注意到了“环境演变”对自然地理学研究的重要性，并先后主持了多项与此相关的研究课题，如博士点基金项目“北京及其附近地区第四纪环境演变问题的研究”、国家自然科学基金项目“我国北方农牧交错带全新世环境演变及未来百年环境预测”等，率先带领我院从古地理学研究方向向环境演变方向拓展。这一“从过去了解现在乃至未来”的思想与目前的全球变化研究思路完全相同。随后，张兰生、赵济等继承和发扬这一优势，先后开展了“内蒙古东部夏季风尾闾带全新世环境演变过程与趋势分析”、“我国生存环境历史演变规律的研究(1920～1950 年)”、“生存环境变化趋势的预测研究”、“庙岛群岛及胶、辽半岛沿海全新世环境演变及其趋势研究”等多项国家自然科学基金项目研究，奠定了学院在该领域研究的重要地位。

20 世纪 90 年代，在张兰生、史培军带领下，以环境演变研究为基础，将研究领域进一步拓展至灾害学方向。与民政部合作成立了减灾与应急管理研究院，并开展了一系列比较有影响的研究，如张兰生主持的国家自然科学基金重大项目“中国自然灾害的区域规律研究”、面上基金项目“中国灾害信息系统与灾害区划研究”等。基于长期的研究成果，1994 年，学院被批准建立“国家教委(教育部)环境演变与自然灾害重点实验室”，1999 年经教育部批准，作为“北京师范大学环境演变与自然灾害教育部重点实验室”运行，为环境演变与自然灾害研究水平的进一步提升提供了有力的支撑平台。同时，该方向也成为我院自然地理学研究的一个重要方向。

第四节　经济地理学/人文地理学

一、西学引入下的人文地理学发展(1902～1949 年)

1903 年颁布的《奏定学堂章程》要求注重财政与地理之关系、海陆交通与地理之关系、文化与地理之关系、军政与地理之关系、风俗与地理之关系等问题，要求开设交涉地理等课程。1928 年建系后，教学计划中有人生地理学、经济地理学、政治地理学、人类地理学、地理哲学等课程。

白眉初著有《中国人文地理》、《地理哲学》等；王华隆著有《人文地理学》，后又增订为《新著人文地理学》(商务印书馆)；韩道之著有《政治地理学》；王金绂著有《中国边疆史》；盛叙功著有《中国人生地理》(上、下册，中华书局)等。

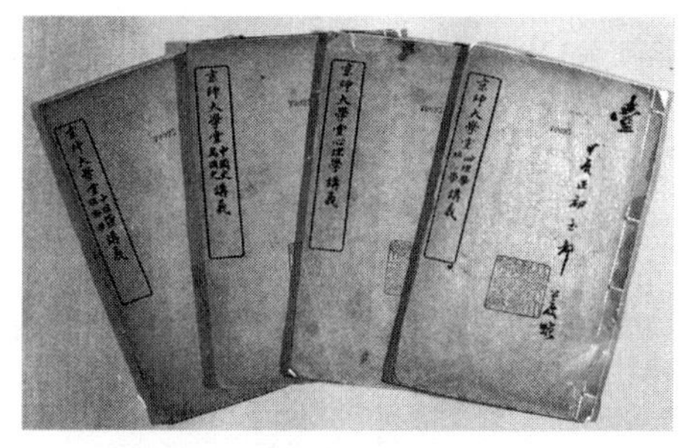

京师大学堂中国地理及经济学讲义

1928 年北京师范大学地理系独立成系，一批在中华民国初年留学归来的地理学人成为中国大学地理教学的中坚力量。是时北京师范大学地理学也受到西学的激荡。1931 年，盛叙功根据日本富士德治郎的《世界交通地理概论》编译成《交通地理》(上海：商务印书馆)。1933 年，谌亚达翻译出版了中国第一部人文地理学书籍《人文地理学》，该书是法国著名地理学家白吕纳(Jean Brunhes)的代表著作。1935 年，盛叙功翻译了日本地理学家野口保市郎著的《人文地理学概论》(上海开明书店)。盛叙功是一位勤奋的学者，在 1930 年代以后，他几乎年出一书，这些成为 1949 年以前中国大学地理系最重要的教材和参考书。1937 年抗日战争开始，北京师范大学西迁，地理学系在战乱年代依然不断完善人文地理学的教学体系。从这些课程中可以看到近代地理学系统分类的明显特征。

黄国璋于 1926 年入美国耶鲁大学理科研究院，当年毕业；1927 年入芝加哥大学地理系，师从著名人文地理学家亨廷顿(Huntington)，当年毕业，获硕士学位。芝加哥大学是美国著名学府，其城市社会地理学、经济地理学在西方地理界享有盛名。黄国璋学成归国后，于 1930 年出版了《社会的地理基础》(上海：世界书局)，这是全面论述人地关系的一部著作。1936～1940 年他任地理系系主任期间，将英美人文地理学引入课堂和田野研究。他首先用现代地理思想完善本科教学计划，开设了人文地理学、经济地理学、北美经济地理等新课程、比较系统地介绍了德国李特尔、拉采尔和美国辛普尔的环境决定论，法国白兰士、白吕纳的“或然论”，美国巴罗斯的人类生态论，美国索尔等人的文化景观等人文地理学理论，当时国内地理系教学内容尚以古老的地志学（主要记述地理现象）为主，这种改革不能不说是一个巨大的进步。他自己也身体力行地进行人文地理学野外考察工作。

在此期间，地理系培养了一批人文地理学家，如中华人民共和国成立后在中国铁路布局和选线方面有突出贡献的郑象铣、在行政区划领域卓有成就的薛贻源、在地理教育界的知名专家田世英等。

1940～1946年由著名人文地理学家谌亚达、邹豹君先后担任地理系系主任，此时期人文地理学，特别是区域经济地理教学和野外实践进一步加强。1946～1952年，黄国璋再次出任地理系系主任，这时期他更加强调要增加人文、经济地理学课程。这一时期地理系的课程系统地介绍了德国地理学家、近代区域地理学派创始人赫特纳的理论，开设了区域地理学基础、比较区域地理、北美经济地理、欧洲地理等新课程。诚然，由于时代的局限，对以美国学者亨廷顿“气候决定论”为代表的地理环境决定论的全盘接受，没有批判意识，给地理系的发展造成了一定的消极影响。

二、苏联体系影响下的人文地理学（1949～1978年）

1949年中华人民共和国成立后，全面向苏联学习，全盘否定人文地理学，仅承认经济地理学。北京师范大学地理系受苏联经济学派理论影响，强调生产关系、经济统计，而对地理特点、区域地理有所忽视。1955～1957年，地理系聘请苏联专家拉科夫斯基讲学，举办经济地理学研究班，系统介绍苏联以巴朗斯基、沙乌什金、科洛索夫斯基为代表的区域学派，开始扭转忽视自然地理、自然条件、区域特征的偏向。

20世纪50年代中期是全面学习苏联时期。地理系的人文地理和经济地理教学和科研工作有以下特点。

（一）学术上全盘否定人文地理学

当时掀起了猛烈批判西方人文地理学流派的运动，将地缘政治学和地理环境决定论视为反动学说，将经济地理与自然地理截然分割，认为生产分布属社会规律，忽视自然条件和地理环境对生产发展和经济分布的影响，这造成了深远的消极影响。

在教学方面，按苏联列宁师范学院教学计划，取消了人文地理学，开设中国经济地理和外国经济地理，这两门课的课时都超过180学时，教学内容十分庞杂。这使得教师教学有所依，不能以个人意志改变内容，教学严格按照教育部颁布的教学大纲，使教学质量有一定保证。但也具有一定的消极作用，其一是取消了选修课，教师难以发挥所长，缺乏生动活泼的教学方式；其二是片面强调政治思想性，削弱了经济地理的科学性。

1958年起，社会上浮夸风盛行，影响到经济地理教学，教师受到不公平的批判，被扣上唯条件论、右倾保守的帽子，使经济地理正常教学无法进行。但当时强调联系生产实际，经济地理教学在课堂上虽有削弱，但师生参加了大量社会实践，如铁路选线、土地规划、农业区划等，受到了锻炼。1962 年以后，教学秩序有所好转，但“左倾”现象仍很严重。外国经济地理教学以“反帝反修”为主线，中国经济地理教学以进行爱国主义教育、宣传“大跃进”、“三面红旗”的成就为主要内容，极大地削弱了经济地理学的科学性。

(二)培育了一批经济地理学人才

1952 年，黄国璋调离，这是北京师范大学的重大损失。这时期有盛叙功、金瑞莘、秦牧、顾传源、孙永清、王本琳等调入，段宝林、任金诚、李文华、张静宜、邬翊光等先后留系。这时期培养的经济地理学人才成为 1978 年人文地理学复兴后的骨干力量。

1955 年，教育部聘请苏联专家在北京师范大学地理系开办高等学校外国经济地理教师进修班，为期两年(1955～1957 年)，由苏联专家拉科夫斯基(莫斯科师范学院地理系副教授、莫斯科大学地理系副博士)主持。该班进修教师较多，其中不少是水平较高的教授、副教授、讲师，如华东师范大学的严重敏，华南师范大学的吴状达、钟功甫，中山大学的钟衍威等。

虽然苏联专家拉科夫斯基专业知识有一定的局限性，但是该进修班对中国经济地理学影响巨大。这主要是因为中国经济地理学同时受到另一位苏联专家的影响，即 1952 年中国人民大学聘请的巴达索夫，他是莫斯科经济学院的教授，属于苏联的经济统计学派。这一时期苏联的经济布局专家费根也来华讲学，费根是苏联经济统计学派的权威。他们将苏联经济统计学派的理论介绍到中国，掀起了批判地理环境决定论、地缘政治学、区位理论的狂潮，全面否定地理环境对生产布局的影响，将经济地理与自然地理变成了以统计数字为主的经济科学。而莫斯科大学毕业的拉科夫斯基则较全面地介绍了苏联经济地理以巴朗斯基为首的区域地理学派理论，强调经济地理属于地理科学，肯定地理环境的作用，深刻批判否定自然条件的观点，这对纠正当时“左”的思潮，对中国经济地理学界走向正确的方向起到了积极的作用。同时，全国众多著名经济地理学者共同切磋两年，收益很大。进修班很重视野外实践。两年间，先后到京津唐、山东青岛、上海、珠三角等地考察实习，结合实际，讲述自然条件和地理环境对经济建设和生产布局、地区经济发展的重要作用，甚至是决定性作用。拉科夫斯基对中国经济地理分区不是根据经济统计数据分为东北工业区、华北轻工业区等，而是强调华东是中国重要的沿海地区，华南是亚热带、热带经济区。

1966～1978 年的十年，教学科研活动基本终止。中国人民大学暂时停办，人民大学经济地理专业教师转入北师大地理系，王经、谭稼禾、祝卓、祝诚、陆大壮、周起业、杨树珍、连亦同、张之、张学勤等加入地理系经济地理学教研室，在培养工农兵学员的教学工作，以及支援北京外语学院的地理课教学上起到了关键的作用。当时教研室的教师合作编写了外国经济地理讲义，接受中宣部任务，翻译了美国地理、北美洲地理、黎巴嫩和叙利亚地理等书籍。1957 年直至“文化大革命”结束，地理系教师即使在政治环境恶劣的情况下也做出了不小成绩，参加了一些与国家重要建设密切相关的科研工作，如铁路选线、综合考察、农业区划、工业布局、城乡规划等，受到了有关部门的好评。

三、改革开放后的人文地理学复苏(1978～1993 年)

1976 年“文化大革命”结束，各个大学的教师队伍逐渐回归到教学和科研岗位。地理系人文地理学、经济地理学也开始重建。由于老一代学者黄国璋、盛叙功早已调离，谌亚达也已作古，段宝林、李文华、邬翊光带领一批中青年教师担当重任，恢复了中国和世界经济地理课程。这一时期的主要工作有以下几方面。

(一)加强师资队伍建设

谌亚达、金瑞莘、秦牧等相继作古，任金城、张静宜、顾传源、王本琳、孙永清等调离，中国人民大学老师返回人大，特别是段宝林突然去世，使师资力量更为薄弱，仅剩了李文华、邬翊光、冯嘉萍、程连生、王淑芳等人，急需增加人力。采用了两种方式：一是引进人才，如金陵、杨立、杨明川、梁进社；二是自己培养，有尹怀庭、沈小平、张文新、胡江等。1988 年从北京大学经济学院硕士毕业生中选留周尚意，1991 年从中国科学院调入葛岳静，自此初步形成了较强的师资队伍。

(二)恢复和开设新课程，并大力编写教材

除去原有的中国经济地理、世界经济地理课程外，新开设了经济地理导论(原理)、人文地理学、文化地理学、城市地理学等课程。冯嘉萍参与编写了《中国经济地理》①，李文华任副主编。邬翊光、金陵、王淑芳等参加了《世界经济地理》②的编写，由陈才任主编，李文华任副主编；邬翊光、程连生参加了《经济地理学导论》③的编写，卢云亭主编了《现代旅游地理学》④，王民等翻译了美国的人文地理学教材。

《世界经济地理》教材

---

① 华东师范大学出版社，1983
② 北京师范大学出版社，1984
③ 华东师范大学出版社，1986
④ 江苏人民出版社，1988

(三)积极开展科学研究

为了提高地理系经济地理学、人文地理学的理论水平，
教师以科研工作促学科发展，从实践中总结理论，并使学科发展密切结合国家经济建设。积极参与西南地区三线建设、三峡工程前期研究，“七五”攻关获中科院科技进步一等奖；邬翊光、冯嘉萍、程连生在黄土高原地区陕晋宁国土规划中做出了较大成绩。

(四)举办人文地理学系列讲座

为了纠正新中国成立后学习苏联长期全盘否定人文地理学的“极左”思潮，在全国拨乱反正、解放思想形势下，地理系邀请南京师范大学李旭旦教授举办系列人文地理学讲座，主题为“复兴人文地理学”。讲座为期约 10 天，除地理系师生参加外，在京兄弟院校、科研院所地理学人员也来听讲。讲座内容主要分为两个部分：

一是对白吕纳、白兰士、罗士培等西方传统人文地理学说和现代西方的人本主义地理、行为地理学流派，运用马克思主义哲学思想给予科学剖析和筛选，认为应该继承和发扬这些学说的正确内容，批判摒弃其中的糟粕，而不应全盘否定。认为片面批判“地理环境决定论”，导致忽视自然规律和自然条件的错误倾向泛滥，对我国社会经济造成了重大损害。

二是结合中国实际，适应新形势，提出复兴人文地理学。强调必须重视地理环境，包括自然和人文地理环境，吸收自然科学、环境学、技术科学，特别是社会学的内容，应改变经济地理一支独大的现状，发展社会地理、政治、文化、旅游、军事等领域的地理学分支学科。这不仅从理论上为人文地理学正名，在实践上也极大地扩展了地理学的应用范畴，除服务于经济建设外，在第三产业、文化、国防、政治、外交等领域也能发挥作用。地理科学的研究不仅应重视经济效应，也应重视环境和社会效应。

讲座得到领导和学者的重视。1982 年胡乔木同志公开讲话，提出“应肯定人文地理学”。这对在全国迅速恢复和发展人文地理学起到了积极的推动作用。

四、人文地理学新生代发展时期(1993 年以来)

(一)机构与师资队伍建设

1993 年地理系改名为资源与环境科学系，此后，人文地理学教研室进入了一个重要的学术转折时期。

1993 年，中国经济地理教研室、世界地理教研室合并为人文地理学教研室，主任为程连生。

1992 年，任森厚首开“文化地理学”(选修)课程。1996 年将此课开为全校选修课，

受到全校本科生的欢迎。同时，任森厚还为两个年级的本科生开设“人文地理学”课程。

2001年建立了校级重点实验室“城市与区域信息实验室”，改变了人文地理学没有建制性实验室的局面。首任主任为吴殿廷，后为张文新(2008～2009年)、宋金平(2010～2011年)，黄大全、张华为副主任。

2002年成立了校级研究中心“土地研究中心”，中心主任为原国家土地局副局长马克伟研究员，中心主要人员为学院人文地理学的教师。2008年推举梁进社为土地中心执行主任，张文新、邱维理、蒋立红为副主任。2011年由国土资源部土地整理中心郧文聚副主任接任土地中心主任。

2002年学院成立三个研究所，其中之一是在人文地理学基础上建立的城市与区域规划研究所，周尚意任所长。2010年增补朱青为副所长。

新生代的人文地理学教师年富力强，正处于富有教学经验且精力充沛的中青年龄段。教师队伍积极参与学术活动，周尚意任中国地理学会常务理事(2002～2012年)、中国地理学会青年工作委员会主任(1998～2002年)、中国地理学会人文地理专业委员会副主任(2002～2012年)、全国人文地理学教学研究会副主任，张文新任中国土地学会青年工作委员会副主任(2008～2012年)，周尚意(1998～2001年)、葛岳静(2002～2007年)任世界地理专业委员会副主任、梁进社任数量地理学专业委员会副主任(2002～2008年)、吴殿廷任持续农业与乡村发展专业委员会副主任(2002～2008年)、全国经济地理教学研究会副理事长、中国区域协会可持续发展委员会主任等。此外，还聘请了 Yi-fu Tuan、Cindy Fan 等具有国际顶尖水平的兼职教师队伍。

(二)适应新时期人才培养需要的教学建设与发展

1. 建设与资源环境相关的人文地理学新课程

1993年学校修订新的教学计划，地理系着力修订带有地理学新的发展特色的教学计划。新的教学计划体现了人文地理学课程体系的继承与创新，既保留了传统课程，如“经济地理学”、“城市地理学”、“世界地理”，也有与资源和环境方向相关的课程，如“资源和环境经济学”、“资源与环境法规学”、“区域分析与规划”、“城市房地产开发”等课程。由周尚意承担的硕士研究生课程“资源与环境经济学”被列为学校研究生院的双语建设课程。

2. 与国际接轨的课程建设

2001年学校再次修订教学计划，针对教学计划前8年的实施情况，学院以刘宝元为主任的学术委员会及教授委员会共同制订了新的教学计划，经学校批准后由王静爱担任主任的教学指导委员会组织实施。在新的教学计划中，人文地理学课程补充了与国外大学人文地理学课程接轨的“人口地理学”、“文化地理学”、“政治地理学”、“地理学思想史”、“城市规划”等选修课程。为了建设这些课程，先后申请了学校客座教授基金，聘请了北京大学的唐晓峰、国防大学的沈伟烈帮助建设“文化地理学”和“政治地理学”两门课程。目前《文化地理学》教材已由高等教育出版社在2004年出版，并被列为国家“十一五”教材建设项目。

3. 人文地理学野外教学环节的建设

人文地理学野外课堂建设采取了“三个面向”的教学模式。

(1)面向社会行政管理部门和企业

人文地理学野外实习先后与北京市规划委、北京城区十几个街道办事处、天津泰达集团、苏州新区管委会、苏州东山镇政府、上海浦东开发区管委会等单位建立了10～20年的合作关系。这些行政部门为野外实习提供了很好的接待条件。实习形成的三十余份报告成为实习地社会经济建设的决策依据。

(2)面向国内兄弟院校

开展人文地理学野外实习合作的院校有华东师范大学(已合作近30年)、天津师范大学(1996年、1997年)、北京大学(2007年)、宁夏大学(2002年、2003年)、苏州大学(2006年)、聊城大学(1998年)、曲阜师范大学(2004～2007年)、枣庄师范学院(2006年)、承德师范专科学校(2002年)、辽宁工程技术大学(2006年)、江西师范大学(2007年)。此外还有一些院校的师生自愿参加人文地理学野外实习。

(3)面向国际

目前已有美国南伊利诺大学地理系、法国巴黎索邦大学城市规划系与北京师范大学地遥学院进行人文地理学野外实习合作。2008年与香港大学开展人文地理学的实习合作。自2002年起，开始建设北京师范大学人文地理学野外实习网站，是国内众多高校中第一个人文地理学野外实习网络平台，并于2007年获得北京师范大学多媒体教学课件三等奖。2006年在学校教学项目的支持下，建立了北京人文地理学野外短途实习基地。2007年与苏州东山镇政府建立了野外实习基地。

4. 人文地理学教材建设

这一时期恰好是“九五”到“十五”教材建设的转折时期，也恰逢教育部面向21世纪教材建设的热潮，人文地理学教研室的新生代教师开始成为新的教材的主要编写人员。“九五”期间，梁进社跟随其北京大学导师杨吾扬合著了《高等经济地理学》(北京大学出版社，1997)，吴殿廷主编了《区域分析与规划》(北京师范大学出版社，1999)，杜群参编了《环境资源法》(北京师范大学出版社，1999)。“十五”期间，吴殿廷先后主编了《区域经济学》(科学出版社，2003，国家“十五”规划教材)、《区域分析与规划高级教程》(高等教育出版社，2004，教育部全国研究生工作办公室推荐教材)，宋金平主编了《聚落地理专题》(北京师范大学出版社，2003)，杜群主编了《环境法融合论》(科学出版社，2003)，周尚意主编了《文化地理学》(高等教育出版社，2004)，该教材2009年改版后被列为国家“十一五”规划教材。“十一五”期间，周尚意主编的《人文地理学野外方法》

（高等教育出版社，2009）被列为“十一五”国家规划教材，同时被列为国家“十一五”规划教材的还有吴殿廷主编的《区域分析与规划教程》（北京师范大学出版社，2008）、《区域经济学》（第2版）（科学出版社，2009）。

人文地理学教材

5. 人文地理学教学获奖

1994年，邬翊光获得竺可桢野外工作奖。

1997年，周尚意、李文华、葛岳静、杨明川的“世界地理教学改革与实践”获北京师范大学教学成果奖一等奖，北京市高校教学成果奖二等奖。

1997年，陈才（东北师范大学）和地理系李文华主编的《世界经济地理》（北京师范大学出版社）获得教育部“九五”优秀教材奖。

2000年，周尚意、程连生、张文新、吴殿廷、宋金平“人文地理学知识信息传输一体化野外实践”获北京师范大学教育教学成果二等奖。

2001年，赵济作为第一获奖人，人文地理学教研室的葛岳静、吴殿廷作为第三、第四获奖人的“区域地理学课程体系建设与改革”获得北京市教学成果奖一等奖、国家级教学成果奖一等奖。

2007年，周尚意等主讲的“人文地理学”课程获得2008年北京市精品课程，吴殿廷获得北京师范大学教学改革一等奖。

2008年，周尚意、朱华晟、宋金平、朱青、朱良的“人文地理学本科教学创新体系的构建与实践”获得北京师范大学教学改革一等奖。

2010年，吴殿廷“区域分析与规划系列教材编写与课程建设”获得北京市教学成果奖二等奖。

2011年，吴殿廷被中宣部和教育部聘为全国马克思主义重大理论建设《区域经济学》项目首席科学家。

(三)学科平台建设完整、研究方向逐渐清晰

1. 学科发展平台建设

在原有人文地理学硕士点的基础上，2001 年资环系与经济学院教师联合申报区域经济学硕士点，获得国务院学位办批准。

2003 年北京师范大学获地理学一级学科博士授予权，人文地理学从此具有博士培养资格，并开始招收博士研究生。

2004 年地理学与遥感科学学院与资源学院联合申请土地资源管理硕士点，获得国务院学位办批准。

2006 年地理学与遥感科学学院以人文地理学教师为主，申报土地规划甲级单位，获得中国土地学会的批准。

2. 研究方向以城市与区域研究为主

2004 年后，城市与区域规划研究所设立了 6 个研究方向，其中城市与区域为主要研究方向。主要研究地区是北京及周边辐射地区。

(1)城市地理与城市规划

周尚意、张文新、宋金平、朱青等教师主要从事城市发展研究。张文新主要承担了中国小城镇建设投融资体制研究(中央政策研究室、国家开发银行委托，2004 年)、科技进步对北京产业结构的影响研究(北京统计局招标项目，2004 年)、京津冀都市圈产业布局规划(国家发展与改革委员会委托，2005 年)。周尚意先后主持北京城市文化空间与实体空间整合研究(国家自然科学基金，2004～2006 年)、北京城市社会文化空间的结构主义研究(国家自然科学基金，2009～2011 年)、北美城市社会空间分析(美国政府福布莱特基金项目，1999～2000 年)、加拿大文化地理(加拿大政府 FEP 项目，1991～1993 年)、北京文化产业空间分布(北京市规划委项目，2004 年)、城镇化与老年宜居环境建设(国家老龄委项目)等项目，参加北京市文化发展战略研究(北京市社科规划项目，2005 年)、北京西城文化兴区战略研究(北京市社科规划项目，2004 年)等，出版专著《文化与地方发展》(科学出版社，2000)等。宋金平主持新时期北京城市边缘区空间结构优化重组与再开发项目(国家自然科学基金委，2005)。朱青主持并参加了《北京和世界城市的距离有多远》、《密云城镇体系规划》、《滕州城镇体系规划》等横向课题，并利用参加课题和实习的机会，研究和考察了欠发达地区的半城市化现象以及发达地区的乡村城镇化问题，发表了多篇文章。

(2)区域地理与区域规划

吴殿廷、葛岳静、宋金平为这一方向的主要人员。吴殿廷与邬翊光带领全体人文地理学的教师参加了辽宁省国土规划项目(辽宁省人民政府，2005～2008 年)、内蒙古自治区"九五"规划研究(内蒙古自治区发改委，1994～1995 年)、大连市跨世纪发展战

略(大连市发改委，1996～1997年)、大连市新农村规划试点项目(大连市规划局，2006年)、北京市海淀新区中长期发展战略(海淀区政府，2005～2006年)、北京市建设世界城市利用外资和对外投资(北京市发改委，2011年)、莫桑比克国家旅游规划咨询(国家开发银行，2011年)、科学发展规划的理论与实践(国家开发银行，2011～2012年)、辽宁省辽阳县产业规划(辽阳县人民政府，2011～2012年)等20余项项目。宋金平主持北京山区经济社会发展研究(北京市发改委"十一五"招标项目，2004年)，"十一五"海口推进城市化思路和重点研究(海口市发改委，2005年)，济宁市工业集群发展规划(济宁市经贸委，2007年)等。该研究方向在这一时期积累了许多研究成果，如吴殿廷等著《区域经济发展：理论、方法与实践》(吉林科学技术出版社，2001)、吴殿廷主编《地理科学与地理技术》(东北师范大学出版社，1994)、《资源·环境·区域开发》(吉林文史出版社，1988)、《定都与迁都——兼论中国迁都问题》(东北师范大学出版社，2008)、《区域发展战略规划：理论、方法与实践》(中国农业大学出版社，2010)。葛岳静主持宁夏"十二五"发展规划重大招标课题两项：进一步促进宁夏产业结构调整与升级(2009～2010年)、加快宁夏资源优势向经济优势转化(2009～2010年)。从2005年开始，葛岳静与国家发改委产业经济与技术经济研究所合作，承担国务院企业评价协会委托课题《中国前500家大企业集团发展展望》，每年组织研究生完成该协会《中国大企业发展与展望紫皮书》第一章的编撰，并在《经济研究参考》每年集中发表相关研究文章。

(3)资源与环境经济学(以土地资源为研究核心)

张文新、蒋立红、黄大全为此方向主要人员。张文新主持的四川省郫县土地利用总体规划(国土资源部县级土地利用总体规划修编试点项目，2005年)、四川省成都市土地利用总体规划(国土资源部市(地)级土地利用总体规划修编试点项目，2005年)、四川省双流县土地利用总体规划(国土资源部土地利用总体规划实施综合试点，2005年)、北京市丰台区土地利用总体规划(北京市国土资源局丰台分局委托，2006年)、新增建设用地供应和利用监管(国土资源部中国土地矿产法律事务中心委托，2007年)等。其中，土地利用规划试点项目研究报告为全国新一轮土地利用总体规划的修编提供了重要参考。蒋立红近年主持和参与10余项省部委与地方委托项目，主要有全国地价与房价关系调查(国土资源部，2002年)、珠澳跨境工业区产业规划及发展战略研究(2004年)、全国城市地价动态监测之地价与房价关系(2004～2007年)、土地资源管理与产业管理的关系研究(2004～2005年)、经济快速增长可持续性的土地问题研究(2007～2008年)、珠海市斗门区斗门镇(乾务镇)土地利用总体规划。主编《不动产热点问题研究评述》学术文集，发表《城市商品住宅价格水平影响因素研究》等多篇论文。黄大全主持了《三明市土地利用总体规划(2005～2020年)》。宋金平主持大兴区土地利用规划(北京市国土资源局大兴分局，2007～2008年)。

(4)产业地理学

梁进社、朱华晟、张华、戴特奇、潘峰华主要从事此方面的研究。梁进社主持产业依存关系中的北京“基本部分”及其时空演变(国家自然科学基金面上项目，2003～2005年)、北京市产业结构和布局调整研究(北京市委研究室项目，2004年)、从产业关联看北京产业结构调整的方向(北京市统计局项目，2004年)，参加空间组织与效率的基础理论研究(国家自然科学基金重点项目，2007～2010年)、中国城市化进程的资源环境基础研究(国家自然科学基金重点项目，2006～2009年)。朱华晟近年来先后主持邯郸市高新区产业规划(2003～2010年)(中国城市规划设计院委托，2003年)、中国高新技术外资企业集群化动力机制与外溢效应研究(中国博士后科学基金项目，2004年)、杭州市和谐创业模式专题研究：特色产业与民营企业发展(国务院发展研究中心委托，2005年)、北京中关村科技园区德胜科技园资源调查(北京中关村科技园区德胜科技园管委会委托，2006年)、广东中山古镇灯饰产业集群调研报告(国务院发展研究中心委托，2006年)、东莞松山湖模式研究(中国科学技术发展战略研究院委托，2007年)、“大城市工业设计企业集聚模式与网络创新绩效研究：以北京市为例”(国家自然科学基金项目，2008～2010年)、“集群情境下的务工人员异地创业研究：基于经济地理学视角”(国家自然科学基金项目，2012～2015年)等课题，参加国家自然科学基金重点项目、国家科技部中长期科技规划以及其他横向项目十余项，并出版专著《浙江产业群：产业网络、成长轨迹与发展动力》(国家“十五”重点图书)，参编4部著作。

(5)旅游地理学

1985～1997年，卢云亭在地理系首开“旅游地理”课程，并兼给学校开“旅游地理”选修课。他编写的《现代旅游地理学》、《生态旅游学》是20世纪80年代国内旅游地理学术著作中比较有影响的著作。1994年《现代旅游地理学》荣获中国地理学会、中国出版者协会主持评选的全国首届优秀地理图书。1991年，卢云亭与陈安泽等合作出版了《旅游地学概论》，1993年，卢云亭与1990届硕士毕业生刘军萍等合作，出版了全国第一部旅游与农业交叉的著作《观光农业》，该书在1996年获中国农业部科学技术进步奖三等奖。吴殿廷参与了国家西部开发旅游发展战略、中部崛起旅游规划等重大课题，主持完成各级各类旅游规划20多项，被聘为国家森林公园专家委员会委员、国家水利风景区专家委员会委员，主编出版旅游著作3部：《水体景观旅游开发实务》(中国旅游出版社，2003)、《山岳景观旅游开发规划实务》(中国旅游出版社，2006)、《旅游规划新论》(中国旅游出版社，2011)，教材1部《旅游开发与规划》(北京师范大学出版社，2011)。宋金平主持完成多项国家课题，如东北地区旅游发展规划、新疆喀什地区旅游规划、环渤海地区旅游发展规划等，其中，东北地区旅游发展规划由国家发改委和国家旅游局联合发布并组织实施。黄宇自2006年以来，一直讲授“旅游地理学”选修课。

(6)中国周边地缘研究

适逢中国崛起的特殊敏感时期，针对中国严峻的周边地缘态势，以服务于周边外交“维权、维稳、合作、发展”的国家核心利益重大命题，在外交部边界与海洋事务司的领导与支持下，学院从2010年8月开始，与国家基础地理信息中心合作，重点发展中国周边地缘研究新的学科方向，通过人文地理学、测绘科学、地理信息科学、国际关系等学科的交叉融合，建设一支多学科的智库团队和承接外交部外交战略研究任务的研究平台，开展周边地缘环境和危机预防应对的政策及技术研究，为我国周边外交提供科学可靠的政策建议和专业分析工具，为维护和延长我国发展的重要战略机遇提供专业化、科学化、技术化的科技支撑。

2010年12月，学院与国家基础地理信息中心联合组织召开了我国首届“周边地缘环境分析与地理空间信息建模”专题研讨会。聘请国家基础地理信息中心陈军教授为我院兼职教授，向科技部申请了“数字周边构建与地缘环境分析关键技术研究与示范”科技支撑项目，2012年获批，研究期限为2012年1月～2014年12月，其中的课题三“数字周边构建与地缘环境分析关键技术研究(2012BAK12B03)”由杨胜天、葛岳静主持，周尚意、吴殿廷、董卫华等作为骨干人员参加。葛岳静主持了国家自然科学基金“中国周边地缘环境解析与安全评价”(2012～2015年)。2012年3月14日，北师大成立了“中国周边地缘研究中心”，陈军教授担任主任，葛岳静为常务副主任。中心成立翌日(2012年3月15日)，邀请中国地理学会理事长刘燕华教授，国际地理联合会主席Ronnald Abler及副主席、秘书长等执委会一行，和国内相关领域专家学者召开“周边地缘解析国际研讨会”，在周边地缘环境研究领域组建了一支重要的研究力量、初步开展了有学术影响的学术活动。

2012年“周边地缘解析”国际研讨会

第五节　区域地理

区域地理学是北师大地理系重点建设的学科之一。由于师范教育的需要，从京师大学堂师范馆设立之初，区域地理教学就是课程建设的重点，经过几代人的努力建设和积淀，区域地理获得了国家级教学成果奖一等奖等多项奖励，出版了系列教材，培养了众多优秀的教师、研究生和进修教师，充分表明了地理系在区域地理学科建设上的重要作用。

一、新中国成立前的区域地理(1902～1949 年)

从京师大学堂师范馆设立，一直到 1949 年中华人民共和国成立，区域地理在教学计划中都占据重要位置，是当时地理系课时最多的课程。京师大学堂建立之初，就开设了“中国地理”、“外国地理”，第一学年各讲 5 课时/周，第二学年各讲 4 课时/周，第三学年各讲 3 课时/周，在教学计划中是课时最多的课程之一。1928 年地理系独立建系，区域地理课程内容和学分增加，“中国地志”12 学分，“世界地志”12 学分。1933 年修订教学计划，“中国地理”36 学分，“外国地理”分设“五洲地志”3 学分，“欧洲地志”与“美洲地志”4 学分，“非洲、大洋洲、两极地志”3 学分。

区域地理教学师资力量雄厚，从建系之初起，地理系系主任、有名望的教师都曾经讲授过区域地理课程。早期史地部教授兼主任白眉初讲授中国总论、中国地志，并任地理实习指导。留学日本的王谟 1925 年 9 月到北师大地理系任教，曾讲授美洲地志、欧洲地志、亚洲地志等区域地理课程。黄国璋留学美国，是我国第一位经济地理学硕士，在 20 世纪 30 年代和 40 年代两度任地理系系主任，开启了地理学从传统描述地理学向近代科学地理学的变革，是区域地理学发展史上重要的代表人物。他用现代地理思想完善本科教学计划，开设了中国地理、北美经济地理等课程。邹豹君在英国留学，回国后讲授欧洲地理。邹豹君编著的《欧洲地理》在全国各大高校沿用。另外，根据美国著名地理学家葛德石教授 1949 年出版的《中国地理基础》前后两部分翻译而成的两本教材：《中国地理基础》(薛贻源翻译)和《中国区域地理》(谌亚达翻译)，在新中国成立前为各大学地理系普遍采用。1925 年，还曾请德国地理学家 H. Mueller 博士讲授外国地理。

早期区域地理教学很注重野外实践。黄国璋曾经对云南西双版纳、四川西部进行野外实地考察。20 世纪 40 年代初，周廷儒在嘉陵江考察，沿江步行 800 里，与李承三等合著绘制了嘉陵江流域地形考察报告。

二、新中国成立至“文化大革命”时期的区域地理（1949～1977年）

新中国成立之后，1952年以苏联列宁师范学院地理系的教学计划为蓝本制订教学计划，设置的区域地理课程包括中国自然地理、中国经济地理、各洲自然地理、外国经济地理，授课时数各为180学时，在教学计划中占用课时最多，统称为“四大门”。

中国自然地理由周廷儒创建，后来由张兰生、赵济接任。中国经济地理由黄国璋、谌亚达、金瑞莘讲授。外国经济地理由黄国璋、盛叙功、杨曾威、段宝林、李文华等主讲。各洲自然地理由殷祖英、万方祥主讲，由孟德政、彭庆祥、贾旺尧、叶国贤、吴廷辉协助。20世纪60年代初曾聘请北京师院刘愈之、辽宁师大李涵畅讲授外国地理。1955～1957年曾聘请苏联经济地理专家拉科夫斯基(莫斯科列宁师范学院地理系副教授)来系举办外国经济地理进修班，介绍苏联以巴朗斯基、沙乌什金、科洛索夫斯基为代表的区域学派，扭转了忽视自然地理、自然条件、区域特征的偏向，强调了经济地理属于地理科学，肯定了地理环境的作用，批判了否定自然条件的观点。经济地理进修班学员到京津唐、山东、上海、珠三角等地考察实习，结合实际，研究自然条件和地理环境对经济建设、生产布局、地区经济发展的重要作用。此后，还翻译了大量外国经济地理讲义。

区域地理人才培养影响了全国范围内的区域地理教学，为全国高等师范院校输送了一批教学骨干。完成了区域地理教材(交流讲义)，供各院校地理系参用。1953年，周廷儒所起草的《中国自然地理教学大纲》，经教育部审核，在全国师范院校地理系广泛使用。

这一时期地理系教师编著的区域地理教材有万方祥、彭庆祥编著的《北美洲自然地理》，周廷儒和刘培桐合著《中国地形与土壤概述》。“文化大革命”期间编写了外国经济地理讲义，接受中宣部任务，邬翊光、许嘉琳等翻译了美国地理、北美洲地理、黎巴嫩和叙利亚地理等区域地理书籍。

1956年周廷儒等在新疆进行野外考察

区域地理教学改革深化推动了学科发展，教学与野外实践相结合，实践丰富了教学内容。1952年周廷儒在与施雅风、陈述彭撰写的《中国地形区划草案》中，首次提出了中国地形三大区划分的思想，提出了低山、中山、高山的划分标准，并完成了东北区、华北区地形区划的研究。1956～1960年周廷儒、赵济、朱国荣对新疆进行野外考察，编写了《新疆地貌》，编制了《新疆地貌图》。这一时期区域地理野外考察还涉及黄土高原环境、气候、工业布局和土地利用，内蒙古自治区、山东半岛辽东半岛海平面变化研究、北京市古河道变迁研究等。李文华曾参与完成多项国家生产任务，如铁路选线(江西、广东地段)意见报告(1958 年交铁道部设计院)，北京昌平县、十三陵地区、大兴芦城、延庆康庄、房山城关等地土地利用、工业规划等调查报告(1960 年左右向各县委交了报告书，均得到好评)。邬翊光曾经对西南地区进行野外考察。

在“大跃进”时期，外国经济地理教学以“反帝反修”为主线，中国经济地理教学以进行爱国主义教育，宣传“大跃进”、“三面红旗”的成就为主要内容，削弱了经济地理学的科学性。“文化大革命”时期，与经济地理相关的区域地理课程被停开，李文华参加教育部组织的五省市汇编中学地理教材，1973 年《中学世界地理》出版，1975～1976 年为北京中学地理教师进行了世界地理短期培训。

三、区域地理稳步发展(1977～1998 年)

(一)区域地理四大课程全面开设，教师阵容强大(1977～1987 年)

1977 年恢复招生后，教学计划中设置了中国自然地理、中国经济地理、世界自然地理、世界经济地理等四大区域地理专业课程。每学年学时约为 100 课时。1978 年开始招收区域地理专业硕士研究生。

赵济主讲中国自然地理，叶玲玲、卢云亭讲授部分内容。1978 年参加编写高等学校教材《中国自然地理》。冯嘉萍承担中国经济地理的主讲和建设，参加了全国高等学校教材《中国经济地理》第一版的编写。20 世纪 80 年代，由中宣部和新闻出版总局组织编写了中国省区地理丛书，由国家计委组织编写了中国经济地理丛书，邬翊光为两套丛书的常务编委。1986 年邬翊光主编了《中国经济地理》。

贾旺尧、吴廷辉主讲世界自然地理，彭庆祥讲授其中部分内容。段宝林、李文华和金陵主讲世界经济地理，王淑芳、杨立、杨明川讲授部分内容。贾旺尧参与高等学校《世界自然地理》(上、下册)的编写，东北师范大学陈才任主编、李文华任副主编编著了《世界经济地理》。

在周廷儒的引领之下，自然地理科学研究取得了重大进展。他完成了《中国自然地理·古地理》(1986 年)的编写。1987 年他参与了“关于中国自然环境变化及其地域差异的综合研究”，获得中国科学院科研成果一等奖、国家自然科学二等奖。李文华开展的流域开发与管理(美国田纳西河流域与中国乌江流域的对比研究)和邬翊光开展的宁南山区发展农牧业条件研究分别获得省级二等奖和三等奖。邬翊光主编、冯嘉萍参加的《北京市经济地理》获北京市哲学社会科学奖二等奖。另外，武吉华、邬翊光关于黄土高原的课题获中科院科技进步奖一等奖。邬翊光获得“竺可桢野外科学工作奖”(1986)。

《中国自然地理·古地理》(1986 年)

1987 年，周廷儒与黄秉维等共同获得国家自然科学奖二等奖

综上所述，这一时段区域地理四大课程全面开设，教师阵容强大并全面参与教材编写，迎来了区域地理教学的又一个春天。区域地理科学研究大发展，一方面形成了遥感技术在区域地理中应用的一个新的增长点；另一方面继承和发扬北师大区域地理强调过程，即自然环境演变的传统。这一时期，北师大区域地理的建设成效显著，特别是区域自然地理研究在全国占据重要地位，获得多项国家级和省部级的奖励。

(二)区域地理课程整合和教师新老交替(1987～1995 年)

1989 年，赵济和王静爱共同讲授中国自然地理，至 1994 年由王静爱主讲，赵济和史培军参与部分课程，完成了教师的新老交替。赵济主编出版了《中国自然地理》第 2 版(1984 年)，授课中加入了人地相互作用的内容，开始向自然人文综合方向迈进。

《中国自然地理》第 2 版(1984 年)

1988～1990 年，金陵、周尚意、杨明川等讲授世界经济地理，贾旺尧、吴廷辉主讲世界自然地理。1991 年世界自然地理和世界经济地理合并为世界地理，由周尚意和葛岳静主讲。1991～1993 年周尚意主讲“加拿大地理”，该课程是 FEP 项目与北京师范大学合同课程，是世界地理课程中专设的子课程。1993 年该课程上了三轮后，合同期结束，课程总结上交学校外事处和加拿大使馆文化处。

1993 年地理系改名为资源与环境科学系，对区域地理课程的定位和学时进行了调整。首先是课程压缩，各门课压缩为每学年 120 学时，课程定位由专业课改为专业基础课，开课时间较原来提前一个年级。

这一时期承担国家科技攻关项目促进了区域地理学科的发展。赵济、李天杰、朱启疆、王静爱等承担了国家"七五"科技攻关项目子课题：晋西黄土高原地区遥感专题，内蒙古"三北"防护林遥感综合调查。邬翊光、冯嘉萍、程连生等参加了国家"七五"攻关项目黄土高原地区工业和城市发展布局研究；王静爱和史培军参加了国家"八五"科技攻关项目"晋陕蒙接壤区环境动态监测与土地复垦"、"晋陕蒙根据地现代化管理与技术"、"全国草地畜牧业动态监测(北方片)"等。在此期间，张兰生教授参加国家基础性研究重大项目和国家攀登计划。这一时期，无论是从事区域自然地理的教师，还是从事区域经济地理的教师，其所承担的科研项目均是面向生存与发展的重大问题和重点区域开展的。

区域地理形成了新老教师"传帮带"的良好梯队，科研与教学相互促进。在教学上，区域地理综合趋势凸显。中国地理教学中，进行了内容和方法改革，增加了土地退化、自然灾害等重大区域问题的讲述和讨论。1993 年中国自然地理教学改革获得北师大教学成果奖；世界地理教学，基于全球自然基础，讲述区域经济及地理特征，全面进行教学改革，特别是注重学生能力的培养。在研究生的培养上更凸显以自然为特色和以经济为特色的区域综合。科研上主要开展中国北方，特别是内蒙古和黄土高原地区的资源、环境、经济区域开发方面的综合研究。

(三)形成世界—中国—乡土课程体系(1995～1998 年)

1995 年教育部教学指导委员会(地理组)对地理专业课程调整。主要变化有两个方面：一是设定区域地理为十门地理学骨干课程之一；二是取消区域地理硕士点和学科设置，将地理学分为自然地理、人文地理和地图学与地理信息系统。与之相应的北师大区域地理课程整合为中国地理和世界地理两门必修课程，此外，还开设乡土地理选修课程。本科和硕士招生以及任课老师分别纳入自然地理、人文地理和地理教育。

赵济与北京大学陈传康主编了面向 21 世纪课程教材《中国地理》，于 1999 年由高等教育出版社出版。赵济主编《中国自然地理》第 3 版于 1995 年出版。吴殿廷、葛岳静参编的普通高等院校教材《中国经济地理》于 1998 年推出第 4 版。

面向 21 世纪课程教材《中国地理》

世界地理课程由葛岳静主讲，周尚意、黄宇参与。课时为每学年 120 学时。周尚意、李文华、葛岳静、杨明川的"世界地理教学改革与实践"获得北师大教学成果奖一等奖，北京市高校教学成果奖二等奖。1997 年李文华任副主编，金陵、葛岳静等参编的《世界经济地理》教材获得教育部"九五"优秀教材奖。

乡土地理由张亚立主讲，王静爱参与，是专科和函授生的专业课，本科生的选修课，每学年 30～40 学时，为所在区域的中学地理教学服务，自编教材，因此对于不同区域的函授生或者专科生，编写不同区域的教材和实践脚本，例如北京地理、山西地理等。

主讲和参与课程建设的教师，广泛参与科研课题。在全国尺度上，主持了国家攀登预选项目"NECT 样带的土地利用和土地覆盖研究(1996～1999 年)"，参加国家自然科学"九五"重点项目"中国地区经济发展不平衡研究"；在省区尺度上，主持并参加内蒙古、青海、河北、北京、新疆、宁夏等省区的资源评价、产业规划以及减灾等方面的综合研究；在地市和乡镇尺度上，开展了大连、深圳、河北中捷农场等地的城市管理及发展规划研究。这些区域研究极大地丰富了教学内容，成为良好的区域案例。从总的趋势看，这一时期的研究有三个特点：一是教师参与科研项目的人数、层次和区域范围增多，这对地理教学内容的改进有十分重要的作用；二是重视教学相长，吸引本科生参与科研；三是引入相关学者进入课堂讲授区域地理专题，开阔了学生的视野，促进了教学质量的提高。

(四)区域地理教学研究会

1980 年南京师院、华南师院、西北师院、西南师院、河南师院发起成立中国自然地理教学研究会。周廷儒担任顾问，赵济先后担任理事、副理事长和理事长。李文华是中国地理学会世界地理专业委员会委员，全国高师院校"世界经济地理教学研究会"副理事长(1988～1996 年)。邬翊光和李文华都曾任全国经济地理教学和教育研究会世界经济地理专业委员会副主任，周尚意和葛岳静先后担任委员和副主任委员。

赵济参与编写的《中国自然地理》教材，在全国范围内产生了广泛影响，并且在 1988 年获得全国普通高等学校优秀教材奖。程潞(华东师范大学)主编的教材《中国经济地理》，北师大是重要的参编单位之一。这两本教材一直是高校特别是师范院校使用的重要教材。多所高校统编、北师大参与的《世界经济地理》也被评为优秀教材。赵济主编的面向 21 世纪课程教材《中国地理》是很多高校本科教学使用的教材。冯嘉萍和程连生主编的《中国地理》是全国大专院校使用的重要教材。

1984 年与北京师院共同举办全国中国自然地理教师培训班，聘请周廷儒、李春昱、陶诗言、林超等著名学者讲课，为提高高校中国自然地理教学质量打下了坚实基础。

四、精品课程建设与教学改革快速发展(1998～2008 年)

王静爱主持，葛岳静、吴殿廷参加了北师大高等教育面向 21 世纪教改项目"区域地理的教学改革(1998～1999 年)"，建立了以王静爱主讲的"中国地理"、葛岳静主讲的"世界地理"和吴殿廷主讲的"区域分析与规划"课程为基础的区域地理教学体系，提出：

中国地理以自然地理为基础，人地关系为主线，重点剖析人与自然的相互作用和影响；世界地理以人文为基础，人地关系为主线，重点剖析国家建设与世界经济格局；区域分析与规划则以世界地理为背景，以中国地理为案例，探讨国家区域规划与发展政策，将理论、方法与实践相结合。

赵济、张超、彭望琭等主持，王静爱、刘慧平、朱良等参加，北京师范大学、华东师范大学、河北师范大学三校合作完成“九五”国家重点科技攻关项目“高等教育重点课程的研制与开发(1998～2000 年)”研制并出版了我国第一套与高校教材配套的《中国自然地理多媒体教学软件》。该软件是依据《中国自然地理》(第 3 版)①设计内容框架，与大学本科“中国地理”和“中国自然地理”课程相配套的计算机辅助教学系统，体现了教学手段和教学方法的改革，并把教学内容和教学方法建立在现代教学技术平台上。该软件推动区域地理教学在现代化上向前大大迈进了一步。

王静爱主持，赵济、李文华、史培军、梁进社、葛岳静、吴殿廷、刘慧平、张文新、王雯菲等参加，完成了 3 期(1998 年、2000 年、2002 年)国家理科基地创建名牌课程项目“创建区域地理名牌系列课”获评优秀创建项目，编制了《区域地理系列课程教学体系方案》。区域地理课程体系由五门课程组成，即“区域地理原理”、“区域分析与规划”、“中国地理”、“世界地理”和“乡土地理”。其中，“区域地理原理”和“区域分析与规划”两门课属理论和方法论课程，其他三门课是从宏观到微观区域尺度的地理课程。

基于上述区域地理教学研究项目，赵济、王静爱主持，葛岳静、吴殿廷、史培军等参加，系统总结了区域地理历经半个世纪的积累，以中国地理为核心的“区域地理课程体系建设与改革”，涉及“课程—教材—教法—教研—师资队伍”建设与改革，获国家教学成果奖一等奖(2001 年)，项目组从成果奖 5 万元奖金中捐资 1 万元贡献给“周廷儒奖学金”。

2003 年，教育部下发《教育部关于启动高等学校教学质量与教学改革工程精品课程建设工作的通知》，提出要连续五年(2003～2007 年)开展“精品课程”建设工作，并要求建立各门类、专业的校、省(直辖市)、国家三级精品课程体系。北京师范大学的“中国地理”课程在 2003 年被评为“北京市精品课程”之后，于 2005 年被评为“国家精品课程”，2012 年又被教育部评为“国家级精品资源共享课”。王静爱为课程主持人，赵济为课程指导，刘昌明为学术指导，由 13 位教师组成和若干研究生参加。

王静爱主讲中国地理课程，赵济、史培军、李晓西、朱华晟分别开设精品专题：中国地理野外考察 50 年、中国风沙灾害和中国经济区划、中国产业结构等；刘宝元、吴殿廷和苏筠分别主讲三个模块课程：流域管理、区域分析与规划、乡土地理。此外，杨明川和朱良等分别负责课程的英文版和网络版。

① 赵济主编，高等教育出版社，1995

中国地理精品课程的教材建设以纸介质教材为主，配以电子教材。组织出版“教科书—电子教案—教学软件—地图”的立体化核心教材。王静爱主编北京高教精品课程立项教材《中国地理教程》(高等教育出版社，2007)，王静爱、苏筠等研制《中国地理教程电子教案》(高等教育出版社、高等教育音像出版社，2008)、《中国地理图集》(王静爱、左伟主编，中国地图出版社，2008)等。“十一五”国家规划教材建设中，修编《中国地理》(第 2 版)和《新编中国自然地理》(第 4 版)，新编《乡土地理教程》(王静爱主编、苏筠副主编，北京师范大学出版社)。此外，还组编《中国省市区地理丛书》(全国、各省、自治区和直辖市共 35 本，由北京师范大学出版社出版)。

中国地理课程的部分资源在 2000 年开始在局域网运行，学生可在局域网上阅读与下载，同时建立了中国典型地区遥感影像信息系统，运行效果良好。2003 年中国地理网站(第 1 版)面向全国辐射，2005 年推出第 2 版，主要包括八部分：教学特色、教学队伍、课程介绍、网上课堂、学生实践、网络资源、教学评价和教学论坛。2006 年 9 月推出课程英文版网站，以互联网为依托，向国内外辐射。“中国地理”精品课程的课程规划理念是：辐射国内与国外两个教育教学市场(中、英文版本)；搭建贯穿教学过程的师生互动平台，有效指导和培养学生；发挥北师大全国高校中国地理教学研究会理事长单位(王静爱任理事长)和位居北京人才—信息—文化—科技中心的优势，为区域地理教学提供优质课程资源。

“中国地理”国家级精品课程网站

王静爱依托本科中国地理课程，系统总结了 15 年教学实践成果，北京大学崔海亭和蔡运龙、中国科学院地理科学与资源研究所樊杰、首都师范大学宫辉力、河北师范大学王卫等进行了书面评议，“地理本科生科研能力培养的研究与实践”于 2005 年获得国家级教学成果奖二等奖。王静爱因教书育人获得北师大本科教学优秀奖特等奖(2002 年)、高等学校国家级教学名师奖(2006 年)。

2007 年教育部为了进一步提高高等学校教师素质和教学能力，确保高等教育教学质量的不断提高，组织实施了国家级教学团队建设，第一批全国有 100 个教学团队入选，其中就包括北京师范大学地理学与遥感科学学院的区域地理教学团队，这是北师大第一支国家级教学团队。该教学团队在悠久的历史积淀上，依托北京师范大学区域地理研究重点实验室，在教学改革和质量工程项目驱动下承前启后和与时俱进，教师队伍和教学能力不断优化和强化，课程结构日趋系统与合理，教学质量和影响面迅速提升和扩展。

五、国家级教学团队建设与全面发展(2008 年以来)

区域地理教学团队以王静爱为带头人，赵济为指导，依托北京师范大学地理学理科基地，以区域地理系列课程为建设平台，在教学一线活跃着一支 17 人组成的教学团队。以中国地理、世界地理、全球变化、乡土地理、流域管理、区域分析与规划为主干课程，以地理综合创新性研究实习和区域网络为实践和技术支撑。同时任课教师主持或参加着国家“十一五”科技支撑、“973”、“863”和国家自然科学基金等多项科研项目。

近年来，区域地理教学团队建设集中体现在下述四个方面。

(1)建设了一支国内一流、敬业乐教的区域地理教学队伍，以高水平科研促高水平教学团队建设，实现科研成果向教学的积极转化，促进教学资源的优化和立体化建设。

团队承担承建区域地理核心课程 6 门、技术课 1 门、实习课 1 门。团队教授 100% 承担本科教学任务，全体教师敬业乐教，课程教学评估成绩优秀。其中，王静爱主讲的“中国地理”是国家级精品课程(2005～2010 年)，刘宝元主讲的“流域管理”被评为教育部双语教学示范课程建设项目(2009 年)。

团队教师承担了国家级、省部级的科研项目累计近 60 项(其中：主持国家级科研项目 11 项)，主持教学研究项目 30 余项。同时，通过编写教材、发表教研论文等方式将科研成果向教学转化，出版教材、专著、图集共 31 部，其中国家“十一五”规划教材多部，发表论文 260 篇，其中 SCI 论文 17 篇，教学研究论文 40 篇，获得专利与软件著作权 9 项。

(2)通过“指导学生科研课题及毕业设计—课程平台实训—综合野外实习”等途径，开展本科生实践技能、科研创新思维的训练，提升区域综合分析能力。

团队教师以托举学生成长成才、提升学生科研及创新能力为己任，近三年来指导本科生主持的科研课题累计 20 余项，受益学生 100 余人。基于课程编制训练手册，在北京延庆进行了区域野外综合实习，大大提高了学生在不同空间尺度、从多种信息源获取地理信息、分析信息的能力。近三年来，以本科生为主要作者，共计 40 余人次撰写学术论文，发表近 30 篇。本科生参与申请专利和软件著作权 4 项。

(3)构筑“建设团队网站—举办教学沙龙—编写教材及教学论丛—组织教学研讨会—开放实习基地”全方位的教学交流平台。

以团队青年教师为主力，建设教学教研网站 5 个，举办 10 次教学沙龙，辐射校内外 30 余个单位 500 多人次，编辑出版《区域地理论丛》6 期，50 余人次参与国内教育教学会议，组织了 2 次全国中国地理教学研讨会、协办 2 次美国地理年会“中美地理对比”分会场等，大力构建教学交流平台。建立野外实习基地 4 个，协助了北京青少年科技“翱翔计划”的实施；2009 年，团队承办和参与了“地理学国家理科基地跨区域联合实习”。对全国其他高校的区域地理教学起到了良好的示范、辐射作用，实现了优质教学资源的共享。

(4)创新“传帮带”模式和建立课程“A/B角”制度，培养中青年教师。

教学团队形成了一支专业覆盖合理、学历层次较高、老中青教师有机结合的教学团队，创新了“传帮带”模式。团队指导赵济2009年获得中国地理学会第二届“中国地理科学成就奖”。他从事区域地理教学与科研工作近60年，在推进区域地理教学与改革、开拓区域地貌与土地利用研究、促进区域遥感地学分析研究、提升区域地理规律认识以及教书育人等方面作出重要贡献，为后学者从事区域地理教育和研究提供了范例。2011年9月，区域地理教学团队喜获北京教育工会颁发的“教育先锋号”荣誉称号。

通过“一课两人、两人一课”的“A/B角”课程分担机制，加强团队内教学交流研讨和分工协作，确保团队教授100%承担本科教学任务，同时培养青年教师能够主讲1～2门本科生课程并取得优秀成绩。

团队目标是建设一支国内一流、国际有影响的敬业乐教、专兼协作、优势互补、可持续性强的高水平区域地理教学队伍，成为中国区域地理科学研究和教学改革的重要力量。团队结构发展优化的目标是通过培养和引进，组建一支相对稳定的海内外协作型讲座教授队伍，一支各省师范大学“区域地理”成员担任区域协作的教师队伍。团队的目标是以高水平科研促进高水平教学，建设并实现科研成果向教学的转化，提升团队教师视野和教学的国际化水平。

第六节　古地理学和环境演变

周廷儒于20世纪60年代初开创了自然地理学方向的古地理学研究，取得了创新性成果。在此基础上，张兰生进一步发展了环境演变的研究方向。古地理学和环境演变深刻地影响了北京师范大学自然地理学研究近半个世纪的发展，由此而开创的时间维地理学研究是20世纪后半叶北京师范大学对中国地理学发展的突出贡献。长期以来，古地理学和环境演变研究作为北京师范大学地理学研究的传统优势领域为同行所公认。

一、开创(20世纪50～70年代)

我国自然地理学的古地理研究方向是周廷儒在20世纪60年代初提出的。作为以地貌学见长的地理学家，周廷儒在其早年的地貌学方面的研究论文中已表现出对区域地貌形成中历史因素的高度关注。1956～1960年的新疆综合考察工作对周廷儒(时任地貌组组长)创建自然地理学方向的古地理学起到至关重要的作用，期间所发表的一系列关于新疆地貌的论文中，周廷儒致力于寻求对野外所见到的大量和现代地理环境不相协调的残留要素的合理解释，其古地理学思想逐步形成完善。

1960年周廷儒发表了《中国第三纪第四纪以来地带性与非地带性的分化》的论文，此论文引起竺可桢、杨钟健、尹赞勋等老一辈科学家的高度重视。1963年经高教部批准在北京师范大学地理系建立新生代古地理研究室，开始着手进行实验室建设，周廷儒任研究室主任，李华章任秘书，正式开展了新生代古地理研究工作。在此期间，周廷儒在北师大地理系为研究生、青年教师开设了“古地理学”课程，并编写了《古地理学教程》讲义(铅印)。

周廷儒将古地理学定义为研究过去地理环境发展史的科学。他认为，现代地面自然界的每一个特征，都有一定的发展历史，现代自然地理环境对古地理环境具有继承性，古地理学研究主要的任务是通过不同时间断面上空间格局的差异来揭示古地理环境的演变，及其对现代地理过程及现代自然景观格局形成的影响。古地理学研究的目的是为了认识现代和预报将来。周廷儒古地理学思想的核心是对现代自然地理环境的历史建构，即从时间的视角阐释现代的自然环境的形成演变机制。

古地理学研究虽然因“文化大革命”而被迫中断十多年，但周廷儒的学术思想深刻地影响了北京师范大学地理系的教师和学生，为“文化大革命”后古地理学研究的发展打下了基础。即使在“文化大革命”期间，周廷儒也并未放弃研究，1972年，中国科学院成立以竺可桢副院长为主任的《中国自然地理》编辑委员会，组织编写中国自然地理丛书，北师大地理系的周廷儒、任森厚经七年的辛勤努力，编写完成了《中国自然地理·古地理》(上册)，该书于1984年由科学出版社正式出版。

二、发展(20世纪80～90年代前期)

1978年重新恢复了因“文化大革命”而停顿的古地理研究室，周廷儒继续任研究室主任。

重新组建的古地理研究室在研究力量和实验室建设方面都得到了加强。新组建的古地理研究室不仅整合了系内宋春青等地质学方面的教学人员，并同时吸纳了张兰生等教师加入，而且还从校外引进了李容全等研究和实验人员，人数最多时达23人。所建立的实验室包括：①孢子花粉分析实验室(刘秋芳、降廷梅)；②微体古生物分析实验室(郭宪璞、刘清泗)；③^{14}C实验室(郑良美、刘敬中)；④沉积分析室(李容全、刘增森)；⑤黏土矿物实验室(王诗佾)；⑥地球化学分析实验室(肖宗峰)。

古地理研究室分第三纪和第四纪两个组，第三纪组包括任森厚、张宝民、张振春、郭宪璞、王诗佾、刘秋芳、刘金钊等，第四纪组包括周廷儒、张兰生、李华章、宋春青、李容全、刘清泗、孙秀萍、刘吉祯、耿侃、郑良美、刘敬中、降廷梅、刘增森等。在周廷儒的引领下，就中国新生代古地理问题开展了系统研究，在揭示我国第三纪和第四纪古地理环境演变主要特征的过程中，形成了以下四个方面的特色方向。

(1)第三纪油气古地理研究，主要研究油气形成的古地理条件，在塔里木盆地、山东胜利油田等与石油部门开展合作研究的基础上，提出了一套比较系统的油气勘探的古地理学原理与方法。其代表专著《古特提斯海北支、塔里木古海湾岩相古地理》由科学出版社于1989年出版。

(2)区域第四纪古地理综合研究。利用多种研究手段，以华北地区为主，以泥河湾盆地、北京平原和内蒙古农牧交错带等地区为重点区域，开展了多要素的第四纪古地理环境综合重建。其代表著作《泥河湾湖盆区新生代古地理研究》由科学出版社于1991年出版。

(3)基于地貌和沉积的专题古地理研究。以地貌学和沉积分析为主要研究手段，对我国东部特别是北方地区的水系演化、第四纪冰川与冰缘、湖泊演化、环境考古等古地理问题进行研究。

(4)环境演变研究。张兰生于1980年发表了《我国晚更新世最后冰期气候复原》一文，在国内最早进行从特征环境模态概念出发重建我国冰期气候场的研究，在古地理学的研究领域内开辟了以气候变化为主导的环境演变研究方向。1983年在由其执笔与周廷儒联名提交给教育部的学科发展建议中明确提出开展环境演变研究。

环境演变研究以时间为主线来认识地理环境在不同时间尺度上的变化，且将人的因素纳入到环境演变研究之中，其本质是通过自然地理环境随时间演变的过程揭示自然地理环境及其与人类的关系的形成和演变机理。它与国际上20世纪70年代兴起的气候变化及其后作为全球变化研究重要组成部分的过去全球变化研究相吻合，是对周廷儒的古地理学思想的主要发展。至20世纪80年代末期，环境演变已作为古地理研究室各研究方向共同的主题。当时所确定的古地理室三个研究方向分别为：①地理环境演变与区域开发(含环境预测)；②地理环境演变与自然资源勘探(以油气勘探为主)；③地理环境演变与自然灾害评估与防治。1988年在全国高等学校科学研究机构评估中，古地理研究室在全国高校150多个科研所、室中名列第14位。

在此阶段，古地理与环境演变研究和人才培养均取得了丰硕的成果。在科学研究方面，周廷儒撰写出版了专著《古地理学》(北京师范大学出版社，1982)和《中国自然地理·古地理(上册)》(科学出版社，1984)，在周廷儒去世后，地理系整编了《周廷儒文集》(北京师范大学出版社，1992)；有关泥河湾古地理和农牧交错带环境演变的研究成果以专著的形式出版；张兰生、李华章、李容全、任森厚、耿侃等也均有学术专著或学术文集出版。"新生代古地理研究"获国家教委优秀成果奖(1985)，"晚更新世以来环境演变及其影响评价研究"获1993年国家教委科学进步奖二等奖；"中国新生代古地理研究的理论与实践"获1997年国家教委科学进步奖二等奖等；周廷儒等参与的"中国自然环境及其地域分异的综合研究"(中国科学院地理所黄秉维院士主持)获1987年国家自然科学奖二等奖，张兰生等参与的"中国自然区域及开发整治"获1996年国家教委科技进步二等奖(南京大学任美锷院士主持)。在学生培养方面，先后为本科生和研究生开设了"古地理学"、"古地理学研究方法"、"环境演变"、"第四纪地质"、"沉积分析"等与相关课程。其中，张兰生在多年"环境演变"教学的基础上，与其学生方修琦(现任北师大地理学与遥感科学学院教授)和任国玉(现在国家气候中心)合作，于2000年编写出版了国内第一本全球变化方面的教材《全球变化》。

《古地理学》教材

2000年编写的《全球变化》教材

《周廷儒文集》(1992)

1981 年，经国务院学位委员会批准，北京师范大学地理系古地理研究室成为中国第一个古地理学研究的博士学科点，周廷儒被批准成为博士生导师。这也是地理系第一个博士学科点。截至 1993 年，古地理研究室共培养硕士生 35 名，博士生 6 人，公派出国留学预备生 2 名。这些毕业生目前活跃在我国教学、科研、行政管理、新闻出版等各个领域，如中国科学院地理科学与资源研究所邵雪梅研究员、青岛海洋研究所刘锡清研究员、中国环境管理干部学院孔繁德教授、北京第二外国语学院旅游管理学院院长邹统钎教授、民政部优抚安置局局长邹铭、中国科协发展研究中心主任王康友、国家测绘局计划与财务司副司长陈常松、《中国国家地理》杂志社社长兼总编辑李栓科、北京师范大学常务副校长史培军等。

三、传承(20 世纪 90 年代后期以来)

1989 年周廷儒病逝后，任森厚任主任。担任副主任的先后有李华章、宋春青、张兰生、张振春、任森厚、刘清泗等。

1987～1989 年，先后有方修琦、史培军、邱维理等留在古地理研究室任教。1989 年，张兰生、史培军、方修琦从古地理研究室析出组建由张兰生任主任的中国自然灾害监测与防治研究室；1994 年，古地理研究室与中国自然灾害监测与防治研究室合并，成立“国家教委(教育部)环境演变与自然灾害重点实验室”，张兰生任主任；至 20 世纪 90 年代末，1978 年古地理研究室重组时的教师们除辞世的周廷儒、宋春青、张振春、刘清泗，以及部分调到校内外其他部门工作外，绝大多数已退休。1997 年，史培军率部分教师从地理系析出成立资源科学研究所，以自然资源和自然灾害作为研究主题，开展现代环境演变与人类活动的研究。由张兰生和史培军共同指导的硕士和博士毕业生陈晋、李晓兵、潘耀忠、龚道溢、王平等加入资源科学研究所。2003 年，资源科学研究所改为资源学院，开始招收本科生；2006 年，史培军率部分教师从资源学院析出成立减灾与应急管理研究院。

2007 年，在环境演变与自然灾害教育部重点实验室的基础上，整合北京师范大学自然地理学和生命科学学院的部分科研教学力量，组建了地表过程与资源生态国家重点实验室，史培军任主任。

该学科领域传承多年发展，开拓研究新领域。以环境演变及其影响研究作为主要研究领域，总体的研究思路是以全球变化在我国的区域表现及人对环境演变影响的响应研究为重点，以气候变化和土地利用/土地覆盖变化为主线，以环境演变与自然资源/自然灾害的关系为纽带，把环境演变的基础科学研究与应用研究有机结合，在全球变化研究中突出地理学特色。目前，其具体研究方向包括三个方面：①人地关系的历史演变研究；②气候影响评估；③古环境重建与环境考古学研究。与此同时，开设“全球变化”、“气候影响评价”等相关本科生和研究生课程。

第七节　化学地理学和环境科学

一、化学地理学的形成和发展

（一）化学地理学的开创

化学地理学是适应学科发展和生产实践的需要而诞生的一门新兴的学科，它在推动自然地理学的发展中具有重要的理论和现实意义。1960 年 1 月在北京召开的中国地理学会年会上，黄秉维提出综合自然地理学三个新方向，即化学地理学、水热平衡和生物地理群落学。其中，化学地理学是由刘培桐定名的，是带动自然地理学改革的三个主要的方向之一，主要方向是充分地应用数学、物理、化学、生物等基础学科的新成就和新技术，提高自然地理学研究水平。同时，利用自然地理学地带性和非地带性理论与地球化学元素迁移和物质循环的元素空间分布和迁移转化的基本思想，开展化学地理学研究。采用自然地理学常用的野外调查、布点和采样方法，加强室内分析和定位实验研究，使综合自然地理学从描述性科学转变成实验性科学。

20 世纪 50 年代，在国外，景观地球化学研究在苏联已蓬勃开展，尤其是盐分平衡和漠境地球化学景观、应用景观地球化学理论进行探矿、风化壳地球化学及水化学地理等方面研究取得了较好的成果，并在一部分高等学校开设了景观地球化学课程。莫斯科大学地理系实现了景观地球化学专门化人才培养。

1957 年，刘培桐赴苏联莫斯科大学地理系进修土壤地理学与景观地球化学。这一新的学科领域也逐渐引起我国自然地理学者的关注，该学科领域的文献著作逐渐被介绍过来，使中国学者认识到化学地理学是属于自然地理学和地球化学之间的边际科学。它是研究地壳(或地表带)中化学元素的迁移过程及其预测、控制、改造和利用的科学。一方面是在运用地球化学的理论和方法，对地表带中化学元素本身的结构、特性和动态进行分析研究；另一方面是从化学元素所处的地表环境条件入手，在复杂的、具有时空变化的地球化学过程中进行研究。探索和研究在地表条件下化学元素的迁移过程——重组合、重分配、集中和分散等过程，根据其变化规律，制订出“因时和因地”制宜的、服务于生产实践的途径和方法，这就是化学地理的基本任务。

（二）化学地理学的发展

1959 年年底，刘培桐留学回到北京师范大学地理系，便投入到当时的教学改革进程中，在地理系成立化学地理教研室。刘培桐任教研室主任，主持我国第一个化学地理专业的教学与科研工作。1960年开设化学地理研究生班，招收了11名研究生，采用导师负责、集体指导的培养方式，进行专业人才的培养。聘请有关学者讲课，介绍有关学科领域最新前沿的研究成果，使研究生扩大了知识领域，为今后的研究工作打下坚实基础。编写了我国第一部化学地理学教材，不仅在理论上，而且在实验室分析技术和定位观测上形成了完整系统的教学科研体系。刘培桐等发表的文章《关于在我国开展化学地理研究的几点意见》(《地理学报》，1960年)，系统全面地阐述了关于开展化学地理研究的意见，产生了巨大的反响，对开展化学地理学的研究具有指导作用。

其后，结合研究生教学实践，以内蒙古凉城县岱海盆地为实验研究基地，开展包括湖泊水文化学地理，易溶性盐类迁移转化，风化壳、黄土的地球化学特征，元素的生物地球化学等领域的研究。探讨盆地中风化壳—土壤—植物间化学元素的迁移转化规律。对于各地理要素及地球化学景观均进行了专题研究，内容系统完整，从常量元素到微量元素，从原生矿物到次生矿物做了大量分析，对于该区标志性元素钙和微量元素还做了专题研究。岱海盆地位于内陆半干旱地区，水是异常宝贵的自然资源，水质与水量都存在着亟待解决的问题。因此，该研究是以水文化学地理为中心，以贯穿于各地理要素和景观单元之间的化学元素水迁移转化过程为纽带，把各个地理要素和景观单元联系起来形成一个完整的区域化学地理单元，根据各化学地理单元之间的共轭关系，进行多级的化学地理区划。同时，还对该盆地自第三纪以来的演化过程进行了研究，提出了以水资源为中心的综合开发利用方案，为当地的农业生产发展提供了科学依据。通过岱海盆地化学地理调查研究，为科学组织研究队伍，开展专业性综合化学地理科研项目积累了经验。在1964年年底召开的全国第一届化学地理专业会议上，北京师范大学地理系以刘培桐为学科带头人，其以岱海盆地为研究基地所取得的研究成果显示了骄人的业绩，为进一步开展化学地理科研和教学工作指明了方向。地理系的领导及学术负责人经研究决定将化学地理作为重要的研究方向，开展相关的教学与科学研究工作，取得显著成绩。1966年年初地理系有关领导研究决定扩大研究领域，应用化学地理学中关于元素迁移转化过程的理论和方法，对青海现代盐湖矿床的形成规律及地球化学特征进行研究。后因"文化大革命"，该项目停顿，化学地理的教学与科研活动也受到严重的冲击。

在1962年年底召开的全国陆地水文会议期间，根据刘培桐建议专门设立了一个水文化学组，对天然水体的主要化学离子组成的地带性变化规律进行研究探讨。同时，刘培桐还指出，"随着工农业生产的发展而需加强天然水污染和保护的研究。"这是刘培桐在调查全国河流水化学分布规律研究实践中最早发现的"水环境污染问题"。

二、环境科学的形成与发展

20世纪70年代初期，我国才开始注意到环境污染与环境保护问题。面对环境污染的现实，刘培桐敏锐地抓住了这一新的科学领域，带领北京师范大学地理系及全国一批化学地理工作者率先投入到环境保护以及环境与健康——以“环境与癌”为主的研究工作中。化学地理学的研究基础，为开拓我国环境科学起了奠基作用，北京师范大学地理系在当时环境科学的发展中起到了先锋带头作用。本领域的教师们以化学地理为研究基础，开展了污染物在地理环境中的分布和迁移、自然地理条件对它们的反馈效应、环境质量演变及其评价方法研究，以便从地学途径来预测、控制和改善环境质量。

1972 年，与中国科学院地理所合作，负责完成《中国自然地理·地表水》中“河流水化学”部分的编写。根据全国 700 多个河流水文站点积累的水化学分析资料，编绘了 1∶600万的我国河流水矿化度图、总硬度图、水化学类型图及离子径流模数图，填补了我国在此方面的空白。

化学地理学在我国作为自然地理学的一个分支学科出现时起，就注意了为人类健康服务这一重要领域。早在 20 世纪 60 年代，地理系化学地理教研室就对地方性甲状腺肿、地方性氟中毒等与化学地理环境有关的地方病进行过调查研究。70 年代初以刘培桐为带头人，地理系的教师们在“环境与癌”的研究中发挥了重要的作用。特别在河南省林县食管癌高发区内，针对地理环境对人体健康的特殊影响进行了深入分析研究，通过大量调查与分析工作，对食管癌等多发区的分布规律有了较清楚的认识，对于这两种癌症与环境条件的关系有了更深入的了解，为防治工作提供了科学依据，也为《中华人民共和国恶性肿瘤图集》的编辑做了重要的设计与指导工作。

三、主要研究成果

1973 年，以第一次全国环境保护会议为契机，在刘培桐的主持下，地理系化学地理教研室的教师们参加了两项国家重点科研任务，一项是我国首次大规模、系统全面、多专业协作的环境保护科学的调查研究项目，即“官厅水库水源保护研究(1973～1976 年)”，另一项是“北京西郊环境污染调查及评价研究(1973～1976 年)”以及后续的“北京东南郊环境污染调查及综合防治途径研究(1976～1979 年)”等。在这些研究中，地理系的教师一方面从水污染化学地理调查与监测入手，摸清流域内的主要污染物酚、氰、砷、汞、铬、农药的点源和面源排放的浓度和总量，以及河流的稀释、输送和纳污能力。研究有机污染物和溶解氧在水体中的时空分布规律，迁移、转化和自净能力。根据水体的功能，在考虑流域自然地理条件、水文特征的基础上，进行水质评价，为流域的水资源保护和水污染控制措施提供了科学依据。在官厅水库水源保护措施方面就

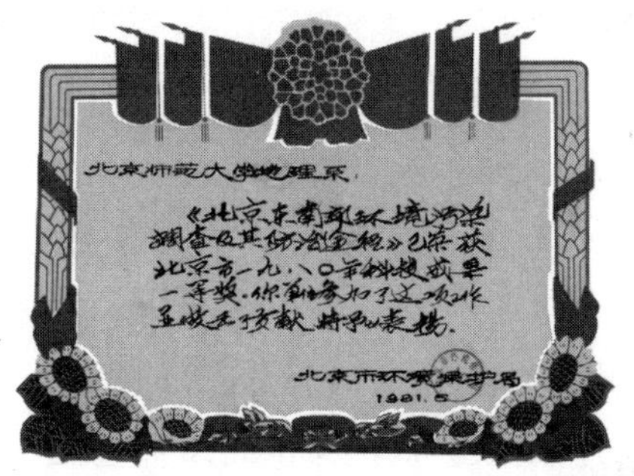

北京市 1980 年科技成果奖一等奖

确定了三级水源保护区和污染物分级管理方案。另一方面，从土壤化学地理研究方向出发，开辟土壤环境污染研究新领域，调查分析了污水灌溉引起的土壤污染、农作物污染及其对人体健康的可能危害。开展了土壤重金属背景值，重金属元素在土壤环境中的迁移、转化规律，元素的存在形态等研究，为防治土壤污染提供了科学依据。“官厅水库水源保护研究”和“北京西郊环境污染调查及评价研究”荣获 1978 年第一届全国科学大会集体奖励，地理系王华东荣获全国科学大会个人奖励。“北京东南郊环境污染调查及其综合防治途径研究”1981 年获北京市科技进步奖一等奖，1986 年获国家科技进步奖三等奖。

第一次全国环境保护会议揭开了中国环境保护事业的序幕，会议通过的“全面规划、合理布局、综合利用、化害为利、依靠群众、大家动手、保护环境、造福人民”的环境保护工作方针，已初步体现环境影响评价的思想。中国的环境影响评价是借鉴国外经验，结合我国实际逐步发展起来的。北京师范大学地理系环境学研究室的教师们，在环境质量评价领域做了大量工作，在国内较早地开展了建设项目环境影响评价的探索研究，如“江西永平铜矿环境影响评价研究(1978～1981 年)”、“江西贵溪冶炼厂环境影响评价研究(1983～1985 年)”、“山西平朔露天煤矿环境影响评价研究(1985～1986 年)”、“长江三峡水利枢纽工程生态环境影响评价(1981～1983 年)”，继而于 1985 年起参加由中国科学院主持的国家“七五”公关项目“三峡工程对生态与环境的影响和对策研究”中“三峡库区移民环境容量研究”(1985～1992 年)项目的研究工作。1986 年，承担“七五”重点攻关项目“黄土高原综合治理”中子专题“黄土高原地区工矿和城市发展的环境影响及其对策”等多项研究。这为我国环境影响评价制度的确立和进一步开展，为区域环境综合治理对策以及环境规划等研究，在理论、技术与方法上打下了基础，并提供了可借鉴的经验。1987 年 10 月，在国家教委具体指导下，国家自然科学基金委员会、北京市环境科学学会给予支持与合作，由北京师范大学环境科学研究所主持，在我校召开了国内首次“环境影响评价国际学术研讨会”。来自国内各省、市、区，以及美国、加拿大、日本、英国、意大利等国家和地区的中外专家、学者共百余人出席会议。对有关环境影响评价的理论、技术方法和制度建立等方面进行了广泛而深入的研讨。这次会议扩大了北京师范大学环境科学研究所在国内外的学术影响。

1978 年，恢复研究生招生制度后，即时招收了首批环境地学专业研究生 10 人，1978 年受联合国教科文组织委托，举办了中国环境教育短期培训班。1982～1984 年，为国家环保局系统定向培养环境科学专业进修生 33 人，他们多数成为各地区环境保护、环境监测部门的骨干。1985～1987 年，又开设“土壤地理学”(土壤环境方向)研究生班，招收研究生 17 人。

1978 年，教育部拟定在高等师范院校地理专业开设“环境学概论”课程，由北师大地理系负责制订教学大纲。在刘培桐主持下编写的“环境学概论”教学大纲，经教育部

中国环境教育短期培训班全体合影(1978年)

地理学教学指导委员会有关专家的讨论，修订完成并实施。其后以刘培桐为主编，编写了《环境学概论》教材，经过几年在地理系本科教学中的试用，该教材于1985年由高等教育出版社正式出版，对我国环境科学理论体系的形成和发展起了重要作用，填补了我国高等学校环境科学领域教材的空白，也为地理专业的环境科学教育提供了优秀的教材。该书获得了1988年国家教育委员会颁发的"全国优秀教材奖"。

随着我国经济迅速发展，资源环境问题与生态破坏越来越受到人们的关注，相应的环境科学理论与环境保护实践不断发展。1983年，经国家教育部正式批准成立北京师范大学环境科学研究所，从组织机构上由地理系化学地理教研室(后环境学研究室)升格为独立的环境科学研究所，其也是后来成立的资环学院的主要组成部分之一。刘培桐为首任环境科学研究所所长(1982～1990年)，逐步建设了较高水平的科研与教学队伍，拥有一定规模现代化实验设施，1983年研究所接受世界银行对我国高等教育第一批贷款，在国内首次装备环境科学现代分析测试实验设备。

1990年经国务院学位委员会批准，以王华东为学科带头人，环境科学研究所成为我国第一个环境地理学博士培养授予点。从1978～1990年，已陆续培养硕士研究生数十名，博士生十余名，他们分别走上国家环境保护科研、教学及管理等领域的重要岗位上，并作出重要贡献。目前，因专业分类设置调整，将环境地理学专业统一到"环境科学与工程"类中，以"环境科学"专业继续授予博士学位、硕士学位。1998年经国家人事部批准，设立"环境科学与工程"博士后流动站。

1988年开始了国家重点实验室项目的申请论证工作，1991年开始接受世界银行对国家重点实验室建设的贷款项目——环境模拟与污染控制国家重点联合实验室。该实验室由清华大学、北京大学、北京师范大学、中国科学院生态环境中心四单位联合组成，各设分实验室，北师大环境科学研究所负责"水环境模拟实验室"的建设。按照边建设、边开放、边研究的要求，即既要出高水平的研究成果，又要培养高层次人才。经过四年多的努力，完成了实验室的建设目标，1995年10月实验室顺利通过国家验收，发挥着高水平科研基地、高层次人才培养基地的作用。

环境科学研究所的主要研究方向：强调理论联系实际，紧密结合环境保护工作的急需，追踪国际环境科学研究的前沿，充分发挥学科优势，侧重于研究人类与环境对立统一关系，探索人类发展进程中的无限可能性与资源、环境的相对有限性的矛盾，建立人类与环境之间物质和能量的良性循环，调控人类与环境之间的协调发展，实现保护人类生存环境的根本目的。经过十几年的研究和实践，到1999年逐步形成以下主要研究方向。

● 理论环境学：从事环境科学基础理论研究，重点研究污染物在环境中的迁移转化及生态效应，通过模拟及实验建立相关的质量平衡及迁移模式，揭示污染物对环境及生物体的效应与控制途径。

● 环境评价及规划管理：以区域环境影响评价和风险评价为主，侧重于环境影响评价理论与方法研究，注重宏观与微观结合，建立相应的评价模式，定量化地判断环境质量的变化，探求防治对策。

● 水环境与土壤环境：污染物在水环境、土壤环境中的物理、化学和生物迁移转换化过程效应及其调控对策，水资源可持续开发利用，水环境与土壤环境污染修复技术，流域非点源污染研究，以及环境模拟技术等。

● 环境教育：研究大学、中学、小学不同阶段环境教育的内容和方法，普及环境知识，提高人们的环境意识，建立可持续发展科学发展观，为保护人类生存环境提供科学依据。

第八节　地图学

一、历史沿革

基于地图与地理科学的密切关系，地图学在地理系建立的初期就受到特别的重视。1914 年，刘玉峰在史地系讲授地图学，1950 年，周廷儒讲授“地形测量”，1951 年聘请北京地质学院周卡为地理系学生讲授“测量学与航空摄影判读”，1952 年薛贻源讲授“航空像片判读”。地图学科的发展最初更多地体现在地图学相关课程的设置、教学过程中地图的编制与应用上，例如指导学生野外用图、进行地形测量以及进行教学地图的编绘等。在初期的教学中，地图学与测量是结合为一体的，课程是“测量与地图”或“地图学与地形测绘”。学生不仅要学习使用地形图，而且要学习测量绘制地形图，早年的地理系非常重视野外地形图测量，把野外测量作为地理系学生的基本功。教师的科研工作则更偏重于教学地图编制研究和地图学教材编著。

1917 年史地系学生的绘图作业

著名地理学家黄国璋在主持地理系工作时，特别重视地图在地理学中的作用，他指示装备、充实地理系的绘图室，聘请中学有经验的地理教师(如张景华、赵毓岷等)到系里担任教学和编图工作，满足中学地理教学的需要。在 20 世纪 30 年代，地理系就编绘出版了多种教学地图，如中国省区教学挂图、填充图等，在中学地理教学中得到广泛应用。

20 世纪 30 年代校园内的测量实习

北平师范大学地理系
1937 年编制出版的教学挂图

新中国成立初期，由于各高等师范院校地图测绘教师的缺乏，受教育部的委托，在万方祥、赵淑梅的主持下，地理系于1955～1957年举办了两年制的地图测绘研究生班，面向全国招收了18名学员，其中大部分为应届大学毕业生，少数为兄弟院校保送的委培学员。研究生班得到中央军委总参谋部测绘学院的大力支持，他们派出了国内著名的地图投影专家吴忠性讲授地图投影课、航空摄影测量专家胡宏伟和林颂章讲授航空摄影测量课，并提供地图编制和航测的实习条件，从而培养了一批高质量的研究生。后来，这批研究生大多成为各高等院校的骨干教师，并为发展我国地图科学事业作出了重要贡献，如河南地理研究所地图研究室主任毛继周、首都师范学院地理系王文明、河北师范大学地理系张从宣等，都是国内地图学界的知名学者。赵淑梅从20世纪50年代起就不断开展地图学教学体系改革、教学仪器研制等方面的探索，她主导设计、研制的“投影地球仪”在解决地图投影这一教学难题上效果明显，受到学生及同行的一致欢迎。另外，她还培养进修教师，如山西师范学院的王继桐、山东师范大学的林泉等，这些学员后来都成为地图地名学方面的专家。

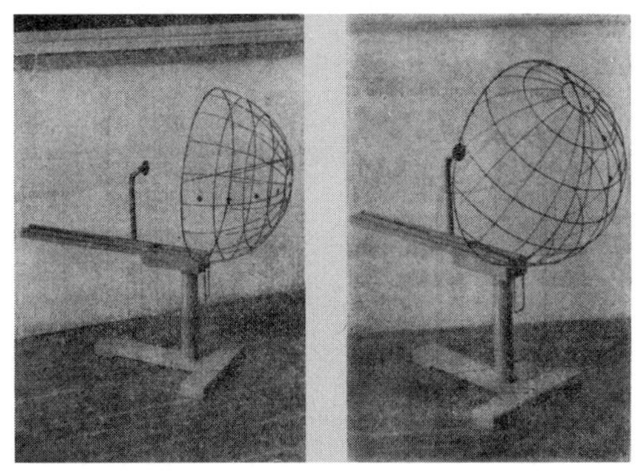

赵淑梅设计、研制的“投影地球仪”

20世纪50年代赵淑梅在课堂上

改革开放后，为了提高地图学方向在职教师的业务水平，地理系于1981～1982年举办了一年制的高师地图学助教进修班，学员为各兄弟院校的地图学助教。经过一年的学习，学员们无论在专业水平和教学能力方面都有明显的提高，为其在今后的教学工作中提高教学质量打下了坚实的基础。1978年北师大恢复研究生培养体制后，赵淑梅、褚广荣于1982年秋招收了第一名地图学方向的硕士研究生——本系1982届本科毕业生石登荣，到20世纪90年代中期，赵淑梅、褚广荣、王建序三位老教师前后相继共培养了11名硕士研究生，为地图学的继承与发展提供了后备力量。在这一阶段，地图学的研究主要体现在多层次、多版本教材的编著出版及专题地图的编制方面。

1987年赵淑梅、褚广荣、王建序与硕士生合影

其中，专题地图主要集中在环境制图及遥感系列成图两个领域，通过参与从国家到地方、从“六五”到“九五”等一系列重要课题项目，形成了多项有代表性的成果。教学上也由过去的单一课程扩展为本科生的“测量与地图”、“数字地图制图原理及应用”、“3S综合实习”和研究生的“计算机地图制图”四门，把学科的创新发展及时转化为教学内容。

20世纪90年代后期以来，朱良、王静爱、董卫华相继成为地图学方向的主要力量，教学、科研领域范围进一步扩展，地图编制的专题内容涉猎到区域地理、区域经济发展、自然灾害系统、国土资源、土壤侵蚀、高等教育发展、中学地理教育等多方领域。出版了多部有影响的地图集作品，并参编“十一五”国家级规划教材。

二、研究方向

(一)地图学教材和教学地图

1. 供高等师范院校本科使用的教材

从1978年起，我院赵淑梅、褚广荣、王建序、朱良等先后参与编著了多本重要教材：赵淑梅、褚广荣参编的《测量与地图》(人民教育出版社出版四所高校合编，1978)、赵淑梅与东北师范大学张力果合编的《地图学》(高等教育出版社出版，1983)、王建序主编的《地图学实习》(高等教育出版社出版，1988)，2004年朱良受高等教育出版社委托为面向21世纪课程教材《新编地图学教程》独立研制出版了电子教案光盘，随后朱良参与编写四所高校合编的普通高等教育“十一五”国家级规划教材《新编地图学教程》(第2版)及其电子教案(朱良编制，2011，单独出版)。这些教材在国内众多高校广泛使用。

高等师范院校本科地图学教材

2. 供其他层次教学使用的教材

1987年，为加强中学教师专业素质培养，赵淑梅主编了中学教师培训教材《地图学基础》，并与褚广荣共同为全国青年地理教师进行"地图概论"电视授课。同年，受国家教委委托，褚广荣编写了供师专使用的地图学教材《地图概论》，于1987年由北京师范大学出版社出版，解决了当时全国师专没有地图学教材的问题，此后曾连续再版了三次。受国家环保局教育处委托，褚广荣编写了《环境地图应用》教材，于1990年由福建地图出版社出版，主要由中国环境管理干部学院和高校环境专业使用。朱良参与了新课标"中图版"地理教材的编写，并与他人合作主编了《新课标中学地理学习与考试地图系列》(中国地图出版社，2012年7月出版)，得到中学师生的好评。

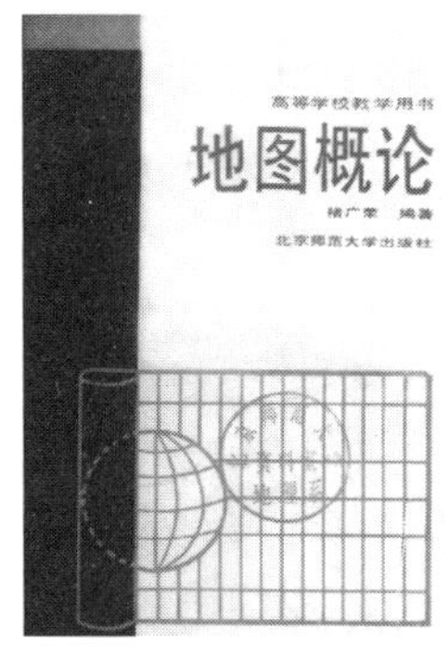

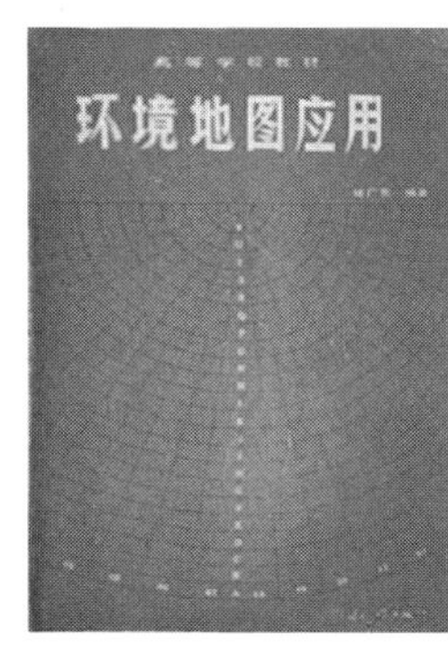

高等师范院校专科地图学教材

3. 服务于本科教学的地图学网络教学平台及创新教学模式

在多年课堂教学和网络教学软件开发的基础上，朱良独立开发建设、已融入常规教学过程的基于Blackboard的地图学网络教学平台及其创新的"一中三多"教学模式，受到同行的高度评价，并于2012年获得北师大第三届多媒体教学软件大赛网络组二等奖及北师大教学成果二等奖。同年，获邀在全国高校地学课程论坛作大会发言。

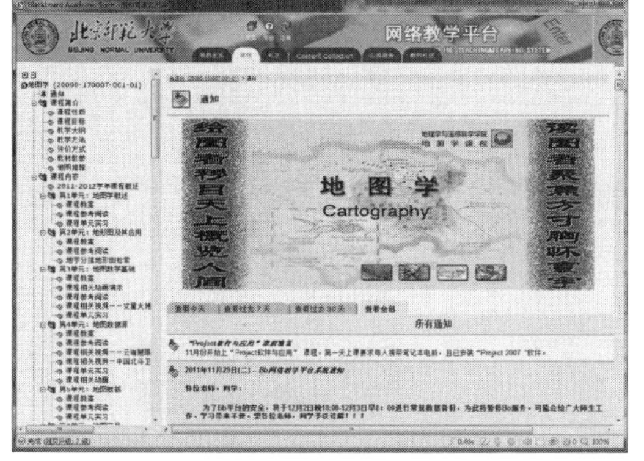

地图学网络教学平台

(二)专题地图编制

随着地理科学、环境科学等学科以及社会经济的迅猛发展，加之科学技术的不断提升，地图学的研究方向有了很大变化。首先与地理系的重要研究领域及相关科研项目相结合，开展了以环境制图为主的专题地图编制与研究，如"北京东南郊环境图集"、"北京恶性肿瘤地图集"、"水环境容量系列图"、"2000年中国环境预测系列图"、"农业环境质量评价系列图"的编制等。

20世纪90年代以后，随着学科建设不断发展，新的领域和新的人才不断引进。在张兰生、史培军、王静爱等的带动下，对中国自然灾害进行了持续深入的研究，带动了灾害学的形成与发展，1992年由张兰生任主编，刘恩正、赵淑梅、赵济任副主编，张兰生、史培军、赵济任编图组总负责，赵淑梅、王建序、王静爱任制图组总负责，科学出版社出版了《中国自然灾害地图集》(中、英文版)。2003年，由史培军任主编、王静爱任副主编，编制出版了全新的《中国自然灾害系统地图集》及相应的电子地图集(2004年)，以全新的数据和视角，全面反映了中国自然灾害的时空格局。

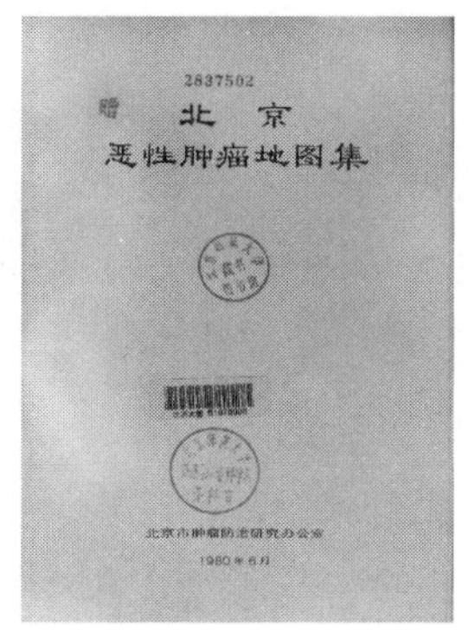

环境专题地图集——《北京恶性肿瘤地图集》(1980年)、《北京东南郊环境图集》(1981年)

2009年2月由科技部、国家测绘局、民政部、国家发展和改革委员会4部门联合主编，众多相关领域专家学者共同打造，陈军(我院特聘教授)担任制图主编，史培军担任学科主编，王静爱任第三制图副主编的我国第一部以地图形式真实记录单项地震灾害全过程的大型综合地图集——《汶川地震灾害地图集》由成都出版社出版。这是一部全景记录汶川特大地震从灾害发生到灾后恢复重建规划整个过程，为国家巨灾防御提供决策参考，为地震灾害研究和增强大众防灾减灾意识提供翔实史料的精品地图集。

灾害专题地图集——《中国自然灾害系统地图集》、《汶川地震灾害地图集》

2009年9月，作为教育部重大课题攻关项目“中国现阶段高等教育大众化过程中的重大问题与对策研究”的标志性成果，由钟秉琳(时任北京师范大学校长)主编，周作宇、王静爱、刘臻任副主编，朱良、苏筠、岳耀杰参编，高等教育出版社出版的《中国高等教育发展地图集》正式出版发行。这是中国第一部表达高等教育发展时空分布特征、反映高校人才培养规律及区域差异、并完全由北师大教师编制完成的大型专题地图集。

2009年11月，由王静爱、左伟主编，中国地图出版社出版的《中国地理图集》出版发行。它是为我国高校地理及相关专业师生编制的一本全新的综合性教学参考地图集，对各层次地理、国情教育和社会公众参考具有广泛的实用价值和重要的理论意义。

2010～2012 年由水利部主持开展第一次全国水利普查。这是一项重大的国情国力调查，是国家资源环境调查的重要组成部分。我院刘宝元教授主持承担了其中“全国水力侵蚀强度计算分析与制图”项目，朱良具体负责“全国水力侵蚀系列图”制图组工作。目前，已完成全国、分省区、各大流域不同尺度，以各项土壤侵蚀强度及其影响因子为指标的专题系列图，并已同时启动《中国土壤侵蚀地图集》的设计、编制工作。

《中国地理图集》和《中国高等教育发展地图集》

(三)遥感制图

遥感系列成图是在地理系参加“六五”和“七五”国家重点攻关课题的基础上开展起来的。主要系列成图工作有“六五”国家攻关课题——腾冲航空遥感试验(褚广荣任系列成图组副组长)；山西太原卫片目视解译系列成图试验(褚广荣任系列成图组组长)；“七五”国家重点攻关课题黄土高原重点治理区遥感调查与系列制图(褚广荣任技术总体组成员、系列成图组组长)；黄土高原资源与环境遥感调查与系列制图(褚广荣担任总体组成员、系列制图组组长)；TM、SPOT 系列成图的规范化研究(褚广荣为课题组重要成员)。上述各课题都出版了相应的遥感系列图，在上述工作的基础上，褚广荣编著了国内第一本遥感系列成图方法研究专著《遥感系列成图方法研究》，其 1992 年由测绘出版社出版。

(四)数字制图

从 20 世纪 80 年代中期地理系引入第一台计算机开始，地图学就成为地理系最早与计算机技术相结合的学科。从 1984 年朱良在其本科论文“黄河流域工业分布图编制”中首次应用计算机进行制图数据处理，到其硕士论文“利用 AutoCAD 软件实现微机辅助河流水环境容量制图”、再到后期的相关课题“计算机辅助 2000 年中国环境预测系列图编制”，计算机制图在北师大地理系有了良好的开端。随着地理信息技术、遥感科学技术等的快速发展，计算机制图又扩展为地理信息系统和数字制图两个分支学科。在数字制图领域，地理学院以朱良、王静爱、董卫华等老师为主开展了全数字专题地图(集)编制、电子地图编制、地图空间认知、人机交互地图设计、地理信息多尺度自动综合与可视化分析的理论方法等方面的研究与应用。

你们在中华人民共和国恶性肿瘤地图集
研究工作中做出成绩
特授予部(甲)级科学技术
成果荣誉证书

中华人民共和国卫生部

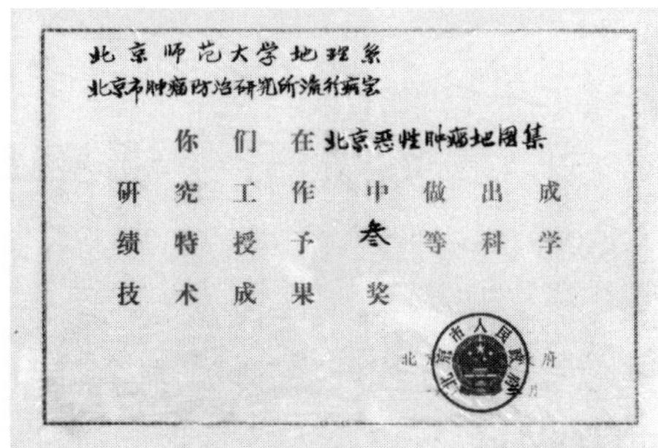

北京师范大学地理系
北京市肿瘤防治研究所流行病室

你们在北京恶性肿瘤地图集
研究工作中做出成
绩特授予叁等科学
技术成果奖

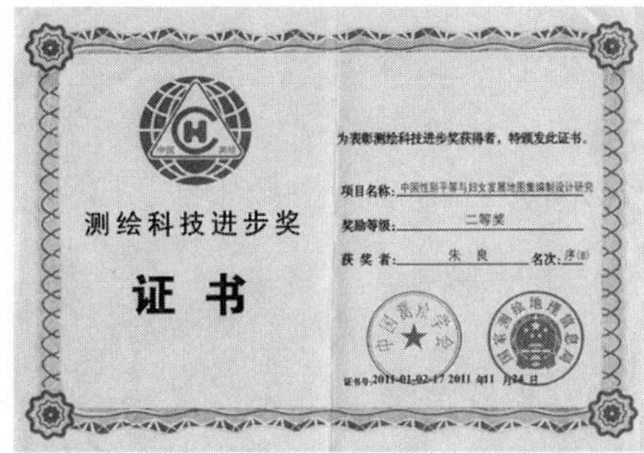

测绘科技进步奖

证书

为表彰测绘科技进步奖获得者，特颁发此证书。

项目名称：中国性别平等与妇女发展地图集编制设计研究

奖励等级：二等奖

获奖者：朱良

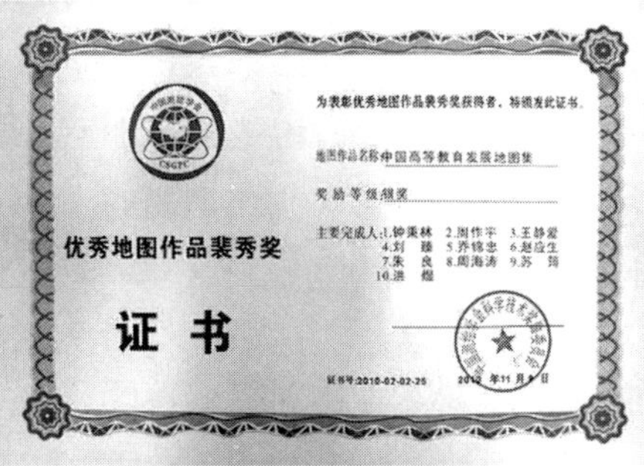

优秀地图作品裴秀奖

证书

为表彰优秀地图作品裴秀奖获得者，特颁发此证书。

地图作品名称中国高等教育发展地图集

奖励等级银奖

主要完成人：1.钟果林　2.闾作宇　3.王静爱　4.刘　臻　5.乔锦忠　6.赵应生　7.朱　良　8.周海涛　9.苏　筠　10.洪　煜

证书号：2010-02-02-25

地图学领域相关成果获奖证书

第九节　遥感与地理信息系统

从20世纪50年代开设“航片判读”课程，到今天建立了地理信息系统专业从本科到博士生完整的人才培养体系，北京师范大学的遥感与地理信息系统研究已走过了半个多世纪历程。这期间，遥感研究从零开始，逐步走上了由定性应用到定量分析的发展道路；研究队伍也由开始的零散个人发展到今天有8名教授、10名副教授、8名讲师以及一批博士、博士后组成的从事遥感基础理论、遥感与地理信息系统相结合及高起点应用示范研究的高素质团队。这是一支在全国处于领军地位的团队，并已走向世界，在国际上占有一席之地；在学科建设不断完善的同时，还形成了本科专业—硕士博士点—博士后流动站完整的人才培养体系。这期间还创建了环境遥感与数字城市北京市重点实验室和遥感科学国家重点实验室这些高层次的研究平台，承担了国家级的重大遥感研究项目，这些都使北京师范大学成为全国重要的遥感人才培养基地和遥感基础研究中心。遥感人才培养和科学研究的发展，推动了北京师范大学地理学的发展，并形成了自己的特色和优势。

一、遥感技术运用及课程建设的开端(20世纪50～70年代)

(一)最早应用遥感技术并开设“遥感”课程的院校之一

抗日战争结束后，黄国璋就注意到航空摄影测量、航空像片判读在地理教育中的重要意义，他立即添置了一批立体镜，并派薛贻源赴美国威斯康星大学留学，兼学航片判读。1950年，薛贻源回国，分配到民政部负责行政区划、地名等方面的管理工作。同时受黄国璋之邀在地理系开设“航空像片判读”课程。薛贻源带回许多不同景观类型的航片，又购买了高精度的立体镜，在实习时要求学生进行立体量测，引起了学生的广泛兴趣。

20世纪50年代，在地理系教师承担的科研项目中，周廷儒、宋春青参加内蒙古铁路选线，即采用航片进行分析。1958年，周廷儒、赵济去新疆塔里木河考察，结合航片判读，揭示了塔里木河变迁规律，受到竺可桢的赞许。1959年赵济与中科院地理所陈治平等考察罗布泊时，利用航片分析罗布泊西南隅不同时期入湖三角洲的形成，周廷儒又根据卫片，结合古地理、历史地理、地貌、考古等方面的文献，分析了罗布泊的演变，从而推论罗布泊并非是“游移湖”，这一见解已为众多罗布泊的研究者所证实。

1975年，中国引进第一批美国陆地卫星遥感影像，立即引起了地学界众多专家学者的关注，时任系主任的周廷儒看到状如一只大耳朵的罗布泊卫星影像时，兴奋不已，多年来引人注目的罗布泊消亡过程就这样清晰、简洁地跃然纸上。周廷儒敏锐地意识到，过去靠两只脚考察，见树不见林，要弄清地球真面目，卫星遥感技术潜力巨大。随后，他举荐朱启疆出国留学，并指示其赴遥感科学家的摇篮——美国加州大学圣塔芭芭拉分校地理系专攻遥感科学，为地理系日后遥感学科的发展壮大及时培养、储备了力量。

1978 年春，教育部在上海嘉定召开高等师范院校教学改革会议，制订新的教学计划，分工编写教材。当时与会者对“遥感”一词还很陌生，经北师大教师在会上介绍了遥感发展的概况后，与会者一致同意将“遥感概论”正式纳入教学计划。1979 年地理系即自编讲义开设遥感课程，是高校中最早开设遥感课程的院校之一。

1978 年教育部科技司在李之保的主持下，组织有关高校制订“遥感技术与应用科研规划(1979～1985 年)”，赵济参加研讨。

(二)举办遥感技术应用培训班

1977 年 10 月，地质总局委托北师大地理系举办红外遥感讲习班，学生 40 余人，主要是来自广西、湖南的地质科技工作人员。由上海技术物理所、北京大学地质地理系、中科院地理研究所的专家讲述遥感技术原理与航空红外遥感的基本知识，为在广西、湖南开展航空红外遥感做准备。

1978 年 11～12 月，地质总局委托北京大学与北师大地理系举办遥感地质培训班，来自全国各省、市、区地质系统的科技人员约 50 人在北京师范大学学习，讲课教师为北京大学、中科院地质所、地理所、地质总局的专家。

(三)参加早期遥感试验研究

1977 年 11 月下旬至 12 月底，地质总局与中科院地理研究所，与广西、湖南地质局联合主持开展红外航空遥感调查，探索以红外遥感技术探测地下水资源的途径。赵济、刘改有参加广西都安地区的实验研究，对都安地下河水系进行了较全面的考察研究。朱启疆、朱国荣参加了湖南郴州地区水文地质的考察研究，解译了航空红外影像，发现了几处原有水文地质图件上未标注的泉水露头。

在 20 世纪 70 年代末，中国遥感界有一个里程碑式的大型遥感试验研究活动——780 工程，即中国—法国于 1978 年计划在云南腾冲举行的联合航空遥感试验的简称，后来由于法方未能赴约，中国就单独进行了这次遥感试验，这是中国第一次由中科院牵头，各大部委参加的大型遥感试验。地理系主任周廷儒认为这是向国内遥感界学习的良机，亲自给项目主持人陈述彭写信，希望北师大地理系能派人参加，此举得到陈述彭的大力支持，地理系派遣赵济、徐振溥、褚广荣、朱启疆、刘改有、朱国荣等参加。朱启疆、庄志荣研制的滤光片式光谱仪(11 个通道)参加了这次联合试验，它是唯一一台能自始至终工作的光谱仪，当时由朱启疆、朱国荣总结出来的光谱反射率与水深关系的研究结果，成为这次试验结果的亮点之一。后来，以这台试验性的光谱仪为基础，由天文系郝永祥、物理系单锦安和地理系朱启疆共同研制出了性能更加完善的有 16 个通道的光谱仪，并实现了商品化，这项成果 1980 年获得了北京市科技进步二等奖。

二、联合国内高校推进遥感与地理信息系统应用(20 世纪八九十年代)

(一)积极参加“六五”国家重点科技攻关项目

1980 年，北京大学、北京师范大学、东北师范大学、华东师范大学、南京大学、北京农业大学、南京林业大学、山东大学与山西省农业区划委员会等单位组成山西省农业遥感应用组，山西省副省长任组长，刘锡田等任副组长，高校由北京大学牵头组成技术组，北京大学承继成为组长，北师大地理系赵济任副组长。7～8 月在太原举办培训班，学员有 150 余人，各高校教师负责讲课，带领实习，以太原幅卫星像片为试点，通过多时相光谱处理、光谱测定，突破了乔木、灌木、草地的信息提取，完成了目视解译系统成图方法的研究，并同时完成了 1∶50 万地质、地貌、土壤、土壤侵蚀、土地利用、土地类型、土地资源评价等 17 种图件。北师大赵济负责土地类型图、土地资源评价图的编制，李天杰负责土壤图的编制，褚广荣负责系列制图的研究。

1981 年 3 月，国家科委与山西省人民政府共同主持鉴定会，参加鉴定会的有来自国家科委、国家农委、农业部、教育部、林业部、水利部、地质部的专家，鉴定委员会对这项成果给予高度评价。1981 年获山西省科技进步奖一等奖，农牧渔业部技术进步奖一等奖。

在完成太原幅卫片解译的基础上，高校与山西省的科技人员进一步合作，于 1982 年又完成了1∶25万的山西省农业自然条件系列图及相关报告。北师大地理系仍然负责土壤图、土地类型图、土地资源评价图的编制，参加这项工作的有赵济、李天杰、褚广荣、周启鸣等。

1983 年 1 月国家农业区划委员会、国家计委、国家科委在太原联合召开“全国农业遥感应用经验交流会”，向全国相关部门介绍利用卫片目视解译方法快速调查农业自然资源调查的经验，有力地推动了全国农业区划事业的发展。这项成果 1983 年获山西省科技进步奖一等奖，1985 年获全国农业区划一等奖。

1984 年 5 月，国家科委下达“六五”国家科技攻关任务——“卫星遥感信息在陕西农业自然资源定量分析中的应用研究”。北师大地理系为承担单位之一，赵济、李天杰、象伟宁等参加研究，与山西省农业遥感应用研究所、北京大学等单位协作，完成了三川河流域土壤侵蚀要素分析、侵蚀分区及遥感定量分析、天镇—阳高盆地盐渍土遥感分析研究等任务。1986 年通过技术鉴定，获国家教委科技进步奖一等奖，1987 年获国家科技进步奖二等奖，赵济为个人获奖第二人。

1987 年获国家科技进步奖二等奖

在完成山西农业资源遥感调查研究之后，教育部科技司组织北京大学、北京师范大学等校，与内蒙古大学等校合作开展内蒙古草场资源遥感调查。1983 年开始在海拉尔、达里淖尔地区进行试点研究。1984 年国家科委下达“六五”国家科技攻关项目“遥感在内蒙古草场资源调查中的应用研究”。该项目由内蒙古大学、北京大学主持，在三年里完成了 $118\times10^4\mathrm{km}^2$ 的草场资源调查，出版了 1∶100 万和 1∶150 万全自治区的草场资源图、土地利用图、土壤图、植被类型图等各种图件及多部考察报告。地貌图主编为林汝耕（北师大地理系 1956 年毕业生）、刘树人（华东师范大学）与史培军；土壤图主编为李天杰；土地利用图主编为赵济、梅安新（华东师范大学），副主编为王静爱。1986 年 5 月在全国科技大会上该项成果获国家“六五”攻关表彰奖，1987 年获内蒙古自治区科技进步奖一等奖，1988 年获国家科技进步奖三等奖。

1985 年 8 月，教育部科技司组团参加在日本京都召开的第 15 届国际草地会议，由陈凯（北京大学）任团长，赵济任副团长，代表团在会议上展出的内蒙古草场资源遥感成果引起了与会代表广泛兴趣。会议秘书处向日本政府提交的报告特别指出“中国利用遥感手段研究草场资源，值得其他国家借鉴”。

1987 年，正当内蒙古自治区成立 40 周年，内蒙古举办大型 40 年成就展，在展馆正厅入口最醒目处展出的正是遥感解译的内蒙古土地利用图。

（二）高校联合遥感技术应用研究中心成立

1984 年 10 月，教育部科教司决定成立“高校联合遥感技术应用中心”。中心挂靠在北京大学，由北京大学副校长沈克琦任主任，北京大学陈凯、承继成，北京师范大学赵济为副主任，聘请中科院陈述彭院士、教育部科技司吴衍庆司长为顾问。中心成立后连续参加国家“六五”、“七五”、“八五”重大科技攻关任务，在联合攻关任务中相互合作，成为国家遥感队伍中的主力军，同时为国家培养了科研、教育骨干，为推动遥感事业的发展作出了突出贡献。

在参与重大科技攻关的同时，北师大地理系教师还参与了遥感方面重要的工作。1982 年陈述彭院士主持编写《遥感大辞典》，地理系褚广荣为副主编之一，朱启疆、李天杰、范卫红、赵济、褚广荣等参加了编写，该书于1990年出版。

1984年，教育部成立遥感技术应用规划组，编制教育部直属高等学校1986～2000年遥感技术应用规划。地理系赵济、李天杰二人参加规划组。根据分工，赵济负责撰写“农业自然资源综合开发利用的遥感研究”，李天杰负责撰写“关于生态环境预测的遥感分析”，二份研究报告均收编在教育部1986～2000年基础研究规划遥感技术应用学科主要领域专题报告文集中。

1984年年底，由世界银行贷款，引进了大型图像处理设备和软件系统，由北师大分析测试中心负责管理、运行，彭望琭代表地理系参加选型、投标、到美国接受培训、接机、调试等全过程的工作。这套设备为全校开展遥感研究教学提供了技术保证。同年，地理系朱启疆开始开设“遥感图像数字处理”课程，并接受环境科学研究所等外单位学生的选课。

1987年，国际化的遥感培训在国内开展较少，地理系邀请澳大利亚新南威尔士大学著名遥感专家 Richard Muller 教授等来北师大讲学，北京大学、南京大学、华东师范大学、东北师范大学、内蒙古大学及地理系师生60余人参加培训。

（三）参加国家“七五”重点攻关项目“遥感技术开发”

根据“七五”国家重点科技攻关的有关规定，项目采取“面向社会，公开招标”的办法。项目由中国科学院牵头，国家教委、国家测绘局、林业部、农牧渔业部共同承担。先由27名人员组成专家起草组，提出项目的总体安排建议，分解课题并提出专题指标建议，起草课题可行性研究报告。由陈述彭院士任起草组组长，北师大赵济为起草组成员。在招标、评标过程中，地理系赵济、李天杰、朱启疆被聘为多项课题招标专家评审组成员。

“七五”期间，北师大地理系参加多项遥感专题研究。国家科委科技攻关项目中，有两项是关于遥感技术的：一是黄土高原遥感调查；二是“三北”防护林遥感调查。地理系担任专题负责人之一的有赵济承担的“黄土高原试验区遥感研究”和“黄土高原遥感研究”，李天杰承担的“水土流失与综合治理效益的遥感监测”。参加的课题还有“三北防护林遥感调查”，“平泉公共试验区遥感调查研究”（参加人：朱启疆、李刚），“内蒙古草原牧场防护林区遥感调查研究”（参加人：李天杰、杨汝坤、贾炅、范卫红、李刚、张亚立、曾维华等），“黄土高原重点治理区遥感调查与系列制图”（参加人：褚广荣），“黄土高原资源调查与宏观规划信息系统”课题中的“三川河流域区域治理与开发信息系统”专题（参加人：彭望琭、刘慧平、杨运恒、朱良、胡来林等）等。

“七五”期间，地理系在“遥感技术开发”项目攻关中投入了很大人力，除上述参加人员外，还有李容全、朱国荣、徐振溥、周启鸣、象伟宁、王卫、刘军萍、马俊红、周德芳、甘大勇、于芳、贾文等。遥感科技攻关项目历来是由中国科学院与高校同各有关部委遥感中心协商的方式来决定具体参加单位和人员，但是这次做法稍有不同，本次是列举一批项目让各个单位来竞标。地理系联合山西省遥感所，由朱启疆起草标书，一举夺得“黄土高原典型小流域治理效益的遥感综合调查”项目。

各研究专题分别出版了多种论文集、系列图件，多项研究成果获奖。其中，“黄土高原遥感专题研究”1982 年获农业部科技进步奖二等奖，“黄土高原重点小流域治理试验示范区遥感监测研究”1992 年获山西省科技进步奖二等奖，“三川河流域区域治理与开发信息系统”1987 年获国家教委科技进步奖二等奖。

“八五”期间，列入科技攻关的遥感项目有两项：一是中国主要农作物的遥感估产；二是中国主要自然灾害的遥感监测。地理系朱启疆等参加了西南林区的森林火灾遥感监测工作，并获得了林业部的科技进步奖一等奖（1997 年）和国家科委科技进步奖三等奖（1997 年）。十年的遥感应用实践活动给我国高校的遥感研究队伍一个十分清楚的警示：高校遥感队伍要与时俱进，不断提高自己的科学研究水平，形成自己的优势和特色，跟进国际研究潮流，不能停留在单纯的遥感应用上，否则就要落伍。

（四）建设地理信息系统教学体系

北师大地理系是全国高校中最先开设地理信息系统课程的单位之一，1986 年前后，在研究生中开始开设“地理信息系统”课程，并且在本科生的专业基础课“遥感概论”课程中加入了地理信息系统的相关内容。1992 年在本科生中开设“地理信息系统原理及软件应用”课程。经过近 20 年的建设，逐步形成了包括课程、实践、教材等方面建设的完整教学体系。

荣誉证书

彭望琭　刘慧平　管　丽　谢昆青　朱　良：

《　地理信息系统课程体系建设

》荣获1997年北京市普通高等学校教学成果　一等奖。

一九九七年九月

地理信息系统课程的建设从一开始就是以培养学生空间思维和空间数据分析能力为目标，建设了包括地图学、计算机基础、遥感导论、地理信息系统原理及软件应用等课程组成的地理信息系统课程体系。经过几年的建设，取得了较好的成果。1997 年，彭望琭、刘慧平、管丽、谢昆青、朱良组成的地理信息系统课程体系建设团队获得了北京市教学成果奖一等奖。

三、高层次学科平台的建设与发展(21 世纪以来)

（一）搭建遥感科学高层次研究平台

遥感科学及应用是跨度极大的学术领域。把遥感研究从定性推向定量发展，需要一支志同道合的精干队伍。1994年李小文、朱启疆和朱重光合作承担“地表二向性反射特征研究”的国家基金委重点基金项目，揭开了以学术团体的形式进行遥感基础研究的序幕。北京师范大学从20世纪80年代至今，培养了一批从事遥感研究的人才，从硕士到博士有30多名，其中不乏一些顶尖人才。在中国，高校是铁打的营盘，教师是流水的兵，要形成一个稳定的、有规模的研究团队是相当困难的。另外，从发展北京师范大学的地理学，壮大地理学的研究阵容，形成北京师范大学地理学新的研究特色来看，也急需这样一支精干的遥感研究团队，它也为创立遥感与地理信息系统新的博士点，进而为建立地理学一级学科博士点创造条件。

资源环境遥感与地理信息系统研究中心成立大会
（1999年5月4日）

1998年，李小文与王锦地加盟北京师范大学的愿望，加强了遥感科学研究的阵容。特别是李小文的加盟，表明中国遥感基础理论研究中心在北京师范大学的形成，也预示着北京师范大学遥感与地理信息系统研究进入了一个新的阶段。这个新阶段的主要标志和业绩如下。

1. 北京师范大学资源环境遥感与地理信息系统研究中心成立

1999年5月4日，北京师范大学在英东学术会堂举行了隆重的大会，宣告北京师范大学资源环境遥感与地理信息系统研究中心成立。陆善镇校长、科技部徐冠华副部长、陈述彭院士、丑纪范院士、刘昌明院士等参加会议。来自国家科技部、教育部、自然科学基金委的有关领导，中科院遥感所及地理与资源科学研究所、中国测绘科学研究院、中国国家基础地理信息中心、中国国家气象局、卫星气象中心、中国农科院、中国林科院、北京大学、北京农业大学、北京科技大学、国土资源部、水利部水科院等单位的80多位科学家与会，成为遥感与地理信息科学界的一次盛会。资源与环境学院院长刘昌明院士主持会议，陆善镇校长讲话对研究中心的成立表示祝贺，研究中心名誉主任、中国遥感领域著名科学家陈述彭院士到会讲话，徐冠华副部长发表了讲话，阐述了只有一流的人才，才能办一流的研究所，出一流的研究成果的科学论断，并对研究中心的发展方向做了指示。会议任命李小文任遥感研究中心主任，朱启疆任常务副主任；会议还宣布了成立北京师范大学遥感研究中心学术委员会，由徐冠华任学术委员会主任，委员有：徐冠华、刘纪远、陈军、林宗坚、李传荣、李小文、徐希孺、张仁华、朱启疆、王锦地、田国良、Alan Strahler、D. Japp、陈镜明、梁顺林、夏宗国。

李小文在会上报告了有关科研与教学发展的基本构想：北京师范大学资源环境遥感与地理信息系统研究中心组建的目的，在于建立一支致力于遥感技术和地理信息系统支持下的遥感与地理空间信息的基础研究队伍，从事遥感基础与应用研究，以及遥感与地理信息系统工程开发研究，走产、学、研一体化的发展道路，高质量完成国家攀登项目、“863”高技术项目、自然科学基金重大项目及国际合作项目等，计划与国外知名大学联合培养博士生，同时为国家培养高水平、高层次的遥感基础研究人才，提高基础研究水平。研究中心的科研方向是：加强遥感科学基础研究，针对不同尺度的研究目标的基本参数特征，检验经典物理定理与定律在遥感像元尺度上的适用性，建立并发展相适应的遥感物理模型。从而不断促进遥感基础理论研究上的知识创新，为形成科学、系统的遥感科学而努力。

2. 申报“国家重点基础研究发展计划”(973 计划)项目

组织申请“国家重点基础研究发展计划”(973 计划)项目“地表时空多变要素的定量遥感理论及应用”，并于 2000 年通过立项，项目总拨款 2000 万元。项目申请是联络、团结国内志士仁人形成新的研究群体的过程，项目以北京师范大学李小文、朱启疆、王锦地 3 人为核心，联络了中科院遥感所田国良，地理所张仁华、项月琴和杨崇俊、北京大学徐希孺和毛节泰，北京市农科院赵春江和王纪华等，形成了一个团结的研究群体。这个群体也是多年共同奋斗形成的定量遥感研究核心。项目从 2001 年开始至 2005 年结题获得了丰硕的研究成果，造就和锻炼了新生力量，使中国的定量遥感研究形成了气候。

2007 年，以李小文为首席科学家，在 240 多个项目中脱颖而出，申请得到了 2007 年度国家“973 计划”项目“陆表生态环境要素主被动遥感协同反演理论与方法”，李小文、阎广建、张立新、王锦地分别为项目第一、二、三、七课题的负责人，承担了重要的研究任务。与中国科学院西部行动计划(二期)项目“黑河流域遥感—地面观测同步试验与综合模拟平台建设”共同设计并组织实施大型的星—机—地联合试验“黑河综合遥感联合试验”，获取的实验数据经过数据评审专家评定后免费发布。项目于 2011 年 11 月顺利通过科技部验收，在遥感综合实验、机理研究等方面取得的长足进展，使我国定量遥感研究事业上了一个新的台阶。

“973 计划”项目“陆表生态环境要素主被动遥感协同反演理论与方法”启动会(2007 年)

3. 申请长江学者特聘教授

2000 年，李小文成为地理系第一位“长江学者”特聘教授，2001 年获“长江学者”成就奖一等奖，获得国家领导人朱镕基接见并颁奖。戴永久也于 2002 年成为地理系的另一位“长江学者”特聘教授。

4. 创立地理信息系统本科生专业

2000 年，学校启动新的本科生专业申请，资环系及资源环境遥感与地理信息系统研究中心(简称遥感中心)确定创办本科专业的条件已成熟，正逢时机。在对国内外知名大学相关专业的学科结构和课程设置进行了大量调研的基础上，由朱启疆主持撰写报告，并经过会上答辩，学校、教育部最终批准资环系新设地理信息系统专业，并于 2001 年秋季按专业招生。创办遥感、地理信息系统本科生专业是遥感中心学者们的长期目标之一，也是推进传统地理学发展、演进的重要措施。专业名称虽是地理信息系统，但关键是它的内涵、课程体系、知识结构。实际上，它是空间探测和信息时代的新型地理学专业。这是一个跨学科培养复合型人才的专业，专业强调加强三个基础，即自然科学基础、信息科学与技术基础和地学基础，在三个基础上再学 10 门左右的遥感与地理信息系统课程。自然科学基础主要指数学和物理学，该专业在数学上要求达到物理系专业的水准，即修学北京师范大学的 A 类数学课程，在物理学上要求与天文学专业一样修学北师大的 A 类物理课程。这样，今后学生面对有关建模、地理学的定量化发展趋势问题时就不会手足无措，才能做到在知识更新上与时俱进。除了区域地理，所有的部门自然地理课程均在必修之列。计算机原理、数据结构、计算机高级语言与程序设计也为必修。这更有利于该专业的毕业生迎接地理学信息化、定量化和科学化的挑战，使他们在毕业后有更多的选择，在考研、就业时有更强的竞争力。地理信息系统专业创办 12 年来，在全体老师的努力下，扎实前进，从 2003 年开始的历届大学本科专业评估中，北师大的地理信息系统专业始终位居全国 117 所高校中的第一位，这一成绩得来不易，应乘势前进。在办学过程中，深深体会到，一些体制上的问题正限制着本专业的发展。复合型的、大跨度的、新型的地理学专业的知识体系和知识结构与有限的 4 年制学制已形成不可克服的矛盾，需要有新思维，打破常规来办这一新型专业，才能取得最大的办学效益，并使教学中的一些薄弱环节得到加强。

5. 创立地图学与地理信息系统博士点

李小文和王锦地来到北京师范大学后，加强了北京师范大学遥感科学研究的阵容。2000 年，李小文、朱启疆、王锦地联合北京市农科院赵春江、王纪华，再加上资环系本身培养的一批年轻人，按植被冠层反射遥感建模、遥感中的尺度效应以及植被与生物量的遥感三个研究方向申请地图学与地理信息系统博士点，一举成功。

6. 创建环境遥感与数字城市北京市重点实验室

2000 年，北京市科委和北京市教委为发挥市属高校以外的在京大学在北京市经济文化建设和社会发展上的作用，鼓励这些大学申办北京市重点实验室或研究中心。资环系由朱启疆起草申请材料并与李小文、王锦地一起亲自参加答辩，结果在电子信息组获得总分第一，从而入选，正式成立了“环境遥感与数字城市北京市重点实验室”。围绕北京市申办奥运以及城市生态建设工作，实验室以“北京市城市绿地对水、热、CO_2调节功能的遥感定量研究”为题，获得了北京市自然科学基金重点项目的支持。

7. 联合创建遥感科学国家重点实验室

2001 年，李小文凭借其在遥感基础理论研究中的杰出成就，当选中国科学院院士。遥感中心在李小文主持下，启动了申办国家重点实验室的工作，并得到了科技部的支持。经过几年的持续努力和反复论证，2003 年，北京师范大学地理学与遥感科学学院联手中国科学院遥感应用研究所，联合申报建设遥感科学国家重点实验室。2003 年 12 月，科技部发布批准建设“遥感科学国家重点实验室”的通知(国科发基字〔2003〕464 号)，2004 年进入建设期，2005 年通过国家的正式评估验收，正式运行开放。

遥感科学国家重点实验室

8. 我国典型地物波谱数据库的建设

国家“高技术发展计划”(863 计划)课题“我国典型地物标准波谱数据库”于 2002 年 5 月正式启动，2005 年 10 月通过科技部验收，王锦地为项目负责人。

我国典型地物波谱数据库系统收集了植被、岩矿、水体等中国典型地物的数万条可见光和近红外波段的波谱测量数据，包含了与波谱数据配套的参数(如植被生物理化参数、水质参数等)，影响遥感波谱信号的背景数据(如 DEM 和 LUCC 等)，以及相关的遥感模型。该波谱库的特点有三个：一个是将地物波谱和形成波谱特征的地表参数同步测量，保证了波谱数据的“可解释性”；二是将“波谱—模型—影像—知识”四个数据库综合统一。在传统的波谱数据收集基础上，将遥感模型库，遥感影像库和遥感知识库进行整合，突破了传统的单一波谱数据集的概念。三是基于互联网对遥感用户提供波谱数据服务，对波谱库感兴趣的用户可以在任何时间和地点查询到需要的波谱数据。

《中国典型地物波普知识库》

地物波谱知识库系统的成功研制与运行，实现了波谱的收集、波谱模型与先验知识的一体化服务体系，是对传统波谱库系统的发展与创新，日益成为我国遥感基础研究和遥感应用的一个重要科学数据源。在波谱库建设中，编制了“地物波谱和配套非波谱参数测试技术标准和规范”、“实验仪器设备、实验室、试验场技术规程”、“地物波谱和配套非波谱数据收集与汇总标准”等地物波谱数据测量和数据库建设标准规范，其中的一部分收入专著《中国典型地物波谱知识库》①。

9. 自然科学基金重点项目的成功申请

2011 年和 2012 年，由张立新和刘绍民分别主持的国家自然科学基金重点项目“复杂地表冻融过程被动微波遥感机理研究”和“黑河流域生态—水文过程综合遥感观测试验：水文气象要素与多尺度蒸散发观测”顺利开展，这是遥感中心青年骨干教师多年工作积累的成功表现，也是中心年轻老师作为新生力量走向成熟的表现，对微波遥感机理研究和生态环境监测具有重要的意义。

国家自然科学基金重点项目“黑河流域生态——水文过程综合遥感观测试验：水文气象要素与多尺度蒸散发观测”启动会

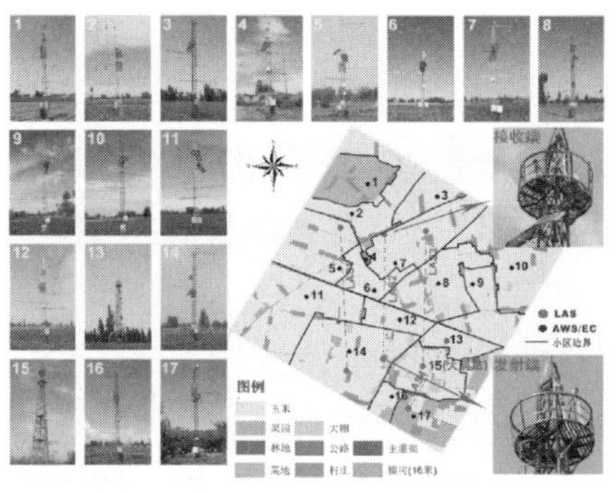

黑河流域生态—水文过程综合遥感观测试验（HiWATER）——2012 年非均匀下垫面地表蒸散发的多尺度观测试验：通量观测矩阵

10. 保定遥感实验场建设

2007 年，遥感科学国家重点实验室购置了我国首台高精度地基微波辐射计，该仪器的引入极大地促进了实验室在微波遥感方向的研究水平。之后，重点实验室以该仪器为核心，在华北平原地区、东北地区和黑河流域开展了多次野外试验。在多次的野外试验中，遇到和克服了许多困难，并且认识到了建设一个固定的综合遥感试验站的必要性。2009 年，重点实验室确定选址河北省保定市清苑县建设综合遥

车载多波段微波辐射计

① 科学出版社，2009

感试验站，以支持长期性、多尺度、多波段野外遥感试验的开展。试验站于2010年开始建设，2012年年初，试验场已完成所有主体设施建设，具有完备的后勤保障和开展多波段、多尺度综合遥感试验的能力。试验站现有龙门吊轨道平台、飞艇(用于搭载遥感仪器)和艇库1个，以及1台车载多波段微波辐射计、1套高光谱成像仪、1套自动气象站等。

11. 大尺度地表水热通量实验场建设

大尺度地表水热通量的观测是大气科学、地理学、水文学、生态环境学等共同关注的热点领域，对天气与气候预报、水资源管理和全球变化研究等意义重大。

遥感与地理信息系统专业刘绍民研究小组构建了一个由涡动相关仪(EC)、大孔径闪烁仪(LAS)和自动气象站(AWS)组成的卫星像元尺度水热通量的观测系统，结合涡动相关仪和大孔径闪烁仪的足迹模型，通过观测通量空间代表性的分析，可以获得不同卫星像元尺度的水热通量。制订了卫星像元尺度水热通量观测系统的观测规范，在海河流域、黑河流域、青藏高原与鄱阳湖流域等地开展了长期与短期的卫星像元尺度地表水热通量的观测，为相关遥感估算模型与数值模式的发展与验证以及地面台站传统测量的单点或斑块尺度地表水热通量的空间尺度扩展奠定了数据基础。

当前，研究的重点集中在怀来站。怀来试验站原有高架车、高架塔、小气象站、无线传感器网络等设施。2011年，怀来遥感综合试验站的升级改造工作全面展开，试验站陆续安装了40 m气象梯度塔(AWS)1个、10 m气象塔1个、涡动相关仪(EC)2套、大孔径闪烁仪(LAS)1套、蒸渗仪(Lysimeter)2套。这些设施构成了一套较为完整的地表水热通量观测系统，能够很好地支撑地表水循环和能量平衡研究，以及相关遥感数据产品的地表真实性检验。

怀来站40 m气象塔

涡动相关仪、四分量辐射传感器、光合有效辐射、雨量计的架设

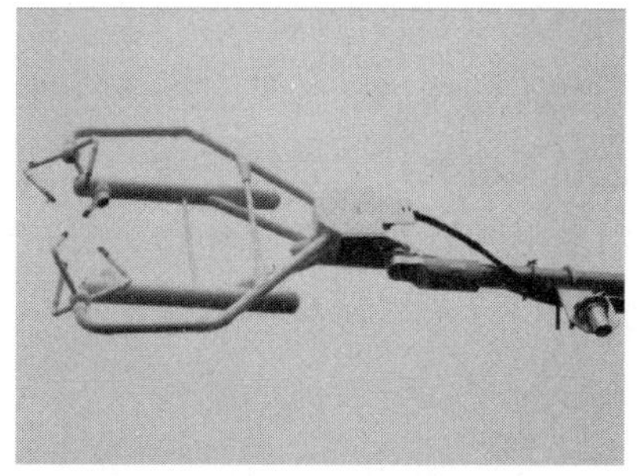

EC150涡动相关仪/地表辐射温度

12. 北京师范大学遥感中心与波士顿大学遥感中心联合培养项目

在李小文院士和Strahler教授的积极推动下，北京师范大学遥感中心与波士顿大学遥感中心于2002年10月签署了人才联合培养协议，李小文院士把长江学者成就奖用于后备遥感人才的选拔和培养上。从2004年至今，已同波士顿大学联合培养地理学博士 4 人(焦子锑、帅艳民、王镨森和姚畋)。

至此，北京师范大学的遥感与地理信息系统在专业上已形成从本科生到硕士、博士、博士后的一套完整的人才培养体系；已形成从遥感研究的校级实验室(2000 年 4 月申请成立校级“遥感基础研究实验室”)、北京市重点实验室到遥感科学国家重点实验室多层次的研究平台，北京师范大学已成为国家重要的遥感与地理信息系统人才培养基地和研究中心，并从这个中心走出了自己的院士。

(二)应用系统开发与教材编写

1. 应用系统开发

从 20 世纪 90 年代起，北师大地理学与遥感科学学院将 GIS 应用系统开发建设研究作为重点研究方向，先后开展了“北京市农业开发项目库建设”(1994 年)、“大连市计委办公自动化管理与经济发展决策支持系统”(1997 年)、“大连市计委外资外贸处管理系统及 Internet 主页系统建设”(1999 年)、“大连市环境保护局环境管理信息系统”(1999 年)、“北京市密云县农村发展决策支持系统”(2000 年)、“北京郊区土地利用查询系统”(2004 年)、“我国典型地物标准波谱数据库”(2004 年)、“北京市农村资源开发管理决策支持系统”(2006 年)、“中国—全球环境基金土地退化监测评价项目元数据录入和发布系统”(2007 年)、“分布式空间信息三维可视化系统”(2009 年)、“生态水文综合管理系统”(2009 年)、“陆表生态环境要素主被动遥感协同反演系统”(2011 年)“AMBRALS 算法可视化系统”等系统的开发建设。另外，地理学与遥感科学学院地理信息系统的开发具有模型驱动的特征。如“三川河洪水沟信息系统”(1988～1991 年)是用来支撑运行土壤侵蚀信息熵模型的运转，“西南林区火灾背景数据库”(1990～1995 年)是用来支撑林火扩展模型的运行，“中国陆地生产力数据库”(1995～1997 年)是为了建立像元级的中国陆地植被净第一性生产力光能利用率模型等。这些系统，在数据库建设、应用系统设计、系统结构、系统平台建设等方面都进行了深入的研究和实施，在 GIS 系统开发建设积累了经验，打下了基础。目前，学院的 GIS 系统开发工作正在稳步发展，以往的系统建设总体上属于实验系统，现在已经在业务运行系统和自主版权的信息系统平台建设方面开展深入的工作。

在 2007 年中国首次探月工程中，学院客座教授周国清及地球空间信息研究所阎广建和张吴明直接参与了相关工作。从 2005 年 7 月开始与中国科学院国家天文台合作“三线阵 CCD 立体相机数据处理研究”项目，其目标是对我国嫦娥一号卫星搭载的三线阵 CCD 立体相机数据处理流程进行初步研究，以获取月球表面三维地形信息。经过两年的算法研究和软件开发，较好地完成了该项目。并在嫦娥一号下传数据后，与天文台密切配合，为基于嫦娥 CCD 相机数据生成第一幅月球背面“万户坑”三维地形作出了贡献。为此，中国科学院国家天文台特地给学院发来感谢信，对相关人员的工作给予表彰。

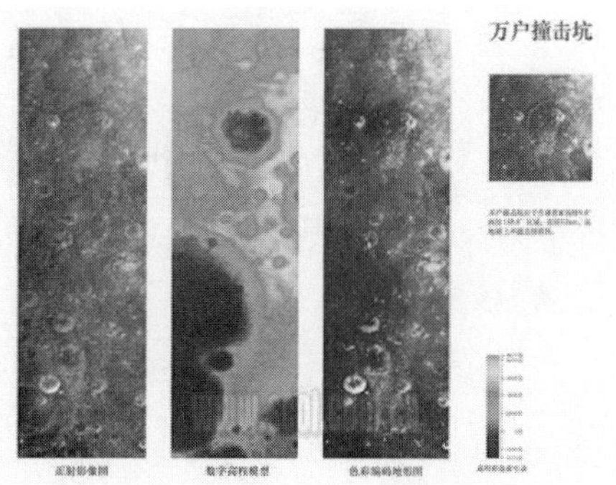

中国首次探月工程第一幅月面影像

2. 编写高校教材

1991年，彭望琭编著的教材《遥感数据的计算机处理与地理信息系统》，是我国高校最早的遥感及地理信息系统教材之一。随后北师大地理系一直负责及参加编著遥感与地理信息系统类教材。如2001年高等教育出版社出版的面向21世纪系列教材《遥感导论》由梅安新（华东师范大学）、彭望琭、刘慧平、秦其明（北京大学）编写；《遥感实习教程》由刘慧平、秦其明（北京大学）、彭望琭、梅安新（华东师范大学）编写。这些教材一直是我国高校相关专业的必选教材。2002年，彭望琭主编的普通高等学校教材《遥感概论》由高等教育出版社出版（其他三位编者是：首都师范大学的白振平、东北师范大学的刘湘南、北京联合大学文理学院的曹彤）。2002年，刘慧平和张红为教师培训编写了《遥感图像判读方法研究》；2001年，刘慧平为遥感科学普及编写《遥望地球感知大地》等；2008年朱良参编普通高等教育"十一五"国家级规划教材《新编地图学教程》（第2版）。2008年李小文主编完成的普通高等教育"十一五"国家级规划教材《遥感原理与应用》由科学出版社出版。由于在教材建设上具有较强的理论与实践相结合的特色，2005年《遥感实习教程》编写人员获得北京市教学成果奖二等奖。

遥感相关教材成果

回顾50年来北京师范大学遥感和地理信息系统学科的发展历程，可以看到它始终在地理学的大框架下求发展，在推动地理学发展中的火车头作用有目共睹，它源自地理学，更要回归地理学，在地理学的信息化、定量化、科学化和现代化中发挥不可或缺的作用。

第十节　全球环境变化科学

一、学科背景

自20世纪80年代开始，国际科学界先后发起并组织实施了以全球环境变化为研究对象，由四大研究计划组成的全球环境变化研究计划，即：世界气候研究计划(WCRP，World Climate Research Programme)、国际地圈生物圈计划(IGBP，International Geosphere—Biosphere Programme)、全球环境变化人文因素计划(IHDP，International Human Dimension of Global Environmental Change Programme)、生物多样性计划(DIVERSITAS)，这导致了一门新兴学科——全球环境变化科学(Global Environmental Change Science)的产生。全球环境变化科学以"地球系统"为研究对象，将大气圈、水圈(含冰冻圈)、岩石圈和生物圈视为一个整体，探讨由一系列相互作用过程(包括系统各组成成分之间的相互作用，物理、化学和生物三大基本过程的相互作用以及人与地球的相互作用)联系起来的复杂非线性多重耦合系统。这种地球系统的整体观，对物理、化学、生物三大基本过程相互作用的研究，以及对人类活动影响地球环境的特别关注，使全球环境变化科学作为一门新的集成学科出现在当代国际科学的前沿。全球变化已经超越科学领域，成为影响世界发展的重大政治、经济和外交问题。在过去的20年里，地球观测几乎每天都能提供一些对地球系统的新认识，一大批数学模型被设计出来，用于诊断和预测地球系统或其中的某些部分行为。大批科学家投身于全球变化的研究，取得了一系列重要进展，达成了有关全球变化研究共识。长期以来，地球科学的发展延续着专门化的学科发展格局，为了突破传统学科的界限，必须超越传统学科局限，需要以创新的深刻的方式把不同的学科结合起来，建立一门实质性的综合学科和一个综合集成研究平台。基于上述背景，北京师范大学地理学与遥感科学学院组建了全球环境变化学科，并于2005年被批准增设"全球环境变化"博士学位授权学科。

本学科以面向国际、合作共享、突出交叉、引领前沿为指导思想，始终围绕"建立一个新的前沿学科、成立一个具有国际先进水平的研究与教学群体、培养一批具有创新能力的优秀人才"这一目标建设运行。建设期内，学科发展明确定位在"学科与课程体系建设"上。通过组织全球变化科学研究生暑期学校和定期举办短期集中课程班等一系列教学活动，探索建立了适应全球变化学科发展的全新的研究生专业课程，成功创建了全球变化科学课程教学体系。在课程体系建设工作的基础上，2007年，"全球环境变化科学"被教育部审核批准为二级学科国家重点学科。2009年，依托北京师范大学综合性、交叉性和系统性的多学科优势，在原有地理学与遥感科学学院、资源学院、环境学院、水科学研究院以及减灾与应急管理研究院的基础上，进一步组建成立了“全球变化与地球系统科学研究院”。

二、团队建设与人才培养

要了解、描述控制整个地球系统关键的相互作用着的物理、化学和生物学过程，以及出现在地球系统中受人类活动影响的重大全球环境变化问题，必须将传统的相互分离的地质学、地理学、大气科学、海洋学等门类的地球科学研究联系在一起，将自然科学与社会科学融合在一起。北京师范大学全球环境变化学科通过培养与引进相结合的方式，拥有一批在国际上有重要影响的教师队伍和研究群体。目前，本学科已从一个由国内10人和国外10人组成的合作团队，发展成为一个人员更广泛和合作内容更具体的海外团队及一个由50个国内固定成员的实体研究院——全球变化与地球系统科学研究院。本学科已成为海外优秀学者选择回国工作的“孵化器”。当初的骨干成员和非骨干成员已由短期回国工作，转为全职回国工作。他们中很多已成为国家“千人计划”引进人才。

本学科把人才培养定位为重中之重的任务，通过举办高级讲习班、短期课程培训班、学术讲座和联合指导研究生等教学和科研活动，探索出一套之前在我国尚没有的全球变化与地球系统科学的教学体系和人才培养体系。规划出版教材10余部，其中2部已由高等教育出版社出版。开设研究生专业基础课程和专业选修课程10余门，以及众多的短期课程和讲习班。本学科已成为年轻人攻读学位的首要选择之地。从当初仅有5～6位地理学背景的研究生，发展成为30多名地理、数学、物理、化学、生物、气象和计算机等不同学科背景的研究生群体。

三、科学研究

为了突出科学前沿，重视自然科学之间、科学与技术之间、自然科学和社会科学之间的学科交叉，研究地球各圈层的相互作用机制，不做单一学科的重复性工作，为了突出中国经济社会发展中的重大问题和各国共同关注的问题，为了突出当前研究中的薄弱环节，本学科结合我国的特点和优势，提出全球变化的几个关键问题，即以下四个重点研究方向。

(一)地球系统模式

随着地球科学各分支学科的相互渗透与逐渐融合，地球系统的概念在进入21世纪后应运而生，它把大气圈、水圈、冰雪圈、岩石圈和生物圈作为一个相互作用的整体来考虑问题，原有的研究方法和研究手段已经不能完全适应地球系统科学研究的需要。为了研究各圈层之间的相互作用这一地球系统演变的重要特征和地球系统科学的关键科学问题，发展能够反映这种圈层相互作用的数值模式是地球系统科学研究的迫切需求。而这样的数值模式就是地球系统模式，它是地球系统科学研究的一个基本工具和地球系统科学不同学科分支相互交叉的一个重要平台，是深入研究全球变化的机制和原因、预测未来的变化趋势并制订应对措施的不可缺少的重要手段。本研究方向的重点发展领域包括：高精度高分辨率物理气候系统模式；地球气候系统模式；地球系统模式；地球系统模式中的高性能科学计算理论与方法；用于地球系统模式的超级计算机支撑软件系统的研究开发。

（二）人类活动和全球变化的相互影响机制

区域地理环境诸要素受全球气候变化的影响，同时区域环境要素的变化对区域和全球气候的强迫也日益增强。近30多年来，东亚地区已经成为全球人类活动最强烈的地区，对理解东亚人类活动对区域和全球气候的影响，以及对全球变化的响应，有重要科学意义。本研究方向的重点发展领域包括：人类活动和全球变暖的关系；碳循环过程及其不确定性；大气气溶胶对全球变化的影响；海洋陆地间的物质和能量交换。

（三）全球变化经济学

全球变化经济学已逐渐成为全球变化研究领域的一个重要的研究方向，其研究内容包括全球变化对社会及经济的影响以及针对减缓气候变化的经济及社会政策的响应机制。全球变化经济学的研究主要从温室气体的排放出发，分析温室气体排放与世界经济发展格局的关系，研究温室气体减排技术的经济潜力，权衡温室气体排放问题中的公平与效率问题。该研究将综合考虑全球变化经济学问题，评价现有的全球变化经济学相关模型与协定，并针对我国的具体情况，分析我国在全球变化进程中所面临的压力与挑战，并从机遇与潜力的角度全面分析全球变化对我国的影响，提出可持续发展目标及相应的社会经济对策。本研究方向的重点发展领域包括：全球变化的经济社会影响及适应性评价；不同经济发展模式对全球变化影响的技术和经济评估；经济全球化对全球变化的影响、后果及应对措施；国际减排协议的经济、社会和环境评价。

（四）全球变化研究中的地球观测数据同化与应用

利用航空、航天遥感技术，结合信息网络通信、GIS、GPS等空间信息获取与处理等现代化技术手段，提供遥感对地观测数据、器测资料、野外综合观测网络数据一体化的网络集成数据共享平台，服务于理解并模拟不同时空尺度下的固体地球系统、流体地球系统和生物地球系统过程以及系统之间的相互作用机制，揭示全球变化的规律；揭示人类活动与资源、环境、生态间的相互作用机制。本研究方向的重点发展领域包括：面向全球变化的地球观测数据信息提取与同化；地球系统观测与模拟数据共享平台建设；地球观测数据在全球变化研究中的应用。

第三章

人才培养

- 人才培养的发展历程
- 实验室的发展历程
- 野外实习基地的建立与发展
- 图书资料的积累与管理

第一节　人才培养的发展历程

一个多世纪以来，人才荟萃的北京师范大学地理学科，为我国地理学的发展壮大和地理教育事业培养了大批优秀人才，成为中国地理学人才培养的重要基地，对中国现代地理学的建设和发展起到了重要的作用。追溯人才培养历程，其培养模式的发展大致经历了七个阶段。

一、1902～1928 年：史地一体化的人才培养

历史与地理部招生伊始，考虑到大学初办，缺少合格的学生来源，于是采取通融的办法，暂时不设专门分科。因此，为满足“国家需材孔亟”、“士大夫求学甚殷”的社会需求，采取史地一体化的教育，目的是通过历史和地理知识之传播和爱国主义思想之宣传，使公众认识国家，认识世界，以求唤醒国人、团结奋进、振兴中华。

地理系专用教室(师大南校)

1902 年，京师大学堂恢复并招生，当时设仕学馆和师范馆(北京师范大学前身)。开学当日，师范馆考取的学生共 79 名。师范馆的专业分为 4 类，其中，第二类“历史、地理”即地理学与遥感科学学院的前身。因此，地理学与遥感科学学院前身的诞生与学校同步，当初师范馆把史地类列为四类之一，足见那个时候对于历史和地理的特别重视。从师范馆招生起，京师大学堂就把学制定为 4 年，直到优师止，第一年为公共科学习，学习英、德、法、俄等文(日语人人皆须学习)和普通科学等；第二年至第四年为分类科学习。所谓分类科即相当于后来的专业或系，其中，第二类为中外历史和地理。北京高师 1916 年的教学计划中，虽然地理课程所占比例不大，但它是与历史、国文等课程并列的分类课程，体现出 1903 年颁布的《奏定学堂章程》的要求，强调历史教育与地理教育一体化，这基本上反映了 20 世纪初期中国知识界对地理学人才应具备的知识结构的认识。

1922 年，北京高师“历史和地理部”改称为史地系。1925 年史地系教学计划中的课程设置，进一步凸显了地理教育与历史教育一体化的人才培养模式(表 3-1)。

表 3-1　史地系 1925 年教学计划

第一学年		第二学年		第三学年		第四学年	
科目	学分	科目	学分	科目	学分	科目	学分
伦理学	1	社会学	1	伦理学	1	教育行政	1
心理学	2	教育学	2	教授法	2	中国通史	3
国文	3	国文	3	中国通史	3	中国近世史	3
特种讲读	3	普通讲读	2	东洋史	3	中国经济史	3
普通讲读	3	特种讲读	2	西洋近世史	3	东洋史	3
英文	2	修辞学	2	中国史学通论	2	西洋近代史	2
中国通史	3	作文与翻译	1	中国地理	4	中国地理总论	1
西洋通史	3	中国通史	4	外国地理	3	中国地志	1
国歌校歌	1	中国地理	4	地理通论	2	地理实习	0.5
卫生及体育	1	体育	1.5	政治经济	3	地理实习	1
体操及游戏	1	西洋近世史	3	金石学	3	地理通论	3
中国地理	*			语言	1	民治学	3
				文化史要	*	语言	1
				地理实习	1	哲学概论	1
						外国地理	3
						外国地理	2
各学科学分总数	105						

史地系在人才培养中，将历史教育与地理教育并重，人才培养目的“凡教地理者在使知大地与人类之关系；其教外国地理，须尤详于与中国有重要关系之地理，且务须发明中国与列国相交之分际，养成其爱国心性志气。”同时，史地系注重地理教育与时事教育、历史教育和实践教育紧密结合，除重视室内教学外，还特别重视实践活动。在教学计划中规定每周有实验课 2～3 次，并规定在肄业(当时无学位授予，均为肄业)期间有两次野外考察，均要求学生写出实习报告。因此，史地部(系)学生不乏爱国志士和有用之才。在五四运动及其他革命运动中，史地部(系)学生常是率先加入到革命斗争的洪流中去的。1907 年和 1909 年，优师第一期和第二期学生先后毕业 303 人。其中，第一期第二类毕业生丁作霖，河北丰润人，曾组织领导反帝爱国运动，积极奔走革命，为我国近代学生运动的先驱者之一。这种重视理论联系实际的良好学风和重视爱国主义教育的优良传统，对以后地理系的健康发展具有深远的影响。

截至 1929 年，高师史地部、史地系及史地研究科共毕业 265 人，其中很多人如殷祖英(1919 年毕业)、杨蕙田(1920 年)、杨秀峰(1921 年)、楚图南(1923 年)、盛叙功

(1923年)、梁子清(1923年)等，后来都成了知名学者、教授或高级领导干部。

二、1928～1949年：渐趋完整的地理学教学体系

1928年夏，史地系正式分成历史系和地理系，北师大地理系成为中国少数建立最早的地理系之一。1931年，系主任刘玉峰在《地理学系之过去及未来》提出"本学系以养成中等教育地理学科之师资，并培养独立研究地理学之能力为目标"，经过不断修订人才培养计划，及近三十年的发展，终于形成了渐趋完整、特色鲜明的地理学科教育体系。

地理系独立后，积极探索人才培养模式，针对师范类地理教育不同阶段的社会需求，对教学计划一再补充修订，并采取学分制、增设地理学科课程等手段，以自觉的地理学科意识，培养适应教育体制需求的地理教育人才。如地理系1930年的教学计划所示(表3-2)，必修课中地理专业方向课程贯穿学制四年，地理学科课程细化，所占学分比重大，强化了较为完整的地理学教育。当然，鉴于"在中等学校，史地尚未分离之今日，为适应时代之要求，满足中等学校之需要起见，势又不能不暂时保存原有史地兼习之规模"，地理系有分设地理历史组、地理博物组。刘玉峰在《地理学系之过去及未来》一文中指出，设必修课、选修课、公共必修课和公共选修课四个课程平台，而地理课程作为地理历史组、地理博物组的必修课程占82学分(总学分168学分)。还采取主副科制，如学生侧重自然地理者须以生物为副科，在生物学系的生态学等课程中至

表3-2 地理系1930年教学计划(地理历史组、地理博物组必修)

第一学年		第二学年		第三学年		第四学年	
科目	学分	科目	学分	科目	学分	科目	学分
数学地理学	4	气候学	4	海洋学及湖沼学	2	政治地理学	4
本国地志	4	人类地理学	4	生物地理学	2	地理学研究	4
世界地志	4	本国地志	4	地形学	6	毕业论文	?
矿物学岩石学及实习	6	世界地志	4	经济地理学	6	自然地理学大意	4
		地图学及实习	4	本国地志	4	人文地理学大意	4
		构造地质学及地史学	6	世界地志	4		
				地理学研究	4		
总计	18	总计	26	总计	28	总计	16

注：地理历史组选修课：本国史、西洋史、特殊史、史学研究法、考古学等(以上在史学系选习但至少须选足24学分)；人类及人种学、政治学、经济学、社会学、图画。地理博物组选修课：系统动物学、系统植物学、实习、生态学、古生物学等(以上在生物学系选习至少选足24学分)；天文学、测量学、大地物理学、气候学、图画。

少须选习 24 学分，如学生侧重人文地理者须以历史为副科，在史学系的西洋史等课程中至少须选习 24 学分，方可获得毕业资格。此外，外系学生也可以地理为副科，要求学满 20～30 学分。

从教学计划的课程设置来看，虽然强化了地理学教育在人才培养中的取向，但限于师资等办学条件和教育人才需求，仍然保存了地理学科与其他社会学科的互补性，目的是为了使毕业生一专多能、基础宽厚、适应面广，能够更好地为教育事业作贡献。

1931 年地理系属理学院，反映了北师大地理学全面接受了西方近代地理学的科学体系，从姓“文”转向姓“理”。1936 年 8 月，著名地理学家黄国璋接任系主任，首先确定地理系的任务和培养目标：一是改进各中等学校的地理教学；二是培养中等学校的未来良好地理教师；三是研究高深地理学术。同时，进一步完善本系教学计划，着力引导地理系从传统地理学走向现代地理学。自 1931 年以后，地理系(史地系)教学计划中设置了必修课、选修课、公共必修课和公共选修课，学生必须修满一百多学分(1 学期每周授课 1 小时为 1 学分)才准毕业。同时，筹建地理学会和地理研究会，举行学术讲演会或报告会，加强学生地理学科知识与技能培养教育，充分显现出自觉的地理学科意识和较完整的地理学教育体系。

为了适应地理系“改进各中等学校地理矿物之教学；培植中等学校之未来良好地理矿物教师；养成学生自行研究高深学术之能力”的人才培养目标，在教学计划中，地理教育和教育课程门类多、学分比重大，其中，在 4 年内计划开教育概论、教育心理、地理教学法、教育实习等课程，充分体现师范教育和人才培养的特点。从 1928 年地理系独立建系到 1937 年，培养出不少的优秀人才，其中有王钧衡、邹豹君、张恩护、孔福民、万方祥、张子帧、赵毓岷、周额青、张景华、姜玉鼎、盛福尧等，后来都成了有名的教授、学者或卓越的中学教师。

抗日战争爆发后，北师大地理系多次迁徙，几易其名，但始终以培养中学地理教师为目标。为此，在课程设置上，虽然史地兼修，但地理学科课程作为专攻必修课，占有重要的地位。例如，北师大 1943 年地理系课程指导书中，在公共必修科、专攻必修科、专攻选修课、自由选修课 4 个课程门类中，专攻必修科、专攻选修课的学时占了总学时的一半；而且，专攻必修科的课程设置涉及地理学的各门学科，并增设了地理学与数学、生物等学科兼容的课程，明确了地理学教育“在科学界为一切科学之基本知识”的科学价值和地位。

当时虽然处于战乱，但由于整合了各校的师资力量，在黄国璋、王益崖、陆懋德、邹豹君等教授的执教下，学生在困难的条件下还是努力完成了学业。他们都具有较强的学习与开拓能力，毕业后大都能独当一面，在地理学界、教育界或其他各界作出了出色的贡献。荣若绅、黄绍鸣、韩宪纲、郑象铣、焦北辰、卢村禾、王成敬、刘培桐、薛贻源、金瑞莘、田世英、屈履泰、李存禄、贾秉温、吉作哲、李国英等都是这一时期的毕业生。1942～1946 年，西北师院史地系又培养出一批优秀的地理历史方面的人才，如周肇锐、董文朗、刘仲夫、尚世英、史承斋、李书田、刘德生等，后来都在大学任教授，有些甚至担任系主任等领导职务。

三、1949～1977年：调整与变革中的探索与发展

新中国成立后的1950～1952年，在特定的社会背景下，教学工作服从政治运动，教育实践主要是政治运动的实践，学生参与多种政治运动。所以，当时的教学体制是非正规的，教育思想主要是学习苏联，导致在地理人才培养过程中，不可避免地出现了全盘否定欧美地理学思想、完全学习苏联体系的一边倒情况。

结合改造旧中国的高等教育模式，落实党中央和政务院规定的“以培养工业建设人才和学校师资为重点，发展专门学校，整顿和加强综合大学”总方针，1952年以后北师大地理系在人才培养方面，其主要贡献和成就表现为以下三个方面：培养了一大批中学地理教师，履行了中央“高等师范教育面向中学”的精神；输送了一批全国高师院校师资；尝试培养研究生，对地理学的科学研究发展作出了贡献。其中，围绕着“师范性”和“综合性”、“自然地理”与“经济地理”合分等问题的争论，深入细化了地理学教育。

(一)本科生培养

1957年之前，北师大地理系人才培养重视面向中学，重视基础教学(包括基础课程和基本动手能力，实习)，重视专业思想教育，相对地稳定在自己的师范性特色上。如1952～1957年教学计划中，教育学、教育史、心理学、地理教学法等课程都被纳入必修课程，从课程设置上保障了人才培养适应中学教育的需要。同时，在地理学课程设置中，细化了地理学教育，改变了自然地理学单一学科的情况，增加了气象与气候、地质、水文学等课程，还增加了部门地理，课程非常齐全，并进行分科教学，保障了人才培养的专业素养(表3-3)。

1958年随着教育大革命的开始，教师和学生结合生产停课大搞科研，教学秩序被打乱。学校师生联合起来搞科研，科研和生产相结合对于地理系后来的发展起到了划时代、划阶段的影响，使得地理学为国家建设服务得以体现。教师学生与出版社结合，探索了中学地理教育之路，编出了新课本，提高了学科水平，有所成就，但是其脱离了中学教育的实际，对中学地理教育产生了一定的负面影响。

从1958级学生开始，地理系的本科生学制从四年制改为五年制，实行半工半读，并且要求本科生在五年毕业时，达到研究生的水平。以此同时，地理系提出建立4个新专业：地理、化学地理、生物地理和气象，学科分类更加细化。数理化课程增加，加大了基础科学的含量，在提高地理教育自然科学水平的同时，加强了学生的数理化修养，强化了地理学的科学性(表3-4)，但教育学、心理学及地理教学法等教育类课程被削减，培养中学师资的目标也渐趋模糊。

表 3-3　地理系 1952 年必修课学程表

顺序	科目	一年级		二年级		三年级		四年级		小时数			学期	
		第一学期 18 周	第二学期 16 周	第三学期 18 周	第四学期 16 周	第五学期 18 周	第六学期 10 周	第七学期 12 周	第八学期 8 周	总计	其中		考试	考查
		每周小时数									讲授	课堂作业		
1	马克思列宁主义基础	3	3	3	3					204	136	68	2、4	1、3
2	中国革命史(包括新民主主义论)	3	3							102	68	34	2	1
3	政治经济学					3	3	2	2	124	84	40	6、8	5、7
4	辩证唯物论与历史唯物论					2	2	3	3	116	78	38	6、8	5、7
5	心理学	2	3							84	68	16	2	1
6	教育学			3	4					118	84	34	4	3
7	教育史					3	4			94	66	28	6	5
8	学校卫生					2	2			56	42	14		5、6
9	体育	2	2	2	2					136		136		1、2、3、4
10	外国语(俄语或英语)	3	3	3	3					204		204	4	1、2、3
11	天文学	4								72	36	36	1	
12	地图学及地形测绘	5	6							186	102	84	2	1
13	地质学	4	5	5						242	156	86	1、3	2
14	普通自然地理	4	5	5						242	156	86	1、3	2
15	土壤地理学			4						72	54	18	3	
16	植物地理学			3	4					118	68	50		3、4
17	动物地理学				4					64	64		4	
18	地理教学法					6	4			148	64	84	6	5
19	世界自然地理				6	4	4	3		244	154	90	5、7	4、6
20	中国自然地理				2	3	4	4	6	222	144	78	5、7、8	4、6
21	外国经济政治地理					3	3	6	4	188	108	80	5、7	6、8
22	中国经济地理					4	4	6	6	232	134	98	5、7	6、8
23	地理专题课堂讨论							4	3	72		72		7、8
24	教育见习			2	2					68		68		
	总时数	30	30	30	30	30	30	28	24	3408	1866	1542		
	考试次数	3	4	3	4	4	4	4	3	29				
	考查次数	6	4	5	4	5	5	3	3	35				

表 3-4 地理系 1960 年教学计划

顺序	科目	时数分配			每周时数									
		总计	讲授	实习讨论	第一学年		第二学年		第三学年		第四学年		第五学年	
					第一学期 15 周	第二学期 13 周	第三学期 15 周	第四学期 12 周	第五学期 15 周	第六学期 14 周	第七学期 11 周	第八学期 18 周	第九学期 周	第十学期 周
1	中共党史				5	5								
2	共产主义教育						5							
3	马列主义哲学原理及自然辩证法	565									5	5		
4	政治经济学								5	5				
5	外语	165 221			3	3	3	3						
6	体育	56			2	2								
7	数学	112			4	4								
8	物理	104				8								
9	化学	120			8									
10	地质	112			4	4								
11	第四纪地质及地貌	75					5							
12	气象与气候学	90					6							
13	水文学	75					5							
14	生物地理	84						7						
15	土壤地理	72						6						
16	生产布局原理	123						4	5					
17	地形测量				集中三周半		现场教学							
18	区域自然地理	90							6					
19	地图学	45					3							
20	自然地理学原理	60							4					

1966 年“文化大革命”开始后，地理系人才培养遭受到新中国成立以来最严重的挫折和损失。从 1966 年 6 月至 1973 年 8 月，除 1972 年至 1973 年间少数系办过短期的师训班外，学校 7 年之久没有招生、上课，整个学校的教学科研工作陷于停顿。

1952～1977 年这一阶段中，北师大地理系的人才培养，人数最多的是奋斗在基础教育战线上的教师队伍。五六十年代的毕业生，大江南北、天涯海角，处处都有他(她)们的身影，默默地做着教育下一代的工作。在“文化大革命”期间，地理系的科研工作主要是搞地震地质、水土气测、山区找水、土壤改良等应用项目。1975～1977 年，地理系一些教师还和北京水文地质大队举办了两届水利班(每届 1 年)，培养出一批北京郊区县水文地质工作干部。1975～1979 年，地理系教师连续举办三届气象班，培养出一批气象工作者。

据不完全统计，在北师大培养出的近 500 名特级教师中，地理系就有 20 多位。他(她)们在教育理念或教学方法上或有创新，或有绝技，个个都称得上是教育界的瑰宝。若把他(她)们的教学经验或课堂教学记录集中起来，肯定是一部绚丽多彩的教学精品。

1961 年以后，有了合理的教学秩序。在课程配置上主要体现在要素之间的联系、环境的发展变化以及环境关系的正确把握，推动了中学地理教育的普及和学术交流。

(二)研究生班培养

从 1954 年开始，地理系开始酝酿教育改革，针对过去人才培养强教学弱科研的问题，不断提高教学水平，使人才教育不再停留在本科生阶段，开始招收两年制研究生班。同时，函授教育也不断发展，遍布全国，规模很大。

- 1954～1956 年招收了土壤地理研究生班，共招收了 24 名学员。1959～1961 年培养了两位学员。
- 1955～1957 年，与苏联专家合作，聘请了苏联经济地理专家拉科夫斯基来系讲学，并举办了外国经济地理研究生班，共招收了 21 名学员。
- 1955～1957 年举办了地图与测量研究生班，共招收了 18 名学员。
- 举办了两届中国自然地理研究生班；1961 届毕业 4 人，1964 届毕业 5 人。
- 1960～1962 年举办了化学地理研究生班，1963 届毕业 11 人。
- 1965～1968 年举办古地理研究生班，1968 届毕业 5 人。

通过研究生的培养，北师大地理系为全国高等师范院校输送了一批师资。

四、1977～1993 年：全面恢复与提高的多层次人才培养

1977 年高考恢复，是中国高等教育发展进程中一个有着重要意义的转折点，这种历史作用在北京师范大学地理系的发展过程中体现得尤为明显。在这一时期，面向基础教育的本科师范人才培养与从事地理科学研究的多层次研究型人才培养同步发展；1983 年环境科学研究所成立，不仅标志着地理系介入环境科学的研究，而且反映了地理系的办学思想和学生培养方向已经呈现出了由师范性向综合性研究型转化的趋势。

(一)本科生培养

1978 年春季，地理系招收了 1977 级住宿生和走读生共 47 人，开始了“文化大革命”结束后的本科教育历程。在这一时期，地理系的办学思想紧密结合本身的师范性质，以培养合格中学地理教师为主要人才培养方向。在课程设置上，侧重点在地理科学，增设了高等数学、化学、物理等课程，旨在培养具有综合素质的地理教育人才。在当时以师范人才培养为主的办学思想指导下，地理系培养了大批优秀的中学和高校地理教师。地理系 1977 年本科教学计划见表 3-5。

表 3-5　地理系 1977 级本科教学计划

顺序	科目	每周学时数								学期分配				学期分配		
		第一学年		第二学年		第三学年		第四学年		总计	其中			考试	考查	学年作业
		第一学期	第二学期	第三学期	第四学期	第五学期	第六学期	第七学期	第八学期		讲课	实验	课堂练习			
1	共产党史	2	2													
2	政治经济学			2	2											
3	哲学					2	2									
4	国际共运史															
5	自然辩证法							3								
6	教育学						3									
7	体育	2	2	2	2											
8	外语	3	3	3	3	2	2									
9	数学	5	3				5									
10	地球概论	3														
11	地图测绘	2	3													
12	地质地貌		6	5												
13	气象气候		5	3												
14	水文学			5												
15	植物地理与土壤地理				6											
16	区域自然地理				8											
17	环境保护					3										
18	中国经济地理					4										
19	外国经济地理					3	5									
20	专门化学					5	6	12	12							
21	野外实习(周数)	2		5		4	6	8	9							
	每月总时数															

注：野外实习(周数)：测绘(第一学期 2 周)；气象 2 周、地质地貌 3 周(第三学期 5 周)；土壤及区域地理(第五学期 4 周)；教育实习(第六学期 6 周)；科研(第七学期 8 周)；科研(第八学期 9 周)。

(二)研究生培养

“文化大革命”结束后，北师大于 1978 年开始恢复研究生培养制度。1978 年 9 月，地理系以刘培桐教授为首的环境教研室招收了第一批共10名环境科学研究生，以段宝林为首的区域地理专业招收了5名研究生，继而在1979年以周廷儒教授为首的古地理教研室招收了5名研究生。1981年，地理系第一批硕士点申报成功，包括古地理、自然地理、环境地学、区域地理、地图与遥感等专业。借此机会，1978年入学的15名研究生班学生，成为地理系第一届(1981届)获得硕士学位的研究生(表3-6)。

表3-6　地理系第一届(1978级1981届)获得硕士学位的研究生

序号	姓名	性别	专业	导师
1	陈为民	男	区域地理	段宝林(李文华、邬翊光)
2	陈宗兴	男	区域地理	段宝林(李文华、邬翊光)
3	顾文选	男	区域地理	段宝林(李文华、邬翊光)
4	徐　岩	女	区域地理	段宝林(李文华、邬翊光)
5	尹怀庭	男	区域地理	段宝林(李文华、邬翊光)
6	车宇瑚	男	环境地学	刘培桐
7	郭震远	男	环境地学	刘培桐
8	侯然杰	男	环境地学	刘培桐
9	王志远	男	环境地学	刘培桐
10	伍　英	女	环境地学	刘培桐
11	夏　青	男	环境地学	刘培桐
12	解之龙	女	环境地学	刘培桐
13	许新宜	男	环境地学	刘培桐
14	姚重华	男	环境地学	刘培桐
15	尹　改	男	环境地学	刘培桐

1982年年初，地理系招收了第一批从恢复高考后的本科生中选拔出来的硕士研究生。当时，国内其他师范院校基本上还没有地理学硕士点，个别学校的学生需到北京师范大学地理系来申请硕士学位。在地理系原有硕士点的基础上，通过资源共享，之后从地理系分出去的资源研究所、环境科学研究所等都受益匪浅，并在此基础上增加了资源、减灾等相关学科。到1986年，经过多年的努力和发展，在北京师范大学一级学科"地理学"之下，形成了比较系统的二级学科。1982年，第一个博士点——古地理专业博士点申报成功。1985年，周廷儒以古地理专业首次招收了第一名博士生——邱维理(地理系1978级本科生)。随后于1986年录取了毕业于兰州冰川与沙漠研究所的硕士史培军。1988年，史培军以优异成绩提前毕业，成为地理系第一个获得博士学位的学生，参加博士毕业论文答辩会的有：周廷儒(导师)、陈

地理系第一届硕士学位获得者
陈宗兴的学位证书

述彭、赵松乔、王乃樑、刘培桐、崔之久、邢嘉铭、张兰生等。

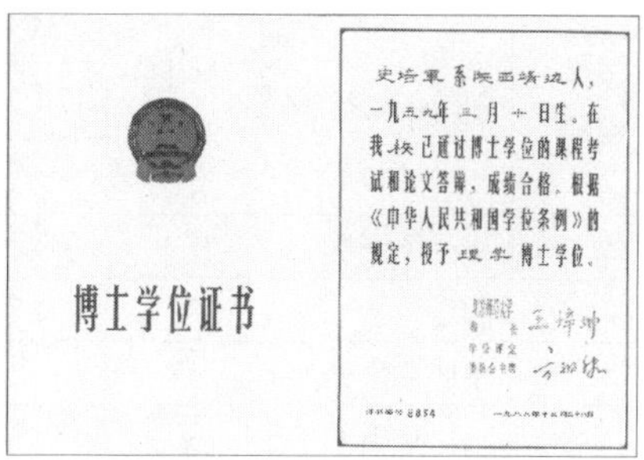

地理系首位博士学位获得者史培军论文答辩会及学位证书

五、1993～2003 年：强化社会需求的专业化人才培养

国家理科基础科学研究与教学人才培养基地

北京师范大学 地理学基地

基地牌匾

为满足社会对资源、环境方面人才的迫切需要，使地理科学更全面地适应 21 世纪发展的需要，地理系于 1993 年易名为资源与环境科学系。1997 年资源科学研究所成立，脱离资源与环境科学系。1996 年，北京师范大学被批准成为国家第一批“国家理科基础科学研究和教学人才培养基地”，从而确立了地理系培养地理学科高素质人才的地位。理科基地拥有地理学一级学科博士学位授予权、地理学博士后流动站和地理学国家重点学科，已经形成从本科生、硕士生、博士生到博士后完整的人才培养体系。虽然在这一历史时期，资源与环境科学系的办学思想全面实现了由师范性向综合性研究型转化，但是地理教育依然是资环系发展建设的一个重点。10 年间，资环系探索了一条地理学专业化教育的道路。

(一)本科生培养

1993～2000 年，资环系所培养的本科生专业分为地理科学专业和资源环境区划与管理专业，其中资源环境区划与管理专业属非师范类理科专业。此时的教学计划(表 3-7)中，院系在课程设置上注重学生专业基础知识和基本技能的培养，使学生具有获取地理学知识和信息的能力、独立分析和解决地理学问题并开拓创新的能力，能够熟练地应用计算机、遥感技术和地理信息系统进行地理教学与研究工作。

1999 年国家教育部颁布实施新的专业目录，新设立资源环境与城乡规划管理专业，其专业面涵盖原来的环境科学、资源环境区划与管理、城乡区域规划等多个专业。我院也相应对专业进行了调整，2000 年设立地理科学专业和资源环境与城乡规划管理专业，2001 年新加入地理信息系统专业。在这一历史时期，资源与环境科学系的办学思想全面实现了由师范性向综合性研究型转化的过程。在这一思想的指导下，学生的培养方向也

表 3-7　地理系 1999 年本科教学计划（含地理科学专业和资源环境区划与管理专业）

课程类别	课程编号	课程名称	开课学期和周学时								学分	总学时			成绩考核	
			17	15	18	15	18	16	14	9		讲课	实验	课堂练习	考查	考试
			一	二	三	四	五	六	七	八						
公共必修课	2251003	政治经济学	3								3	51				√
	2251002	哲学			3						3	64				√
	2251001	中国革命史					3				3	64				√
		法律基础		2							1	36				√
		军事理论	2								2	34				√
	0411001	公共外语Ⅰ	4								4	68				√
	0411001	公共外语Ⅱ		4							4	60				√
	0411001	公共外语Ⅲ			4						4	72				√
	0411001	公共外语Ⅳ				4					4	60				√
	1411001	公共体育Ⅰ	2								1	34				√
	1411001	公共体育Ⅱ		2							1	30				√
	1411001	公共体育Ⅲ			2						1	36				√
	1411001	公共体育Ⅳ				2					1	30				√
	0101001	教育学					3				3	54				√
	1701001	心理学					3				3	54				√
	1801001	图书情报资料检索				2					2	30				√
		形势与德育教育	3	3	3	3	3	3	3	3						√
专业必修课	1301001	高等数学Ⅰ	5								5	70		15		√
	1301002	高等数学Ⅱ		5							5	60		15		√
	1301003	线性代数		3							3	30		15		√
	1301004	概率统计			3						3	44		10		√
	1901201	计算机应用基础(一)	4								3	34	34	10		√
	1901202	计算机应用基础(二)		4							3	30	30			√
	1901203	计算机应用基础(三)＃			4						3	36	36			√
	1901204	地图学＃＊		4							4	50	10			√
	1901205	遥感概论＃＊			3						3	48	6			√
	1901206	普通物理				4					4	50	10			√
	1901207	普通化学				4					4	50	10			√
	1901208	非线性代数＃					3				3	54				√
	1901209	中国地理＃＊			6						6	108				√
	1901210	世界地理＃＊				6					6	90				√
	1901211	区域规划方法					3				3	54				√
	1901212	专业外语(一)						3			3	54				√
	1901213	专业外语(二)							3		3	48				√
	1901214	自然地理学＃＊	6									84	18			√

续表

课程类别		课程编号	课程名称	开课学期和周学时								学分	总学时			成绩考核	
				17	15	18	15	18	16	14	9		讲课	实验	课堂练习	考查	考试
				一	二	三	四	五	六	七	八						
专业必修课		1901215	人文地理学＃ *		3							3	45				√
		1901216	微观经济学＃	3								3	51				√
		1901217	宏观经济学＃		3							3	45				√
		1901218	生态学＃			3						3	44	10			√
		1901219	环境科学＃ *				3					3	54				√
		1901220	资源与环境经济学＃ *			3						3	54				√
		1901221	资源与环境法规学＃ *				3					3	54				√
		1901222	自然资源评价原理＃ *					4				4	72				√
		1901223	环境工程学＃					3				3	54				√
		1901224	数据库概论				3					3	40	5			√
		1901225	GIS 原理及软件应用＃ *					3				3	44	10			√
		1901226	投资环境信息系统						4			4	54	10			√
		1901227	规划信息系统							4		4	46	10			√
限选课及任选课	地理与环境教育方向	1901301	气候学原理						3			2	42	6	0	√	
		1901302	经济地理学						3			2	48	0	0	√	
		1901303	地理与环境教育						3			2	48	0	0	√	
		1901304	电化教育						2			1	32	0	0	√	
		1901305	地貌学原理							3		2	42	0	0	√	
		1901306	计量地理							3		2	32	10	0	√	
		1901307	文化地理							3		2	42	0	0	√	
		1901308	天文学								3	2	27	0	0	√	
		1901309	地质学								3	2	27	0	0	√	
		1901310	海洋地理								4	2	36	0	0	√	
		1901311	环境演变								4	2	36	0	0	√	
	城市与环境管理方向	1901312	城市经济学						3			2	48	0	0	√	
		1901313	城市生态学						3			2	48	0	0	√	
		1901314	地籍测量						3			2	42	6	0	√	
		1901315	城镇房地产评估							3		2	42	0	0	√	
		1901316	灾害经济学							3		2	42	0	0	√	
		1901317	环境影响评价							3		2	36	6	0	√	

续表

课程类别		课程编号	课程名称	开课学期和周学时								学分	总学时			成绩考核	
				17	15	18	15	18	16	14	9		讲课	实验	课堂练习	考查	考试
				一	二	三	四	五	六	七	八						
限选课及任选课		1901318	城市规划								4	2	36	0	0	√	
		1901319	保险学								4	2	36	0	0	√	
		1901320	城市基础设施概论								4	2	36	0	0	√	
	资源与区域开发方向	1901321	水资源管理						3			2	42	6	0	√	
		1901322	人口学						3			2	48	0	0	√	
		1901323	技术经济学						3			2	48	0	0	√	
		1901324	土地资源管理							3		2	36	6	0	√	
		1901325	旅游资源管理							3		2	42	0	0	√	
		1901326	产业布局原理							3		2	42	0	0	√	
		1901327	建设项目设计与评估								4	2	36	0	0	√	
		1901328	工程地质、地貌学								4	2	36	0	0	√	
		1901329	绿色产业工程								4	2	36	0	0	√	
公选			全校性选修(社科类)					2				2	36			√	
			全校性选修(艺术类)							2		2	28			√	
其他			野外、专业实(见)习				3周		2周	4周		9					
			军事训练		1周												
			生产劳动	1周		1周		1周		1周							
			毕业论文								8周	10					

注：＃为骨干课程，＊为辅修课程。教育学、心理学课程仅为地理科学专业必修课程。各个方向学生在第六、七、八学期中，每学期必修本方向所有选修课程，并在其他两个方向的选修课中选修四门。

发生了变化，由原来的侧重师范人才培养转向了对学生实践、研究能力的培养。2000年起开始招收港澳台地区本科生，截至2012年已经毕业4人，他们是：来自澳门的蔡宗洋(2000级)、潘国源(2007级)；来自香港的谭卓智(2005级)、李也(2007级)。

在这一时期，经过“九五”和“十五”两期建设，资环系已经形成了8个教学实验室和9个研究型实验室。野外定点实习基地主要结合基础课程的教学，建立了河北小五台山的地质地貌实习基地、河北丰宁县坝上的土壤植物实习基地，江苏吴县东山的人文地理野外实习基地，以及校园气象园。短途实习基地建设结合教学需要，以增加学生感性认识，巩固课堂所学知识。经过几年的建设，已在北京市及周边地区建立了12个短途实习点或线路。这一阶段，随着人才培养体系的不断完善，软硬件环境建设的不断加强，也孕育出一批高层次、高质量的教育教学成果：如“区域地理课程体系建设与改革”获国家级教学成果奖一等奖(2001 年)、“地理信息系统课程体系建设”获北京市高校教学成果奖一等奖(1997 年)、“地理学基地创新性人才培养模式的实践”荣获北京市高校教学成果奖一等奖(2001 年)；《中国地理》荣获全国高校优秀教材二等奖(2002 年)等。

(二)研究生培养

在此期间，研究生教育获得很大发展，招生专业与招生规模不断扩大。张兰生于 1991 年、朱启疆于 1993 年分别成为国务院学位委直批的博士生导师。由周廷儒创立的古地理博士点(地质类)调整为自然地理学博士点。1997 年以后博士生导师审批权下放，北师大获得自批权，从 1999 年起博士生导师人数增多，因此自 2000 年起，博士生的招生规模有所增大，突破 10 人，硕士生的招生规模达到 60～90 人。自然地理学自 20 世纪 90 年代以后，及时把握国际自然地理学强调过程与定量、交叉与融合、信息与技术的现代发展趋势，在面向前沿科学问题的同时，着眼于国家重大资源与环境问题的解决，使本学科点得到更为迅猛的发展，先后参与建成了“国家教委(教育部)环境演变与自然灾害重点实验室”(1994 年)，国家基础科学理科地理学人才培养基地(1996 年)，成为国家重点学科。2001 年，北京师范大学资源与环境学院与北京市农林科学院农业信息技术研究中心联合申请获得地图学与地理信息系统博士点，2002 年获批“环境遥感与数字城市北京市重点实验室”，2003 年与中科院遥感所联合申请获批“遥感科学国家重点实验室”。

六、2003～2006 年：宽口径厚基础——专业化的培养模式

2003 年资环系易名为地理学与遥感科学学院，此时的地理学与遥感科学学院在地理学科基础上将遥感纳入了新的院系建设体系，标志着地理学与遥感科学学院向综合性研究型转型的成功。其办学思想依然继承了前一时期的理念，在培养师范人才的同时，更加注重学生研究实践能力的培养。

(一)本科生培养

本科专业为地理科学、资源环境与城乡规划管理和地理信息系统三个专业方向，按照资源环境科学门类实施宽口径招生，学制 4 年，要求修读学分 165 学分(表 3-8)。其中地理科学专业培养学生掌握地理学的基本理论与方法，计算机、地理信息系统等基本知识与技能，把握地理科学的基本知识和地理教育的基本规律，使其毕业后能在有关部门从事教学、科学研究、开发和管理工作，或继续攻读硕士学位；资源环境与城乡规划管理专业培养学生掌握资源环境与城乡规划管理的基本理论、基本知识和基

表 3-8　北师大地理学与遥感科学学院 2003 年本科教学计划（包含 3 个专业方向）

课程类别		课程编号	课程名称	学分	开课学期和周学时								总学时			成绩考核		辅修/双学位
					第一学年		第二学年		第三学年		第四学年		讲课	实验	课堂练习	考查	考试	
					一	二	三	四	五	六	七	八						
					1	2	3	4	5	6	7	8						
学校平台课程	两课	2200001	思想道德修养	2	√	√	√	√	√	√	√		32				√	
		2200002	法律基础	2	2								32				√	
		2200003	马克思主义哲学原理	2		2							32				√	
		2200004	马克思主义政治经济学原理	2			2						32				√	
		2200005	毛泽东思想概论	2				2					32				√	
		2200006	邓小平理论与三个代表概论	2					2				32				√	
		2200007	当代世界经济与政治	2						2			32				√	
	大学外语	0700001	大学外语	10	5	5							160				√	
	信息技术	1500001	计算机应用基础	3	3								32	32			√	
		1500002	信息技术应用	3		3							16	64			√	
	体育与健康	1700001	形体与健美	2	2								32			√		
		1700002	体育文化	2	2								32			√		
	美育	0800001	大学美育	2		2							32				√	
	军训与军事理论	0000001	军事理论	2		2							32				√	
		0000002	军训														√	
	综合交叉学科课	0000003	人文科学教授讲坛	1			2						16			√		
		0000004	社会科学教授讲坛	1			2						16			√		
		0000005	自然科学教授讲坛	1				2					16			√		
		0000006	生命科学教授讲坛	1				2					16			√		
	任选课		□	8			2	2	2	2			128			√		
院系平台课程	相关学科基础课	0900002	大学数学 B	12	6	6							192				√	
		0900005	概率论与数理统计	3			3						48				√	
		1000003	基础物理 B	6		3	3						108				√	
		1000004	基础物理 B 实验	1.5			√							48		√		
	本学科基础课（必修）	0900002	大学数学 B	12	6	6							192				√	
		0900005	概率论与数理统计	3			3						48				√	

续表

课程类别			课程编号	课程名称	学分	开课学期和周学时								总学时			成绩考核		辅修/双学位
						第一学年		第二学年		第三学年		第四学年		讲课	实验	课堂练习	考查	考试	
						一	二	三	四	五	六	七	八						
						1	2	3	4	5	6	7	8						
院系平台课程	本学科基础课(必修)		1000003	基础物理 B	6		3	3						108				√	
			1000004	基础物理 B 实验	1.5			√							48		√		
			1310001	地质与地貌学	3		3							48	含短途			√	
			1312001	地质与地貌野外实习	2		√										√		
			1310002	气象学与气候学	3		3							48				√	
			1312002	气象学与气候实习	1		√										√		
			1310003	植物地理学	3				3					48	含短途			√	
			1312003	植物土壤野外实习	2				√								√		
			1310004	人文地理学	3			3						48				√	
			1312004	人文地理外实习	2						√						√		
			1310005	经济地理学	3				3					48	含短途			√	
			1310006	资源与环境科学导论	1	1								16				√	
			1310007	中国地理	3					3				48				√	
			1310008	环境学	3			3						48				√	
			1310009	测量与地图	3	3								48				√	
			1310010	地理信息系统	3			3						36	18			√	
			1310011	遥感原理 A/B	3				3					48				√	
			1312005	“3S”综合实习	1				√								√		
专业平台课程	专业方向	自然组	1311001	土壤地理学	3				3					48	含短途				
			1311002	生态学	3					3				48				√	
			1311003	水文学	3			3						48				√	
			1311004	全球变化	2						2			32				√	
			1311005	中国自然环境演变	2						2			32				√	
			1311006	第四纪环境	2						2			32				√	

续表

课程类别			课程编号	课程名称	学分	开课学期和周学时								总学时			成绩考核		辅修/双学位
						第一学年		第二学年		第三学年		第四学年		讲课	实验	课堂练习	考查	考试	
						一	二	三	四	五	六	七	八						
						1	2	3	4	5	6	7	8						
专业平台课程	专业方向	自然组	1311007	自然地理学(英)	2							2		32				√	
			1311008	地表水热平衡	3					3				48				√	
			1311009	地学统计	3					3				48				√	
			1311010	自然地理实验分析方法	2				2					32				√	
		人文组	1311011	经济学基础	2			2						32				√	
			1311012	文化地理学	2				2					32				√	
			1311013	区域分析与规划	2					2				32				√	
			1311014	城市地理学	3					3				48				√	
			1311015	人口地理学	2					2				32				√	
			1311016	世界地理	3						3			48				√	
			1311017	政治地理学	3								3	48				√	
			1311018	资源与环境经济学	2					2				32				√	
			1311019	城市规划概论	3						3			48				√	
			1311020	房地产评估	2							2		32				√	
			1311021	城市生态学	2								2	32				√	
		资环组	1311022	环境监测	2					2				32				√	
			1311023	水资源计算与管理	3					3				48				√	
			1311024	环境化学	3					3				48				√	
			1311025	环境影响评价	2					2				32				√	
			1311026	流域管理(英)	2						2			32				√	
			1311027	自然灾害	2						2			32				√	
			1311028	自然资源评价	2						2			32				√	
			1311029	自然资源与环境法	2						2			32				√	
			1311030	土地评价与土地管理	3							3		48				√	
			1311031	土壤侵蚀与水土保持	2							2		32				√	
			1311032	旅游地理与旅游规划	3							3		48				√	
			1311033	乡土地理	2							2		32				√	

续表

课程类别			课程编号	课程名称	学分	开课学期和周学时								总学时			成绩考核		辅修/双学位
						第一学年		第二学年		第三学年		第四学年		讲课	实验	课堂练习	考查	考试	
						一	二	三	四	五	六	七	八						
						1	2	3	4	5	6	7	8						
专业平台课程	专业方向	资环组	1311034	国土资源调查技术与方法	2							2		32				√	
			1311035	地球系统科学	2								2	32				√	
			1311036	环境伦理	2								2	32				√	
		GIS组	1311037	数据结构	3			3						48				√	
			1311038	图像理解与分析	2				2					32				√	
			1311039	计算机图形学	3				3					48				√	
			1311040	数据库概论	3				3					48				√	
			1311041	计算机网络	2				2					32				√	
			1311042	GIS 软件分析	3					3				48				√	
			1311043	数字图像处理	3					3				48				√	
			1311044	微波遥感	2					2				32				√	
			1311045	数字地面模型	2						2			32					
			1311046	专题 GIS 设计	3						3			48				√	
			1311047	软件工程	2						2			32				√	
			1311048	数字摄影测量	3					3				48				√	
			1311049	资源环境遥感	2						2			32				√	
			1311050	定量遥感	2							2		32				√	
			1311051	GPS 原理及应用	2							2		32				√	
			1311052	人工智能与专家系统	2							2		32				√	
			1311053	高级 GIS 专题	3								3	48				√	
		其他组	1311054	计算方法	2			2						32				√	
			1311055	地图投影	2				3					32				√	
			1311056	地理文献阅读与写作	2								2	32				√	
			1311057	地理学思想史	2								2	32				√	
			1312006	毕业实践	6						6								
			1313001	毕业论文/设计	8								8						

注：1. 在专业方向平台课中：(1)理科基地班学生最低在自然组选修 9 学分，人文组选修 7 学分；(2)地理科学专业学生最低在自然组选修 17 学分，人文组选修 14 学分；(3)资源环境与城乡规划管理专业学生最低在自然组选修 5 学分，人文组选修 6 学分，资环组选修 20 学分；(4)地理信息系统专业学生最低在地理组选修 3 学分，人文组选修 3 学分，GIS 组选修 25 学分；(5)三个专业另有 8.5 学分为任选课学分，学生可任意选修专业课程。理科基地班学生有 23.5 学分为任选课学分，可选修本院及数学、物理、化学学院课程。2. 地理信息系统专业修读“遥感原理 A”，其他专业修读“遥感原理 B”。

本技能，使其毕业后能在科研机构、高等学校、企事业单位和行政管理部门从事科研、教学、资源开发利用与规划、管理等工作，或继续攻读硕士学位；地理信息系统专业培养学生具有地理信息分析处理的基本理论和基本技能，使其毕业后能在科研机构、高等院校、企事业单位以及各级信息管理部门从事地理信息系统的研究、教学、应用软件与应用系统的开发和管理工作，并为遥感与地理信息系统更高层次的教学与研究部门输送高素质的后备人才。

在宽口径招生的原则下，学生在进行一年级半通识培养后，可根据兴趣按照各专业和方向的培养规格要求，进行各课程组的选择性学习。并选择"4＋X"人才培养模式深造或就业。"4＋0"模式是学生完成四年学业，获得理学学士；"4＋2"模式是在获得学士后，去我校教育学部直接攻读2年研究生，获得教育学硕士；"4＋3"模式是在获得学士后攻读3年研究生，获得理学硕士。同时，实行一级学科必修课程体系，突出创新性地理学人才培养的教学特色：厚基础、重技能、宽知识、高素质；知识、能力、素质协调发展；通识教育与专业教育有机结合，特别注重实验技能和动手能力的训练，注重科学思维的启迪与科研创新能力的培养，同时注重学生人文社科与综合素质的协调发展；建立了增加理科基础、提高专业起点、强化创新能力的培养方案；构建成适合不同学习阶段(不同的认知和实践特点)和不同学科平台(不同能力趋向)的因材施教的立体多元学习和能力训练体系。

(二)研究生培养

在此期间，学院研究生教育取得重大突破，2003年学院获批成为地理学一级学科博士学位授权单位，至此人文地理学、地理教育也获得博士招生资格。2003年9月获批土地资源管理、水土保持与荒漠化防治硕士点。2005年获批全球环境变化博士点。至此，地理学与遥感科学学院形成五个二级学科博士点，分别是自然地理学、地图学与地理信息系统、人文地理学、地理课程与教学论、全球环境变化，博士招生名额不断增加，每年招生数量达到30余人，成为国内著名的高端地理人才培养基地，硕士生招生名额也不断增长，最高达到85人。

七、2006～2012年：全面发展与创新实践的人才培养体系

(一)本科生培养

2007年国务院决定在教育部直属6所师范大学实行师范生免费教育。采取这一重大举措的目的是要让全社会尊重教育事业，培养大批优秀教师，提倡教育家办学，鼓励更多的优秀青年终身做教育工作者。为适应基础教育发展和课程改革需要，落实国家有关教育优先发展、建设人力资源强国和创新型国家战略，积极推进师范生免费教

育，着力创新教师教育模式，培养和造就全面发展的创新型基础教育人才和未来基础教育专家，地遥学院在地理学原有 3 个本科专业(地理科学、资源环境与城乡规划管理、地理信息系统)的基础上，自 2007 年起，增设地理科学(师范)专业。学院每年招收本科生百余名，免费师范生所占比例约为 30%～40%。针对 2007 级首批免费师范生，学院专门制订了地理科学(师范)专业 2007 年教学计划，强化了教师教育方面的理论和实践课程。

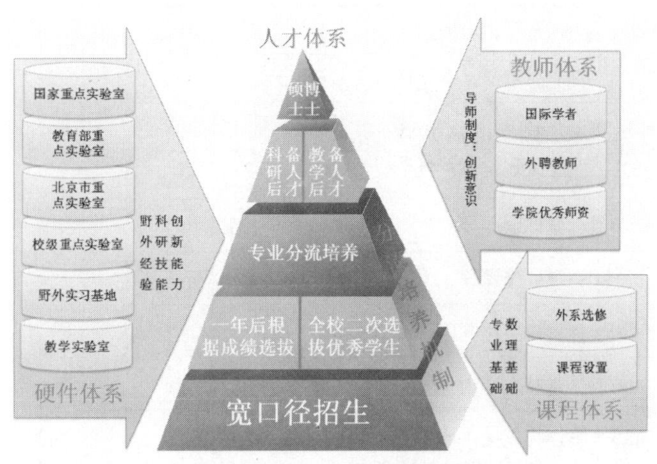

地理学与遥感科学学院人才培养体系

从 2009 年(2009 级)开始，学院三个本科专业继续按资源环境科学门类(资源环境与城乡规划管理专业)实行宽口径招生，学生在进行一年学院平台基础课程的共同培养后，根据个人兴趣和专业需求进行双向选择，分别进入地理科学、资源环境与城乡规划和地理信息系统专业学习。在原本科教学计划的基础上，以"加强基础、拓宽口径、因材施教、体现特色、强化能力、提高素质"为指导思想，以学生全面发展为本，以培养学生创新精神和实践能力为核心，以落实师范生免费教育政策为契机，学院党政领导高度重视和积极运作，全院教师参与，结合学院和专业的特色和优势，经学院教学指导委员会的监督和审定，2009 年完成本科教学计划修订，从 2009 级开始实施(表 3-9、表 3-10)。新教学计划实行宽口径招生，进一步加强了学科基础课程，显著增大了选修课程与实践课程的比例。

2012 年 10 月，教育部公布《教育部关于公布 2011 年度高等学校本科专业设置备案或审批结果的通知》，对本科招生专业进行了调整。经过调整，学院自 2013 级开始，按照地理科学(师范生)和地理学类(国家理科基地班)进行招生。其中，地理科学专业招收免费师范生；地理学类(国家理科基地班)实施宽口径招收非师范生，包含自然地理与资源环境、人文地理与城乡规划和地理信息科学三个专业，学生在进行一年学院平台基础课程的通识培养后，根据个人兴趣和专业需求双向选择进行学习。据此，学院将进一步修订新的本科教学计划。

表 3-9　地理学与遥感科学学院 2009 年本科教学计划(非师范生)

课程类别		课程编号	课程名称	学分	开课学期和周学时								总学时		成绩考核	
					第一学年		第二学年		第三学年		第四学年		讲课	实践	考查	考试
					一	二	三	四	五	六	七	八				
学校平台课程	思想政治理论	0106000001	形势与政策	2	√	√	√	√	√	√	√	√	128			√
		0205000001	思想道德修养与法律基础	3	2								32			√
		0205000002	中国近现代史纲要	2	2								32			√
		0205000003	马克思主义基本原理	3			2						32			√
		0205000004	毛泽东思想和中国特色社会主义理论体系概论	3			2						32			√
				3					2				32			√
	大学外语	0210000001	大学外语	10	5	5							160			√
			高级选修课程	2			√	√	√	√			32			√
	信息技术	0201020001	计算机应用基础	2	2								64			√
		0201020002	信息技术应用	3		2+2							32	32		√
	体育与健康	0207000001	形体与健美	1	2									32	√	
		0207000002	体育文化	1	2								16		√	
		0207000003	三自教学	2			√	√	√	√				64	√	
	美育	0211000001	大学美育	2	2								32		√	
	军训与军事理论	0106010001	军事理论	2		2							32			√
		0106010002	军训												√	
	公共选修		□	8		√	√	√	√	√	√		128			√
院系平台课程	相关学科基础		大学数学 A	18	6	6	6						288			√
			概率论与数理统计	3			3						48			√
			基础物理 B	6		3	3						96			√
			基础物理实验	2			4							64	√	
			无机与分析化学	3	3								64			√
			无机与分析化学实验	1.5	3									64	√	

续表

课程类别			课程编号	课程名称	学分	开课学期和周学时								总学时		成绩考核	
						第一学年		第二学年		第三学年		第四学年					
						一	二	三	四	五	六	七	八	讲课	实践	考查	考试
院系平台课程	学科基础		0217001001	地质学与地貌学	3		3							48	含短途		√
			0217001002	地质与地貌野外实习	2		√								14天	√	
			0217001003	气象学与气候学	3		3							48			√
			0217001004	气象与气候实习	1		√								5天	√	
			0217001005	植物地理学	3				3					48	含短途		√
			0217001006	土壤地理学	3				3					48	含短途		√
			0217001007	植物土壤野外实习	2				√						12天	√	
			0217001008/0217001009	人文地理学/社会与文化地理学	3/2				3/2					48/32			√
			0217001010	人文地理学综合实习	2						√				14天	√	
			0217001011	地理信息系统	3			2+2						32	32		√
			0217001012	数据库概论	3			3						48			√
			0217001013	测量与地图	3	2+2								32	32		√
			0217001014	地理科学导论	1	2								16			√
			0217001015/0217001016	遥感原理/遥感概论	3				3					48			√
专业平台课程	专业方向	地理科学专业优先选择课程	0217001017	水文学	3			3						48			√
			0217001018	经济地理学	3				3					48			√
			0217001019	中国地理	3					3				48			√
			0217001020	世界地理	3						3			48			√
			0217001021	城市地理学	3					3				48			√
			0217001022	人口地理学	2					2				32			√
			0217001023	环境学	3			3						48			√
			0217001029	生态学(双语)	3				3					48	含短途		√
			0217001030	全球变化	2						2			32			√
			0217001031	第四纪环境	2						2			32			√

续表

课程类别			课程编号	课程名称	学分	开课学期和周学时								总学时		成绩考核	
						第一学年		第二学年		第三学年		第四学年		讲课	实践	考查	考试
						一	二	三	四	五	六	七	八				
专业平台课程	专业方向		0217001032	自然地理学(双语)	2							2		32			√
			0217001033	地表水热平衡	3				3					48			√
			0217001034	地学统计	3				3					48			√
			0217001035	地理综合实践	3						√			32	10天	√	
			0217001036	自然地理实验分析方法Ⅰ	2				4						64	√	
			0217001037	自然地理实验分析方法Ⅱ	2					4					64	√	
			0217001038	地理学前沿讲座	1					2				16			√
		资源环境与城乡规划管理专业优先选择课程	0217001017	水文学	3			3						48			√
			0217001018	经济地理学	3				3					48			√
			0217001019	中国地理	3					3				48			√
			0217001020	世界地理	3						3			48			√
			0217001021	城市地理学	3					3				48			√
			0217001022	人口地理学	2					2				32			√
			0217001023	环境学	3			3						48			√
			0217001024	经济学基础	3			3						48			√
			0217001025	区域分析与规划	2					2				32			√
			0217001039	交通地理学	2					2				32			√
			0217001040	房地产评估与开发	2							2		32			√
			0217001041	自然资源与环境经济学	2				2					32			√
			0217001042	城市规划原理	2						2			32			√
			0217001043	城市生态学	2								2	32			√
			0217001044	环境监测	2					4					64	√	
			0217001045	水资源管理	3					3				48			√
			0217001046	环境化学	3					3				48			√
			0217001047	环境影响评价	2					2				32			√
			0217001048	流域管理(双语)	2						2			32			√
			0217001049	自然灾害	2							2		32			√
			0217001050	自然资源与环境法	2							2		32			√

续表

课程类别			课程编号	课程名称	学分	开课学期和周学时								总学时		成绩考核	
						第一学年		第二学年		第三学年		第四学年		讲课	实践	考查	考试
						一	二	三	四	五	六	七	八				
专业平台课程	专业方向		0217001051	土地评价与土地管理	2						2			32			√
			0217001052	旅游地理与旅游规划	2							2		32			√
			0217001053	乡土地理	2						2			32			√
			0217001054	地球系统科学	2								2	32			√
			0217001055	土地利用规划	2							2		32			√
			0217001056	规划制图	2						4				64	√	
			0217001057	城乡规划实习Ⅰ	2							4			64	√	
			0217001058	城乡规划实习Ⅱ	2								4		64	√	
			0217001059	资源环境与城乡规划管理前沿讲座	1					2				16			√
		地理科学专业优先选择课程	0217001060	数据结构	3			2+2						32	32		√
			0217001061	遥感综合实验	2				4						64	√	
			0217001062	遥感数字图像处理	3				2+2					32	32		√
			0217001063	GPS 原理及应用	2				2					32			√
			0217001064	计算机图形学	3			2+2						32	32		√
			0217001065	3S 综合实习	1				√						8 天	√	
			0217001033	地表水热平衡	3				3					48			√
			0217001066	定量遥感	3					2+2				32	32		√
			0217001067	数字地图制图原理及应用	3				2+2					32	32		√
			0217001068	微波遥感	2					2				32			√
			0217001069	数字摄影测量	3					2+2				32	32		√
			0217001070	数字地面模型(双语)	2					2				32			
			0217001080	遥感与地理信息系统前沿讲座	1					2				16			√
			0217001019	中国地理	3					3				48			√
			0217001020	世界地理	3						3			48			√
			0217001071	网络基础与网络 GIS	3						2+2			32	32		√
			0217001072	GIS 软件分析	3					2+2				32	32		√
			0217001073	专题 GIS 设计	3						2+2			32	32		√
			0217001074	软件工程	3					2+2				32	32		√

续表

课程类别			课程编号	课程名称	学分	开课学期和周学时								总学时		成绩考核	
						第一学年		第二学年		第三学年		第四学年		讲课	实践	考查	考试
						一	二	三	四	五	六	七	八				
专业平台课程	专业方向		0217001075	资源环境遥感	2						2+2			16	32		√
			0217001076	遥感影像地学分析	2						2+2			16	32		√
			0217001077	科学计算语言编程	2							2+2		16	32		√
			0217001078	计算方法	3						2+2			32	32		√
			0217001079	海洋遥感	2						2			32			√
		专业任选课程	0217001026	政治地理学	2								2	32			√
			0217001081	地理文献阅读与写作	1							2		16			√
			0217001082	地理学思想史	2								2	32			√
			0217001083	地理学教学论	3						3			48			√
	专业实习/社会实践		0217001084	生产实习 *	1							√				√	
	毕业论文/设计		0217001085	毕业论文 *	4								√			√	

注：* 表示必修课程。学科基础课程中地理科学专业与资源环境与城乡规划管理专业修读社会与文化地理学、遥感概论等课程，地理信息系统专业修读人文地理学、遥感原理等课程。

表 3-10　地理学与遥感科学学院 2009 年地理科学专业教学计划（师范生）

课程类别		课程编号	课程名称	学分	开课学期和周学时								总学时		成绩考核	
					第一学年		第二学年		第三学年		第四学年		讲课	实践	考查	考试
					一	二	三	四	五	六	七	八				
通识教	思想政治理论	0205000001	思想道德修养与法律基础	3	2（一或二）								32			√
		0205000002	中国近现代史纲要	2	2（一或二）								32			√
		0205000003	马克思主义基本原理	3			2（三或四）						32			√
		0205000004	毛泽东思想和中国特色社会主义理论体系概论	3			2（三或四）						32			√
				3					2（五或六）				32			√
	大学外语	0210000001	大学外语	10	5	5							160			√

续表

课程类别		课程编号	课程名称	学分	开课学期和周学时								总学时		成绩考核	
					第一学年		第二学年		第三学年		第四学年		讲课	实践	考查	考试
					一	二	三	四	五	六	七	八				
育课程	信息技术	0201020001	计算机应用基础	2	2									64		√
		0201020002	信息技术应用	3		2+2							32	32		√
	体育与健康	0207000001	形体与健美	1	2									32	√	
		0207000002	体育文化	1	2								16		√	
		0207000003	三自教学	2			√	√	√	√				64	√	
	美育	0211000001	大学美育	2	2								32		√	
	军训与军事理论	0106010001	军事理论	2		2							32			√
		0106010002	军训												√	
	公共选修		□	7		√	√	√	√	√	√		112			√
	相关学科基础		大学数学 C	12	6	6							192			√
			天文学基础	3		3							48			√
			基础物理 B	6		3	3						96			√
			无机与分析化学	3	3								64			√
	学科基础	0217001001	地质学与地貌学	3		3							48	含短途		√
		0217001002	地质与地貌野外实习	2		√								14天	√	
		0217001003	气象学与气候学	3		3							48			√
		0217001004	气象与气候实习	1		√								5天	√	
		0217001005	植物地理学	3				3					48	含短途		√
		0217001006	土壤地理学	3				3					48	含短途		√
		0217001007	植物土壤野外实习	2				√						12天	√	
		0217001009	社会与文化地理学	2				2					32			√
		0217001010	人文地理学综合实习	2						√				14天	√	
		0217001011	地理信息系统	3			2+2						32	32		√
		0217001013	测量与地图	3	2+2								32	32		√
		0217001014	地理科学导论	1	2								16			√
		0217001016	遥感概论	3				3					48			√

续表

课程类别		课程编号	课程名称	学分	开课学期和周学时								总学时		成绩考核	
					第一学年		第二学年		第三学年		第四学年		讲课	实践	考查	考试
					一	二	三	四	五	六	七	八				
专业教育课程		0217001017	水文学	3			3						48			√
		0217001018	经济地理学	3				3					48			√
		0217001019	中国地理	3					3				48			√
		0217001020	世界地理	3						3			48			√
		0217001021	城市地理学	3					3				48			√
		0217001022	人口地理学	2					2				32			√
	专业方向	0217001012	数据库概论	3			3						48			√
		0217001023	环境学	3			3						48			√
		0217001025	区域分析与规划	2					2				32			√
		0217001026	政治地理学	2								2	32			√
		0217001029	生态学(双语)	3				3					48	含短途		√
		0217001030	全球变化	2						2			32			√
		0217001031	第四纪环境	2						2			32			√
		0217001032	自然地理学(双语)	2							2		32			√
		0217001033	地表水热平衡	3				3					48			√
		0217001034	地学统计	3				3					48			√
		0217001035	地理综合实践	3						√			16	10天		√
		0217001036	自然地理实验分析方法Ⅰ	2				4						64	√	
		0217001037	自然地理实验分析方法Ⅱ	2					4					64	√	
		0217001038	地理学前沿讲座	1					2				16			√
		0217001039	交通地理学	2					2				32			√
		0217001042	城市规划原理	2						2			32			√
		0217001043	城市生态学	2								2	32			√
		0217001044	环境监测	2					4					64	√	
		0217001045	水资源管理	3					3				48			√
		0217001046	环境化学	3					3				48			√
		0217001047	环境影响评价	2					2				32			√
		0217001048	流域管理(双语)	2						2			32			√

续表

课程类别			课程编号	课程名称	学分	开课学期和周学时								总学时		成绩考核	
						第一学年		第二学年		第三学年		第四学年					
						一	二	三	四	五	六	七	八	讲课	实践	考查	考试
			0217001049	自然灾害	2							2		32			√
			0217001052	旅游地理与旅游规划	2							2		32			√
			0217001053	乡土地理	2						2			32			√
			0217001054	地球系统科学	2								2	32			√
			0217001059	资源环境与城乡规划管理前沿讲座	1					2				16			√
			0217001080	遥感与地理信息系统前沿讲座	1					2				16			√
			0217001081	地理文献阅读与写作	1							2		16			√
			0217001082	地理学思想史	2								2	32			√
教师教育课程	教师教育基础	教师教育必修课程	0206000002	教育心理学	2				2					32			√
			0201010001	教育学	2					2				32			√
			0201020003	现代教育技术基础	3					2+2				32	32		√
			0217001083	地理学教学论	3						3			48			√
				教学技能实训	1						√				32	√	
		教育研究与拓展	0217001091	地理多媒体教学	3							2+2		32	32		√
			0217001092	地理教材分析	2						2			32			√
			0217001093	地理教育心理学	2					2				32			√
			0217001094	地理网络课程设计	2						2			32			√
			0217001095	环境与遗产解说	2								2	32			√
			0217001096	环境与可持续发展教育	2						2			32			√
			0217001097	高中必修课程模块研究	1								2	16			√
			0217001098	高中选修课程模块研究	1								2	16			√
		教育教学综合实践		教育见习	1						√					√	
				教育实习	10							√			半年	√	
	职业信念与养成教育		0106000002	职业信念与养成教育	2	√	√	√	√	√	√	√	√	128			√
	毕业论文/设计		0217001085	毕业论文	4								√			√	

本科生科研方面，在“国家基础科学人才培养基金(地理学本科生科研训练体系的构建与实践，NFFTBS－J0630532)”、“国家大学生创新性实验项目”、“学校本科生科研项目”、“刘开瑜学长奖学金资助项目”以及教师承担的各类科研项目的资助下，年均约 15 项本科生科研项目立项。参加科研项目，加强了科研素质和能力培养，开阔了学生的视野，使学生的知识、能力、素质相辅相成，全面发展，创新意识与创新能力得到增强。本科生在校期间公开发表论文数量年均 10 余篇。

经过学院人才培养体系的训练，本科生综合素质明显提高，涌现出一批品学兼优的拔尖人才。每年从每级本科生中动态遴选 20 名优秀本科生进入理科基地班；每年推荐约 4 名优秀本科生到学校励耘班学习。每年本科生获得国家奖学金约 4 人次，国家励志奖学金 8 人次，国家助学金 35 人次，宝钢奖学金等其他各类奖(助)学金 18 人次。2008 年获得北京市奥运会/残奥会的优秀志愿者 2 人、先进个人 2 人；2009 年获得 ESRI 杯全国大学生 GIS 软件开发竞赛总决赛冠军，首都高校社会实践的优秀团队 1 个、优秀成果 1 项、首都高校“先锋杯”优秀团支部 1 个、首都高校优秀基层团干部 1 人。在学校的各项评比中，每年获评三好学生约 12 人次，学术奖学金 4 人次，专业一等奖学金 12 人次，专业二等奖学金 23 人次，专业三等奖学金 37 人次，荣誉奖学金 11 人次，学习进步奖 3 人次，竞赛奖学金 5 人次，优秀学生干部 4 人次，优秀团员 6 人次。每年应届毕业生中平均 55%保送或考取国内硕士研究生，10%公费或自费出国留学；2009 年开始每年选派 3 名优秀本科毕业生赴德国斯图加特大学攻读硕士学位。

在教学工作与人才培养规范性建设方面，制订了“本科专业分流细则”，综合考虑学生兴趣与人才培养规模；制订了“期末考试材料归档细则”，对期末考试出题实行所长——院长双重审核制，严把毕业论文和期末考试关；制定北京师范大学地理学理科基地本科生科研基金项目指南，方便理科基地本科生了解与申报科研项目；建立本科生综合测评体系，进一步完善综合测评制度，并将其作为奖学金评定的一个衡量标准；制订“本科生毕业论文指导细则”，对毕业论文实行格式评审；制订“本科生推免研究生实施细则”，保证科研兴趣浓厚、学习优秀的本科生继续读研深造；重视学生自我管理，在“导师制”的基础上，推出和完善了“导生制”。

2008 年 4 月 14～18 日，北师大接受教育部本科教学工作水平评估。在此期间，学院接受了专家组围绕本科教学工作展开的全面检查。评估专家组调阅了学院 2003 级地理科学专业全部毕业论文 20 份，以及资源环境与城乡规划专业按学号排序在前四十名的学生的 40 份毕业论文。学院两门课程接受本科教学工作评估专家听课，分别为由谭利华老师主讲的第四纪环境和宋金平教授主讲的经济地理学。评估专家组组长谢和平院士亲临学院检查本科教学工作。最终，学校在评估中获得“优秀”。

“十一五”期间，学院的教师积极参加国家、省部级以及校级教学改革项目，对学院的教学起到了明显的推动作用。近四年来，学院承担各级教学改革项目 23 项，其中国家级教改项目 2 项、省部级教改项目 2 项；学院教师获教学成果奖 27 项，其中国家级教学成果一等奖 3 项、二等奖 1 项，省部级教学成果 10 项，校级 13 项。

课程建设在高等师范院校地理科学本科教育中的优势较明显。获得各级精品课程与双语示范课程 6 门，其中刘宝元教授主讲的“流域管理”获教育部双语教学示范课程，周尚意教授主讲的“人文地理学”获北京市精品课程。师资力量雄厚，国家教学名师王静爱教授领衔的“区域地理国家级教学团队”，每年举办多次“区域地理教学沙龙”活动，对区域地理教学，特别是青年教师培养有积极的推动作用，扩大了团队建设成果的辐射范围，取得了很好的效果。

“十一五”期间教材建设取得丰硕成果，出版高质量教材 20 部。16 部专业教材入选普通高等教育“十一五”国家级教材：《乡土地理教程》、《区域分析与规划教程》、《流域管理》、《世界经济地理》、《地质学基础实习指导》、《全球变化(第 2 版)》、《中国地理

“十一五”期间课程建设成果示例

(第 2 版)》、《中国自然地理(第 4 版)》、《文化地理学》、《人文地理学野外实习方法》、《地理教学论》、《地理信息系统应用》、《新编地图学教程(第 2 版)》、《区域经济学》、《遥感原理及应用》、《资产评估学教程》。

(二)研究生培养

2007 年至今学院研究生培养发生重大变化，主要表现在以下几个方面。

一是开始招收专业硕士学位研究生。在此期间，国家对研究生培养机制作出重大调整，加强专业硕士研究生的培养，逐渐减少学术硕士研究生的培养，因此，学院响应国家对高层次基础教师人才培养的需求，培养能够掌握现代教育理论，具有较强的教育教学实践和研究能力的高素质中学教师。从 2009 年开始招收专业硕士学位研究生，首届招生 11 名专业学位硕士研究生，此后每年的招生名额固定在 15 人左右，相应的学术型硕士的招生名额有所减少，到 2012 年减少到 65 人左右。

二是研究生的对外交流不断加强，国际化水平得到很大提高。随着国家对高水平、研究型大学经费支持力度的加大，学校从“985 工程”、“211 工程”经费中拿出部分资金支持研究生的培养，以多种方式推动研究生培养的国际化水平，学校选派优秀研究生出国到国外高水平大学联合培养或者交换留学，资助大批研究生出国参加国际会议或者学术交流，学院与国外多所大学开展了更加紧密的合作，如与荷兰屯特大学签订了研究生联合培养的协议，与美国威斯康星大学麦迪逊分校签订了研究生培养合作协议。招收并培养留学生，2012 年，学院首位美国留学生罗星薇(Christiana Lawson，2009 年入学)获得北京师范大学博士学位。

三是研究生导师队伍建设取得明显成效，导师数量不断增加。到 2012 年，学院共有博士生导师 28 人(表 3-11)，一批副教授成为博士生导师，硕士生导师数量达到 56 人(表 3-12)，学院还聘请了一批国内外知名学者担任学院的兼职博士生导师，对学院研究生的培养水平的提高发挥了巨大的作用。

四是研究生培养制度不断规范，科研要求提高。近几年学院不断完善研究生培养制度，先后出台了一系列规章制度，包括“地理学与遥感科学学院对硕士研究生、博士研究生在校期间科研成果要求与毕业论文答辩管理办法”等。

五是重新修订了研究生培养方案。为适应新时期、新背景下的研究生培养要求，顺应国内外学科发展趋势，学院于 2007 年重新修订了研究生培养方案，后经几次小的改动和修订，形成了一整套完善的研究生培养方案。

表 3-11　地理学与遥感科学学院博士生导师名单(截至 2012 年)

序号	姓名	批准时间	序号	姓名	批准时间
专业：自然地理学			专业：地图学与地理信息系统		
1	刘宝元	1997.06	1	李小文	1990.11
2	方修琦	2001.06	2	王锦地	2000.07
3	谢　云	2003.01	3	张立新	2003.01
4	王静爱	2004.11	4	刘慧平	2004.11
5	张科利	2004.11	5	阎广建	2005.01
6	张光辉	2007.06	6	杨胜天	2005.12
7	符素华	2010.06	7	孙　睿	2007.06
8	叶　瑜	2012.06	8	刘绍民	2007.06
专业：人文地理学			9	柏延臣	2007.06
1	吴殿廷	2003.01	10	刘素红	2008.06
2	梁进社	2004.11	11	张立强	2010.06
3	宋金平	2005.12	12	张吴明	2011.06
4	葛岳静	2007.06	13	蒋玲梅	2011.06
5	周尚意	2007.06	四个专业共 28 名博导。其中，教授 23 人，副教授 5 人		
6	张文新	2008.06			
专业：课程与教学论					
1	王　民	2002.06			

表 3-12　地理学与遥感科学学院硕士生导师名单(截至 2012 年)

序号	姓名	序号	姓名
专业：自然地理学		专业：地图学与地理信息系统	
1	方修琦	1	柏延臣
2	符素华	2	李小文
3	刘宝元	3	刘慧平
4	邱维理	4	刘绍民
5	邱　扬	5	刘素红
6	苏　筠	6	孙　睿
7	王静爱	7	王锦地
8	谢　云	8	阎广建
9	张光辉	9	杨　华
10	张科利	10	杨胜天
11	章文波	11	张立新
12	王志强	12	杜克平
13	谭利华	13	张立强
14	叶　瑜	14	蒋玲梅
15	陈锡云	15	肖志强
16	岳耀杰	16	刘志刚
17	殷水清	17	张吴明
专业：人文地理学		18	朱忠礼
1	葛岳静	19	焦子锑
2	蒋立红	20	屈永华
3	梁进社	21	董卫华
4	宋金平	22	谢东辉
5	吴殿廷	23	柴琳娜
6	张文新	专业：课程与教学论	
7	周尚意	1	王　民
8	朱　青	2	朱　良
9	朱华晟	3	黄　宇
10	黄大全	4	蔚东英
11	张　华	四个专业共 56 名硕导。其中，教授 23 人，副教授 21 人，讲师 12 人	
12	戴特奇		

地理学与遥感科学学院对硕士研究生、博士研究生在校期间科研成果要求与毕业论文答辩管理办法

根据《中华人民共和国学位条例》、《中华人民共和国学位条例暂行实施办法》、(北京师范大学)《关于进一步加强研究生培养质量工作的若干意见》(师校发[2005]31号)，以及北京师范大学地理学学位评定分委员会的意见，结合我院相关专业硕士生、博士生培养方案的要求，为了提高研究生培养质量，完善研究生培养评估指标体系，对我院硕士研究生、博士研究生在校期间科研成果与论文答辩等作出以下要求。

一、硕士研究生

满足以下条件之一方能进入答辩程序。

1. 以署名第一或第二作者在国内核心期刊发表学术论文一篇，或者在国外期刊发表学术论文一篇。以上论文的第一完成单位应为“北京师范大学”。

2. 独立完成与本专业相关的专用软件、获得发明专利、使用新型专利，并能出具相关证明。

二、博士研究生

学院博士生需以前二作者身份在国际性学术刊物(SCI，SSCI收录核心期刊)发表或者接受论文一篇或发明专业相关专利(排名前二)一项，以上成果的第一完成单位应为“北京师范大学”。完成上述要求后方可以进入博士论文答辩程序，否则一律推迟答辩。

各种科研成果需提交原件或证明材料进行验证。论文可以提交抽印本或录用通知原件；学术专著须提交出版证明或印刷清样原件，国家发明专利须提交专利证书原件或进入实质性审查的通知原件；国家实用专利须提交专利证书原件或进入实质性审查的通知原件；专用软件须提交著作登记证明原件；科研成果鉴定证书须提交证书原件。

本管理办法自2011级研究生开始执行。

2011年4月11日

地理学与遥感科学学院研究生培养方案

一、培养目标与学习年限

1. 硕士生

硕士生实行弹性学制，学习年限为2～3年。按规定修满学分、成绩合格、答辩通过的硕士生可以在2年或2年半完成学业。

2. 博士生

博士生学习年限一般为3年，其中北京地区的定向、委托培养在职博士生的学习年限可以为4年。硕博连读生、本科直博生学习年限为5年。

二、课程设置与学分要求

1. 硕士生

总学分：35分。

课程类别	科目和门数	最低学分要求
公共课	政治2门、外语1门	7学分
学位基础课	3门(含一门方法类课程)	9学分
学位专业课	3门	9学分
必修环节	实践活动	1学分
	开题报告	不计学分
选修课	专业选修或公共选修课	0～3学分

注明：公共选修课由研究生院培养处组织开设，除一外为小语种的研究生必修二外英语以外，其他研究生可以不修公共选修课，如选修，每人累计不超过3门。

2. 博士生

总学分：13学分。

课程类别	科目和门数	最低学分要求
公共课	政治1门、外语1门	7学分
学位基础课	1门	3学分
学位专业课	1门	3学分

3. 港澳台研究生总学分要求与普通研究生相同，免修公共政治课。

4. 外国留学研究生免修公共政治和外语课，必修“中国概况”(2学分)，硕士生总学分不低于32学分，博士生不低于11学分。

三、培养方式与考核方式

1. 硕士生培养与中期考核的基本要求

硕士生课程学习安排在前三学期完成，中期考核应在第三学期末完成，考核的结果将作为硕博连读候选人选拔的重要依据。中期考核合格者方能进入撰写论文阶段。

2. 博士生培养与考核的基本要求

博士生课程学习安排在第一学年完成，中期考核应在第三学期末完成。

四、开设课程

1. 硕士生课程(共59门)

课程中文名称	学分	课程中文名称	学分
GIS理论与实践	3	空间数据分析与建模	2
GPS原理与应用	2	空间数据库	2
城市地理专题研究	3	空间信息可视化技术与方法	2
城市规划与房地产研究	3	模式识别	3
城市土地利用理论与实践	2	企业地理学	3
大气物理	2	气候系统与气候变化专题	3
地理课程与教学论	3	区域分析与规划研究	3
地理统计分析	3	区域水土流失调查与评价	2
地理信息系统分析与应用	3	区域自然条件评价	3
地理学研究方法	3	全球环境变化科学专题	3
地貌学：原理与研究方法	3	人文地理学专题研究	2
地球系统科学	3	软件工程	3
地球系统与全球变化	3	生态学原理与应用	3
高等经济地理学	3	生物地球化学循环	2
高等自然地理学	3	数字摄影测量与应用	3
环境演变研究方法	2	水土保持工程	3
环境与可持续发展教育	3	水土流失监测	2
环境与遗产解说	2	水文水资源遥感与信息系统	2
计算机地图制图学	3	土地资源管理	3
经济全球化	3	土地资源评价	3
矩阵理论	3	土壤侵蚀模型	3

续表

课程中文名称	学分	课程中文名称	学分
土壤侵蚀原理	3	应用植物生态学	2
土壤物理实验方法	3	植被光学遥感研讨	2
网络 GIS 设计	2	中国自然环境演变	3
微波遥感	3	专业英语	2
现代地理教育技术	3	资源与环境遥感	3
遥感数据反演与同化	2	自然地理实验方法	3
遥感图像数字处理	3	自然地理野外实习	3
遥感物理	3	自然资源与环境经济学	3
遥感原理与应用	3		

2．博士生课程(共 35 门)

课程中文名称	学分	适用专业
地球系统科学：理论与方法	3	自然地理学
环境演变原理与研究方法	3	自然地理学
全球变化影响与适应	3	自然地理学
中国环境与人类系统演变	3	自然地理学
土壤侵蚀与水土保持理论	3	自然地理学
对地观测技术与土地利用/覆盖变化研究	3	自然地理学、地图学与地理信息系统
气候变化及其影响	3	自然地理学
土壤与环境	3	自然地理学
区域自然灾害综合分析	3	自然地理学
自然灾害动力学	3	自然地理学
自然灾害风险评估	3	自然地理学
景观生态学	3	自然地理学
高等人文地理学	3	人文地理学
经济地理学专题	3	人文地理学
区域发展研究	3	人文地理学
城市研究	3	人文地理学
经济全球化研究	3	人文地理学
产业发展与规划	3	人文地理学

续表

课程中文名称	学分	适用专业
高级遥感与 GIS 专题	3	地图学与地理信息系统
微波遥感	3	地图学与地理信息系统
地表参数反演与尺度转换	3	地图学与地理信息系统
地理信息系统集成与应用	3	地图学与地理信息系统
多角度与热红外遥感	3	地图学与地理信息系统
遥感与 GIS 方法与应用	3	地图学与地理信息系统
遥感科学中的基础问题研究	3	地图学与地理信息系统
空间分析	3	地图学与地理信息系统
高等大气物理学	2	地图学与地理信息系统
水资源遥感与流域生态管理	3	地图学与地理信息系统
大尺度水热通量的观测与模拟	3	地图学与地理信息系统
数字图像处理	3	地图学与地理信息系统
全球环境变化科学专题	3	全球环境变化
气候系统与气候变化专题	3	全球环境变化
地理教育研究	3	课程与教学论
环境与可持续发展教育研究	3	课程与教学论
环境与遗产解说	2	课程与教学论

第二节 实验室的发展历程

北京师范大学地理学科实验室的建设与地理系发展同步，历经百余年，目前已形成完整的教学与科研两类实验室体系，在本科生、研究生教学与科学研究中发挥重要的作用。纵观实验室发展历程，可概括为四个阶段。

一、教学实验室雏形初现(20世纪50年代以前)

地理学科实验室历史最早可追溯至建校之初，很多现存的地质矿物标本隶属于当时的第四类招生专业——博物组，与动植物学同为一组。而当时的地理则与历史同为一组，隶属于第二类招生专业。到1912年史地部成立之时，地质标本归史地部。因此地质标本可以说是地理系最为悠久的教学实验设施。1952年院系调整时，辅仁大学拥有的一批珍贵古生物和地质标本并入进来，形成了较大规模的地理系地质标本实验室。当时拥有一大批珍贵文物，如整体猛犸象的标本，来自美国和英国的地质标本等，遗憾的是，“文化大革命”使得部分珍贵标本惨遭浩劫。

绘图室(1910年)

20世纪30年代地理系学生测量实习

与其同期并存的还有绘图室。地理学的空间特性决定了地图的重要性，它是表达地理信息的基本手段，因此早在20世纪10年代就有了绘图室，并有专门的绘图员2人，主要承担教学用的各种挂图和空白底图的制作。当时已经编制了各洲、中国分省等教学挂图。制作的空白地图还面向社会供中、小学生使用。除此之外，绘图室还有水准仪、经纬仪、罗盘、立体镜等测绘仪器。在当时具有较高的水平。

1928年地理系独立建系以后，建立了气象观测场。由于空间限制，主要进行百叶箱空气温度、湿度、降水、日照和气压等观测，没有地面观测项目，这是地理系最早的演示性教学实验。多年来及时把握气象仪器发展趋势，不断改善观测仪器与条件，使得该教学实验室一直保持至今。一些观测仪器由德国进口。其中，沸点气压计在新中国成立前的北京仅有两件，地理系就有一件。地理系的仪器多供边境地区考察时使用。

总之，在 1952 年院系调整以前，地理系具有了教学实验室的雏形，实验室设备主要包括一些教学演示仪器或教具，比较有代表性的是地质标本室、绘图室和气象观测场。此外，还有人种模型、天球仪、多种地球仪等教学设备。

地理系世界人种模型

二、教学实验室成熟，研究实验室发展(20 世纪 50～80 年代)

1952 年院系调整以后，实验室建设开始走向正轨，建设成效也十分显著。到 1985 年地理系搬入生地楼后，已经拥有比较完整的实验室体系(表 3-13)，主要位于生地楼一、

表 3-13　20 世纪 80 年代地理系实验室基本情况

教学实验室		研究实验室	
实验室名称	功能实验室名称	实验室名称	功能实验室名称
土壤地理实验室	仪器分析室	古地理实验室	孢子花粉分析室
	天平室		微体古生物分析室
	土壤样品储存室		^{14}C 实验室
	土壤样品处理室		沉积分析室
	高温室		粘土矿物分析室
	药品室		地球化学分析室
	玻璃仪器室	环境化学实验室	原子吸收室
	分光光度计室		液相色谱室
测量与地图实验室	测量与地图实习室		气相色谱室
	绘图室		火焰光度计室
	全开复照仪室		人工气候室
	磨版机室、拷版机室		
	制版室、打样室		
地质标本与地质实验室			
气象园			
植物地理实验室			

二层，总面积约 1500 m^2。主要包括：地质标本与地质实验室，土壤地理实验室、植物地理实验室、测量与地图实验室、气象园。这些实验室涉及部门地理学的所有基础，对于培养基础扎实、动手能力强的学生起到了积极的作用。与此同时，研究型实验室的建设也开始起步，主要是两个代表性方向：一是以周廷儒古地理研究为基础的古地理实验室；二是以刘培桐环境化学研究为基础的环境化学实验室。

(一)测量与地图学实验室

实习是测量与地图学课程的重要内容，根据教学需要，地理系加强了测绘实习室的建设。曾设有专用的测绘仪器室、绘图教室、复照仪室。主要测绘仪器有蔡氏 T_2 经纬仪、DJ 光学经纬仪、DS 水准仪、大平板测图仪、小平板测图仪、测量罗盘仪等；专门用于教学地图编绘的反射式投影仪，航片判读设备有反光立体镜、桥式立体镜、实习专用航片、典型地貌航片；20 世纪 80 年代初，又新购了数十套绘图仪、专用绘图桌、1∶1 万至 1∶100 万教学专用国家基本比例尺地形图等地图学课程实习设施以及复照仪、KP90N 电子求积仪、数控绘图仪等设备。室内、野外地图实习及航片野外判读，定向越野等活动，为后续专业课的学习打下良好的基础。

地理系 20 世纪早期的地图测绘仪器

上述仪器设备不仅为地理系培养本科生发挥了不可或缺的作用，同时还为 1955～1957 年的测绘研究班培养测绘研究生以及 80 年代举办的测绘助教进修班为全国兄弟院校地图课教师的水平提高起到了重要的作用。此外，还开展了不少供生产建设所需地图的测绘工作，如 1958 年在赵淑梅、褚广荣的带领下，学生在北京开展为双桥农场建场使用的地形图测绘工作；1965 年褚广荣指导学生为河北省尚义县煤矿进行大比例尺地形图的测绘工作，在山东禹城进行地形图测绘工作等。

1985 年，生地楼竣工投入使用，地理系的实验室建设又有了全新的提升。特别是地图学相关实验室得到进一步扩充和加强，在生地楼专门建立了大型全开复照仪室、磨版机室、拷版机室、制版室、打样室等制印实验室(一层)、教学图编绘室、地图学实习室。这一时期，地图学实验室的规模和质量都达到了国内同类院校的前茅。

(二)气象园

2009 年在生地楼后气象园的实习场景

20 世纪 50 年代迁入现校址后，气象观测条件大大改善。张如一 1953 年留校任教，作为冯克嘉的助手，专门从事气象学与气候学的教学，在 1956 年负责建立了地理系正规的气象观测场(气象园)。该站曾计划纳入北京市气象观测站点之一，因此建设标准完全按照气象站国家规范，并有 2 个专门观测人员，持续进行了 2 年的昼夜观测。1958 年后，由于专业调整以及其他一些原因，常规观测取消，气象园主要用于教学。1974～1976 年，北京市、天津市和河北省气象局委托我院举办气象进修班，主要为基层气象站培养观测人员。在学校的支持下，开始恢复正规气象观测，训练进修人员，共培养了三期。这些进修的很多学员后来成为基层气象局的骨干。1977 年高考恢复以后，气象园成为学生重要的气象学与气候学实习基地。随着学校楼房建筑面积的扩展，气象园位置屡经搬迁。1956 年建于西操场北部，60 年代迁至现在的化学楼位置，1985 年迁至现在生地楼后侧。2000 年适应自动观测业务化普及化的趋势，在原有常规气象观测仪器的基础上，增加了自动气象观测设施。2007 年，学院为拓展空间，对生地楼北侧平房进行改建，气象园也随之重建，各种观测设备重新布设，并配套有气象实习室，于 2008 年中建成并投入使用。

气象实习室

(三)植物地理学实验室

北师大地理系的植物地理学早在 1951 年即开始开设，是中国师范类高校最早开设植物地理学课程的学校，当时聘请中科院植物研究所侯学煜来系讲课。侯学煜明确提出必须要有野外实习，时任系主任的黄国璋当即答应，由此开创了我国植物地理学野外实习的先河，并形成了我院植物地理学教学一直注重野外实习的优良传统。1952 年武吉华毕业留校任教，专门从事植物地理学教学。后被派往苏联进行学习。在武吉华赴苏联学习期间，地理系先后请北京大学生物系马毓泉及北师大生物系邢其华、周仪讲授植物学基础课程，相关实验在生物系进行。1957～1958 年，周仪帮助筹建了地理系最早的植物实验室，包括一些植物标本、切片、显微镜等。1959 年 4 月武吉华从苏联回来后，独立承担植物地理学教学，并进一步加强了实验室建设，在原有植物学基础实验基础上，尤其侧重植物分类，加强野外实习。所带学生实习足迹遍布全国大部分地区，搜集的范围从西北干旱荒漠、草原到东北森林，从最北端的苔原到南方中国亚热带、热带，覆盖中国大部分地区的植物标本，并一直保存至今。遗憾的是由于人手有限，很多标本没有进行系统整理。20 世纪 60 年代随着植物地理学课程课时数的缩减，原来的植物基础部分削弱，相应的实验也减少。植物地理学实验室的性质也随之发生变化，由以前的植物生理与分类并重，转向以植物分类为主，更注重学生对植物及其分类的识别。植物标本的采集、植物特征的识别、利用植物检索表认识植物等成为实验与实习的主要内容。这种思想一直延续至今。总之，从 20 世纪 50～90 年代，植物地理学实验室一直保持在面积为 30～60 m^2 的规模上，每次进行 20～30 人的实验与实习，在植物地理学教学中发挥了重要作用。野外实习基地在 20 世纪 80 年代以前，一般不固定。从 1980 年开始建立了相对稳定的植物地理学与土壤地理学的实习地点，先后位于河北省兴隆县的雾灵山自然保护区、江西省九江市的庐山和河北省丰宁县大滩镇，后者一直延续至今，并发展成为学院的实习基地。

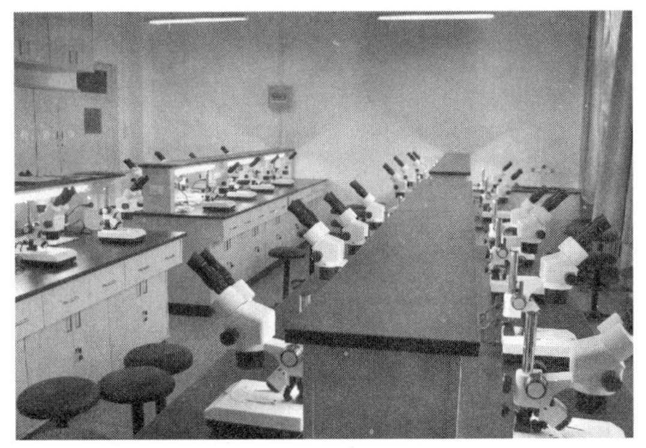

植物地理学实验室

(四)土壤地理学实验室

1952 年，刘培桐开始筹建土壤地理实验室。1954 年，地理系开办了全国第一个土壤地理学研究生班，学员遍布全国，分别来自华东师范大学，华中师范大学，华南师范大学，陕西师范大学，辽宁师范大学，西南师范大学等。这个班为我国高校培养了一批优秀土壤地理学专业人才，成为各个高校的学科带头人。后来在环境影响评价、土壤地理学领域作出重大贡献的王华东和李天杰都是当时研究生班的学员。1955 年建成后的土壤地理学实验室直接为研究生班教学服务。该实验室的建立具有里程碑意义：

20 世纪 50 年代学生在进行土壤理化实验

标志着地理系地理学教学实验从野外自然环境的观测发展到野外观测与室内实验有机结合。除服务教学外，还承担了中科院地理所的相关样品测试任务。测试的主要项目包括土壤酸碱度、盐分、有机质、水分、机械组成。该实验室的建立对于此后土壤理化实验室的建设具有两大贡献：一是刘培桐在参考国外相关资料的基础上，结合土壤分析的特点，设计了土壤理化实验室建设标准，此后这一标准一直为高校地理系实验室建设所沿用。研究生班中的很多人，后来在各自学校的土壤地理学实验室建设中，都参照了刘培桐的设计，为土壤地理学实验室在我国师范类高校的普及发挥了重要作用。二是刘培桐带领研究生班学生到野外采集土壤剖面并制成标本，形成了不同土壤类型的一系列土壤标本。学生不仅学会了标本制作，而且毕业后到各地继续采集制作标本，与母系交换，进一步补充了地理系土壤标本的种类与数量。后来的本科生野外实习也不断充实土壤标本的建设，到 1959 年已经正式建立了土壤标本室约 40 m²。

陈列在生地楼楼梯间的土壤标本

(五)古地理实验室

周廷儒早在 20 世纪三四十年代就曾对我国华南、西南、西北进行了实地考察和研究，新中国成立以后更是将研究重点放在有关中国地貌和古地理方面。1956～1960 年参加了规模庞大的中苏合作新疆综合考察工作，主要负责地貌部分，主编了考察队地貌组的主要成果《新疆地貌》，并主持全队“新疆自然区划”的工作。在长期的实践过程中，周廷儒认识到现代自然地理环境有它的继承性和演变过程，需要查明自然地理的发展历史，才能对现代规律有深入的认识，从而推测未来的发展趋向。1960 年周廷儒先生发表了论文《中国第三纪第四纪以来地带性与非地带性的分化》，此后开设古地理学课程，促使 1963 年高教部批准在北京师范大学地理系建立新生代古地理室，正式开展新生代古地理研究工作，并提出了进行古地理环境分析的实验室建设方案：组建孢粉分析室、^{14}C 实验室、微体古生物分析室、岩矿实验室等。在 20 世纪 60 年代就购置了一些设备，但尚未投入使用，实验室建设便因“文化大革命”开始而被迫停顿。1976 年以后，古地理研究室重新开展工作，实验室建设恢复，但原有设备基本废旧或散失，一切重新开始。到80年代基本建成了具有一定规模的古地理研究实验室，主要位于生地楼三层，总面积约600 m^2，同时对相关实验人员进行了技术培训。该实验室无论规模、测试项目的全面性、设备，还是管理在当时都是一流的，体现了周廷儒立足实验研究古地理的基本思想。基于良好的科学研究平台与积累，1981年古地理研究室建立博士点，实验室为培养硕士和博士研究生提供了重要的支撑。其中，^{14}C分析实验室的测量结果通过了中国第四纪研究委员会^{14}C年代学组的测量比对检验，受到赵俊琳教授（北京师范大学第一批赴南极考察学者）等数据使用者的高度称赞。实验室还于1990年获得北京市高教局“先进集体”荣誉称号。

20世纪80年代的古地理实验室及所获荣誉

（六）环境化学实验室

1960年根据教学改革精神，地理系设4个招生专业：气象气候、化学地理、物理地理和生物地理。1960年招收了化学地理研究生班，扩大了实验室规模，增加了实验项目。分别建立了高温室（进行土壤矿物质和全量分析）和水化学实验室。刘培桐提倡大力发展化学地理学。当时计划从盐湖入手，研究地球化学过程。这一思想较20世纪90年代IGBP提出的化学过程超前了30年。然而1966年，当刘培桐带领研究人员进入青海湖开展盐湖科学考察与研究之时，“文化大革命”开始，化学地理研究中断。

进入20世纪70年代以后，刘培桐与王华东率先开展了环境地理学研究，刘培桐发表的《环境学的对象、任务和分科》不仅奠定了他在环境学领域的重要地位，而且使北师大成为开展环境学研究最早的单位之一。在刘培桐与王华东的主持下，地理系先后进行了官厅水库水源保护、北京西郊大气污染与防治、北京东南郊通惠河流域环境污染及防治、江西贵溪铜冶炼厂建厂前环境影响评价等项目研究。其中江西铜冶炼厂建厂前环境影响评价开创了我国开放建设项目环评的先河，称为目前环评培训中的首选案例。环境学研究不仅使原有的土壤地理学实验室进一步完善，而且促进了与环境要素分析相关的实验室的建立。

三、强化信息技术，科研实验室初具规模(20世纪90年代)

20世纪60年代，以计算机技术为核心的信息技术及卫星遥感技术的快速发展，推动了地理学的变革。原来以地表观测为主的地理学，突然面对的是海量空间对地观测的数据，信息技术成为地理学研究必备的手段。国外早在20世纪70年代已经大量引入信息技术，但我国在20世纪80年代才开始起步。1983年，担任地理系系主任的张兰生根据其在美国进修的所闻所感，预计计算机将在地理学研究中发挥重大作用，购置了一台当时最为先进的个人计算机(苹果机)，购置经费是当时全系一年的经费。这也是北师大系一级单位自购的首台计算机，组织全系教师进行了培训。这一举措为地理系把握现代地理学发展趋势奠定了良好基础。后来环境演变与自然灾害教育部重点实验室的申请成功，在很大程度上得益于先进的技术手段形成的良好平台。

此阶段原有实验室随着机构调整出现了以下三个比较明显的变化。

一是原来的环境学研究室独立成为环境科学研究所，相关实验室被划归研究所管理，地理系主要保留了土壤地理实验室。

二是为解决国家面临的资源与环境问题，古地理研究方向开始侧重于环境演变与自然灾害，以原有研究为基础，通过大力建设计算机等信息技术平台，1994年古地理实验室发展成为环境演变与自然灾害教育部重点实验室。与此同时，为了让学生及时掌握现代技术，建立了GIS实验室，主要用于培养学生计算机应用、空间数据分析、图像处理等方面的能力。

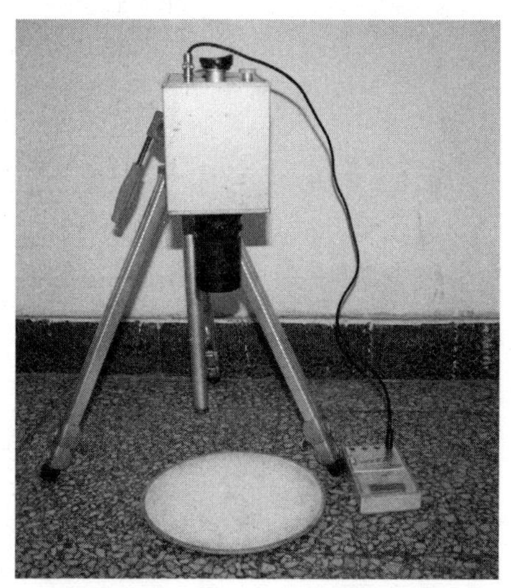

北师大研制的第一台野外地物光谱仪

三是随着遥感数据源的广泛应用，遥感成为地理学研究的重要技术手段。地理系是开展遥感科学研究并建立相关实验室最早的高校院系之一。20世纪80年代初期开始建设遥感实验室，先后购置了简易彩色合成仪、大型彩色合成仪，光谱仪、解译台等，主要进行光谱测定、遥感图像光学合成处理、遥感图像综合目视解译等。在地理系主导下，学校引进了美国大型图像处理系统，为“六五”、“七五”期间多项科技成果的取得奠定了重要基础。

四、全面系统建设，实验室体系初步完善(21世纪以来)

地球表层过程定量化研究的现代地理学发展趋势，对实验提出了迫切要求。国家

社会经济迅速发展，对科技、教育投入不断加大的现实，使实验室建设全面推进成为可能。该时期地理学与遥感科学学院实验室建设及时抓住了三个时机，使实验室建设上升到一个新台阶，目前，一个比较完整的教学与研究实验室体系基本形成。这三个机遇分别是：

以“国家地理学基础科学研究与教学人才培养基地”建设为契机，全面恢复重建地理学教学实验室。为了解决基础实验一度被削弱的问题，实现培养高素质、创新型科研后备人才的目标，从2000年开始，迅速恢复和重建了一系列教学实验室，如地植物与生态实验室，气象园等(表3-14)。

表3-14　2000～2008年地理学与遥感科学学院实验室名录

<table>
<tr><th colspan="2">地理学教学实验中心</th><th colspan="2">研究实验室</th></tr>
<tr><th>实验室名称</th><th>功能实验室名称</th><th>实验室名称</th><th>功能实验室名称</th></tr>
<tr><td rowspan="2">3S实验室</td><td>GIS实验室</td><td rowspan="3">国家重点实验室</td><td>遥感科学国家重点实验室</td></tr>
<tr><td>遥感科学基础实验室</td><td rowspan="2">地表过程与资源生态国家重点实验室</td></tr>
<tr><td>地质标本展示与教学实验室</td><td></td></tr>
<tr><td rowspan="2">地植物与生态实验室</td><td>植物生理室</td><td rowspan="3">省(部)级重点实验室</td><td>环境遥感与数字城市北京市重点实验室</td></tr>
<tr><td>人工气候室</td><td rowspan="2">环境演变与自然灾害教育部重点实验室</td></tr>
<tr><td>土壤化学实验室</td><td>准备室</td></tr>
<tr><td rowspan="9">土壤物理实验室</td><td>药品室</td><td rowspan="13">校级重点实验室</td><td>土壤侵蚀研究实验室</td></tr>
<tr><td>土壤样品处理室</td><td rowspan="2">地貌与环境沉积分析实验室</td></tr>
<tr><td>土壤样品储存室</td></tr>
<tr><td>定氮仪室</td><td rowspan="2">面源污染及污染物迁移过程实验室</td></tr>
<tr><td>高温熔融室</td></tr>
<tr><td>分光光度计室</td><td rowspan="2">城市与区域信息系统实验室</td></tr>
<tr><td>火焰光度计室</td></tr>
<tr><td>土壤粒度分析室</td><td>区域地理研究实验室</td></tr>
<tr><td>土壤水分分析室</td><td rowspan="2">气候变化与景观格局实验室</td></tr>
<tr><td>环境理化实验室</td><td>仪器分析室</td></tr>
<tr><td>树木年轮实验室</td><td></td><td>遥感基础研究实验室</td></tr>
<tr><td>环境放射性核素实验室</td><td></td><td rowspan="2"></td></tr>
<tr><td>气象园</td><td></td></tr>
</table>

"3S"实验室——遥感科学基础实验室

以国家重点学科建设为契机，加强研究型实验室建设。1999年李小文加盟资环系，为遥感科学实验室的建设带来了新的力量。2000年北师大自然地理学被评为国家重点学科，为实验室的建设提供了经费保证。2005年年底，与中国科学院遥感科学研究所共同建立了"遥感科学国家重点实验室"，2006年，建立了"环境遥感与数字城市北京市重点实验室"。2000～2005年，先后建立了6个校级重点实验室，学科方向囊括地理学中的三个二级学科：自然地理学、地图学与地理信息系统、人文地理学。2000～2008年，在学校"211工程"、"985工程"两个学科建设项目的重点支持下，通过多种渠道筹集资金，先后投入实验室建设总经费近三千万元。2007年年底与资源学院、减灾与应急管理研究院、生命科学学院合作，建立了"地表过程与资源生态国家重点实验室"。

以教育部"本科教学评估"为契机，进一步加强本科生教学实验室建设，于2005年建立了地理学教学实验中心，面向全校与地理学相关的实验教学开放。以地理学教学实验中心为平台，有步骤、有规划地统一进行建设。建设的指导思想是：①围绕地理学发展方向及其对实验提出的要求进行建设。②室内外实验、野外实习建设并重。③根据需要合并或增加实验室，提高实验室利用效率。实验中心对部分校级重点实验室进行了托管，促进了教学科研的互动。此阶段，地理学教学实验中心先后申请到学校教务处建设项目经费562万(2005～2006年，150万；2007年，115万；2008年，60万；2009年，60万；2010年，87万；2011年，90万)。对实验室从环境到仪器装备进行了全面的更新。

2008年，随着地理学与遥感科学学院后配楼的建成，实验室的面积进一步增加。地理学教学实验中心按功能重新整合、搬迁，实现了相对集中，形成了目前的1015 m^2规模。此阶段，按功能整合了各类实验室。目前，共有校级重点实验室7个，每个校级重点实验室拥有约40 m^2的空间(表3-15)。

此阶段，购置了一批大型教学仪器设备(>5万元)，包括：激光粒度仪、数字星球演示仪、COD测定仪、全色CCD相机、多角度光谱测量仪、ASD光辐射仪、露点水蚀测量系统、便携式叶面积仪、土壤非饱和导水率测定系统、波文比通量自动测定系统，用于土壤地理学、植物地理学、遥感科学和地理教育等方面的实践教学。

表 3-15　地理学与遥感科学学院实验室基本情况(2012 年)

地理学教学实验中心		
实验室名称	位置	面积/m²
1. 3S 实验室	生地楼 283	40
1.1　GIS 实验室	生地楼 284	110
2. 遥感科学基础实验室	生地楼 184	40
3. 自然地理实验室	生地楼 185	60
3.1　地质标本室	科技楼 B 区 801，802	105
3.2　植物生理室	生地楼 138	20
3.3　气象器材室	生地楼 190	15
3.4　气象园	生地楼后	200
4. 土壤化学实验室	生地楼 248	80
4.1　定氮仪室	生地楼 252	40
4.2　高温熔融室	生地楼 237	15
4.3　土壤样品处理室	生地楼 239	15
4.4　分光光度计室	生地楼 231	30
4.5　药品室	生地楼 241	15
4.6　火焰光度计室	生地楼 243	15
4.7　准备室	生地楼 242	40
5. 土壤物理实验室	生地楼 144	60
5.1　土壤与沉积分析室	生地楼 141	60
5.2　粒度分析室	生地楼 139	15
6. 环境理化实验室	生地楼 246	80
6.1　仪器分析室(一)	生地楼 233	15
6.2　仪器分析室(二)	生地楼 235	15
6.3　仪器分析室(三)	生地楼 240	20
6.4　仪器分析室(四)	生地楼 245	30
7. 树木年轮实验室	生地楼 254	40
8. 环境放射性核素实验室	生地楼 140	40
合计		1015

研究实验室		
级别	实验室名称	位置
国家重点实验室	遥感科学国家重点实验室	科技楼十层
	地表过程与资源生态国家重点实验室	生地楼 187、381、383
省(部)级重点实验室	环境遥感与数字城市北京市重点实验室	生地楼四层
	环境演变与自然灾害教育部重点实验室	科技楼七层
校级重点实验室	城市与区域规划信息管理实验室	生地楼 388
	区域地理研究实验室	生地楼 386
	气候变化与景观格局实验室	生地楼 254
	数字水土保持实验室	生地楼 192
	土壤与环境研究实验室	生地楼 239
其他	面源污染及污染物迁移过程实验室	生地楼 144
	遥感基础研究实验室	生地楼 387

GIS 实验室

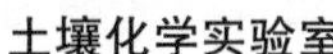

土壤化学实验室

土壤与沉积分析室

树木年轮实验室

第三节　野外实习基地的建立与发展

地理是一门实践性很强的学科，既有系统的学科理论，又有广泛的实践技术应用。它以地球表层作为自己的研究对象，随着科技的进步，人们对客观世界的认识逐渐加深，研究的手段、对象也在不断地扩大，对专业人员在地球表层的考察、观测、辨识、分析、归纳、总结等方面能力的要求也就越高。野外实践教学在这些能力的培养上具有不可替代的作用。

北师大地理系作为全国高校成立最早的地理系之一，在其成立之初，教师就非常重视野外实践教学。新中国成立前，在系主任王益崖、黄国璋的指导下，高年级学生曾在宣化、张家口、大同、包头等地实习。实习结束后，写出多篇考察报告。但此阶段学生的野外实践活动受到经济、交通、人员等条件的限制，总体上次数少、时间短、非常规。

1937 年地理系在八达岭考察

1937 年地理系在山东泰山—大人峰

20 世纪 40 年代地理系师生野外考察

1950 年，周廷儒来北师大地理系工作，1952 年担任系主任。周廷儒主持系务工作初始，就强调基础课教学和基本能力培养的重要性，特别重视对学生地理实践能力的培养。在周廷儒的组织和指导下，首先制订了地理系完整的教学计划，并把教育实习、野外实习纳入教学计划，规定了时间安排及对学生的考核要求(野外实习作为必修的考察成绩)。未参加野外实习者，必须补修。在实习计划中包括了自然地理野外实习(包括部门自然地理和综合实习)和人文地理野外实习，并逐步建立了较为固定的实习基地，配置了野外实习设备。在全校各个学系中，最具特色，也最令其他科系羡慕的，就是地理系、生物系的野外实习。大自然是无边的校园，实习基地就是最生动的课堂。

改革开放以后，地理系的教学、科研恢复了正常，从 1977 级(1978 年入学)本科生开始，四年本科的教学计划，都把野外实习列为必修科目，其中包括了三个暑期长途实习，实习点由沿海到内陆发展为从北京到江南；数个学期内的北京周边短途实习，培养了学生野外观察能力，初步掌握了野外使用仪器的方法。经过 30 多年的建设与发展，我们已经拥有南北兼顾、类型齐全、条件良好、运行成熟的地理学野外实践教学基地群。

现代地理学正在向着定量研究的方向发展，更是对地理学人才培养提出了新要求。近年来，北京师范大学地理学与遥感科学学院形成了以研究地球表层过程为主体的地理学学科特色，进而推动野外实践教学向首都政治文化人文过程和半湿润半干旱农牧交错带生态环境下地表过程定量研究方向发展。

一、地理系的野外实践教学体系

地理系的野外实践教学随着学科教学计划的制订、修改、完善，历经了从无到有、从零散单一到完整体系的发展过程。至今已形成特色明显、计划严谨、类型多样、方法先进的完整实践教学体系。首先，按教学计划将野外实践(也称为室外实践)教学分为独立野外实践课程和辅助性教学环节两大部分；其次，实习类型按教学过程分为参观型、印证型、研究型实习；按学科门类主要分为分科实习的自然地理野外实习、人文地理野外实习、地理信息技术野外实习和综合性创新实习；按空间区位分为路线实习、区域实习和实习基地与多选单元。

教学对象与培养目标的变化迁移，也是野外实践教学改进、完善的重要动因。从面向普通基础教育的传统师范生的单一培养目标，到综合性、研究型大学的创新型人才培养的高标准，再有新型免费师范生的未来教师素质培养综合性要求，强调基本功扎实、动手能力强、地域跨度大，实习地点既要稳定连续，又要扩展延伸、有所变化。不仅验证知识、理论，更重要的是要培养野外观察、操作、分析、归纳、总结及自主探究的能力。这同时也要求教师的适应性强，科研与教学结合的能力强，需要尽快将实践教学场所转化为科研对象，从而指导学生从印证实践发展到探索研究。

野外实践教学基本过程可以分为：实习的前期准备、实习计划、实习组织、实习过程、实习总结和实习评估等各个环节。

(一)准备阶段

实习地点的选择：典型多样、安全方便、成本可控。

预查：住宿安排、交通安排、伙食安排、行装、医药准备等。实习点、实习路线选择安排包括基本训练点的安排和独立工作线路的安排等。

实习前的动员：讲清实习的目的、意义，实习地区的基本情况，实习中应注意的问题，主要是安全问题。

实习用具：资料的准备。不同实习内容有不同的用具，但最基本的用具和资料是共同的，如罗盘、实习地区的地形图、遥感影像图、高度表等。各科实习都有相应的实习指导，已出版的有气象气候实习指导、植物地理实习指导、土壤地理学实习实验，地质学、地貌学、水文学都编有实习讲义，具体用具按实习指导书安排领取。

(二)实习过程

基本训练阶段包括：

(1)基本方法训练：野外观测点选择，观测点调查、取样基本方法。

(2)路线调查方法训练：基本训练以教师讲解为主，教师在基本训练阶段要使学生基本掌握野外调查的方法。

(3)半独立工作：仍以教师为主，为调动学生主动积极地学习，让学生先分析讨论，然后教师进行总结，为独立工作做好准备。

(4)独立工作阶段：以小组为单位，按教师指定路线进行路线调查，要求做出一定数量的样点分析记录。

(5)总结报告阶段：学生要以独立工作阶段的内容作为主要内容写出报告。即在独立工作完成以后，以小组为单位进行小结，在此基础上进行全班交流，这样就可以做到让学生掌握该地区的全面情况，得到该区的完整的概念。最后写出实习报告。

二、地理系的野外实践教学基地

(一)自然地理野外实习基地

1. 下花园实习基地(地质地貌、测量与地图实习：1952～1959年、1961～1965年、1976～1978年、1989～2000年)

下花园在张家口地区怀来县境内，位于宣化盆地和怀来盆地之间，它曾是一个矿区(煤产区)，京顺铁路由此地穿过，交通便利，吃住方便。同时，该地区又是一个天然的地质公园，主要表现为：岩石类型齐全，岩浆岩、沉积岩、变质岩，三大岩类齐全，出露地层良好，地层顺序齐全；断裂构造良好，范围小而集中；古生物类型丰富。

20世纪60年代下花园野外测量实习

上述条件为学习研究地层顺序、岩性、构造运动、矿产成因及地质历史环境演变提供了良好的条件。因此，该地区成为多个地理、地质学科院校的实习基地。

地理系于1952～1959年由宋春青、赵淑梅带队在下花园进行地质学及地图测绘(测绘地形图)实习。测量实习主要是使用经纬仪做三角控制网，大平板仪进行碎步测量，以小组为单位完成一幅地形图。后续的实习指导教师还有：

20 世纪 60 年代下花园地质地貌实习

褚广荣、张振春、刘吉祯、徐振溥、朱国荣。

1959 年教育改革，原地图与测量课程改为地图学，自然地理学课程分解为地貌学、水文学、土壤地理学与植物地理学，即部门自然地理学。地质学与地貌学都在一年级上课，因此都在一年级下学期进行野外实习，地点定为下花园。

下花园地区不仅地质实习资源丰富，也是很好的地貌实习基地。该地区洋河贯穿全区，河流地貌(包括河谷、河床、河漫滩、多级阶地、洋河冲积平原、河口三角洲、山麓洪积扇平原等应有尽有)、岩石地貌、构造地貌、风沙地貌。地貌类型和沉积物类型比较丰富，为实习提供了良好的条件。因此 1961～1965 年、1976～1978 年、1989～2000 年成为测量与地图、地质地貌实习基地，每次实习为期三周。1964～1965 年，负责地貌实习的有杨曾威、李华章、赵济，副系主任李之保也参与了指导。1989 年测量与地图、地质地貌野外实习重回下花园时，实习指导教师分别为负责地图实习的王建序、朱良；负责地质的刘吉祯、张宝民、耿侃；负责地貌的朱国荣、徐振溥、李容全、邱维理。1994～1996 年由于学院课程调整，下花园野外实习一度中断。1997 年恢复下花园实习，但只有地质学与地貌学实习，李容全、邱维理、谭利华、博士研究生翟秋敏先后担任了实习指导。

在实习过程中，采集了大量的矿物岩石标本，在地理学与遥感科学学院大厅中陈列的矿化物——鱼饵状石灰岩标本就是采自下花园。

2. 山西大同实习基地(综合自然地理实习：1952～1957 年)

大同位于山西高原与内蒙古高原之间，地质构造运动异常活跃，中生代末期燕山运动及中新世喜马拉雅运动造成了巨大的东北—西南走向断裂、褶皱和岩浆活动，形成了一系列高耸的山地、深陷盆地、火山群体，这成为本区自然环境形成演变的基础。

1957 年在大同狼窝掌火山实习

大同处于我国北部内陆地区，气候、植被、土壤、水文及地貌等各自然地理要素都呈现出“半干旱特征，形成特有的自然地理环境”。

为此，在周廷儒的建议下，1954 年由杨曾威、刘培桐、邢其华(生物系)、刘逸浓、张如一等考察后，确定为“综合自然地理实习基地”。每次实习为期十天。主要的实习内容有：

(1)地貌：观察不同的地貌类型(山地、平原、河流阶地、黄土、火山体)特征、形成和演变，及进行调查方法的训练。

(2)植被：植被分类、植被类型及路线调查方法训练、标本采集，并对山地垂直带进行调查分析(从御河至土峰山)。

(3)土壤：进行土壤地理野外调查方法(包括土壤剖面选择、样本采集等)、路线调查及山地垂直调查方法的训练。

实习地区几乎包括了整个大同盆地及附近的山地。师生自带行李，集体起火(学校炊事员及炊具自带)，住大同西门外大同师范礼堂(女生台上住，男生台下住)。

地理学与遥感科学学院大厅中陈列的巨大火山弹、土壤标本都是在此采集的。

3. 百花山、斋堂地区实习基地(综合自然地理实习：1959～1965年、1978～1979年)

百花山位于北京西郊，呈西北—东南延伸，山体南部属房山区，北部属门头沟区，山体最高峰百花山海拔1991 m，距市区120 km。

1987级本科生在斋堂地区进行野外实习(1990年)

百花山地形地质条件复杂，有较典型的冰缘地貌、河流地貌(清水河贯穿全境)，马兰台就位于这个区域。森林覆盖率在99%以上，有各种林木700多种。

1959年由杨曾威带队，武吉华指导植物地理实习，王华东、李天杰、刘逸浓、郑新生指导土壤地理实习，徐振溥、朱国荣、李华章指导地貌实习，开始了在百花山地区的野外实践教学。

主要实习内容如下。

(1)地貌：清水河河流地貌：河床、河漫滩、阶地、沟口的冲击锥及上新世的古阶地、古洪积扇等。构造地貌：地形倒置的向斜山——九龙山香峪大梁、单面山等(百花山本身就是向斜山)。黄土地貌：晚更新世的马兰黄土就是以斋堂地区的马兰村命名的，马兰黄土剖面典型，地貌有黄土沟、黄土台地等，特别让学生注意观察马兰台沉积剖面并进行分析。冰缘地貌：灵山寺谷地的石流，寒冻风化坡面后退的悬崖，西灵山寒冻风化剥蚀台地、岩林、石海等。地貌实习为期一周，最后写出实习报告。住斋堂中的礼堂(原为古庙)。20世纪80年代以后，该地区成为学院短途野外实习基地。

(2)土壤地理、植物地理：1959～1965年，先后在百花山的不同地区进行以土壤和植物地理为主的综合实习。这些地区有：斋堂地区的马兰村(住老乡家)、百花山林场(即现在的百花山自然风景区)，这两处都位于门头沟区，另外一个是房山区史家营。

以百花山地区的土壤、植被类型及发生形成过程、演变为实习内容，培养学生把所学运用到实践中去，并提高学生独立分析、解决问题的能力。整个实习为期 10 天。1979 年 1977 级与 1978 级一起在百花山实习，住曹家房中学。

4. 秦皇岛—柳江实习基地(植物、海岸地貌、地质地貌实习：1951 年、1978～1982 年、1994 年)

柳江盆地地质遗迹国家级自然保护区，位于秦皇岛市区以北 12 km 处，面积 240 km^2，包含了对追溯地质历史具有重大科学价值的典型剖面、生物化石组合地带、岩性岩相建造剖面及典型地质构造剖面和构造形迹，面积小而内容丰富，为国内罕见。其内三套地层及三大岩类分布广泛，地层完整，界限清楚，岩类齐全，化石丰富，被公认为“天然”地质博物馆。构造类型多种多样，不同规模的褶皱，不同级别的断裂及揉皱、牵引、裂隙、岩脉充填等宏观、微观构造发育，形迹清晰。多种类型的构造形迹对研究区域地壳运动发展史具有重要意义。还有金属、非金属矿、矿点；岩溶作用形成的象鼻山、溶洞、天井、石芽、溶沟等；岩溶作用形成的离堆山、跌水、河流阶地等其他地质遗迹。第四纪的洞穴堆积，可以使人们了解史前生物群落、生境及生物演化，被誉为“华北地区地质演化教科书”。基于上述特点，本区成为地学主要的科研、科普及教学实习基地。

1978 级本科生北戴河实习合影(1979 年)

1951 年年初，因请侯学煜(中科院研究员)来北师大讲授植物地理课程，他提出必须要安排野外实习，随后选定了从河北昌黎到秦皇岛海边一个连续剖面。1951 年夏初，由侯学煜带领 1949 级学生到河北省昌黎地区进行植物地理实习。在昌黎北部山区，从山下到山上观察优势植物(自然和人工种植)的种类和分布特点。在沿海滩涂观察主要植物(特别是指示植物)的种类和分布。同期，周廷儒又带领 1949 级学生到北戴河进行海岸地貌实习，观察海岸轮廓、海水动力作用和海岸地貌类型。期间，还参观了秦皇岛市。秦皇岛是我国北方重要的港口城市。实习中不仅了解了城市的结构、功能和新中国成立前后的变化，还参观了港口各种设施，并登上外轮进行参观。

1978～1982年，因下花园地区人口增长，许多良好的地质露头被道路和房屋淹没，只得另找新地点，于是又选定了北戴河、秦皇岛作为地质地貌实习地。地质组由宋春青、张振春、刘吉祯、张宝民、耿侃负责指导，地貌组由徐振溥、朱国荣、李华章、李容全带队指导。

1994年又单独开展了一次大断面实习：秦皇岛海滨—华北平原—雾灵山温带湿润山地—张北坝上高原—太仆寺旗草原—浑善达克沙地。

5. 三门峡实习基地(地质地貌、水文实习：1981～1995年)

三门峡市位于河南省西部，河南、山西、陕西三省交界处，是伴随着黄河第一坝——三门峡水利枢纽建设而崛起的一座新兴城市。相传大禹治水，使神斧将高山劈成"人门"、"鬼门"、"神门"三道峡谷，河道中由鬼石和神石将河道分成三流，如同有三座门，三门峡由此得名。

1984年三门峡野外实习(平陆涧沟十圣人涧)

三门峡位于黄河的峡谷地段。河谷地貌中的河床、河漫滩、阶地、山麓洪积扇等均有发育，黄土地貌、侵蚀沟谷地貌、山地岩性构造地貌等地貌类型有明显发育；三门古湖下完整的新生代地层，对研究环境演变提供了良好的条件。三门峡水库及黄河峡谷，为水文观测、水量平衡计算等水文实习训练创造了良好的条件。

该地区交通方便，食宿条件便利，1981～1995年地理系安排历届本科二年级学生在三门峡地区进行地貌、水文实习。带队指导老师分别是：地貌组：朱国荣、徐振溥、李容全；水文组：汪家兴、钟骏襄、刘改有。实习地点主要有三门峡市；黄河南岸东到磁钟、张茅，西到陕县、灵宝；黄河北岸东到平陆、张店，西到长乐，芮城。

主要实习内容如下。

(1)地貌：黄河河流地貌：河床、河漫滩、阶地、山麓洪积扇；黄土地貌：塬、梁、峁、侵蚀沟谷地貌；山地岩性构造地貌。

(2)地质：新生代地层主要有始新世、渐新世、中新世、上新世的红色砾岩、砂岩、页岩及湖相地层，更新世有早更新世的泥河湾湖相地层、中更新世的离石黄土、晚更新世的马兰黄土、全新世的冲积层等。

(3)水文：三门峡水库水量平衡。

实习为期两周，最后写出实习报告。

6. 庐山实习基地(综合自然地理实习：1979～1988 年)

1981 年本科生在庐山实习

庐山是江西省北部名山，位于九江以南 30 km，耸峙于长江中下游平原与潘阳湖畔。

庐山是一座地壘式断块山，是一座崛起于平地的孤立形山系，早在震旦纪就在浅海底开始沉积，经过吕梁运动慢慢升起受到锉磨后下沉淹没，直至白垩纪运动升起，掀起褶皱，断块绕开。外险内秀，具有河流、湖泊、坡地、山地等多种地貌类型。

庐山生物资源丰富，森林覆盖率达 76.6%，高等植物达 3000 种。

庐山地处中国亚热带东部季风区，面江临湖，山高水深，具有鲜明的山地气候特征。平均年降水量 17 mm，年平均雾日 191 天，年平均相对湿度 78%，每年 7～9 月平均温度 16.9℃。夏季极端最高气温 32℃。由于庐山地处亚热带，相对高差较大，山体上下植被、土壤具有明显的垂直变化规律。

鉴于庐山交通便利，自然条件复杂多变，南方许多高校选此地为实习点。因北师大是全国招生，学生来自全国各地，系领导认为学生野外实习不能仅限于北京，应向南方拓展。因此于 1979 年开辟了庐山综合自然地理实习点，决定从 1979 年开始，1977～1986 级学生选择庐山作为综合自然地理实习点(1982 级于 1984 年去山西省西北部的管涔山进行综合自然地理实习，由武吉华、郑新生带队，朱阿兴参加指导)。实习分两段进行，即山上和山下两部分，共为期三周。山下住在九江师范学校(即原来抗日战争时期的庐山军官训练团旧址)，进行亚热带地理的土壤植被带调查。山上住在庐山二小、如琴湖饭店、庐山大厦等处，进行亚热带地区山区土壤、植被的垂直带调查。实习结束提交实习报告。

1981 级本科生在庐山实习(1984 年)

地貌实习由朱国荣带队，徐振溥、李容全参与指导。主要对山地地貌、河流地貌和湖泊地貌、喀斯特地貌进行了实地考察。土壤植被实习由武吉华、郑新生老师指导。

7. 雾灵山实习基地(植物、土壤实习：1981 年、1986～1999 年)

雾灵山是燕山山脉主峰，海拔2118 m，相对高程阳坡 1500 m，阴坡达 1600 m，是我国暖温带地区山地自然保护区，物种丰富，高等植被 1870 种，森林覆盖率达 80.2%。由山脚至山顶分别为暖温带—温带—寒温带，植被山顶为山地草甸，而土壤类型也较为丰富，有褐土—棕壤—山地棕壤—山地草甸土。地形起伏变化较快，局地气候也有较大变化。在一个不大的范围内，能观察到如此丰富的土壤、植被类型，确是自然地理实习的好地方。加之此地离北京仅 140 km，铁路公路交通便利，有一定的食宿条件，实习经费尚能维持。因此系里决定将此地作为土壤地理、植物地理综合实习基地，为期两周。1986～1999 年，雾灵山作为实习基地坚持长达 14 年。

1979 级学生在雾灵山实践基地合影(1981 年)

雾灵山实习开始于 1981 年的 1979 级本科学生实习。当时的雾灵山仅仅作为林场来利用。雾灵山主峰位于河北省兴隆县，从兴隆县上山有一条为运送砍伐林木修建的卡车路。雾灵山预查由武吉华、李天杰、郑新生负责，预查决定原林场的工棚住男生，原林场和微波站宿舍住女生。自带行李(林场出车运行李和学生，运至海拔 1800 m 的池花地)，自己办伙食。

当时的实习条件极其艰苦，男生住的是用木头搭起的工棚，经久失修，屋顶漏天，四壁透风，因此，实习前特派了 10 多个学生，由实习老师带队抹墙盖顶，使其基本上可以御寒防雨。在这次实习中，改变了以往见习性实习的做法，增加了学生独立工作的时段，即按老师设定的课题分组工作，让学生以小组为单位对山体的阴坡、阳坡、山顶、草甸及沟谷进行独立的调查，要求按一定的高度、距离作出梯度。土壤调查以路线调查的要求进行。最后的实习报告以独立工作内容作为编写的主要依据。在这期间还有一个小组的交流过程，即在各个小组独立工作的基础上，进行全体交流。各小组分别向全体师生报告调查情况并进行分析说明，使全体同学对实习地区有一个全面的了解。最后，1979 级的同学们在承德完成了实习报告。但为了拓展学生的视野、观察南北地域不同的景观差异，随后(1982 年以后)的植物土壤地理综合实习又改在了江西庐山。直到 1989 年，因实习经费问题，重新将植物土壤地理综合实习改回到雾灵山，并持续 10 年。

8. 浙江省天目山实习(植物、土壤实习：1990 年)

天目山位于杭州临安城北，因东、西峰顶各有一池，宛若双眸仰望苍穹，由此得名。天目山植被完整，是我国著名的自然保护区，也是浙江省唯一加入国际生物圈保护区网络的自然保护区。天目山地层古老，山体形成于距今 1.5 亿年前的燕山期，是“江南古陆”的一部分；地貌独特，地形复杂。特殊的地形和悠久的佛教文化促使该区域动植物遗存和植被保护完整，是我国中亚热带林区高等植物资源最丰富的区域之一。

1990 年，地理系武吉华、郑新生、赵烨、贾炅指导 1987 级同学在天目山进行土壤地理学与植物地理学野外教学实习，实地调查中亚热带山地土壤、植物的地理分布规律。选取路线进行调查和基础实习，最终绘制了路线调查分布图。

9. 河北小五台山实习基地(地质地貌实习：2001 年以来)

地遥学院地质地貌野外实习在 1989～2000 年一直在张家口下花园地区，但到后期，因其为采煤矿区，当地环境、地质剖面、地貌等破坏严重，因此考虑另选新址。2000 年，邱维理、谭利华到阳原、蔚县进行了预察，重点选择地质地貌类型丰富、典型，食宿条件与治安状况比较理想的场所。在小五台自然保护区管理处工作人员的支持帮助下，考察了小五台山地与山前地质地貌环境，该地靠近泥河湾湖，地质实习内容能够得到很好的保障，并且小五台山位于蔚县盆地南侧，总体上呈现为大背斜，其上又分布有很多次级褶皱，如实习区域的陈家窑向斜等，山前洪积平原与洪积扇，冲、湖积平原，河流阶地等地貌都十分丰富。同时，该管理处地处小乡村，治安好，而且实习所需要的后勤设施也较完善。2001 年 7 月地理系地质地貌实习基地正式改到小五台自然保护区管理处。

2005 级本科生河北小五台山的地质地貌实习基地(2006 年)

河北小五台山地质地貌实习基地是地理学与遥感科学学院当代三大基础野外实习基地之一，具体位于河北省蔚县白乐镇西金河口村的小五台山自然保护区金河口管理处，实际涵盖范围包括小五台山及其北部的泥河湾盆地。

实习基地牌匾

该基地自2001年第一次接受学生实习开始，得到了河北省小五台山国家级自然保护区管理局、北师大教务处以及学院领导的大力支持和帮助，并于2008年6月在保护区管理局郭书彬局长、北师大教务处涂清云处长和学院分党委葛岳静书记等的主持下，正式对外挂牌。基地面向地理学与遥感科学学院所有专业的本科生，并向国内兄弟院校及国外大学开放，每年接收的地遥学院学生人数为80～100人。先后有邱维理、谭利华、方修琦、叶瑜、朱忠礼等多位老师带队指导。

10. 河北丰宁县坝上实习基地(植物、土壤实习：1999年以来)

1999年，因雾灵山被开发为风景区，植物土壤野外实习的后勤成本增加。通过与河北丰宁满族自治县政府及环境保护局取得联系，在当地政府的支持下，在武吉华、李容全的指导下，赵烨、张科利、刘宝元三位老师对丰宁进行了实地考察。确认了该地区以下情况：①丰宁坝上有草地、灌丛、森林等植被类型，且其植物类型比较丰富，据调查，丰宁现有各种野生植物178科320多种，其中森林木本植物48科92属233种、26个变种4个变型。在木本植物中，有森林果品植物10科20属56种，有木本粮油植物10科20属68种。同时，丰宁坝上有丰富的土壤类型，如草甸土、沼泽土、盐渍化草甸土、栗褐土等。②从北京到丰宁坝上沿途，可进行从都市人工环境区—市郊集约农业区—燕山山地农林副业区—燕山北麓农牧交错区—坝上高原牧业区的长途路线考察。③该区域水土流失、土壤风蚀沙化、草场退化、土壤盐渍化等土地退化现象，对于风蚀、水蚀、植被退化等环境问题都具有研究价值。④当地开始发展生态旅游业，能为实习提供良好的后勤服务。

于是，植物土壤综合野外实习基地于1999年正式改迁到了丰宁坝上。2000年开始，以张科利为主，赵烨、江源、邱扬、王志强、张英、高晓飞、张卓栋等老师先后参与了实习指导及基地建设。

经过多年的建设，特别是在国家理科基础科学研究和教学人才培养基金及学校教学经费的资助下，丰宁坝上植物土壤实习基地的条件得到很大改善。目前，基地建有独立的实验室和教室，购置了部分野外观测仪器，实现了野外调查、样品分析、数据采集处理的实时操作；完善了野外实习内容、实习路线及重点观测点的知识储备，并在此基础上增加了研究专题；积累了大量的植物标本、土壤基础资料以及典型植被类型、土壤剖面与实习过程的影像资料，为实习基地基础数据库建设打下了坚实基础；

编制了实习讲义、实习指导与参考资料，计划于 2013 年出版《土壤地理学实习教程》和《植物地理学实习教程》。

截至 2012 年，学院 14 届近千名本科生，参加了丰宁坝上的植物地理与土壤地理野外实习。

丰宁坝上实习基地

11. 自然地理短途野外实习基地

短途实习是课堂教学的补充，即利用北京城市和郊区的便利条件结合课堂教学，选择适当的地区进行实践教学，一天往返。自然地理短途实习点或线路主要服务于自然地理学专业下的地质学基础、地貌学、土壤地理学、植物地理学、水文学基础、区域地理、乡土地理和综合自然地理等课程。经过多年的实践探索和教学积累，学院已在北京市及周边地区建立了多个短途实习点或线路(表 3-16)。

表 3-16 北京山地平原区自然地理学野外实习

实习地点	实习项目(课程)	实习内容
海淀区小西山 (香山、北京植物园)	测量与地图课程实习	野外识图用图及 GPS 使用
	植物地理基础实习	植物识别与标本制作，编制植物名录
昌平区十三陵碓臼峪	地质学、地貌学基础实习 (地质学与地貌学实习)	1)野外定点(罗盘与地形图使用) 2)绘制地质露头剖面图 3)根据地质图、地形图和野外观察记录绘制综合地质剖面图 4)分析山区聚落、道路、农田、塘堰的分布与地貌条件的关系
海淀区北安河七王坟，昌平区南口，门头沟区青口、妙峰山地区	洪积扇调查 (地质学与地貌学实习)	1)绘制洪积扇纵、横剖面图 2)洪积扇分期与地貌填图 3)实习区泥石流危险性分析 4)分析山前地带聚落、道路、京密引水渠的分布以及土地利用方式与地貌条件的关系

续表

实习地点	实习项目(课程)	实习内容
门头沟区 丁家滩—担礼 三家店—雁翅	永定河河床沉积物特征、河床地貌与河漫滩地貌、河流阶地、古河道与离堆山、地质构造与构造地貌、河流地貌发育历史与古环境分析 (地质学与地貌学实习)	1)分析、比较现代河床与古河道沉积物的岩石组成，并应用相关沉积定律进行解释 2)绘制河谷横剖面图和古河道分布平面图，分析河流地貌的形成、发展和演化规律 3)不同时代沉积物的特征及其反映的古气候条件
门头沟区小龙门森林公园、海淀区鹫峰地区	植物种群时空结构调查与分析 (植物地理学实习)	分小组调查植物群落时空结构及其生境。用 Excel 统计植物种群与群落的时空结构。编写报告
怀柔区平原与山前洪积扇地区	平原区自然环境的空间结构特征、土壤类型与分布、土地利用方式的变化 (土壤地理学实习)	提交实习区土壤类型、成因及其分布规律，城郊农业生态系统特征，土地利用方式变化与自然条件的关系，土地利用现状及存在的问题的调查报告
怀柔区汤河口一带	燕山山间盆地山地小气候、地质地貌特征、土壤类型与分布、土地利用方式 (土壤地理学实习)	比较河流阶地、山地阴坡、阳坡的土壤、植被及土地利用现状，分析地质地貌因素对土壤性状、植物群落组成及土地利用的影响
永定河门头沟段、官厅水库	水文实习	水量平衡计算

(二)人文地理野外实习基地

1. 青岛、烟台实习基地(人文(经济)地理实习：1951～1957年)

山东半岛位于我国暖温带地区，半岛深入渤海与黄海之间，而烟台、青岛又是这个半岛上的重要城市和海港。为此，周廷儒于1952年、1953年夏季带队到青岛、烟台进行野外实习，实习内容以自然地理为主，包括观察沿海海水运动，调查芝罘岛沿岸的海岸地貌类型及演变过程，探讨烟台地区海平面升降趋势，参观烟台郊区果园、古老的钟表业、酿酒业、编织业等传统工业，并对港口建设作一定的了解。

此后，由经济组任金城、张静宜、顾传源带队确定该地区为地理系经济地理实习基地，主要内容有：参观港口建设(青岛港为主要的军港，也是我国主要的商业港口)，参观性实习，如纺织工业、酿酒工业、钟表工业。另外，沿途参观了济南、青岛、烟台等主要城市。整个实习为期10天，实习结束要求写出实习报告。

2. 天津塘沽实习基地(城市地理、交通运输地理实习：1963年)

1963年由邬翊光、冯嘉萍带队，1960级学生到天津塘沽进行了为期两周的人文地理集中实习，主要内容有三项：一是考查天津市区街道分布格局，和平区商业街的繁华程度，老字号劝业场的区位，商店设施和经营状况。参观三条石工业博物馆，了解天津民族工业发展的坎坷过程以及资本家压迫、剥削工人的血泪史。二是参观著名的长芦盐场和塘沽永利碱厂，了解碱厂的发展历史以及与著名实业家侯德榜的关系，现在工厂的规模以及内部工艺流程、原料供应情况、区位优势和竞争能力；观察它高耸的反应塔、纵横交错的管网以及宽敞空旷的厂区等外观特点，明确化工企业的一般外部特征。三是参观天津塘沽新港，观察向大海深处延伸的码头岸线，了解港口的规模状况；观察深阔的港池、众多的泊位和装卸作业的大吊车和各种国籍的轮船，了解天津港的巨大吞吐能力。参加实习的同学开阔了眼界，增长了知识。

3. 苏州—上海实习基地(人文地理实习：1980 年以来)

“文化大革命”以后，经济地理学教研室开始设计地理系的经济地理学野外实习，当时系主任周廷儒提出：“我们的学生主要来自北方，需要到南方做一些实地考察”。

程连生了解到南京部分院校在苏州东山开展实习后，通过当地政府提供的一些资料，了解了东山的情况，并决定在这里建立实习基地。选择东山作为综合实习基地有三个原因：一是这里曾经是南京师范大学和华东师范大学的实习基地，食宿安排和基础资料获取都比较方便；二是东山镇地理要素典型且面积不大，能在实习期间顺利完成既定工作；三是由于太湖水体的气候影响，东山半岛成为同纬度最优的梅子、柑橘、枇杷等生产地，此地 90%以上土地是林果业，尤其是柑橘、梅子分布相当集中，是以乡为单位统计的全国柑橘最集中的乡镇；四是可将太湖与上海的发展有机联系，分析水资源与大城市发展及区域发展的关系。

实践证明东山区域空间适合学生短期观察，同时可以在苏州和上海进行辅助实习。这样，实习的聚落在尺度上可以从自然村(杨家湾等)、中心村(陆巷)、镇(东山镇)一直扩展到大城市(苏州)、超大城市(上海)。选择上海作为人文地理综合实习的重要站点，是因为上海市是全国人口最多的城市，是全国最大的商业中心、制造业中心和金融中心，在全国乃至在世界的政治经济活动中占有重要地位。作为修学人文地理的学生，不亲临实地感受和了解上海特有的大都市气氛和社会运行特征将是一种缺憾。在上海的实习内容主要是观察上海市区街道的分布格局和建筑风貌，认识南方城市的基本特点；了解上海的发展历史，以及外国资本入侵与城市建成区布局的发展变化；明确上海经济规模，以及上海在国内重要的地位；分析上海商业中心分布规律，感受南京路、淮海路的繁华气氛和外滩建筑的壮观景象；参观宝钢集团有限公司(简称宝钢)和上海大众汽车有限公司则是体会大工业时代的大规模、现代化制造业，思考它们的布局及对经济发展的影响。

1982 年 6 月底，地理系 1979 级本科生于暑期正式开始在东山进行经济地理学野外实习。邬翊光、程连生、冯嘉萍、金陵、王淑芳、杨明川、王民等先后参加并指导实习工作。

1993 年资环系本科教学计划修改，人文地理学课程体系中除经济地理学外，还开设人口地理学、城市地理学、文化地理学、旅游地理学等课程，但野外实习有限的时间、经费无法囊括所有内容，因此以培养基本能力为出发点，贯彻整体优化原则，选择了以经济地理学为主，聚落地理学、文化地理学、旅游地理学为辅的野外实习内容结构。

这一时期，系里派出多位教师开拓新的野外实习线路。其中包括1995年的东北人文地理学实习线路，带队教师有刘清泗、吴殿廷、葛岳静；1995年的京津线路，带队教师有周尚意、张文新、田辉。最终，苏州—上海野外实习路线成为保留的线路。该阶段野外实习的主要经验发表为“人文地理野外实习改革探究”等论文，以程连生为核心的实习团队于1999年获得北京师范大学教学成果奖。

自2001年开始，东山人文地理学综合实习开始了新的模式探索。这个时期的本项实习特征是在兼顾印证性的基础上，开展探究性野外实习。每年实习指导教师根据课堂教学基础，设计一些探究性野外实习的题目，然后分小组开展探究活动。该实习项目包括南北地理分界的景观差异统计分析、东山镇农业土地利用类型调查、东山镇空间意想图感知规律调查、苏州城市旅游线路设计、园林景区线路设计、东山居民普通话能力与空间行为活力调查、地形图与果树栽培业调查线路设计、东山镇区商业核心区转移、小城镇扩张空间特征分析、上海南京路商业街业态空间对称性调查、上海创意园区分布调查、上海创意园区用效率调查等。这个时期，学生在野外数据搜集方法、记录方法上得到了训练，参加实习指导的教师主要有周尚意、朱青、朱华晟、黄大全、吴殿廷、张文新、宋金平等。

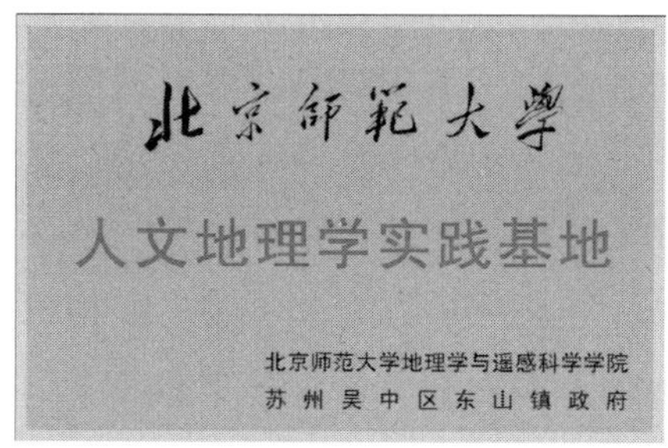

东山镇人文地理野外实习基地

2007年东山野外实习基地正式挂牌，实习主要指导教师为周尚意、朱青、朱华晟、黄大全。同时还邀请了本院自然地理学的邱维理、遥感与GIS学科的刘素红、张立强等教师。该实习指导团队还邀请到北京大学唐晓峰进行历史地理学调查的指导。他的历史地理学视角与周尚意的文化地理学视角结合，将地方历史事件与地方性建构结合在一起。

该基地2008年又邀请了南京大学姚亦锋进行村落景观规划的指导，2009年邀请华东师范大学的孔翔进行产业地理学的指导。该实习在上海得到了华东师范大学黄锡麟、

2008 年参加人文地理实习的师生参观上海城市规划馆

曾刚、孔翔三位老师的具体指导。多学科教师的结合，丰富了野外实习基地的能力培养的案例，同时也弥补了人文地理学教师在其他知识领域里的不足，使野外实习的科学性、综合性大大提高。

4. 三峡野外实习(1986 年)

1986 年，正是全国对三峡水库要不要上马的问题展开大讨论之年，各种意见纷纭，上与不上针锋相对，难以统一，众多科研单位纷纷参与论证。当时地理系、环科所已经参加这一工作并派员在三峡地区实地考察。地理系领导鉴于以上情况，决定将 1983 级学生的夏季实习改在三峡进行。

参加这次实习的人员除 1983 级的 50 名学生外，还有在读研究生近 10 人和进修教师数人。时间从 7 月 2 日(先遣人员出发)至 7 月下旬，20 余天。路线从北京出发，先到宜昌，再乘船逆水而上，其中一个组到奉节，另三个组到开县。然后再到重庆集合，结束实习。带队老师有王淑芳、刘稷等。

邬翊光、刘逸浓教授和学生在长江三峡
(1986 年 7 月)

实习内容主要有：观察三峡地区地质、地貌，考察葛洲坝水利枢纽，分别考察奉节和开县的地质、地貌、土壤(重点在水土流失情况)、水文和土地利用，考察重庆城市地理情况。

部分师生在宜昌造访了葛洲坝水利枢纽党委宣传部部长，就三峡大坝问题进行了讨论，并参观了葛洲坝水利工程及中华鲟的驯养池等。从宜昌乘船沿途观察了204 km长的三峡，其险峻、雄伟、壮丽，使人深感祖国山河之美、天公造物之神奇。在开县队师生，考察了县城从河谷到坝子不同高度地区的土壤、水文、农作物情况。特别是这里经常发生的水患的情况。还到开县北部最高地区白水乡飞播站所在地考察，请飞播站的领导做了土地利用情况的报告；还参观了长江支流上正在建设中的小型水电站。奉节队考察了奉节及周围地区的地质、地貌、水文、土壤和土地利用等情况。

最后，开县队与奉节队在重庆会合。请西南师范学院地理系教授经济地理的教师介绍重庆城市地理及周边地区的自然地理情况，以及今后的远景规划等。全体师生还参观了渣滓洞、中美合作所，受到了传统革命教育。

在开县实习时，开县刚刚经历了一场较大的水灾，开县队的师生们纷纷捐款、捐粮票、捐衣物等，受到县政府的表扬。

5. 旅游地理实习(1993～1995年)

卢云亭带队，朱国荣、刘清泗参加指导的本科生及成人大专班(夜大)学生旅游地理实习在河北的野山坡、承德，北京的怀柔、密云等地进行。受当地旅游局委托，进行旅游资源调查、开发规划设计，提供可行性报告。每次实习为期两周。

6. 人文地理短途野外实习基地

(1)20世纪90年代前的人文地理短途实习

20世纪50～90年代，地理系的人文地理实习遵循理论联系实际的教学原则及智育与德育相结合的原则，多为印证性实习，主要是结合人文地理课程及北京的社会发展状况，以参观性实习为主，如参观东郊纺织厂、首钢(配合工业地理课程)、东郊畜牧场、四季青人民公社(配合农业地理课程)等。

(2)20世纪90年代的人文地理短途实习

1995年人文地理学野外实习以北京为基地，设计了不同的野外实习项目。这种实习不同于以前的印证性实习，而是强调动手实施。根据某个社会想象或者地理信息，设计相应的课题，并由学生进行走访调查，培养学生的观察能力及野外调查能力。

(3)2000年以后的人文地理短途实习

2001年周尚意接授“人文地理学”本科课程，根据课程的要求，也根据1995年的实习经验，设计了课程短途实习。该实习主要是城市土地利用调查和城市空间结构调查。该野外实习主要锻炼学生的景观观察记录能力。2002年起，每年秋天开展一次北京城市空间结构的短途调查，该调查以教师讲授和同学观察记录相结合的方式开展。调查线路为二、三、四环线沿线。目前已经积攒了六年的野外观察作业，以及三年的野外录像资料。2007级本科生苑伟超等在中山大学主办的地理学野外实习成果大赛中，以人文地理学课程的短途实习成果获得二等奖。此外在本科创新基金的支持下，本科生在北京开展了大量的野外实习和调查，目前学生已根据野外实习内容发表了多篇论文。

2003 年"非典"影响了本科生暑期的苏州—上海长途实习，学院领导决定将实习改在北京，这样就催生了北京人文地理学实习基地的建立。土地利用调查是这个时期人文地理学调查的主要内容。张文新、周尚意老师一起设计了中心城区土地利用的野外景观调查方案。该调查以 8 条自中心城区向外放射的公路为调查路线，以放射线与其他环线等道路的交叉路口为核心，分别划定 1 km^2 的调查单元，调查土地利用的多度。然后利用"系统熵"的概念，将土地利用多度在各线的峰值点连为一个环状界线，由此确定城市的边缘地带，该实习得益于程连生自然科学基金成果的启发。

经过数十年的长期建设，在北京市及周边地区已建立起多个短途人文地理实习点或线路(表 3-17)，服务于人文地理学专业下的经济地理学、城市地理学、人口地理学、产业地理学、文化地理学、城市规划、区域分析与规划等课程。

表 3-17　北京城区及近郊人文地理野外实习

野外实习点	实习内容	学生野外实习作业
城市核心部分传统历史保护区	城市居住社区调查 (城市规划、文化地理学实习)	在菊儿胡同、什刹海、西四北八条实地调查历史文化区保留哪些景观，才能实现城市既有活力，又不破坏城市文化积累的双目标
过渡带二环、三环、四环线	景观记录法在城市空间结构调查中的应用(人文地理学概论)	每个小组选择一种或若干种人文景观，记录分析它们在三条环线上的分布变化，以及说明城市空间结构的特征
八条从北京核心部分向外的放射交通廊道	城市土地利用 (城市地理学实习)	沿主要公交线，以每个站点为中心，以 1 km为半径，调查每个站点的土地利用现状。分析其合理性，提出优化利用的建议
亦庄经济技术开发区	北京市经济技术开发区调查 (经济地理学)	编写北京市经济技术开发区调查报告，其中包括开发区选址区位、北京市经济技术开发区的产业结构特点、北京市经济技术开发区的功能定位与发展方向、北京市经济技术开发区产业集群状况

(三)地理综合创新实习基地——北京延庆基地

地理综合实习北京延庆基地由北京市水务局、北京师范大学和北京林业大学共同建设，实习基地位于延庆县上辛庄水土保持科技示范园区。在示范园区共建设了 1 个小型气象站、23 个坡面径流小区、1 个小流域沟道控制站和 1 个土壤化验室等坡面和沟道水土流失观测设施。同时，引入先进水土流失监测技术和设备，包括自记雨量计、浮子水位计、自动采样器、超声波水位计、自动采样器、沟道控制站数据采集器、径流小区数据采集器、现场数据显示设备和数据处理软件等，建立起自动化监测系统，形成地表过程监测网络。

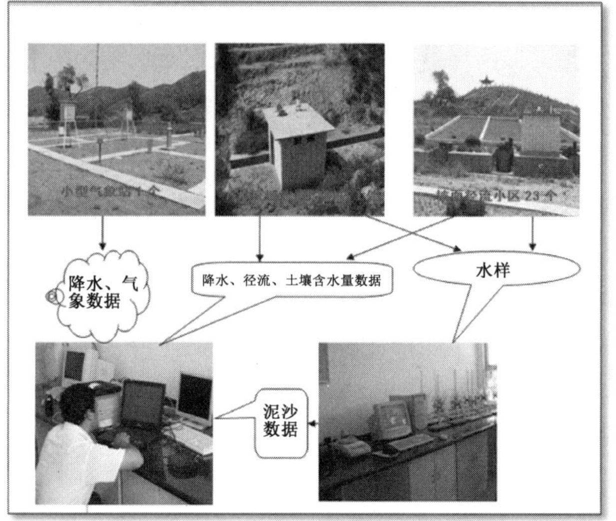

北京延庆上辛庄地表过程监测系统

基地目前主要以“3S”技术与地表定位观测技术为支撑，综合自然地理理论为指导，流域管理为研究对象，为理科基地班创新性地理综合实习提供服务。理科基地班同学以承担的理科基地科研项目、学校学生科研项目、生产实习、毕业论文为依托，开展地理学、生态学、环境科学、大气科学、荒漠化防治、环境变迁等学科野外实验学习与研究。

基地以地表过程创新性研究实习服务功能为核心。在指导教师辅助下，通过学生自主命题、方案设计、信息分析和问题解析等环节，综合训练学生发现问题和解决问题的能力，提高学生现代野外实验设备使用、空间信息和时间序列数据综合分析能力，引导学生实践地理传统野外常规调查和现代地表过程数值模拟相结合的地理综合研究方法，促进学生对半湿润半干旱农牧交错带生态环境中地表物理过程、化学过程、生物过程和人文过程的认识。

实习基地以水土保持科技示范园区为居住地，可同时为 40～60 名学生提供食宿、课堂教学和实验分析条件，服务于地理学理科基地班同学创新性地理综合实习，以及研究生和教师科学研究。

(四)其他野外实习

1. 水利班、气象班和地理班的生产实习

1973～1976 年地理系为北京市、河北省共办了两届地理班、两届山区找水班、三期气象班，学制分别为三年和两年。

水利班先后去延庆、平谷、密云等地实习，由宋春青、张振春、刘吉祯、徐振溥、朱国荣、汪家兴、钟俊骧等带队进行山区找水的生产实习。

气象班由张如一、施尚文、涂美珍、巢俊民带队去北京气象台和郊区气象站进行

实习，后来，很多学生成了气象部门的骨干力量。此外河北省气象班的学员还去了秦皇岛气象台站进行了实习。

地理班结合当时的生产任务，由李天杰、郑新生带队于 1976 年参加平谷县南独乐河土壤营养诊断工作，为小麦的科学施肥提供依据。

2. 研究生班、助教班野外实习

1954～1956 年，刘培桐主办土壤地理研究生班，学生于 1956 年毕业前夕，先后对秦岭太白山北坡土壤的垂直分布规律，四川北碚地区的紫色土、黄壤的分布，江西的红壤，南京地区的黄棕壤进行了考察。此次实习采集了大量土壤样本，为建立地理系土壤样本室作出了贡献(高校第一个土壤样本室)，参加实习的指导老师还有刘逸浓等教师。

1960～1964 年，刘培桐、王华东主办化学地理研究生班，1963 年作为毕业实践对岱海盆地进行了考察；对岱海盆地的风化壳、土壤、湖水的水化学特征及湖底沉积物的化学特征进行了系统全面的分析，采集了大量标本和水样，并进行了大量的室内物理和化学分析，取得了大量的数据，编写了岱海盆地化学地理研究文集，在国内也是第一次大规模的岱海盆地研究。

1984～1986 年，地理系举办土壤地理助教班，招收了 20 余人。1986 年年底结业前去海南岛实习，由郑新生、殷宗慧带队，实习期间参观了热带作物所、尖峰岭热带自然保护区；考察了海南岛的砖红壤、燥红土以及红树林土，参观了陵水猴岛、兴隆华侨农场热带经济作物实验区、琼山的火山熔岩等，在南宁考察了南亚热带红壤、石灰岩土，并参观了伊岭岩石灰岩溶洞。

1991～1992 年，地理系举办气象助教班，为期一年，结业前参观了承德微波气象站并由张如一、吴永莲领队去海南岛实习。

3. 地理学国家理科基地跨区域联合实习

跨区域联合实习是国家理科基地地理学基础人才培养与地理学实践教学改革过程中的一次尝试和探索。联合实习不仅促进了各基地在长期培育的优势实习项目、精品实习基地与路线和优秀师资力量方面的资源共享，还为各基地师生之间增加交流、增进友谊和优势互补提供了一个平台。

2009 年 7 月 28 日，首届地理学国家理科基地跨区域联合实习在北京师范大学拉开帷幕。此次联合实习由北京师范大学与兰州大学承办。北京师范大学、兰州大学、南京大学、华东师范大学、福州师范大学 5 个地理学国家理科基地的 70 余名师生参加本次联合实习，实习穿越了北京、河北、甘肃、青海和内蒙古 5 个省市，行程近万千米，历时两周。联合实习队首先在地理学与遥感科学学院周尚意的指导下完成了北京城市空间结构与城市中心商业区的考察实习，并在朱良的指导下首次使用我院地理学实习网平台进行了预实习教学。随后，实习队从城区到郊区跨越平原山地，奔赴河北丰宁

2009 年首届联合实习在丰宁坝上实习基地合影

坝上草原，在杨胜天、朱良、张科利、邱扬、邱维理等老师的带领下进行地质地貌—植物—土壤综合实习。由学院主持的这两项实习内容共历时 5 天，向各校师生展示了历史人文、产经多元、都市北京的城镇体系发展演变，解析了农牧交错、半干半湿过渡、平原山地延续、京冀毗邻的坝上生态景观，参与师生一致表示受益匪浅。

2010 年 7 月 28 日，第二届地理学国家理科基地跨区域联合实习在福建师范大学启动。本次联合实习由福建师范大学、南京大学、华东师范大学三所高校联合承办，参与单位包括北京师范大学、兰州大学、南京大学、华东师范大学、福建师范大学、首都师范大学、内蒙古师范大学、西北师范大学、南京师范大学、上海师范大学、安徽师范大学、江西师范大学以及台湾彰化师范大学。学院 6 名本科生在杨胜天、党一诺和刘静的带领下先后进行了福建平潭海岸地貌实习、江西庐山自然地理实习和浙江富春江流域自然地理实习，穿越 3 个省区，行程近 3000 km。

2011 年 7 月 28 日，第三届地理学国家理科人才培养基地联合野外实习正式开始。本次实习分为北京段和兰州段，来自北京师范大学、华东师范大学、南京大学、兰州大学、武汉大学、福建师范大学、浙江师范大学、台北市立教育大学、上海师范大学、内蒙古师范大学的 71 名师生参加了北京—内蒙古段的实习。7 月 28 日至 8 月 4 日，北京段的实习在北京师范大学地理学野外实习基地的“样带—样区—样点”上进行，分别开展了网络平台预实习、北京城市空间结构考察、城市不同居住社区考察、地理学综合创新野外实习指导以及北京至呼和浩特地理大断面考察。在周尚意、朱青的指导下，学生对北京整个城市空间格局留下深刻的印象，对不同时代的人文景观进行了对比，并学习了人文地理野外实习方法；在杨胜天的陪同下，参观了地理学综合实习延庆基地，并了解了北京师范大学理科基地的建设情况；在邱维理、谭利华的讲解中，对华北平原至内蒙古高原这一重要的地理大断面有了较深入的了解，并沿着地理先贤的足迹，学习地理学家科学严谨的探究精神。

2012 年 7 月 29 日，第四届地理学国家理科人才培养基地跨区域实习在华东师范大学开幕。本次实习分为上海段、浙江段、江西庐山段和福建平潭段，来自北京师范大学、华东师范大学、南京大学、兰州大学、武汉大学、福建师范大学、中山大学、上海师范大学、内蒙古师范大学、贵州师范大学、安徽师范大学、首都师范大学、浙江师范大学、西南师范大学、陕西师范大学、华中师范大学、香港中文大学以及台北市立教育大学的 20 所高校的近百名师生参与实习。学院派出 6 位本科生参加联合实习，由杨胜天、党一诺和刘静带队，顺利完成了三个阶段的全部实习。

经过四年的摸索与实践，联合实习拓展覆盖面，吸引更多院校师生积极参与，在实习地点、教师队伍、接待能力等方面都不断提升，打破了各高校实习基地的局限，为地理学子提供更好的实习平台，在国内起到了示范、辐射和引领作用。

2012 年第四届联合实习队伍在浙江大慈岩合影

4. 国内外联合实习

随着国内外合作交流的进一步开展，北师大地理学与遥感科学学院的实习基地也全面对外开放，接受来自国内外兄弟院校的师生来基地进行联合实习考察。2003 年宁夏大学暑期组织学生来学院的北京人文地理学野外实习基地开展实习，周尚意全程指导。自此后，分别有聊城大学(张二勋带队)、曲阜师范学院(三次均由王慧带队)、辽宁工程技术大学(张瑞红带队)、华东师范大学(孔翔带队)、北京教育学院(张素娟带队)、香港大学(赵晓斌带队)、香港浸会大学(钟谦带队)、美国南伊利诺大学(三次均由周彬带队)、德国慕尼黑大学(Brigitte Wotha 带队)、美国加州大学洛杉矶分校(Cindy C Fan 带队)等单位到北师大人文地理学野外实习基地开展实践教学活动，周尚意针对不同的教学对象，设计了不同的人文地理学教学内容。

2001 年，在哥德堡大学陈德亮教授(Deliang Chen，2009～2011 年任 International Council for Science，ICSU 执行主任)与地遥学院谢云教授的推动下，地理学与遥感科学学院与哥德堡大学理学院地球科学中心(Earth Science Centre, Faculty of Science, GU)开始进行科研与教学方面的交流与合作。2001年开始进行华北地区自然地理学联合野外实习，哥德堡大学方面先后由Deliang Chen、Lars G. Franzén、Hans Linderholm等带队，地遥学院邱维理负责野外实习指导。2001～2012年，两校共有161名学生参加实习，其中，瑞典学生120人，北师大学生41人。

2010年6月21日～7月6日，美国新泽西州理查德·斯托克顿大学(Richard Stockton College of New Jersey, RSC)自然科学与数学学院与中国北京师范大学地理学与遥感科学学院师生在华北地区进行了地质、地貌、环境演变、人类活动等多领域地理学野外联合实习，邱维理负责联合实习的组织与指导，美方由范卫红、M. J. Hozik和R. G. Mueller三位教授带队。此次实习活动受到美方师生的高度评价，并确立了双方的教学合作关系。

2009年德国慕尼黑大学(Brigitte Wotha)师生在地遥学院教师的指导下在北京进行实习

2001年学院教师指导瑞典哥德堡大学学生在周口店猿人遗址进行野外实习

2012年8月2～21日，应美国理查德·斯托克顿大学(RSC)自然科学与数学学院M. J. Hozik和范卫红教授邀请，由学院邱维理老师带队，方修琦、张科利、朱良、叶瑜五位教师及本硕博五名学生共计10人赴美国开展地质地貌、灾害环境、社会人文综合野外实习及院际学术交流，RSC派出3位教师及4名研究生与我院师生共计17人组成中美联合实习团队。首先，在美国西部科罗拉多高原进行了以地质地貌为主的多点多元综合实习考察，随后，沿著名的66号公路(现为40号高速公路)东行穿越，途径19个行政单元，跨越美国西、中、东三大地理单元，最终到达纽约，在美行程5000余千米，总行程25000 km。其间，还在RSC开展了学术交流，RSC校方国际交流负责人及自然科学与数学学院院长到会参与研讨，并期望中美双方能将此项两地交替联合实习长期开展下去，形成独具特色的国际地理教学典范。2013年与美国马里兰大学开展联合实习，美方带队老师为梁顺林老师。

2010 年中美联合实习师生在中国北京
周口店猿人遗址合影

2012 年中美联合实习团队在美国西部
科罗拉多高原

三、野外实践教学的配套资源——实习教材与网络平台

经过多年的教学实践积累，学院的多位教师已经编写了各个实习项目的野外实习讲义，其中多部实习讲义已正式出版，形成了完整的野外实践教材体系(表 3-18)。

表 3-18 学院教师主编或参加编写的地理专业本科实习教材与实习讲义

作者	教材与实习讲义	出版社	出版年份
武吉华 刘 濂	植物地理实习指导	高等教育出版社	1983
霍亚贞 李天杰	土壤地理实验实习	高等教育出版社	1987
袁宝印 李容全 张虎男 田昭一	地貌研究方法与实习指南	高等教育出版社	1991
王建序	地图学实习	高等教育出版社	1989
刘慧平 秦其明 彭望琭 梅安新	遥感实习教程(面向 21 世纪课程教材)	高等教育出版社	2001
周尚意	人文地理学野外方法	高等教育出版社	2010
周尚意	人文地理学野外实习讲义	内部讲义	2006
周尚意	人文地理学野外实习手册	内部讲义	2005
周尚意	京津人文地理野外实习讲义	内部讲义	2003
赵 烨 等	土壤—植物系统地理学野外实习讲义	内部讲义	2002
谭利华 等	地质学与地貌学野外实习指导	内部讲义	2002
邱维理 等	地质学基础实习指导	高等教育出版社	2007
杨胜天 等	地理综合实践教程	科学出版社	2012

近年来，北京师范大学地理学与遥感科学学院在地理学野外实践教学方面作出了新的探索。在多年野外实践教学的基础上，通过教学内容的拓展、设备与技术的更新、实习过程与方法的改革创新，提出并建立了面向创新型人才培养的双二元结构与多层次体系相结合的地理学野外实践教学模式。双二元结构是指以地理科学研究与地理专业教育为二元核心、以网络平台和实体基地为二元支撑，在此基础上构筑地理学认知实习、综

合实习与创新研究实习的多层次实践教学体系，进而形成新的地理学野外实践教学模式。

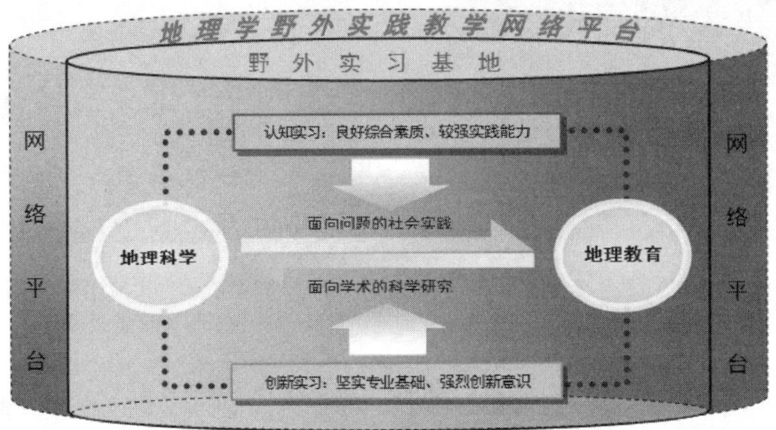

双二元结构与多层次体系相结合的地理学野外实践教学模式

学生们在学院机房进行网络平台预实习

新的教学模式提出利用网络平台与实体基地的虚实结合，共同构建承载实习活动的二元支撑。利用多媒体网络技术整合野外实习的多方面信息和基本过程，通过创设新的野外实习模式，提高野外实习的实际效果，扩展实习内容，延展野外实习的时空域限，增强学生的专业学习与研究能力。为此，在朱良的主持下，构建了以多媒体网络技术为支撑的地理学野外实习网络平台，并成为日后各项野外实习教学的基本内容和过程。

北京师范大学地理学野外实习网

第四节　图书资料的积累与管理

一、地理系资料室(地学分馆)的发展历程

(一)新中国成立前的地理系资料室

1908 年 5 月“京师优级师范学堂”(简称优师)建立，其学科分为四类，其中第二类为历史和地理类(即史地类)，建有资料室。后来史地类又更名为史地部、史地系等。1928 年分别设立地理系和历史系，史地系资料室也随之分开。自此地理系资料室独立，地址在和平门厂甸五城学堂，即今和平门外师大旧址。当时地理资料室仅有一间屋、几个书柜，供当时教师和学生使用。1933 年，地理系主任刘玉峰在《地理学系之过去与未来》中介绍地理系资料室当时拥有“地理挂图 200 件，书籍 400 册，《地学杂志》合订本 50 册等”。由此可见，当时地理系资料室已经初具规模。

1936 年黄国璋任北平师大地理系系主任。他决定进一步完善本系教学计划、添置图书、仪器和必要设备，为教学和研究创造良好条件，同时还创刊了在国内属于首创的《地理教学》双月刊，出版了《亚洲地形图》、《河北地形图》等。

抗战胜利后，《地理教学》复刊出版，《中学地理教学参考教材》和《中学教学用图》的编辑出版，在全国地理学界都很有影响，也受到中学地理老师的欢迎。黄国璋通过各种关系，收集有关地理学的中外书刊。到新中国成立前，地理系资料室藏书中有一大批珍品图书，出版年代久远，刊物连续，拥有一批在国内难以找到的中外书刊，如光绪二十九年出版《中外舆地全图》、光绪三十二年出版《二十世纪中外大地图》等。这些中外书刊不仅让当时的校内师生大饱眼福，提高了教学研究的水平，就是在今天的科研工作中师生也少不了查阅传用。这些珍品图书对社会也有很大贡献。新中国成立后，国家边境谈判中，有关机构多次派人来地理系查找有关资料和地图。

20 世纪 30 年代的地理系图书室

(二)新中国成立初期地理系资料室

1949年1月北平解放，北师大地理系的发展也掀开了新的一页。资料室的工作，除了进行正常的图书期刊的收藏、出纳等管理工作外，又增加了一项剪报工作。资料室订阅了全国各省、市、区的报纸，每天进行剪报、分类，工作量大、任务重，一直坚持多年。在当时资料缺乏、各行业生产发展变化快的情况下，能尽快把全国各地新中国成立后各行业的新成果、新气象收集起来，对地理系教学科研工作起到了重要作用。

1952年地理系由南校迁到定阜大街，资料室主任由谌亚达担任，这时资料室图书、期刊发展到千余册。

1956～1957年，地理系聘请苏联地理专家来系讲学。后来系里又举办了土壤地理、地图学、中国自然地理等进修班、研究生班等。资料室也为进修生、研究生服务，读者数量猛增。当时资料室为适应众多师生需要，专门开设了晚间阅览服务，此项工作一直坚持到1966年。

新中国成立后，地理系一方面请苏联专家来系讲学；另一方面派教师到苏联留学进修，改进中国地理学科的教学和科研工作。全系师生学习俄文，研究苏联地理教学经验，当时校图书馆引进了大量俄文书刊，其中部分书刊调拨到系资料室，供师生使用。学科内容有自然地理学、经济地理学、地质学、陆地水文学、工程地质学、生物学、植物地理学、植物学、动物学、地图学及地形测量学、环境科学、资源科学、海洋学、水热平衡等以及地理学期刊若干种。

自新中国成立后到20世纪50年代末，地理系教师编写的各种讲义，再加上图书馆调来各种图书、期刊及外单位交流资料等，使资料室藏书又增加很多，其中地图类一科就记录拥有各种地图、地图集达三百多份。

1955年秋，地理系由北校搬到新街口外大街19号。资料室面积增加到150 m^2，另有一间阅览室。工作人员有梁尚志、李秋、王旋、秦琪等。服务对象是进修生、研究生和教师。

1956～1959年，全系师生开展教育改革，走出学校，参加社会实践，为工农业生产服务。如当时师生到北京郊区参加制定农业发展规划，为生产找水；为公社修水库进行地质地理考察；参加天津大港选线考察工作；参加新疆自然地理考察等。在教学改革方面开设水文课和气象课等，资料室为地理系教学收集了全国各大河流水文资料及气象资料。如当时由中央人民政府水文局、气象局直接调拨水文、气象资料和地图到资料室，供教师备课使用，资料室也到北京市测绘局及国家测绘局为师生收集北京市郊区、华北地区等大比例尺地形图及航片资料，供教学和实习使用。这一工作既要做到保守国家机密，又要保证师生工作与实习需要，资料室在这一工作中没有出过任何泄密等差错，也没有丢失过密级资料。

1961 年地理系资料室由数学楼迁至教二楼，资料室设有中文期刊及阅览室、中外文图书室、俄文图书期刊室、教学挂图及内部资料室等，总占地面积近 250 m^2。服务对象仍是教师、研究生、进修教师，服务项目为图书、期刊、地图集内部资料收藏出纳、期刊题录及剪报工作等内容。

1966～1973 年"文化大革命"期间，进行了图书清查工作等。1973～1978 年中国人民大学计划系教师及其资料室与北师大地理系合并，经济地理学领域的图书资料有所加强。1978 年中国人民大学恢复后，教师及资料室也同时调出。

(三)改革开放后的快速发展

1978 年校系恢复招生工作后，各项工作又进入了新的发展时期，资料室的工作突飞猛进地发展起来。

1980 年后各学科教学及科研工作恢复，全国各科学术会议和研讨如雨后春笋般开展起来，对教师带回来的会议文件，资料室进行了逐篇登录和收藏、借阅、出纳等。1980～1990 年各科专业会议几十种资料收集达几千份，资料室不仅逐篇编写题录卡片，同时还对中文期刊文献进行有重点的题录，为当时教学工作、科研和进修教师、研究生借阅提供了方便。

20 世纪 80 年代地理系资料室

这期间有关地理与环境方面的中文刊物也是层出不穷。先是作为内部交流资料，逐渐发展成熟后正式出版。资料室多年来收藏了这些内部刊物和正式出版的期刊，并对原来缺失的部分通过编辑部、编者个人或出版社补齐、补全。经过若干年的收集，对国内出版的地理、环境等刊物(从内部发行到正式出版)进行了收藏、统一装订和保存，并供师生阅览。这些期刊收集之全、保存之好，在全国各高校中位居前列，再加上资料室历史上保存收集的各种珍贵(甚至绝版)地理书刊，在本系教师教学科研，研究生、本科生习作及论文写作中都发挥了很大作用。当时有些兄弟院校教师来参观，对此很是羡慕。多年来资料室配合教学、科研工作对刊物上的有关文献都作了题录卡片，但不够全面，每次配合专题研究都要将旧刊从头回溯。1993 年后在配合教师专题研究的基础上，将历史上过刊中有关地理、环境的多种内容做了题录，并输入计算机建立了全国高校首个地理环境资料检索系统，供师生查阅，不仅提高了效率，还使资料室的现代化服务水平向前迈了一大步。

1983年刘培桐主持的化学地理教研室独立为全国第一个以研究地理环境为主的环境科学研究所。资料室开始同时为地理系和环科所的教学科研工作服务。从服务内容到服务对象都大增，因此资料室收藏的中外文图书期刊也增加了很多。当时环科所第一批研究生10人，在资料室查找资料，还收集了一些国外环保方面的资料，丰富了资料室的收藏。

1985年地理系从教二楼迁到了生地楼，资料室安排在五层，由于图书资料的增加，资料室占地面积达500 m^2之多，有基本藏书库，阅览室，英文、日文期刊室，俄文图书期刊室，地图与内部资料室等多个房间。这时资料室主任由贾旺尧担任，另外还有蒲恩竹、秦琪、殷宗慧、虞立红、孙若梅五位老师服务。

资料室由教二楼搬到生地楼时，许多本科生协助搬运图书，同学们看到资料室有如此多的“宝物”，强烈要求到系资料室阅览。由于阅览室地方小，教师、研究生、进修生数量不断增加，只能安排本科生高年级学生30人每周一个下午来资料室阅览，一方面给他们发放阅览卡，另一方面给他们介绍资料室的图书概况，介绍图书资料检索的基本知识。他们写毕业论文期间，每周安排1～2个下午供他们查找、阅览、复印资料。资料室不仅收集系所研究生、进修生的论文，对本科生论文也开始收藏，并供师生借阅直至今日。

1993年地理系易名为资源与环境科学系，同年资环系和环科所整合成立了资源与环境学院。地理系资料室从此更名为资源与环境学院资料室，1997年资环系的自然灾害研究室独立为资源科学研究所。资料室开始同时为资环系、环科所和资源所三个单位服务。

1994年资源与环境学院图书资料室在业务上受校图书馆和院系所双重领导。

资料室当时总面积500 m^2，分阅览室、书库、俄文书库、期刊库、资料库、保密资料库几部分，现有中文藏书1.5万册，外文藏书1万册，中文合订刊8000册，外文合订刊2600册。每年订阅中文期刊400多种，外文原版刊20多种，外文刊复印资料90种，另外有保密及内部资料、地形图、地图册若干。

图书资料来源有三个渠道：①主要由校图书馆调拨，每年由校图书馆调来中外文图书三百余册，外文期刊全部；②由系、所资助购买，每年系、所抽调教学费、科研费达2.5万余元，一部分上交校图书馆用于购买外文期刊和外文书，一部分作为本室购买中文报刊、图书用；③科研课题组购买后交资料室收藏、使用(课题组优先)，以及校内外教师、友人赠送。

资料室得到了院、系、所领导的支持，全体教师和研究生及资料人员的协作配合。而足额的资金保障了教学和科研所需基本资料的采集。全体教师和研究生的理解和支持，并有一批骨干能及时提供国内外最新的情报资料信息，教师们积极赠送自己收集或编著的著作和资料，这些对提高资料室的藏书水平和数量起了很大作用。另外，工作人员有一定的专业基础，其热心为教学科研奉献的精神和任劳任怨的工作作风也是办好资料室的基本保证。

资料室建立了严格的管理制度，极大地方便了教师和学生借阅。每年寒假前(元月)做一次图书资料清查，每年暑假前进行中文期刊及外文期刊的装订(9月新学期开始后，合订中文期刊就能上架供读者阅览)，每周1～5阅览及出纳，周四下午为本科生高年级学生阅览时间，每周六上午内部整理。调拨、采购工作等形成制度。

资料室的优势是：①有齐全的中文期刊资料，包括远至20世纪二三十年代的地理刊物及中、外图书，近至当前各种地理、环境方面刊物，品种齐全，内容连续。②有数量丰富的中、外文图书，另外还有相当部分的地形图、航片、图集、工具书。③为科研和教学配备了一部分专门的新图书资料。

资料室的服务宗旨是在做好图书资料流通的基础上，开展专题情报资料服务和研究。配合系、所的教学和科研工作，目前已对“环境演变”、“灾害研究”、“土地科学”、“城市地理”、“环境科学”等课题做了资料收集、目录编写和资料题录工作，为情报检索提供了一定方便，今后还将开展计算机情报检索服务。

对校内外友人、本系教师赠书分别设立了“邹豹君教授赠书专柜(157册)”、“周廷儒教授赠书专柜(581册)”、“刘培桐教授赠书专柜(616册)”、“外国友人赠书专柜”和“本系教师著作专柜”等，供师生阅览。

本科生能到资料室阅览，可使他们较早地接触到更多地理方面的中外书刊，在资料收集、扩大业务知识方面有很大帮助。其中93级本科学生在辅导员的倡导下，刘开瑜、孔翔等4名同学特批从一年级起就可进入资料室阅览，还特聘仪垂祥、方修琦等老师作为导师对他们分别进行重点培养。

资料室为科研服务，为教学服务，在选购图书时特请课题负责人和学科带头人帮助，以便将学术上国内外最先进的动向传递给资料室并选订中外图书刊物，资料室定期并及时到各专业出版社、书店为其购买新书、新图册，因此系资料室图书资料较校图书馆提前达半年到三个月之久，待校图书馆调来图书时，该书已在系师生手中流通几个月了。在阅览室设新书专柜、专题科研用书专柜、校内外教师及友人赠书专柜、工具书专柜，方便师生阅读最新图书资料。

资料室服务快、准、好，受到系内外师生的好评，一批新来系的博士生、硕士生、教师，对本资料室资料之齐全、服务管理之到位非常满意，尤其是在他们先后到过多个院校，经过比较后更感到如此。

1996年资环系被批准为国家理科基础科学研究和教学人才培养基地(地理学基地)，成为全国5个地理学人才培养基地之一。在申请、争取地理学基地的工作中，资料室功不可没。在初期、中期等几次评比检查中，资料室都被评为优级(A类)，这对系里申请基地工作的支持很大。理科基地建成后，又对基地班学生从一年级起就“开小灶”，专门批准他们可以在指定时间来资料室阅览。今天，地理学与遥感科学学院成为全国高校地理学、资源与环境科学人才培养和科学研究的重要基地之一，多年来承担国家攀登计划、国家“八五”攻关、国家自然科学基金重要项目，教学与科研获得丰硕的成果，与资料室的密切配合是分不开的。

资环系广泛开展对外交流，在国内各大学、研究机关，在国外有许多国际友人来系参观、访问、进修或参加国际会议。国外的地理学家、教育家来系的同时，也经常参观资料室，来资料室阅览资料等，如波兰地理教育工作者、韩国地理学者多次来资料室阅览，台湾朋友多次来系资料室参观。其中，韩国汉城大学地理系系主任在参观资料室后，对地理系拥有如此大的资料室、资料之丰富、图书之整理良好、管理之到位感到佩服与惊讶，他先后两次来系参观，后来还带几位其他国籍的地理学者来参观，认为“汉城大学地理系的资料室无法与之相比”，“师大地理系师生阅览太方便了”。

到 2002 年，资环学院资料室共有中外文图书近 5 万册，正常流通的中文 16000 余册，外文图书 10000 余册，外文期刊 56 种、1788 册，中文期刊 387 种、13600 余册，还有各种录像录音带、光盘等音像资料。有比较完整的挂图、大比例尺地形图、航空像片和专业地形图、地图集数万份，较为系统的全国水文、气象资料、讲义等 5300 册，博士硕士论文 1100 册，以及全国各地区卫星遥感图像资料。图书、期刊主要包括自然、经济、地理、资源、环境、遥感、天文、气象、水文、地质、土壤、灾害，以及中国、世界区域地理等，涵盖《中图法》22 个大类的 14 个大类，具有鲜明的地理环境特色。

资料室图书(工具书除外)、中外文过期期刊可以凭证借阅，中外文现刊限室内阅览和复印，建有地理期刊资料计算机检索系统供师生自由查阅。

书库内中外文图书基本按《中图法》排列，因地理环境图书涵盖内容广，特色个别部分也按区域或专题相对集中与《中图法》相结合布局。如有关城市图书，含城市经济、城市地理、城市交通、城市旅游、城市历史等内容，在《中图法》中包括几个大类，为方便读者，将城市有关图书集中排放。在书库每个书架头上标有该书架所属大类的图书索引，中文过刊按主题排架，架头标有本架所属的主题索引，以方便读者查找。

2000 年，资料室工作人员将多年积累的管理经验总结归纳成“具有地理环境特色、适应现代要求的图书资料管理模式”一文，获“北师大 2000 年教育与教学成果奖”校级二等奖。2002 年 6 月资环学院资料室交由校图书馆管理运行。

二、地学分馆的建立与发展

(一)资料室纳入图书馆建制

2002 年 4 月，根据北师大“十五”发展规划和建设综合性、有特色、研究性、世界知名的高水平大学的发展目标，图书馆对原有传统资料室进行改革，打破分散、落后的文献管理体制，建立以大学科为基础的学科资料中心，并逐步向学科分馆模式过渡。首先将中文、外语、历史、资环、生物、化学、数学、物理、信息等 12 个院系资料室的文献、人员归并图书馆管理，迈出了学科资料室向学科分馆过渡的第一步，使其在人员的最佳配备、文献资源的统一管理、经费的合理利用、规章制度的有效实施等方面，具有了明显优势，为在校内实现文献资源共享做了准备。

2002 年 6 月，资环学院资料室正式由校图书馆统一派人接管，图书馆工作人员吴艳兰等来资料室工作。

2003 年起图书馆陆续对资料室中外文书刊文献进行资源整合，按照统一标准，组织人力集中进行分类、编目及书目数据回溯建库。不仅对原图书馆调拨的图书进行书目数据系统认证，还对本院系自购、捐赠的图书统一进行分类、编目，将这些专业性、研究性、学术性较强的文献纳入图书馆总体资源体系。

资料室利用其贴近教学科研第一线的优势，及时不断地将本专业教学科研对文献的需求信息反馈到图书馆，由图书馆统一采购、编目、调配，避免了全校文献的条块分割和各自为政的重复订购现象。同时在文献收藏品种、专业收藏范围和学科知识层次等方面向纵深发展，读者通过图书馆公共检索系统，可以全面了解某一图书的分布及收藏状况，充分发挥文献的最佳效用，初步实现了校内文献资源共享。

2008 年教育部对北师大进行本科教学评估，配合学校迎评工作，图书馆也开展了各项规范化、制度化建设，地理学科资料室被正式命名为图书馆地学分馆。

(二)地学分馆的运行与管理

图书馆地学分馆现由中英文现刊、工具书阅览室，中英文图书库，中文过刊库，水文气象资料库，外文期刊过刊库，地图保密室组成。

截至 2008 年，资料室收藏有中文图书近 26000 册，外文图书 13000 册，中文过刊 510 种、现刊 320 种，外文过刊 110 种、现刊 40 种。主要内容包括经济、地理、资源、环境、天文、气象、遥感、地质、土壤、灾害等，涵盖《中图法》22 个大类中的 14 个大类。

资料室保存的水文、气象资料 700 余种，恢复高考制度以来毕业生学位论文3500 册，各种录像录音带、光盘等音像资料 130 余种，具有鲜明的收藏价值与专业特色。

每年由教师选书、图书馆统一采购调拨来的中文外文图书各 300 余册，中文图书经费 2.5 万，外文图书经费 35 万，中文期刊经费 2.6 万，外文期刊经费 50 万。

地形图保密室收藏有国家测绘局等测绘单位编辑出版的 1∶5 万、1∶10 万、1∶20 万、1∶25 万、1∶50 万、1∶100 万大比例地形图和航空像片，北京市等地方测绘局编辑出版 1∶1 万以下地形图以及价值数十万元的 DEM 等数字地形图数据。

保密地形图管理室是国家地理信息中心对北京师范大学的供图对口单位，是全校教学科研服务的重要机构，为北师大进行国家重点课题“863 计划”、“973 计划”等项目研究以及教学实习提供了大量图幅与数据。

资料室收藏有各种地图集 300 余种，主要内容包括教育、经济、历史、资源、环境等普通和专业地图册。其中，中文旧地图有 11 种，最早的有清光绪二十九年(1903 年)舆地学会编译的《中外舆地全图》和清光绪三十二年(1906 年)由周世棠、孙海环编辑，新学会社出版的《二十世纪中外大地图》等，还有清宣统三年由邹代钧的弟子曾寅编制、武昌亚新地学社出版的《中俄交界详图》套色石印，共16幅(其中，有“中俄交界总图”1幅比例尺为1∶1440万，中俄交界详图15幅，比例尺为1∶150万，作者根据自己对中俄边界形成研究的心得，在图中标明了历次条约失地的界线，每幅图标志“清光绪××年所定之界”字样，具有十分重要的收藏和参考价值，被称为“这是中国人自己绘制的第一部比较成功的中俄边界地图”)。

有数据的中文地图集170余种，最早的是1935年谭廉主编的《最新世界地图集》、1934年曾世英主编的《中国分省新图》等。外文地图集150余种，最早的有《Philip's Senior School Atlas》①、《Look at The World：the Fortune Atlas for World Strategy》②和《Rand McNally Historical Atlas of the World》。

图书馆地学分馆阅览室

日文地图集有30余种，其中最早的有箭内互编辑、大正二年(1913)东京富山房出版的《东洋读史地图》等，这些地图集具有明显的专业特色和重要的收藏价值，多年来对国家制定政治经济决策、处理军事外交事务以及教学科研起到了极大的参考作用。

地学分馆主要以地理学与遥感科学学院、环境学院、资源学院、水科学研究院、减灾与应急管理研究院、全球变化与地球系统科学研究院等的教师、博硕士研究生、进修教师、中外访问学者、基地班本科生和撰写论文的高年级本科生约2000余人为服务对象。

地学分馆地图集存放架

地学分馆工作人员对以上读者提供传统文献的查阅、借还、复印、专业咨询和网上检索以及新书刊的征订等服务。

2004年在院系、图书馆的共同努力下，成功开通了ALEPH 500图书馆管理

---

① George Philip F，London：George Philip & Son Ltd.，1926

② Richard Edes Harrison，New York：Alfred A. Knopf，1944

系统的远程借阅流通模块。读者可通过图书馆 OPAC 公共检索系统检索、查询馆藏信息，浏览网上电子资源等信息。目前，本室有 2 台计算机，大大方便了读者借阅，提高了图书资料的利用率，实现了校内文献的信息共享。

地学分馆在做好传统资料服务的同时，建立了自己的网站（http://geog.bnu.edu.cn/zhxlibweb/），工作人员与院系师生共同将馆藏特色文献及二、三次文献建库上网，内容有学位论文、新书通报、教师赠书、期刊目录、光盘等多媒体资料，供读者浏览、检索，使其为教学科研服务的能力大大加强。

地学分馆网站首页

第四章

人物风采

➢教　授

➢系友风采

第一节　教　授

一、离退休(含调离)教授

白眉初

白眉初(1876—1940)，字月恒，河北卢龙人。北洋师范学校史地科毕业，学部复试给予举人。曾任永户中学、天津高等女子学校、直隶第一女子师范学校史地、国文教员，中国地学会的早期成员，曾多年任中国地学会编辑部长，《地学杂志》编辑部名誉编辑。

1917年11月到北京高等师范学校史地部任教，1921～1922年在东南大学史地系任教，1922～1928年任北京师范大学史地系系主任。讲授中国总论、中国地志、地理哲学等课程，并任地理实习、地理模型指导等职。

白眉初著作等身，出版之书籍计有《民国地志总论》之部(分26卷约60万字)、《京直热察志》、《满洲三省志》、《鲁豫晋志》、《秦陇羌蜀志》、《鄂湘赣志》、《(中国)地文之部》、《中国人文地理》、《写真中国地理教本(初中地理)》、《地理哲学》、《国都问题》、《今日之珲春》、《燕赵水利论》等。我国近代地理学、气象学奠基人竺可桢先生曾在《史地学报》上评价白眉初的《地理哲学》，他说："白眉初先生近著《地理哲学》，都凡十几万言，其理论之新颖，体裁之别致，为地学界别开生面。虽其中关于科学之原则(十八页)，性灵之解释(九十七页)，颇与欧美学者多出入之处，叙述地理之残杀力、范围力、涵养力等所取态度多为主观的而非客观的，但立论之不落窠臼，处处引人入胜，今人思索研究地学者，想均以早读为快也。"

白眉初发表论文很多，最早的为清宣统元年写的《说滦河》，之后陆续写有《渤海之过去未来》、《论蒙古之屯田及林牧业》、《幼发拉底河东岸旅行记》、《直隶絮谈》、《定行政区域备考》、《燕赵水利云》、《颐和园游记》、《国都问题之研究》、《青海历史考》、《横断山脉构成之理想》、《论直隶水灾之由来及将来水利之计划》、《苏扬游记》、《片马考》、《建设民国地理博物院意见书》、《近代二十四蕃建撤考略》、《深地理粹识於民心为导国灵源论》、《边疆失地史略》、《洛阳与长安》(以上诸文载于《地学杂志》)、《地理之科学观》、《地理学之特性》、《试问无雨之区其山颠之凌空积雪何来》、《师范大学应与中法大学西山学院合组天文台议案》(以上四篇文章载《史地丛刊》)、《论日本系奠于地理学术之上》、《边疆地理补遗(载于师大月刊)》、《多山多水之江苏水利害谈》(载于《史地学报》)。

白眉初编辑出版的地图有：《中华民国详细舆图》、《中国地理教授挂图》、《蒙古详图》、《中华民国省区全图》、《国耻地图》、《国民国耻中华民国快览图》、《建国方略地图》、《中华建设新图(中等学校适用)》等。值得一提的是《中华建设新图》获准收录《中国南海各岛屿图》，并命名为《海疆南展后之中国全图》，图中在南海疆域内标有东沙群岛、西沙群岛、南沙群岛和团沙群岛，周围用国界线标明，以示南海诸岛同属中国版图。白眉初在图中还做了这样的注释："廿二年七月，法占南海六岛，继由海军部海道测量局实测得南沙、团沙两部群岛，概系我国渔民生息之地，其主权当然归我，廿四年四月，中央水陆地图审查委员会会刊发表《中国南海岛屿图》，海疆南展至团沙群岛最南至曾母滩，适履北纬4°，是为海疆南拓之经过。"这就是中国地图上最早出现的南海疆域线，是今日中国南海地图上U形断续线的雏形。

白眉初不仅是一位著名的地理学教授，而且与革命先驱李大钊是同乡同学，1927年李大钊被奉系军阀逮捕，白眉初冒着生命危险，组织在京河北籍300余知名人士联名呈文，力保李大钊。李大钊被害后，白眉初和他的夫人、女儿都对李大钊遗属关怀备至，如同至亲。

刘玉峰

刘玉峰(1884—1951)，字雪崖，河北蠡县人。日本广岛高等师范学校地理历史部毕业，1914年5月在北京高等学院史地部任专职教员，最初讲授地理、日文，而后讲授数理地理、人文地理、地学概论、描图法、地图学等课程。1920年原史地部教务主任王桐龄赴日留学，由刘玉峰代理史地部主任。1922年改由白眉初任史地部主任，刘玉峰仍在史地系任教。1928年史地系分别建系，1932年9月刘玉峰任地理系代理系主任，1933～1935年任地理系主任。

刘玉峰主持系务期间，对地理系的办学方略进行了多项改革。首先，修订课程标准，刘玉峰认为"本学系以养成中等教育地理学科之师资，并培养独立研究地理学之能力为目标，故本系之课程中，理论课程与方(法)课程并重"、"本学系因系师范学校之一部，故除本学系应习之必修课及选修课外，更须加习师范学校应有之公共必修课及公共选修课，其标准另行订之。"在他的倡导下，课程以学分计算，必须修够82学分的必修课以及25学分的选修课始能毕业。其次，刘玉峰在系内设立地理学会，凡本系学生皆为会员，本系教授、讲师及在北平之地理地质中外学者亦聘为本会特别会员。每周轮流举行学术谈话会、学术讲演会，并于每学期末，将会员研究所得，出刊一次。虽因学校经费支绌，刊物未得出版，但此举辅助了课堂教授之不足，学生各抒所得以收观摩之效，增进了学生之发表能力，结论公诸社会供学者参改。再次，在刘玉峰的鼓励下，出版《地理月刊》。1934 年 2 月创办《地理月刊》，由 1933 年地理系毕业生邹豹君任主编，职员为在校三四年级学生。院图书分馆现保存有 1 卷 1～3 期。在改革的推动下，地理系招生人数逐年增多。1928～1932 年间，每年毕业学生4～8 人，至 1933 年增为 15 人，1934 年为 24 人，教学质量的提高，使学生求学兴趣浓厚，毕业生中王心正、邹豹君、张恩护、万方祥、张子祯、张景华、赵书文、刘世琦等，都成为地理学界有声望的学者。

刘玉峰著有《地学通论》、《地图学》等著作，发表的论文有《地图中心主义之地理教学》、《春季星座之肉眼观察及其利用》、《土壤与现经济人》(以上诸文载于《地理教学》杂志)，《地理系之过去未来》(载于《师大月刊》)。

王　谟

王谟，字献刍，四川仪陇人，日本东京帝国大学地理学科理学士。日本东京高等师范学校博物科毕业，1925 年 8 月到北京师范大学地理系系任教，曾讲授经济地理、地学研究、美洲地志、欧洲地志、亚洲地志等课程。王谟于 1928 年秋到 1931 年任地理系系主任。1932 年离开地理系。曾编写多种中学地理教科书，主要有《复兴高级中学教科书》、《最新初中外国地理教科书》、《初中世界地理》、《高中世界地理》等。

殷祖英

殷祖英(1894—1966)，字伯西，北京房山人。1919 年毕业于北京高师史地部(第六届毕业生)，1922 年毕业于北京高师教育研究科，毕业后留校任教。1937 年日本侵华，北师大西迁至陕西西安、城固，殷祖英随校迁往西北，在西北大学任教。1939～1946 年，殷祖英任西北大学地理系系主任。1946 年北师大回迁至北京，殷祖英回北师大地理系任教，并兼任校总务主任、总务长，负责校产接收、修理工作。1948 年任河北省教育厅厅长，1949 年年初回北师大地理系任教。

殷祖英曾赴英国伦敦大学研修，在导师的指导下，在欧洲大陆穿越几条剖面进行学术考察，带回了许多地理书籍及景观图片，他将这些典型图装订成两厚册，放在系图书室，学生争相传阅。在北师大地理系讲授欧洲地理、外国地理等课程，教学经验丰富，备课认真，讲课条理清晰，重点突出。他的书法、绘画都很精湛，讲课时能很快勾画出欧洲轮廓图、挪威的峡湾、英伦三岛、爱琴海的达尔马纳海岸，边讲边画，惟妙惟肖，令人叫绝。1955年，全校举行了一次大型观摩课，学校推荐由殷祖英示范，教务长、苏联专家(校长顾问)及各系教师代表参加，课后进行评论，得到苏联专家及与会教师的高度赞扬。

殷祖英曾编著中学地理、历史教科书，如《新标准初中世界地理》(上、下册，北京文化学社)，初中教本《世界史》(北京文化学社，1934年)。发表论文多篇。

1957年殷祖英受到不公平待遇，离开讲台，从事翻译工作。1966年"文化大革命"开始后大受冲击，不幸辞世，"文化大革命"后予以平反恢复名誉。

黄国璋

黄国璋(1896—1966)，字海平，湖南湘乡人，中国近代地理学的开拓者和奠基人。1919年毕业于长沙雅礼大学，1928年毕业于美国芝加哥大学地理系，为我国出国学习人文地理学并获得地理学硕士学位的第一人。回国后历任南京中央大学、国立清华大学、北京师范大学地理系教授、系主任，后又创办西北联合大学、西北大学、西北师范学院、陕西师范大学地理系，成为我国担任地理系主任时间最长、创办大学地理系最多的人。1940年创办中国地理研究所，大力倡导综合考察研究，组织了嘉陵江流域、汉中盆地、大巴山区、成都平原等野外考察研究，均获得开创性成果。他是成立中国地理学会(1934年)的发起人之一，曾担任中国地学会(1909年)的总干事。1950年，他力促两个地理学术团体合并，并被推举为合并后的中国地理学会首任理事长。他参与发起并创办了我国最具权威的地理学期进刊《地理学报》，在北师大创办首个论述地理教育的《地理教育》杂志。在中国地理研究所创办学术性期刊《地理》及《地理专刊》。他重视地理教育的普及与发展，培养了大批杰出的人才，为中国现代地理学的发展作出了重大贡献。

黄国璋的学术成就体现在七个方面。

开拓推进中国近代地理学的发展。黄国璋曾连续发表论著，强调地理事物的成因分析，推求人地相关之理，改革原有的偏重描述性的教学内容。1930年，黄国璋出版《社会的地理基础》一书，辩证地论述了人地关系的性质、原由、结果，这是中国近代地理学家最早最全面论述人地关系的著作，这部著作对于改造传统的记述地理学起了重要作用。他认为"近代地理学推求人地相关之论，不但是一门理论的科学，同时也是一门实用的学问"。他在传播近代地理学的理论、方法时，特别强调：①地理知识的实用性。他认为地理学的实用价值最大在于知己知彼。"人类对于自然，不仅消极地适应，而且积极地改变，以适合人类的需要，不全是适应，而是利用。"②环境利用方式的可鉴性。他分析了美国加州葡萄干生产区地理环境与葡萄干生产的相互关系后，指出，我国如能将那些尚未开辟的土地，如加州一样，使有自然利益者，人民能利用之，有自然障碍者，能设计战胜之，如是，不唯能谋实业之发展，人民生计亦可根本改良。③学习地理的必要性。黄国璋尤感宣传祖国山川自然、激发爱国激情的必要。他多次发表文章指出："学习本国的第一要义是要明瞭我们国家的伟大，唤起一般国民共同的国家观念。"又说"一个近代公民，对自己国家以内的山川气候等自然形势、人口聚落、物产交通等人文现象及其相关之理，总该有一个比较深刻的了解。因为只有这样才能培养出共同的国家观念，才能激发出爱国的激情。"

创办主持多个大学地理系。黄国璋是一位专心敬业、思维敏捷、长于管理的教育家。黄国璋于1928年年底到南京中央大学地理系任教，到1966年9月逝世，大多时间在大学地理系任教。先后主持过7所知名大学地理系，其中有4所是由黄国璋首创的，他因此成为创办大学地理系最多、担任系主任时间最长的人。1936年、1946年黄国璋两度任北平师范大学地理系主任，针对北平师大的培养目标和教学任务，大力改革，积极开拓，千方百计延揽各路名师来系任教。黄国璋先后讲授过人生地理，北美地理、地理学原理、外国经济地理、中国经济地理等课程。他业务精深、语言风趣、理论联系实际、广征博引、深入浅出，讲课深受学生欢迎。黄国璋尊重知识，爱惜人才，关心年轻教师和学生的成长，对于有培养前途的青年教师、学生，他亲自联系送到国外大学深造。我国许多著名的地理学家，诸如任美锷、李旭旦、王德基、徐近之、刘培桐、薛贻源、郑象铣、褚亚平、王树声等都曾受教于黄国璋。

创办中国地理研究所。1939年，中英庚款董事会拨款筹建中国地理研究所，黄国璋负责筹建事宜。1940年8月，中国第一个地理研究机构——中国地理研究所成立，黄国璋任首任所长，他延聘了众多著名的地理学家以及测量制图学家、地质学家到地理研究所工作。黄国璋在中国地理研究所任所长5年，在困难的条件下，仍组织了广泛的实地考察，如嘉陵江流域地理考察、汉中盆地区域地理考察、川东地区考察、大巴山区考察等，取得了一批高质量的研究成果。

开展边疆地理考察与国防地理研究。20世纪30年代到40年代初，黄国璋曾组织了两次西南边疆考察，为我国边疆地理学的发展作出了重要贡献。1934年，黄国璋参加了"云南边疆地理考察团"，任领队，考察历时8个月。考察归来，黄国璋撰写了《滇南人生与自然》、《滇南边疆局势与今后应注意之点》，明确指出滇南地区"关系我国目前抗战及未来国防"，从"边疆形势"、"边区情况"、"边民特性"、"边防要点"四个方面论述了滇南边疆在地理上的重要性及打通滇缅交通、发展边疆经济、巩固边防的重要意义。这次考察一方面提供了20世纪30年代滇南地区地理、人文经济的第一手资料，另一方面为抗战期间打通滇缅通道提供了基础数据。1939年参加了"川康科学考察团"，担任副团长，考察历时8个月。考察归来，黄国璋发表了《西康在我国国防上之位置》、《西康边防问题及其解决途径》等论文。黄国璋等带回来的资料翔实，论述生动，令学术界耳目一新，称这是全方位的综合考察，除地理学外，还丰富了民族学、社会科学的研究内容。

建立地理学会组织。建立地理学会组织是黄国璋多年奋力促成的事业之一。1934年由翁文灏、竺可桢、黄国璋、胡焕庸、张其昀等40人发起，在南京成立了中国地理学会，黄国璋当选为9位理事之一。新中国成立前，中国地理学会由翁文灏、竺可桢等掌舵，具体工作则推黄国璋、胡焕庸、张其昀3位出力最多。1936年黄国璋到师大任教后，又被推选为中国地学会总干事——中国地学会由地理学界老前辈张相文创办于1909年，是中国成立最早的三个学术团体之一，抗战期间中国地学会曾一度中断活动。1946年黄国璋回到北平后，与张星烺(张相文之子)合力恢复了中国地学会的活动，并再次被推选为总干事，负责中国地学会的全面工作。1950年夏，竺可桢、黄国璋、王成组、任美锷、李春芬、李旭旦等倡议合并两大地理组织，即1909年成立的中国地学会和1934年成立的中国地理学会，建立一个全国性的地理学会，会议推举黄国璋为合并后的首任理事长。地理学会对于学科的发展起了重大的作用。黄国璋在西安工作期间，还担任陕西省地理学会理事长。

创办多种主要的地理刊物。黄国璋在20世纪30～40年代，创办了多种重要的地理刊物：1934年他参与发起创刊中国最具权威的《地理学报》；1937年创办《地理教育》杂志，这是我国专门研讨地理教育的第一种刊物；1940～1946年，黄国璋主持中国地理研究所期间，创办了《地理》、《地理集刊》，《地理集刊》主要刊行中国地理研究所的各种考察报告及地理专题研究结果，《地理》则刊登地理研究的最新成果，共出版了6卷，刊登了136篇文章，多为经典之作。

推动中学地理教育事业发展。黄国璋十分重视中学地理教育的改革，1936年任北师大地理系系主任时，首先确定地理系的目标和任务有三：改进各中等学校的地理教学，培养中学优秀地理教师，开展地理科学研究。他认为“中学地理教师的素养，直接影响中学生的地理程度，间接影响小学生的地理程度及社会一般对于地理的认识和兴趣，中国地理学术的基础能否广立，将来能否有长足的进展，中学地理教师是负最大责任的。”鉴于此，他力主创立地理丛刊委员会、中小学地理教学研究会，编辑地理教学用图，编辑出版《地理教学》杂志以及《初中外国地理纲要》，成立地理教学咨询处。黄国璋的一生为推动全国中小学地理教育作出了重要贡献。

王益崖

王益崖(1897—?)，字钟麟，江苏常熟人。日本东京高等师范学校毕业，法国巴黎大学文学博士，曾任国立中山大学、国立中央大学、国立北平师范大学等校地理系教授兼系主任，中国地理学会理事及台湾省立师范学院史地系兼任教授、台湾省立台北图书馆南方资料研究室研究员。1932年从法国留学回国，任中山大学地理系系主任

(1932年7月至1933年7月)。之前，中山大学地理系前两任系主任均为德国地理学家，王益崖担任第三任系主任，成为执掌中山大学地理系的第一位中国学者。1935年8月～1936年8月，王益崖任北京师范大学地理系系主任。

作为北师大地理系系主任，王益崖深感师资力量较弱，决定聘请著名地理学家黄国璋来系任教。当时黄国璋在南京中央大学任教，虽经王益崖先生多方商议，但中央大学迟迟不肯同意黄国璋调离。后来王益崖亲自到中央大学面请黄国璋。据北师大校务报第162期报道，“王益崖先生为使黄国璋先生能尽力发展计，面请黄先生来师大担任系主任。王先生与黄先生是老朋友，二人共事多年，彼此深知，经过多次协商，黄先生才答应来师大。王益崖先生的这种‘退’的精神，实在令人钦佩，而黄先生对本校的热心尤为感佩。”

黄国璋于1936年9月任北师大地理系系主任，此时王益崖仍在师大任教，并协助黄国璋创办了《地理教学》杂志。

王益崖在北师大任职期间发表的论文有《日本的气候区》、《中等学校地理教师应有的修养》、《我国大豆之产销概况》、《我国花生之产销概况》等。

谢家荣

谢家荣(1898—1966)，上海人，中国地质学会、中国地理学会创始人之一，中国科学院院士。1920年获美国威斯康星大学硕士学位，1930年起在北京师范大学任教，1931～1932年任北京师范大学地理系主任，后任清华大学地学系主任。

谢家荣曾任地质部矿床地质研究所副所长、研究员，对我国煤田地质、石油地质、区域地质、矿相学等都进行过开拓性的研究，对矿床学造诣尤深，指导发现淮南八公煤田、安徽凤台磷矿、福建漳浦铝土矿、南京栖霞山铅锌矿等许多矿床，对华北、松辽、渤海、塔里木等石油矿藏所作的理论预测多得到证实。发表了《中国地文期概观》(《清华园》40卷2～8期)，《陕北盆地和四川盆地》(《地理学报》1卷2期)，《中国之石油》(《方志月刊》8卷6期)等论文。

1948年谢家荣被选聘为中央研究院院士。1955年被遴选为中国科学院学部委员(院士)。

谌亚达

谌亚达(1901—1981)，江西南昌人。自幼好学，1918年靠借贷筹款赴日本求学。

在日本勤工俭学，苦读八年，1926 年在东京高等师范学校毕业。回国后在北京孔德中学教初中地理，后任中法大学、辅仁大学、北京大学女子文理学院讲师，北京大学女子文理学院教授，并带职去英国伦敦大学经济政治学院进修。1933 年，翻译出版了中国第一部人文地理学书籍《人文地理学》，该书是法国著名地理学家 Jean Brunhes 的代表著作。1936 年后任北京师范大学教授。

抗日战争期间，谌亚达随北师大迁往陕西城固，先后于西北联合大学、西北大学、兰州西北师范学院地理系、史地系任教授，1940～1941 年兼西北师院史地系主任。此外，还在东北大学、复旦大学兼任地理学教授。抗日战争结束后，由黄国璋教授推荐，1947 年赴台湾任台湾师范大学史地系教授兼系主任，兼任台湾大学地理系教授，1949 年年初协助台湾地理界建立了台湾地理学会，并被选为学会理事长。

1949 年 8 月，谌亚达由台湾返回北京，受聘任北京师范大学地理系教授，讲授亚洲地理、中国地理、中国经济地理等课程。先后任经济地理教研室主任、地理系资料室主任，1955～1957 年北师大受教育部委托举办“外国经济地理进修班”，谌亚达被任命为班主任。

谌亚达将毕生精力奉献给地理教育事业，1934 年编著《高中本国地理》(世界书局出版)，先后 4 版，1935 年出版《初中本国地理》(1～4 册)(世界书局出版)。撰写了《中国工矿地理》等，编译了《地形学》、《人文地理学》、《中国区域地理》等地理名著。《中国区域地理》一书是根据美国著名地理学家葛德石教授 1949 年出版的《中国地理基础》一书翻译而成，前半部分由北师大薛贻源先生翻译，书名《中国地理基础》，后半部分由谌亚达翻译，书名《中国区域地理》，这两本书在新中国成立前为各大学地理系普遍采用。

谌亚达热爱祖国、热爱教育，以提高教育素质、培养优秀人才为己任，为发展地理教育、人文地理学、经济地理学做出了重要贡献。

盛叙功

盛叙功(1902—1990)，浙江金华人。1923 年毕业于北京高等师范学校史地系，此后在厦门、芜湖等地及北京高等师范学校任教，1928～1929 年到日本留学。回国后先后在上海暨南大学、上海法学院等校任教授。1950 年在北京师范大学任校长秘书及地理系教授，主讲外国政治经济地理。1955 年调入西南师范学院(今西南师范大学)任教，1980 年兼该校西南亚研究所所长，1987 年离休。

盛叙功教授曾任民主同盟中央委员。早年编著《初中外国地理》、《高中外国地理》

等教科书，出版的著作有《农业地理》、《交通地理》、《河川》、《新中国的地理》、《人文地理概论》、《世界经济地理》、《西洋地理学史》、《中东及巴尔干地区》等。遗稿尚有《政治地理学导论》、《世界政治地图的演变》等百余万字，在《地学杂志》、《地学系刊》、《西南师范大学学报》等刊物上发表论文数十篇。

郑资约

郑资约(1903—1981)，河北省衡水县郑家河沿村人，1925 年毕业于北师大，后赴日本东京教育大学地理研究所深造，学业完成后归国在北平师范大学执教，后在东北大学任职。1937 年，“七七事变”爆发后，率东北大学地理系学生，迁校于四川三台。抗战胜利后赴西安西北大学执教。郑资约先后在中国台湾师范大学、文华学院、美国威斯康星大学、新加坡南洋大学任教。1981 年在美国洛杉矶去世，享年 78 岁。

郑资约曾任中华民国政府内政部接收南沙群岛专门委员，参与南海岛屿 1946 年疆界的划定，太平岛等岛屿的测绘，南海水域的岛、礁石群及沙滩名称整理的工作，编著的《南海诸岛地理志略》一书，记录了自 1945 年 9 月 9 日起至 1947 年 2 月 4 日接收任务中在我国南海的所见所闻，为我国争取南海主权提供了有力证据。

杨曾威

杨曾威(1905—1985)，江苏武进人。1928 年毕业于北京大学地质系，后留校工作。1929 年翁文灏创办清华大学地学系时，杨曾威作为翁文灏的助教随其转往清华大学任教。他主要从事高等地理教育工作，曾担任东北大学教授、理学院院长，及西北大学、辅仁大学教授，1952 年院系调整，辅仁大学与北京师范大学合并，原先在辅仁大学历史系工作的杨曾威转到北师大地理系工作，先后担任自然地理教研室主任、地质地貌教研室主任、地理系副系主任等职务。

在北大地质系四年级时，与同班同学黄汲清、李春昱、朱森共同考察北京西山地质，研究西山杨家屯煤系的沉积特征，在《地质学报》一期发表一文，为北京地区石炭二叠纪地层的划分工作奠定了基础。1935 年赴英国留学，当时李四光在英国剑桥大学讲学，杨曾威拜会李四光先生时，李四光认为中国留学生在国外学习地质学的人较多，建议他到曼彻斯特大学学习人类地理学，因该校有波兰籍教授——世界人类学权威讲学。杨曾威接受了李四光的建议到曼彻斯特大学考古及人类学系研读人类地理学，1938 年获理学硕士学位。回国后在重庆北碚中国地理研究所人文地理组工作，曾与王成敬等对涪江流域的经济地理进行调查，考察结果发表在《地理》杂志上。

杨曾威学识渊博，根据教学需要，曾讲授地质学、地貌学、普通自然地理、外国经济地理、人文地理、人类地理等课程，曾带领学生到河北张家口下花园等地进行野外实习，在担任副系主任期间，负责函授教育工作，为提高教学水平、培养人才付出了辛勤的劳动。

杨曾威撰有《中国地形高度之测量》、《人类分析方法研究》(英文)、《中国近代地理学简史》等著作。

邹豹君

邹豹君(1906—1993)，山东蓬莱人。1933 年毕业于北平师范大学地理系，同年留校任教。1937 年赴英国留学，1939 年获利物浦大学硕士学位。回国后历任北京师范大学教授，西北大学教授，西北师范学院教授、史地系系主任。1947～1949 年任中山大学地理系系主任。1950 年赴台湾，任台湾大学地理系教授，后去新加坡，任南洋大学地理系教授、系主任兼文学院院长。1971 年移居美国，20 世纪 80 年代初曾计划回北师大任教，后因腿疾、眼疾未能如愿。1993 年回上海，同年病逝于上海。

邹豹君的业务实力和组织才能十分突出。1934 年 2 月在系主任刘玉峰的鼓励下主办《地理月刊》，组织青年教师和三、四年级学生写稿，3 月出版第 2 期，6 月出版第 3 期，每期约有 60 页。著有《欧洲地理》、《地学理论》、《小地貌学原理》、《新经济地理学》、《美国与加拿大》、《中东大市场》、《地球星太空船》、《地理难题答客问》、《美国风趣五十州》、《大环境地理学》等。他的著书有很多特点。一是主题明显，观点鲜明，说理清晰，深入浅出。例如在撰写《小地貌原理》时，力求要符合“范围紧、内容专、理论显、文字浅、附图简、说明短”六个条件。正是由于恰当地把握了这些条件，所以把一部学术专著写得非常精彩。二是具有创新精神，“书名创新，理论创新，写作方法及示意图也力求有所创新”。比如《大环境地理学》是他积 60 年治学经验而成的一本专著，其中提出了许多新的观点、新的假说、新的理论。邹豹君在学术方面还有许多创新。他认为中国有史初期文化，其属于小河流域文化，而非大河流域文化；属于山坡文化，而非平原文化。他认为中华民族是世界上最善于利用山坡的民族。梯田制度实施最早，就是一个极强有力的证明。

邹豹君病逝后，其藏书全部赠送北京师范大学地理系图书资料室。北师大资料室现设有邹豹君教授图书专柜，在遗赠图书上都写有邹豹君的学术贡献，以作永久的纪念。

王钧衡

王钧衡(1907—1977)，原名心正，后以字行，河南人。1932年毕业于北京师范大学地理系。毕业后一直从事地理教育事业，曾先后在北师大、北师大附中、西北师范学院、齐鲁大学、西北大学等校任教。曾任北师大校务委员会委员、校教育实习委员会副主任、校工会主席。20世纪50年代曾任平原省人大代表、平原省政治协商委员会委员、九三学社北京分社常委、九三学社北师大支社负责人等职。

他曾担任中国地理学会常务理事。1956年在地理学会第二届代表大会上当选为秘书长。1963年在地理学会第三届代表大会上连任秘书长，直至1977年逝世。王钧衡与孙敬之、林超等于1951年发起筹备成立北京地理学会，曾担任北京地理学会第四、第五、第六、第七届、第八届(1954～1977)理事长。

王钧衡在地理教学教育领域贡献卓著。他根据多年在中学、大学对地理教材、教法方向的实践，构建了"地理教学法"的学科体系，对地理教学如何贯彻思想性、科学性、系统性、直观性等原则都有深入的研究，在编制地理课堂教案的理论和方法、如何教好地理基础概念、地理学基本规律的理论和方法、讲述地理课的说话艺术、如何分析和评价地理课等方面都有独到的见解和专门论述。

王钧衡多年担任北师大教育实习指导委员会副主任，每年都亲临教育实习第一线，听学生预讲，指导学生讲课，课后认真分析讲述。根据地理教学特点以及实习生的特点，指出提高教学质量的途径，使学生了解地理教学的基本规律。在他的指导下，学生的教学能力有明显提高，对地理教育的基本理念理解深刻，树立了为地理教育事业终生奋斗的人生目标。王钧衡为我国培养出许多杰出的地理教育工作者和优秀教师。

另外，王钧衡积极参加科学普及工作，曾任全国科学普及协会理事。新中国成立初期，原中宣部常务副部长徐特立曾多次来北师大与黄国璋、王钧衡商谈开展科普活动。

王钧衡出版发表了许多地理著作、教科书和论文，为推动地理教育事业贡献了毕生精力。他讲授"地理教学法"多年，主编的《地理教学法》交流讲义于1953年问世，几经修改，为许多高校采用。1963年重新编写《地理教学法》教材，正待付印，但因"文化大革命"而中断，未能正式出版，深以为憾。

万方祥

万方祥(1907—1990)，河北迁安人。1935年毕业于北平师范大学地理系，毕业后曾在师大附中、女附中任教，1943～1948年在西北师范学院任讲师、副教授，1948年

1月赴美国威斯康星大学留学，1949年12月获硕士学位。欣闻新中国成立，万方祥响应祖国召唤，决定立即回国，归国途中，众多留学生在“威尔逊号”船上组织归国同学会，一致推举他为主席。船抵香港时，他立即与共产党驻香港代表取得联系，并接受《大公报》等进步新闻社的采访，许多报纸刊载了万方祥热爱祖国、拥护解放，愿回国为祖国建设服务的热情谈话。

1950年2月抵达北京，经短期学习后，立即奔赴西北师范学院任教，讲授气候学、地图学等课程，他不辞辛苦，自编讲义，为学生学习提供便利条件。1954年调入北京师范大学地理系，主讲各洲自然地理，他备课认真，教法得当，重视教学内容、教学系统的改革。根据教学内容改写的《北美洲自然地理》由商务印书馆出版后，众多高校地理系采用作为教材或参考书，不久又由他和助手彭庆祥修订出版。

1955年北师大地理系受教育部委托举办“地形测量与地图学研究班”，聘请万方祥为主任，为国家培养了一批教学骨干。

万方祥参加编纂《新华词典》中的地理、地质词条注释，受到广大读者的好评。他关注基础教育的地理教材建设，1932年与王钧衡合编《初中本国地理教科书》(北方学社出版)，1934年增订3版发行，1936年编写《高中自然地理》(北方学社出版)，1990年与李希予合著《环球地名趣谈》(测绘出版社)。

万方祥在北师大地理系先后担任区域地理教研室主任、系副主任、系工会主席等职，1956年参加九三学社，是九三学社的优秀社员。

刘衍淮

刘衍淮(1907—1982)，字春舫，山东平阴山人。北京大学毕业，1927年参加中瑞西北科学考察团，1930年到德国柏林大学学习气象学，1934年获博士学位。同年回国，应聘为北平师范大学教授。1936年后又从事空军气象教学工作。1949年后去台湾，继续从事气象教学和研究工作，后任台湾师范大学教授。发表了大量关于西北科学考察团成就的文章，包括：《天山南路的雨水》、《西北科学考察团之气象工作》、《迪化与博克达山春季天气之比较》、《历史年代中中亚气候变化的证据》、《斯文赫定与新疆西藏》、《中国西北科学考察团的气象观测结果》。在北师大任教期间，同时兼任清华大学地学系教授，抗战时期曾在西南联大任教，1949年后曾在台湾师范大学地理系任教授、系主任，气象研究所所长，培养了众多地学、气象气候工作者。

周廷儒

周廷儒(1909—1989)，浙江新登(今富阳)人，著名地理学家，中国科学院院士。1933年毕业于中山大学地理系，后留系担任助教。1940年在中国地理研究所任副研究员，参加嘉陵江流域、青海、甘肃等地的考察研究。1946年以中英庚款名额赴美国加州大学伯克利分校地理系留学，1948年获硕士学位。1950年回国，任北京师范大学教授，先后主讲地形学、中国自然地理、古地理学等课程，同时兼任中国科学院地理研究所研究员及清华大学地学系教授。1952年秋，任北京师范大学地理系系主任，至1983年年初卸任，长达三十年之久。1980年当选为中国科学院学部委员(院士)。曾任中国地理学会第四届理事会副理事长，北京市第五、第六届政协委员。

周廷儒终生致力于地貌、自然地理、新生代古地理研究及地理教育事业，在地理学科的多个领域都作出了杰出贡献。

周廷儒研究地貌，打破形态描述的旧格局，着意于地貌的成因分析与发育过程的探索。一方面将地貌的发育、形成放在总体的自然条件中来考虑，另一方面又将地貌作为一项重要的自然因素来看待，从而解释了许多自然现象中的“谜团”。1956年，周廷儒参加新疆综合考察，任考察队地貌组组长。连续4年，每年春季出发，秋后方归。1956年考察北疆，从南坡登阿尔泰山，并穿越古尔班通古特沙漠，又考察了天山北麓的玛纳斯河地区。1957年登天山，重点考察天山北麓山前地区和伊犁谷地。1958年考察南天山与塔里木盆地，并曾率小分队专门考察了塔里木河中游地区，研究塔里木河的河道变迁。1959年考察塔里木盆地南缘及昆仑山北坡地区。1960年开始编制新疆地貌图(1∶1000000)，撰写《新疆地貌》、《新疆综合自然区划》等专著，进行多方面成果的总结。研究的问题包括塔里木河中游河道变迁、罗布泊变迁、山地冰川与第四纪冰期、天池成因、新疆第四纪陆相沉积、新疆古地理、新疆综合自然区划等多个方面。

周廷儒始终坚持归纳各种自然因素的综合特征，考虑它们相互之间的制约、关联和表现。20世纪50年代初期他致力于综合自然区划的研究，连续撰文阐明综合自然区划的原则、方法、目的等问题。1954年，周廷儒与施雅风、陈述彭承担《中华地理志》中“中国地形区划”的研究任务，穿越大别山、雪峰山、十万大山，实地勘察地形区划的一些重要分界线的位置，探测广西桂林的喀斯特洞穴、雷州半岛的火山熔岩以及肇庆羚羊峡谷的成因等。三位学者经过详细考察，完成了《中国地形区划草案》，其在地形区划的原则与方法，东部季风区、西北干旱区及青藏高原区三大地形一级区和29个二级区的划分，中山、高山的划分标准，相对地势、山岳形态、水网密度等形态指标等方面都有创新性见解。

基于对古近纪以来的自然地理演变历史对我国现代自然环境特征形成的重大意义的认识，周廷儒从20世纪60年代初就强调中国新生代古地理的研究，成为我国地理学界古地理学研究的奠基人、开拓者。1960年发表《中国第三纪第四纪以来地带性与非地带性的分化》的重要论文，勾画出古地理研究的轮廓。论文指出，古近纪中国地势准平原化，北极没有冰盖，环东亚大陆的古地中海与南海，货币虫暖流盛行，全部大陆属于行星风系的环流形式。中国中部很大范围内是在副热带高压控制下，形成疏林草原和荒漠。渐新世后期的喜马拉雅运动，一方面使古地中海消失，欧亚大陆合成整体，大陆性气候加强，与太平洋和印度洋对比关系加剧；另一方面青藏大山原隆起到较大高度，引起西风急流动力作用和前者大陆与大洋对比关系。二者合力产生的季风环流，使海洋影响很强的湿润季风覆盖了整个中国东部，而使干燥区向西北收缩。这是新生代六千万年中亚洲东部最大的一次环境变化，是周廷儒最早研究点明的。周廷儒的两部专著《古地理学》、《中国自然地理·古地理》分别在1982年、1984年出版，系统地阐述了古地理学研究的原理与方法，探求了古近纪以来中国自然地理环境发展演化的过程和规律，对推动我国的古地理研究起了很大的作用。

周廷儒长期从事地理教育工作。在北师大先后主讲地形学、中国自然地理、古地理学等课程。1959年、1961年主持招收第一、第二届中国自然地理研究生。1963年在地理系创建了古地理研究室，兼任研究室主任。1981年经国务院批准，古地理研究室列入全国首批博士点，周廷儒为首批博士生导师，从而开始了古地理学博士生培养工作。周廷儒桃李满天下，培养了许多地理学人才，他们之中许多人后来都成为高校、研究所和中学的骨干力量。

周廷儒重视野外实地考察，终其一生，所有的学术成果莫不是通过踏踏实实的辛勤野外考察获得的。为了培养学生的野外考察能力，周廷儒曾多次亲自带领学生赴烟台、大同进行暑期野外实习。周廷儒重视新技术的引进与实验室建设，1963年创建古地理研究室，同时筹建了孢粉分析室、^{14}C实验室、微体古生物分析室、沉积分析实验室等，这一实验体系在当时可称得上国际先进。

周廷儒的研究成果多次获得奖励。1986年，关于中国新生代自然环境演变的研究成果，获得国家教育委员会科学技术进步奖一等奖。1987年，关于中国古地理的研究成果，与中科院黄秉维等共同获得中国科学院科技成果奖一等奖、国家自然科学奖二等奖。周廷儒毕生从事地理科学研究和地理教育工作，为中国地理学和地理教育的发展作出了重要的贡献。

卢　鋈

卢鋈(1911—1994)，安徽无为人，气象学家，气候学家，对我国的天气和气候有较深入的研究，是最早对我国气候进行分类的学者之一。1934年毕业于中央大学

地理系，1949 年前任职于浙江大学、中央大学，后任中央气象总台台长。著有《中国气候概论》、《中国气候总论》(1947 年)、《中国气候区域新论》(1947 年)、《天气预告学》(1947 年)等。1949 年 8 月受黄国璋系主任邀请，来北京师范大学主讲气象与气候学。卢鋈学识渊博，讲课概念清晰，言简意赅，深受学生欢迎。1950 年上半年，调任中央军委气象局副局长。他约请气象局冯秀藻继续为学生讲授该课程。后来学生到军委气象局请卢鋈再讲一门《中国气候》，他虽然工作繁忙，但仍答应晚间来师大讲课，每周讲一次。他的课程吸引了地理系各年级的学生前来聆听，教室内座无虚席。由于他公务繁忙，只讲了几次中国气候课程就告别了师大讲坛。

卢鋈 1948 年参加九三学社，曾任第三届全国人大代表，第五届全国政协委员。

刘培桐

刘培桐(1916—1994)，河南浚县人，著名自然地理学家、环境科学家和教育家。1940 年毕业于北京师范大学地理系，获学士学位，并留校任教。1941～1946 年，在重庆北碚中国地理研究所任助理研究员。1946～1949 年回母校地理系执教。1949～1982 年，在北京师范大学地理系历任讲师、副教授、教授。先后任土壤地理教研室(1954～1959 年)、化学地理教研室(1960～1978 年)和化学地理与环境学教研室主任(1978～1982 年)。1957～1959 年赴苏联莫斯科大学地理系进修土壤地理学与景观地球化学。1983 年任北京师范大学环境科学研究所首任所长(1983～1990 年)。

刘培桐对地理学和环境科学的发展作出了重要贡献，开创了化学地理学和环境地学研究的先河，构建了环境科学研究体系和高等学校环境科学课程体系。

20 世纪 40 年代，刘培桐便开始从事土壤地理学的教学研究。在《中国气候与土壤之关系》(载《地理》1942 年第 2 卷 3～4 期)中，较全面地综述了中国主要土壤发生类型的形成、发育特征、地理分布规律与气候的关系。1956 年他与周廷儒合著《中国的地形和土壤概述》，用土壤发生学观点研究中国土壤发生与分布规律。在《中苏黑钙土基本特征的对比研究》(1962 年)一文中，将我国的黑垆土纳入该系列。在《土壤地理学发展的方向和途径》(1961)一文中，首次提出农业土壤地理学概念，该文的发表得到学界广泛关注，对推动土壤地理学的发展起到了积极作用。

20 世纪 50 年代，刘培桐对自然地理学的学科性质、研究对象和内容进行过深入的论述。并进一步探讨了地理学的核心问题，从能量和生物进化的角度论述了地理环境的发生与演变及其空间分异过程，强调人类活动对环境的重大影响已超过地理环境范围，进而明确了地理科学与环境科学的研究范畴。

在化学地理学领域的研究，1960～1961年刘培桐先后发表了《关于在我国开展化学地理的几点意见》、《化学地理学的对象和内容》等论文，完成了《化学地理学》教材的编写，比较完整地阐述了化学地理原理，初步形成了化学地理学的教学与研究体系”。1962～1964年，开展了以内蒙古凉城县岱海盆地为典型地区的化学地理研究。1973年参加专著《中国自然地理——地表水》中“河流的水化学”部分的编写。

刘培桐是我国地理学界最早倡导开展环境科学与环境保护研究的先驱者之一。从20世纪70年代初开展了环境与癌的研究，编写了《太行山食管癌分布规律的调查研究报告》，参加《全国恶性肿瘤地图集》(1979)、《北京恶性肿瘤地图集》(1980)编撰的总体设计工作。

1973～1976年，参加“官厅水库水源保护研究”、“北京西郊环境污染调查及环境质量评价研究”，均为国内首次开展的环境保护研究项目，并获得1978年全国科学大会集体奖。参加“北京东南郊环境污染调查及其综合防治途径研究”(1976～1979年)，获北京市科技进步一等奖、国家科技进步三等奖。

1980～1982年，刘培桐带领师生开展了国内第一个建设项目环境影响评价研究项目——江西永平铜矿环境影响评价研究。后又继续开展了多项环境影响评价工作，为我国环境影响评价制度的确立和发展，环境规划及区域环境综合整治对策等研究在理论、技术与方法上打下了重要基础。

1987年10月，由北师大环境科学研究所承办，我国首次主持召开了“环境影响评价国际学术研讨会”。刘培桐以“通过环境评价研究，促进人与环境的和谐发展”的主旨发言，受到与会者的重视。

刘培桐培养了一批高质量科研、教学人才：20世纪50年代创办土壤地理学研究生班，60年代开设化学地理研究生班，以及后续的环境影响评价研究生班、环境保护与监测大专班、土壤环境研究生班等。还主持有关教材和专著的编写出版，《化学地理学讲义》(1962年)、《化学地理学》(1993年)获1995年教育部高等学校优秀教材二等奖、《环境学概论》(1985年)获1987年国家优秀教材奖。

刘培桐创建地理系的土壤实验室、土壤标本室、土壤地理野外实习基地、化学地理实验室、化学地理研究基地；筹建环境科学研究所及相关环境测试实验室，并发展建成“环境模拟与污染控制国家重点联合实验室—水环境模拟实验室”，为相关学科发展奠定了基础。

刘培桐曾兼任中国地理学会理事兼化学地理专业委员会主任、中国环境科学学会常务理事兼环境教育专业委员会主任、国家科学技术委员会环境保护专业组成员、国家教育委员会高校理科地理教材编审委员会成员、高校环境科学技术规划组组长、国际地理联合会(IGU)地理与公共管理委员会发起人和委员、国际资源与自然保护联盟(IUCN)环境教育委员会领导小组成员；《地理学报》编委、《环境科学学报》常务编委、

《Environmental Management》编委、《Environmentalist》编委、《Chinese Geography and Environment》编委、《中国大百科全书—环境科学(第一版)》环境地学编辑委员会副主任、《环境科学大词典》编辑委员会副主任委员；第一、第二届南极科学考察研究学术委员会委员，河南省地理研究所名誉所长等。

宋春青

宋春青(1919—2004)，山东无棣人。1946 年毕业于北京师范大学地理系，后留校任教，历任助教、讲师、副教授、教授。

宋春青长期主讲地质学，他学识渊博、基础扎实、备课认真、讲解深入浅出，重视实地实习和野外实践，他的课深受学生欢迎。他主编的《地质学基础》从 1978 年出版以来，已先后修订四次，累计印刷 30 余万册，广泛为各高校地学专业采用，是高等教育出版社地理类教材印数最多的教材，1978 年被评为国家教委优秀教材二等奖，并翻译成蒙文出版。他积极推动全国高校地质学教学工作的研讨与交流，1978 年创立全国高校地质学教学研究会，1978～1991 年连任 12 届研究会理事长，1992～2004 年连任 6 届名誉理事长。

宋春青重视基础教育改革，早在 1947 年、1948 年就协助黄国璋编辑出版了《地理教学》杂志，编印了中学教学挂图、暗射图。1981 年高中恢复设置地理课程，他主编的《高中地理课本》(上、下册)在全国被广泛采用。为帮助中学地理师生提高水平，北京师范大学组织编辑我国第一部《中国中学教学百科全书》，宋春青被聘为总编辑委员会委员和《地理卷》主编，《地理卷》全书约 125 万字，由沈阳出版社 1990 年出版。宋春青为编辑这部工具书呕心沥血，逐字逐句进行审核，以确保全书质量。图书出版后深受广大读者好评。

宋春青曾对元古界地质进行专门研究，是下马岭组地层中叠层石的发现者之一，19 世纪 70 年代以后，长期研究新生代古地理，是内蒙古和林格尔及凉城地区更新世火山群的发现者。发表有《内蒙古岱海地区的玄武岩及火山活动》、《内蒙古达里诺尔晚更新世以来环境演变及其气候意义》等多篇论文。他曾参与《中国科学史讲义》地学部分、《中国地学史》等书的编写，参加北京地区地震会战，1981 年获北京市科技成果二等奖，更新世环境演变研究成果获国家教委科技成果二等奖。

宋春青热心公益活动，在新中国成立前，他参加师大讲助团，负责联络工作，后担任讲助团主席。新中国成立后，曾任北师大校务委员会委员。1948 年参加中国科学工作者协会北京分会，被聘为干事，1949 年 5 月，科协理事会推荐他以科学及代表身份参加中华全国第一届青年代表大会，受到党和国家领导人的接见。从 1951 年，担任北京市科学技术普及协会第一届委员会委员，1956 年参加全国第一届职工科学技术普及工作积极分子大会，多次受到党和国家领导人的接见。

宋春青先后担任北京青少年科学基金委员会委员、中国青少年科技辅导员协会理事、北京市青少年科技辅导员协会理事长、中国地质学会科学普及委员会委员、北京市青少年地学爱好者协会主任委员、北京市科协委员、北京市地质学会常务理事等职。1998 年被香港国际教育交流中心聘为顾问。

宋春青在地理系百年庆典之际撰文《百年地理 百年辉煌》，总结北京师范大学地理系百年的辉煌历程。他搜集的资料、撰写的文章为院史的编写提供了极大的帮助。

宋春青 1953 年参加九三学社，曾任九三学社北师大支社副主任、主任委员，1992 年被评为九三学社北京市先进个人，1985 年以 67 岁高龄加入中国共产党，1993 年起享受国务院特殊津贴。

赵淑梅

赵淑梅(1923—)，辽宁沈阳人。1946 年毕业于北京师范大学地理系，后留校任教，历任助教、讲师、副教授、教授。

自 1953 年受教育部委托参加制订“地图学及地形测绘”教学大纲起，赵淑梅几乎参加了所有高师、师专有关地图学教学大纲的制订工作，并多次发表关于地图学教材建设方面的论述。她编写了上百万字的地图学及地形测绘、测量学、地图学等讲义，并先后主持和参加了 1978 年由人民教育出版社和高等教育出版社出版的《测量与地图》、《地图学》、《地图学基础》等教材的编写工作。在教材内容的更新、体系改变等方面，她都作出了重要的贡献。

为了提高教学质量，针对《地图学》中“地图投影”一节教学存在的问题，1955 年赵淑梅创制了投影地球仪，并在全国高师推广，对提高地图学教学质量起到了促进作用，至今仍广泛应用。

1955 年赵淑梅率先在国内高师地理系举办了测绘地图研究生班，为国家培养了第一批地图学研究生(17 名)。1982 年以来，举办了高师地图学助教进修班。1987 年，主编了卫星电视《地图学基础》教材，并且亲自为全国青年地理教师进行电视授课。

赵淑梅还是普及地理教育的社会活动家，她先后担任北京市地理学会理事、副理事长，积极参加科学普及工作，1956 年被评为全国科普积极分子。

赵淑梅在对地图学教育与普及锲而不舍作出奉献的同时，还十分关注地图学的新发展，重视地图学向相关学科的渗透。1980 年、1981 年，她先后主编了《北京恶性肿瘤地图集》和《北京市东南郊环境地图集》，不仅为发展专题地图制图作出了贡献，而且得到医学界和环境学界的好评。这两本地图集，在内容和表示方法上都有独到之处，均获得北京市科学技术进步奖。

张兰生

张兰生(1928—)，浙江浦江人。1952 年毕业于浙江大学，后分配到北京师范大学地理系工作，先后任地理系助教、讲师、副教授、教授。1990 年被评为全国第四批博士生导师，1998 年退休。曾先后担任中国地理学会的副理事长(1986～1990 年)、理事长(1991～1995 年)、教育专业委员会主任(1996～1999 年)、国际地理学会中国委员会主席等，他还曾连续三届任国际地理学会教育委员会委员(1988～2000 年)，地理学报副主编(1985～2000 年)以及多个地学类刊物编委。张兰生在其教师生涯中，成功地处理了教学、科研和教育管理的关系，在三个方面都取得了突出的成就。他于 1991 年成为享受国务院特殊贡献津贴专家，1995 年获得国家级“优秀教师”称号。2009 年中国地理学会成立百年之际荣获第二届“中国地理科学成就奖”。

20 世纪 50～70 年代，张兰生先后讲授了中国自然地理、水文学、气候学等课程，在中国自然区划、水文、气候和自然灾害等方面发表了多篇论著，并初步显示出其对环境演变和自然灾害的独到认识，他的教学也因贴近科学前沿和富于启迪而备受学生欢迎。

从 20 世纪 70 年代末起，张兰生的工作转向以科研为主，是我国环境演变研究和自然灾害研究的主要倡导者和推动者之一。他在环境演变的理论和方法体系构建、我国第四纪和全新世环境演变规律研究、特征期环境重建、北方农牧交错带环境演变重建、环境演变和自然灾害区域分异规律等方面均作出了创建性的工作。他把周廷儒开创的古地理学进一步拓展为环境演变研究，发展了周廷儒的自然地理学方向古地理学思想，与周廷儒共同开创了北京师范大学的时间维地理学研究。周廷儒先生领衔、张兰生列第二位的“新生代古地理研究”成果获国家教委优秀科技成果奖(1985 年)，由周廷儒、张兰生共同主持的《晚更新世以来环境演变及其影响评价研究》获国家教委 1992 年度科技进步(甲类)二等奖，张兰生参与的“中国自然地理环境的形成、演变与地域分异”获原国家教委科技进步二等奖(1996 年)，他主持的“‘全球变化’课程及教材建设”获北京市教学成果(高等教育)二等奖。参与的“区域自然灾害系统研究”获教育部科技一等奖(2004 年)，“灾害风险科学学科建设与创新性人才培养模式”获北京市教学成果一等奖及国家教学成果二等奖(2008 年)。2012 年 6 月，中国地理学会与中国科学院列为中国自然地理系列专著之一的《中国古地理：中国自然环境的形成》一书由科学出版社出版，全书 63 万字，是张兰生退休以后继续探索中国自然环境形成过程取得的突出成果，同时也表明北师大地理学与遥感科学学院在环境演变——古地理研究领域中仍占有重要地位。

从 1983 年 7 月任地理系系主任开始，到 1998 年从资源与环境学院院长任上退休，张兰生在大学教育管理的岗位上工作了16年之久，为北京师范大学在转型期的教育发展、人才培养以及地理学科的建设作出了杰出的贡献。1983～1984年，张兰生接替周廷儒任系主任。1993年，他组建了资源与环境科学学院并出任首任院长（1993～1998年），作为20世纪80～90年代北京师范大学地理学科发展的主导者之一，实现了北京师范大学地理学科的平稳发展和人才的新老交替。1984～1992年，张兰生任北京师范大学教务长，主管学校的教学和科学研究工作，在进行务实的教学改革的同时，针对在师范大学中长期存在的将教师培养和科学研究相对立的“师范”与“非师范”的争论，他明确主张师范大学要搞学术研究，特别是推动师范教育的学术研究，强调北京师范大学的教育研究应能够为国家的教育方针政策提供指导或参考。认识到终身教育的必要性，借鉴国际上著名大学的经验，他从20世纪80年代后期起积极推动开展继续教育，在北京师范大学建立了继续教育学院并出任首任院长（1992～1997年）。

地理教育和环境教育也是他投入精力较多的领域。1992年，经努力在教育学的课程与教学论硕士点下设置了环境教育研究方向，开始培养环境教育方向的研究生。1997年，促成世界自然基金会北京办公室（WWF-China）与教育部的合作，创建了全国高校第一个由WWF和教育部共建的“北京师范大学环境教育中心”，并担任中心的执行主任。他多次主导举办中、小学校长和教师环境教育培训班，开设环境教育研究生课程班，并积极开展环境教育领域的科学研究和国际合作，在推进和普及我国环境教育和可持续发展教育的同时，还在环境教育领域培养了一支跨学科、高水平的队伍。

褚广荣

褚广荣（1928—　），河北廊坊人。1955年毕业于北京师范大学地理系。历任助教、讲师、副教授、教授，曾任北京师范大学地理系地图与遥感教研室主任。先后担任中国地理学会地图学与地理信息系统专业委员会委员、北京测绘学会地图学专业委员、北京测绘学会测绘教育专业委员会主任委员。

褚广荣长期从事遥感制图和专题地图制图的教学与科研工作，培养了地图与遥感硕士研究生11名。主编和合编出版地图集6本，如《安塞资源与环境系列图》、《陆地卫星像片太原幅农业自然条件目视解译系列图》等。主编和合编出版著作和教材11本，他编著了国内第一本关于遥感系列成图方法研究的专著《遥感系列成图方法研究》，1992年由测绘出版社出版；编著了国内第一本《环境制图》著作，1996年由测绘出版社出版。在《遥感大词典》（科学出版社，1990年）的编辑工作中担任副主编，负责“地学基础”部分的编写工作，该词典在国际遥感学术界具有较大的影响。他发表了各种学术论文20余篇，如：《遥感系列成图方法及其对地图学的深远影响》、《水环境容量系列图编制方法探讨》等。他的遥感系列成图和专题地图制图科研成果曾获省、部、委级科学技术进步一等奖、北京市科学技术进步三等奖等多项政府奖项。此外，还获得中国地理学会1987年颁发的“优秀地图集奖”2项，北京师范大学1986年颁发的“教学、科研成绩表彰证书”。

武吉华

武吉华(1929—　)，河北安新人。1952年毕业于北京师范大学地理系，留校后开创性地进行植物地理学的教学和研究工作，历任助教、讲师、副教授、教授。1954年赴苏联列宁格勒大学学习，主攻植物地理学，曾到高加索山等地进行野外考察。1959年获副博士学位回国后，回地理系讲授植物地理学等课程。1976年任副系主任，协助周廷儒主持系务，负责教学计划修订，组织全系教师编写高校地理学教材。1976年打倒“四人帮”后，全国的大学课程基础教材相当缺乏，武吉华积极组织动员教师编写教材，当时地理系共参加了11门课程的教材编写，武吉华本人主编了5门课程的教材。1979年，他主编的《植物地理学》出版，这是我国第一本植物地理学教科书；1983年修订第二版，于1988年获国家教委首届“优秀教材”一等奖。曾任中国地理学会自然地理专业委员会副主任、国家教委地理学教学指导委员会土壤生物组副组长、高校植物地理学教学研究会理事长，是国务院特殊津贴获得者。

“文化大革命”后，高中恢复地理教学，急需教材。武吉华组织编写了《地学》，并组织培训全国的高中地理教师学习教材，解决了当时的燃眉之急，为日后高中的地理教学奠定了扎实的基础。1984年开始招收培养研究生，培养高校进修生；每年带领学生进行野外实习，不辞辛劳，退休后70多岁高龄仍坚持带学生野外实习。

1985～1990年参加中国科学院黄土高原综合考察队，任综合组组长、《黄土高原综合治理重大问题及总体方案》系列成果编委会副主任委员，研究成果获国家计委、国家经委、科委、财政部表彰。20世纪80年代初期，参加海南岛开发战略发展规划研究。

发表的论文有《雾灵山自然保护区森林演替》(1993年，与王春玲合写)、《黄土高原工业生产中的物质平衡研究》(1990年，与程连生合写)、《黄土高原农村经济建设与水土保持》(1992年)。主要著作有《黄土高原地区综合治理开发分区研究》(中国经济出版社，1990年)、《中国北方资源开发与环境研究》(主编，海洋出版社，1992年)、《生物和土壤资源利用和保护》(合作主编，科学出版社，1993年)、《地学》(主编)等。

李天杰

李天杰(1929—　)，山东章丘人。1954年毕业于北京师范大学地理系，1956年毕业于北京师范大学地理系土壤地理研究生班。1956～1983年在北京师范大学地理系工作，历任助教、讲师、副教授、教授。曾担任北京师范大学环境科学研究所环境学研究室副主任、极地与遥感研究室主任。

李天杰主要从事土壤地理、遥感技术应用和环境地学等方向的教学与研究工作。参与或主持的重要项目有：黄河中游水土流失综合调查研究(1957 年)，中国科学院治沙队新疆考察与定位试验研究(1959～1961 年)，全国第一、第二次土壤普查(1958～1980 年)。在 1979 年全国土壤学代表会议上首次提出了土壤分类中的数学方法。在卫星遥感山西农业自然条件与资源遥感分析与制图项目研究(1980～1981 年)中所完成的太原幅卫星遥感制图在国内外产生了重要影响，其中土壤卫星遥感制图是更为人们关注的创新点之一。在山西农业自然资源定量化研究项目中完成的晋北阳高盆地典型地区盐碱土水盐动态监测与预报研究成果，将定位系统观测数据和卫星遥感图像遥感信息相结合，走出了一条遥感技术应用的新路(1983 年)；参与或主持遥感技术在内蒙古草场调查中应用研究项目(1983～1986 年)、“三北”防护林工程遥感综合调查项目、(1987～1990 年)黄土高原重点小流域水土流失与综合治理效益的遥感监测项目研究中(1986～1990 年)，在加强地学综合分析与专业理论相结合优势的同时，又与定量化观测数据综合分析相结合，取得了较好的效果。主持并完成“南极现代自然环境背景与自然过程专题研究”(1991～1996 年)。上述研究项目中获得国家科技进步二等奖 2 项、三等奖 1 项，省、部级科技进步奖 10 多项。主要论著主编的有《土壤地理学》(第 1、第 2、第 3 修订版)(1979 年、1983 年、2004 年)；《土壤地理学》(1995 年)；《土壤地理学原理》(2004 年)。参与编著的有《环境保护概论》(1982～1999 年)、《环境科学概论》(1981 年)、《环境影响评价手册》(1987 年)等；发表于《自然学报》、《南极研究》等国际国内学术刊物上的论文达 70 余篇。

李天杰享受国务院政府特殊津贴待遇，先后担任过北京市自然学会副秘书长，中国土壤学会土壤地理与发生分类专业委员会专业委员、土壤遥感与信息专业委员会委员，中国地理学会自然地理专业委员会生物土壤地理组成员，中国高等师范院校土壤地理教学与研究会理事长(1981～2000 年)，第三届南极学术研究委员会委员，国际土壤学会会员。

张如一

张如一(1929—　)，也称张如意，河北武邑人。1949～1953 年就读北京师范大学地理系，后留校任教，历任助教、讲师、副教授、教授。期间主要参加“自然地理学”、“气象学与气候学”等课程教学及研究生(硕士)、气象进修生的培养工作。曾参与编写《气象学与气候学》(第 1、第 2、第 3 版)教科书，该书获教育部优秀教材二等奖。参加编写《气象学基础》、翻译《大气、天气和气候》等。

科研工作主要集中在西北干旱地区。曾参与中科院综考会组织的黄土高原地区综合治理开发课题中的“黄土高原气候资源合理利用”子课题的野外考察和室内总结报告，总课题获中科院一等奖，个人获先进个人奖。参加“宁夏生态系统改善途径”课题研究，获宁夏科技二等奖。发表了“宁夏农业气候类型分析”、“黄土高原西部气象条件与天然牧场”等文章。城市气候是科研的另一领域。除参与筹组高校城市气候研究中心，进行交流活动外，多次与教研室同志合作进行北京城郊气象要素的定点和流动观测，发表了《北京城市的温度效应》、《北京城郊大气透明度特征量分析》、《北京城市湿度特征》、《北京城市辐射效应》等数篇论文。

赵　济

赵济(1930—　)，内蒙古呼和浩特人，汉族。1953 年毕业于北京师范大学地理系。毕业后一直在北京师范大学任教，1985 年任教授，1984～1991 年任地理系主任。享受国务院政府特殊津贴待遇。

赵济主要从事自然地理学、区域地理学、遥感应用方面的教学、研究工作。主编的《中国自然地理》在 1988 年获全国普通高等学校优秀教材奖。主编的《中国地理》打破了区域地理教材中自然、人文/经济相脱节的框架，以新的体系将中国区域内的资源、环境、人口与发展紧密结合，强调人—地关系对于区域开发、经济发展和可持续发展的重要意义，体现了面向 21 世纪实际课程教材的特点，获 2002 年全国普通高等学校优秀教材二等奖。研制的《中国自然地理多媒体教学软件》(高等教育出版社，2000 年)为改变多年延续的教学模式提供了条件。培养区域地理研究生 20 多名。主持的区域地理教学的系列改革成果获得北京市高校教育教学成果一等奖(2001 年)和国家级教学成果一等奖(2001 年)。

20 世纪 50 年代参加新疆综合考察，参加编写《新疆地貌》，并编制 1/100 万新疆地貌图(1978 年)。从“六五”到“九五”参加国家重点科技攻关任务多项，先后参加山西省农业区划遥感调查、内蒙古草场资源遥感调查等，研究成果获国家科技进步二等奖(1987 年)1 项，省部级科技进步一等奖 6 项、二等奖 4 项。1986 年被评为国家级中青年有突出贡献专家。2009 年，被中国地理学会授予“中国地理科学成就奖”。

曾任中国地理学会常务理事(1986～1995 年)、副秘书长、地理教育委员会副主任，北京地理学会理事长(1986～2001 年)，《地理研究》(第三届)、《遥感信息》编委，教育部地理学教学指导委员会(第一届)自然地理、区域地理教材建设组副组长，中国自然地理教学研究会副理事长、理事长，高校联合遥感应用研究中心副主任。

主编《The Natural History of China》(1989 年美国 McGraw-Hill Book Co.，1990 年英国 Collins 分别出版)、《区域・环境・灾害 地理研究》(科学出版社，1990 年)、

《晋西黄土高原遥感调查》(北京师范大学出版社，1992年)、《胶东半岛沿海全新世环境演变》(海洋出版社，1992年)、《自然地理基本过程和基本规律》(人民教育出版社，2002年)。担任合作主编或副主编出版的地图集、论文集8部，发表论文100余篇。

邬翊光

邬翊光(1931—)，湖南沅陵人，1954年7月毕业于北京师范大学地理系。1959年至1961年在苏联莫斯科大学地理系进修，专攻工业地理与城市地理学。毕业后一直在北京师范大学地理系任教，先后担任助教、讲师、副教授，于1986年起任教授。从1980年起，历任北京师范大学地理系副系主任、主任和党总支书记。享受国务院政府特殊津贴待遇。

邬翊光主要从事经济地理、人文地理的教学和研究工作。20世纪60年代参加了中国科学院支持的西南地区综合考察工作，承担工业布局课题组研究工作，为三线建设作出了贡献。80年代，参加了国家“七五”和“八五”重点攻关科技项目——黄土高原综合治理科研课题，负责“黄土高原地区工业发展与城市工矿区合理布局”主题考察研究，取得了重要成果，包括参编《黄土高原地区工业发展与城市工矿区的合理布局》学术专著等，并获得竺可桢优秀野外工作奖和中国科学院科技进步一等奖。其主要成果有主编《中国经济地理》(中共中央党校出版社)；《北京市经济地理》(新华出版社)；《北京市经济概况》(水利出版社)。参编《世界经济地理》、《经济地理学导论》等高校统编教材。发表学术论文40多篇，其中，《论北京市工业结构和布局调整研究》、《论新时期区域经济联系的新思路》、《论山西煤炭资源开发与环境保护必须兼顾》等文章，在理论和实际工作上有极大的影响。20世纪90年代，致力于中学地理教材审查工作，担任教育部教材审查委员，并专心土地规划和城市房地产评估研究，曾担任中国土地价格评估学会常务理事、中国土地学会常务理事、中国国有资源管理学会理事、中国地理学会人文地理专业委员会副主任、中国经济地理学会副理事长、中国行政区划与地名学会常务理事、中国地理丛书常务编委、中国经济地理丛书常务编委。

王华东

王华东(1933—1997)，河北束鹿人，化学地理学家及环境地学家，环境质量评价研究的先驱。1950～1954年就读于北京师范大学地理系。1954～1956年在地理系土壤地理研究生班学习，后留系工作。历任助教、讲师、副教授、教授、博士生导师。国务院特殊津贴获得者。

自20世纪70年代起，王华东关注环境和环境问题，是化学地理学界率先投入环境保护科研的学者之一。1972年他参与编写《中国自然地理—地表水》中的河流水化学部分，并开展了“环境与癌”的研究。1973年积极参加“北京西郊环境污染调查及环境质量评价研究”（1973～1976年）和“官厅水系水源保护研究”（1973～1976年），对推动我国环境科学研究的发展起了重要作用。研究成果获得1978年第一届全国科学大会奖，北京师范大学地理系因此获得集体奖励，王华东获得个人奖励。随后作为项目主要负责人之一开展的“北京东南郊环境污染调查及综合防治途径研究”（1976～1979年），获得北京市科技进步一等奖、国家科技进步三等奖。

王华东负责完成了我国第一个建设项目的环境影响评价——江西省永平铜矿环境影响评价研究（1980～1982年）。1986～1990年完成“黄土高原综合治理”（“七五”重点科技攻关项目）中子专题“黄土高原地区工矿和城市发展的环境及其对策”（1986～1990年）研究，获中科院科技进步一等奖。1989年，参与组织完成了我国沿海新经济开发区环境的综合研究——福建省湄洲湾开发区环境规划综合研究（1989～1991年），获得了国家教委科技进步一等奖。1987年10月，王华东作为主要组织者，在北师大召开了国内首次“环境影响评价国际学术研讨会”，扩大加强了我国环境影响评价领域的国际影响，推动了该领域的国际合作。

王华东曾协助刘培桐筹建环境科学研究所与环境科学实验室（1983年经国家教育部批准正式成立）。1990～1995年，任环境科学研究所所长。1988年，国家发改委批准，成立“环境模拟与污染控制国家重点联合实验室”，王华东任联合实验室副主任。

在环境质量评价研究方面，王华东以系统论为指导，从时间序列上提出了环境现状、预断和回顾评价的概念；在空间序列上建立了区域环境综合评价的理论和方法；建立了我国环境质量评价的理论与方法体系。在环境影响评价研究方面，对建设项目环境影响评价的制度化、规范化等方面作出了重要贡献，并开拓了环境影响评价等新领域。在环境容量研究方面，王华东在典型流域水环境容量实际研究的基础上，探索建立了环境容量的理论和方法，开展河流水环境容量区划研究。在区域环境规划方面，率先提出“协调度”的概念，并建立了相关的数学模型及方法，为区域的协调及可持续发展提供了判据。在福建湄洲湾经济开发区环境规划研究中，他与北京大学的同仁们共同研讨，将环境容量拓展为“环境承载力”的概念，建立了相关的数学模型与方法，为研究人类开发活动与区域环境的协调发展、合理的工业布局和适当的产业结构提供了依据。

王华东多年来撰写（包括合著）了多部著作，如《环境质量评价》、《环境影响评价》、《环境容量》、《环境规划方法及实例》、《环境污染防治》、《水环境污染概论》、《环境学概论》、《全球环境导论》、《化学地理学》等。在国内外学术刊物上发表学术论文160余篇。

王华东曾兼任国务院学位委员会地理、大气、海洋学科组成员，教育部科技委员会地理、大气、海洋、环境学科组成员，教育部环境科学教学指导委员会委员，中国环境科学学会常务理事，中国环境科学会环境评价专业委员会、环境教育专业委员会主任，中国环境工程学会常务理事；中国地理学会化学地理专业委员会委员；国家自然科学基金委员会地学评审组成员；第四届北京市科学技术协会委员；北京市环境科学学会常务理事；北京市人民政府环境保护顾问；联合国环境规划署环境影像评介顾问；担任《环境科学学报》、《中国环境科学》、《地理学报》、《环境科学》、《环境工程》等杂志的编委。

许嘉琳

许嘉琳(1934—　)，安徽歙县人，1957年7月毕业于北京师范大学地理系。1957～1962年在内蒙古师范学院任助教。1963年起先后在北京师范大学地理系、环境科学研究所任讲师、副教授、教授。享受国务院特殊津贴待遇。

主要从事土壤地理学、化学地理学、环境地理学领域的教学与科学研究工作。1958～1965年，在内蒙古、北京参加土壤水盐动态与盐渍土改良研究。1976～1979年参加北京东南郊污水灌区土壤与农作物污染调查与防治途径研究。1983～1990年参加“中国土壤环境容量研究”(“六五”、“七五”国家科技攻关课题)。通过研究，取得有关重金属土壤环境基准与环境容量区域分异规律等多项成果，分别获中国科学院科技进步二等奖、国家教委科技进步二等奖。1984～1985年为英国伦敦大学帝国理工学院地质系访问学者，对英国康沃尔地区园田土壤与作物中重金属进行了研究，取得良好成绩。1991～1995年参加“山东淄博地下水源地石油污染防治研究”(“八五”国家科技攻关课题)，承担包气带石油污染防治研究。1993～1998年主持“利用太阳光能催化降解水体有机污染物研究”(国家自然科学基金项目)。1993～1998年承担“广东茂名油页岩灰农作物利用及植物栽培试验研究”，在固体废弃物堆上建立起良好的人工生态系统，获中国石油化工集团公司(省部级)三等奖(1999年)。

1990年以来，承担环境教育的理论与实践研究，其中有：联合国教科文项目：“中国环境教育中的师资培训”；联合国开发计划署、国家环境保护总局、联合国教科文组织合作项目——“通过互助式教学材料的开发加强中国中小学环境教育能力建设”。1996年被评为北京市环境保护先进工作者。

曾合作编写出版教材、著作《化学地理学》、《陆地生态系统中的重金属》、《The Natural History of China》等6部，其中，《化学地理学》获国家教委普通高校优秀教材二等奖(1995年)。发表论文约80篇。

曾任中国地理学会环境地理与化学地理专业委员会副主任、医学地理专业委员会委员、地理学报(英文版)编委。

冯嘉萍

冯嘉萍(1936—　)，上海人。1959年毕业于北京师范大学地理系，后留校任教，历任助教、讲师、副教授、教授。曾担任过系副主任和经济地理学会秘书长。长期从事《经济地理》、《人文地理》和普通教育的教学与科研工作，编写与合编的著作有《中国地理》、《地理》、《中国经济地理》、《北京市经济地理》、《城市房地产经营与估价》以及《锦绣中华》等。曾参与"城市边缘带动态分析"和"中国城市投资环境熟化类型研究"等两项国家自然科学基金资助项目研究。在"六五"、"七五"、"八五"国家重点攻关项目中，主要研究北京市工业合理布局、黄土高原综合治理与开发，以及晋陕蒙接壤带农业发展政策。20世纪80～90年代，曾主持和合作完成过多项横向课题，主要有"山西省开发整治分区研究"、"山西大同市国土规划"、"山西朔州市国土开发研究"、"阳泉市国土规划"以及"山西运城地区国土开发研究"等。

任森厚

任森厚(1936—　)，陕西佳县人，教授。1960年毕业于北师大地理系，曾任北师大新生代古地理研究室主任和研究室党支部书记，并兼任中共北师大地理系党总支副书记。曾任《古地理学报》编委。

20世纪60年代主要从事《中国自然地理》的教学与科研工作，60年代末70年代初曾从事京津地区新构造运动与地震关系的研究，1972～1991年主要跟随周廷儒教授从事中国新生代古地理学研究，1979年至1985年与新疆石油管理局合作从事新疆塔里木盆地油气古地理研究，1986年至1991年与胜利油田合作开展临邑盆地油田古地理研究。为研究生和本科生开设古地理学、文化地理学课程，1996年在福建厦门集美大学任客座教授讲学一年。主要著作有《中国自然地理·古地理》中生代部分(科学出版社，1984)，与他人合著《塔里木古海湾岩相古地理——古特提斯海北支》(科学出版社，1989)等，主要论文有《中国中、新生代古地理条件与大油气区的形成与分布》、《西塔里木古海湾的形成于演变》、《关于地震预报工作的一些想法》、《进入信息社会的经济地理发展》、《永远的怀念、永恒的丰碑——深切怀念恩师周廷儒院士》等四十多篇。曾协助周廷儒院士培养博士生3人，独自培养硕士生2人。

朱启疆

朱启疆（1937— ），江苏镇江人，教授，博士生导师。1955～1960年就读于北京大学，毕业后一直在北师大地理系工作。经周廷儒教授举荐并通过国家考试，于1981～1983年在美国University of California at Santa Barbara深造，专攻遥感。1986年晋升为副教授，1992年升为教授，并于翌年成为国务院学位委员会直批的博士生导师，1997年成为师大地理学科首位国务院学位委员会学科评议组成员。

1986年国家科委将三北防护林遥感调查列入"七五"攻关项目。自1986年起，参与或主持国家自然科学基金、国家"七五"科技攻关项目、"八五"科技攻关项目、攀登计划、"973"计划、国防科工委、国土资源部，北京市自然科学基金以及博士点基金项目共22项，涉及植被生态、陆地植被净第一性生产力、森林火灾监测与林火扩展计算模拟、地表二向性反射模型验证、地表真实温度反演与城市热场、土壤侵蚀遥感调查与定量方法、土地动态遥感监测、城市绿地生态功能与地表蒸散、模型驱动的GIS等科学领域，发表论文80余篇，获国家科技进步奖三等奖2次，中国科学院自然科学奖一等奖1次，国家林业部、水利部、农业部、教育部、山西省的科技进步奖一等奖3次，二等奖3次。任教期间，开设了如陆地水文学、水文地质学、水利工程概论、遥感原理与应用、数字图像处理以及图像理解与分析等新课，是地理系开设新课最多的教授。

他致力于地理学的定量化研究，并以卫星遥感研究为依托，着力推动地理系的改革与发展。通过引进长江学者特聘教授李小文、戴永久等一批青年才俊，实现了教师队伍组成的多元化，提高了教师的素质和研究能力，促进了研究项目增多变大，进而实现地理系向研究型的转变。他不失时机地组织申报并亲自撰写申请书，申报地理信息系统新博士点、自然地理学重点学科、环境遥感与数字城市北京市重点实验室，以及申报新地理学专业—地理信息系统本科生专业，均获成功，为地理系创建了高端教育与研究平台。对新办的地理信息系统本科生专业，他参与拟订教学计划，设定合理的知识结构，强调自然科学、信息科技、地球科学等"三个基础"的核心地位，培养了许多高素质的本科毕业生，该新专业在全国117所大学同专业排名中位居榜首。

朱启疆1996年应聘为国家计委南水北调工程审查委员会专家，于1996年和1997年两次全程考察中、东两线调水工程路线。担任《遥感学报》、《图像图形学报》编委，《中国科学》和《科学通报》审稿人；担任地理学会环境遥感分会第三、第四、第五届常务理事，中国地理信息系统协会理事，江苏省地理信息科学重点实验室学术委员会委员。享受国务院特殊津贴待遇。

李容全

李容全（1937— ），河北滦平人，教授，博士生导师。1961年于北京大学地貌学

专业本科毕业，1961～1978 年在北京市勘察设计研究院工作，1978 年 5 月进入北京师范大学地理系，从事地貌学、沉积学和第四纪环境方面的教学与科研工作，直至 1998 年 10 月退休。李容全是国务院政府特殊津贴获得者，曾任国家教委首届(1990～1995 年)、第二届(1995～2000 年)高等学校地理学教学指导委员会成员，中国人民大学、河南大学等高校兼职教授。曾获国家教委科学技术进步奖二等奖(1993 年、1997 年)、农业部科学技术进步奖二等奖(1991 年)。

参加编写《地貌研究方法与实习指南》(高等教育出版社，1991 年)，编著了《自然地理学研究方法》(高等教育出版社，2013 年)等教材。他撰写的学术专著《内蒙古高原湖泊与环境变迁》(北京师范大学出版社，1990 年)，获得曾昭璇、王乃樑、刘东生、施雅风等地学前辈的肯定。此外，他还参加了《中国地貌特征与演化》(海洋出版社，1993 年)、《黄土高原地区自然环境及其演变》(科学出版社，1991 年)等著作的撰写。在职期间，他发表学术论文 60 余篇，主要部分选编成李容全论文集《第四纪环境与地貌学研究》(学苑出版社，2002 年)，内容涵盖中国东部第四纪冰川与冰缘、地貌与环境、湖泊与环境、新构造运动、水土流失、环境考古等方面，对年轻学者开展深入的研究颇具启发与教育意义，对学科的发展也具有重要的价值。

在庐山及北京地区是否存在第四纪冰川的讨论中，他强调要以地理学具体证据为主的论证方式进行研究，这样才能获得令人信服的结论。在泥河湾古湖区自然地理学研究中，他指出湖心区附近的沉积是记录古自然地理环境的最重要信息库；湖泊沉积露头易溶盐地球化学特征证明该湖是不断咸化的半咸水内陆湖，确定了古湖的性质；该地区缺失湖泊生命史中的沼泽阶段，说明古湖是突然消亡的。在泥河湾湖相层中，他还首次发现了更新世叠层石的存在。在黄河中游及永定河流域演变的研究中，他提出两河经历了入海外流期、汇入内流盆地的内流期以及二次贯通入海的三个历史阶段，而且两次外流入海的开始时间也正是黄土高原沟蚀开始的时间。他在研究过程中，重视地貌定量分析，例如，在黄土高原沟谷侵蚀定量分析、内陆湖区古降水量复原、洪积扇形态特征与降水量的关系等研究中，他曾提出过独创的研究方法，并得出相应的数据和结果。

程连生

程连生(1937—　)，山西武乡人。1965 年毕业于北京师范大学地理系，后留校从事人文地理、经济地理和城市地理的教学与研究工作，历任助教、讲师、副教授、教授。编写与合编的主要著作有《城市房地产经营与估价》、《中国地理》、《人文地理》、《经济地理导论》等。1991 年和 1994 年先后主持完成两项国家自然科学基金资助项目，分别是“北京城市边缘带动态分析”和“中国城市投资环境熟化类型研究”。曾参与“六五”、“七五”、“八五”、“九五”国家重点攻关项目研究，主要有“北京汽车工业发展可行性研究”、“黄土高原工业发展与城镇工矿区合理布局”、“晋陕蒙接壤带农业发展政策研究”以及“中国海岸带合理开发研究”，并发表相关论文多篇。20 世纪 80～90 年代，曾主持和合作完成多项横向课题，主要有“山西省开发治理分区研究”、山西省大同市、朔州市、阳泉市、运城地区国土规划，以及重庆沙坪坝和海南昌江等地的土地定级。合编的《经济地理导论》获国家优秀教材二等奖，“沙坪坝土地定级”获国家土地局三等奖，1991 年被评为“北京高校教学实习与社会实践”先进个人，1994 年获宝钢教育奖。

刘清泗

刘清泗(1938—2000)，辽宁岫岩满族自治县人。1964 年毕业于北京师范大学地理系，1967 年北京师范大学地理系古地理专业研究生毕业，留系任教。历任助教、讲师、副教授、教授，曾任新生代古地理研究室副主任。曾任中国第四纪学会教学分会常务委员、全国高校第四纪教学研究会副理事长、中国国际工程咨询公司专家顾问组专家、中国地震科学联合基金会同行评审专家、北京地质学会区域地质及成矿专业委员会委员、北京市密云县旅游顾问等职。

主要从事科学研究与教学工作。在教学方面，曾主讲地质学基础、第四纪地质、古地理研究方法、微体古生物、景观地貌、第四纪环境、旅游地理等课程。培养了多名古地理专业硕士研究生。曾担任“山区找水班”的教学和班主任工作。在科研方面，主要从事中国新生代古地理和第四纪环境演变等方面的工作。曾参加“北京地震地质会战”、“中国东部第四纪冰川与环境”、“中国北方农牧交错带全新世环境演变”、“中澳半干旱地区全新世湖泊演变对比研究”等项目的研究。与人合著出版的学术专著有《泥河湾盆地新生代古地理研究》、《中国北方农牧交错带全新世环境演变及预测》等。他作为“晚更新世以来环境演变及其影响评价”、“新生代古地理研究的理论与实践”项目的主要参加者，分别获得 1992 年、1996 年国家教委(教育部)科技进步二等奖。他曾参加“南极一万年以来自然环境演变研究”的基金项目，并在《南极研究》等刊物上发表了有关论文。他在省级以上的学术刊物上发表各种论文 50 多篇。另外，还参加了多项旅游地学调查研究工作，在地理教育及工具书编著方面也做了大量工作。

薛纪渝

薛纪渝(1938—　)，河北临城人。1960 年北京师范大学地理系毕业，1963 年 9 月北京师范大学地理系化学地理研究班毕业，留系工作。历任助教、讲师、副教授、教授。1997～1999 年任北京师范大学环境科学研究所所长。

主要的研究领域为地表水化学，水环境中污染物迁移转化及其调控对策，环境质量评价及影响评价，区域环境规划，脆弱生态环境类型形成及区域综合整治与可持续发展研究。

主要的学术成果有："北京东南郊环境污染调查及综合防治途径研究"(1980～1982 年)获北京市科技进步一等奖、国家科技进步三等奖；"我国沿海新经济开发区环境综合研究——福建省湄洲湾开发区环境规划综合研究"(1989～1991 年)获国家教委科技进步一等奖；《环境学概论》1989 年获国家优秀教材奖。撰写(包括合著)著作：《环境学概论》、《环境影响评价》、《化学地理学》、《环境地学原理》等，发表论文 20 余篇。

彭望琭

彭望琭(1945—　)，江苏苏州人，教授，1967 年毕业于北京师范大学天文系天文专业。1978～1999 年在北师大地理系任教，主讲天文学、遥感概论、地理信息系统三门课程。主要从事遥感图像处理、地理信息系统及其相关领域的研究。1984 年代表地理系参与大型遥感图像处理系统的招设标、接机引进、应用及运行管理工作。1985～1986 年在美国弗吉尼亚理工学院暨州立大学空间数据实验室做访问学者；1999～2001 年在美国明尼苏达大学 GIS 实验室和精准农业中心做访问学者。现任北京师范大学珠海分校信息技术学院院长，党总支书记。任中国遥感应用协会常务理事兼中心组成员，专家委员会常务委员。曾任全国"遥感"教学研究会会长，教育部第二届教学指导委员会委员，国土资源部信息化专家咨询委员会委员，珠海市计算机学会第一届理事长，广东省遥感与 GIS 学会常务理事，中国图像图形学会理事，全国教育技术协作委员会常务委员等职。曾获省部级以上教学和科研奖项七项，主编或共同主编教材六部，主持译著一部，发表论文数十篇。2005 年被评为珠海市优秀教师。

二、兼职教授

邹代钧

邹代钧(1854—1908)，字沅帆，湖南新化人，系邹汉勋之长孙，是“邹氏舆地世家”的杰出代表。光绪十二年(1886)随使欧洲英俄两国，驻节伦敦。官至学部参议，精地理学。光绪二十三年，担任《湘学报》舆地编纂，湖南时务学堂舆地教习。次年在南学会主讲舆地。“戊戌变法”后，于光绪二十八年到北京，充编书局总纂，同时兼任京师大学堂地理总教习，曾编著《中国地理》讲义。光绪三十四年(1908)，编绘《江苏全省舆图》，甫脱稿，即病逝于武昌。其在武昌创立译印西文地图公会，后改名为“舆地学会”(中国近代地理学最早专业组织)，专门研究中国和世界各国地图，集资编绘中外地图。先后出版《中外舆地全图》、《皇朝省图》、《亚洲列国图》等十多种，以《中外舆地全图》最有影响，曾作为“大学堂审定中学课本”，是官方指定的中国第一本学校用地理教学用图，在我国近代地图史上产生了广泛的影响，后来我国出版的地图集，大多以这套地图为依据。

邹代钧一生致力于地理学、地图学研究和地图的编绘出版事业，为我国近代地图学的发展奠定了基础，也将邹氏家族的舆地学事业推向了鼎盛。

章鸿钊

章鸿钊(1877—1981)，浙江吴兴(今湖州)人。1911 年毕业于日本东京帝国大学，1912 年在京师大学堂任教，讲授地质、矿物学，是国人在大学讲授地质学的第一人。曾任农林部技工、实业部地质科技长、工商部地质调查所所长。创办了农商部地质研究所(地质讲习班)，为我国培育了第一批地质学家，其中许多人成为我国早期地质工作的主力。他从近代地质科学角度研究了中国古籍中有关古生物、矿物、岩石和地质矿产等方面的知识，撰写了《三灵解》、《石雅》、《古矿录》等著作，开我国地质科学史研究之先河，具有广泛影响。参与筹建中国地质学会，并任首届会长，为我国地质界一代宗师。

翁文灏

翁文灏(1889—1971)，浙江鄞县(今宁波市)人，著名的地质学家、地理学家，中国近代地理学的创始人之一，从地文学的角度奠定了中国近代地理学的基础。1912 年获比利时鲁凡大学自然科学博士学位，是我国第一位地质学博士。1917 年起在北京高等师范学校博物系、史地系任教，讲授地质学等课程。

翁文灏于1914年写出我国第一本《地质学讲义》；1919年写出《中国矿产志略》，是第一位写中国矿产志的中国学者；1925年发表《中国山脉考》，从构造地质学角度科学地论述了中国各主要山脉的成因和分布，奠定了我国山文学的基础，是“燕山运动”及与之有关的岩浆活动和金属矿床形成理论的首创者。他特别强调科学工作者应具有唯物的态度，指出“唯物的态度，即只有物，没有我，绝对不允许主观的我掺杂其中，这是研究自然科学的一个真正态度……要知道自然界事物的真相，我仍只能从实际上观察得来”。

1922年翁文灏与章鸿钊等人创办北京地质学会，曾任中国地质学会会长、国际地质学会副会长，1934年与竺可桢等发起成立中国地理学会，被选为第一任会长，1937年当选为理事长。

1929年翁文灏创办清华大学地学系，讲授中国地理学课程。他发表了许多地理方面的论著，如《中国地理学中的几个错误的原则》、《中国地理区域及其人生意义》、《清初测绘地图考》、《关于中国自然区域的几点参改》、《中国人口分布与土地利用》、《中国地理——自然环境篇》、《四川地形演化和人生关系》、《河流的力量——长江峡谷的奇迹》、《中国的土壤与其相关的人生问题》等。

为了纪念上海申报馆成立60周年，丁文江、翁文灏、曾世英共同编制并于1934年4月出版了著名地图集《中华民国新地图》，该图集对中国地图学的贡献体现在三个方面：一是采用了全新的地图投影；二是对各地区经纬度作了全面更正和推算；三是首次采用等高级分层设色表示中国地形。翁文灏作序，说明编图过程和编图方法。地图集出版后，中外学者一致认为这是中国地理学界的空前巨著。

王竹泉

王竹泉(1891—1975)，河北交河县(现泊头市)人。1913年在北京工商部地质研究所学习地质学，1929年获美国威斯康星大学地质学硕士学位，1930年考取麻省理工学院地质系著名经济地质学家格礼教授的研究生。1932年回国，在北平地质调查所工作，兼任资源委员会委员，同时在北京师范大学、北京大学、东北大学、北洋大学任教。新中国成立后任燃料工业部地质局主任工程师，国家科委地质矿产组副组长，全国政协煤炭组组长，第二、第三届人大代表，第二届政协委员。

王竹泉从1919年开始研究山西地质矿床，发表了《山西构造和地质纲要》、《山西煤矿志》等著作。他总结了华北煤炭变质的规律，提出了“接触变质”理论，主编了《华南二叠纪煤田形成条件及分布规律》，他的见解对扭转北煤南运起了积极作用。

傅角今

傅角今(1895—1965)，原名傅鳌，湖南醴陵人。1923年毕业于北京师范大学史地系，毕业后留校任教，1936年赴德国莱比锡大学留学。1938年回国任复旦大学教授。1946年任职于国民政府内务部方域司，先后任技正、副司长、司长。主持政区划分、疆界勘定、南海诸岛考察等事宜，主编《方域丛书》，编有《重划中国省区论》、《琉球地理志略》、《中华民国行政区域图》等。1947年发表《中国行政区域图》，画出了南海断续线，是南海海疆划界的主要法理依据。1949年后傅角今先后任西北师范大学、兰州大学、西北大学教授、系主任，曾任民政部地质与规划司顾问。著有《地理学导论》、《湖南地理志》、《世界石油地理》等。

孙云铸

孙云铸(1895—1979)，江苏高邮人，古生物学家、地层学家、地质教育家，中科院学部委员。中国地质学事业奠基人之一，毕业于北京大学，后留学德国。曾在北京大学、北京师范大学任教，1926年开始在北师大讲授化石学。他发表的《中国北方寒武纪动物化石》是中国第一部古生物专著。他对无脊椎动物化石很多门类，特别是三叶虫，以及各时代地层，尤其是寒武系作了开拓性研究；对地层界线、地史分析方法多有创见。长期主持北京大学和西南联合大学地质系，培育了几代人才。20世纪50年代，领导地质部教育司积极规划并参与教材建设，为中国地质教育作出了贡献。曾任地质部教育司司长、地质科学院副院长。

杨钟健

杨钟健(1897—1979)，陕西华县人。1922年毕业于北京大学，1927年获得德国慕尼黑大学博士学位。归国后任中央地质调查所技工。曾在北京大学、重庆大学等校任教。1929年在北京师范大学任教，后任西北大学校长。新中国成立后任中科院编译局局长、古脊椎动物与古人类研究所所长、北京自然博物馆馆长、中科院学部委员。

1920年组织领导了中国第一个地质学术团体——北京大学地质研究会。是中国古生物学会的主要创始人，也是中国古脊椎动物学的奠基人。他撰写的《中国北方啮齿类化石》是中国学者第一部古脊椎动物学专著。领导了周口店北京猿人遗址的发掘，有“禄丰龙”、“马门溪龙”等许多爬行动物的研究成果，为中国第四纪地质学研究奠定了基础。是最早倡导“黄土风成说”的中国学者，在地质教育、科学博物馆事业及国际有关学术交流方面均有很大贡献。

裴文中

裴文中(1904—1982)，河北丰润人，著名考古学家、古人类学家。1927 年毕业于北京大学地质系，1929 年因在周口店发现北京人头盖骨化石而闻名，1931 年考察北京人石器、烧骨和用火，为人类发展史提供了主要证据。裴文中是中国古人类学的创始人，贡献卓越。1935 年留学法国，1937 年获巴黎大学博士学位，回国后先后在地质调查所、北京大学、燕京大学、北京师范大学任职，参加周口店发掘工作。

曾在北京师范大学地理系任教，讲授地质学、考古学等课程。他的讲课深入浅出、风趣生动，深受学生欢迎，培养了一批地学方面的专家。

新中国成立后，裴文中任北京自然博物馆主任、馆长，中科院古脊椎动物与古人类学研究所古人类室研究员、主任，中科院学部委员。1957 年成为英国皇家人类学会会员，1979 年任联合国教科文组织史前学和原史协会常务理事。一生发表论文 150 余篇，对古人类学、考古学与第四纪地质学有卓越贡献。

王嘉荫

王嘉荫(1911—1976)，河北永年人，著名地质学家。1935 年毕业于北京大学地质系，曾在北京大学、西南联大、北京地质学院任教。1947 年至 1952 年在北京师范大学任教授，讲授地质学、岩石矿物学。王嘉荫在矿物学、岩石学、矿床学等方面造诣甚深。著有《普通地质》、《矿物学纲要》、《普通矿物鉴定》、《火成岩》、《中国地质史料》、《地震线的应用》、《本草纲目的矿物史料》、《四川峨嵋的冰川遗迹》等论著。

王嘉荫讲课深入浅出，逻辑性强，注重理论联系实际，在他的倡导下，北师大地理系添置了多台偏光显微镜，要求学生能熟练辨识矿物岩石。在他的严格教育下，北师大地理系毕业生有多人在地质部门工作，并在工作岗位上作出了巨大贡献。

侯学煜

侯学煜(1912—1991)，生态学家，中国科学院院士(1980 年 11 月当选)，安徽和县人。1937 年毕业于南京中央大学农学院。1949 年毕业于美国宾夕法尼亚州立大学研究院，获博士学位。1950 年回国，1951 年受黄国璋先生邀请，来我系讲授植物地理学，重点讲述植物与地理环境的关系，介绍了多种“指示植物”。同年 10 月带领青年教师、学生到昌黎、秦皇岛一带进行野外实习，考察碣石山山地、山麓平原后，再到滨海平原，分析地形、岩性、土壤类型、地下水成分与植被分布的关系。同行的还有中科院植物研究所的青年工作者、清华大学地学系的研究生。曾主编《中国植被》、《中国植被图》，1987 年获国家自然科学奖二等奖。

段义孚

段义孚(1930—　)，生于天津，后随家到澳大利亚、菲律宾。在牛津大学读大学，1951 年入美国伯克利大学为研究生，1957 年获博士学位。现为美国威斯康星—麦迪逊大学教授，是国际著名的地理学家。他既是人文主义地理学的创建人，也是目前国际公认的人文主义地理学领军人物之一。获得殊荣 25 余项，包括 Elected Fellow of the American Association for Advancement of Science (美国科学促进会委员)，Fellow of the American Academy of Arts and Sciences (美国社会科学院院士)，Fellow of the British Academy (英国科学院院士)等。获得的国际学术奖励约 30 项。自 2005 年起，他受聘为北京师范大学客座教授，第一期为 2005～2009 年，第二期为 2010～2014 年。2005 年在北京师范大学的讲座“人文主义地理学之我见”对中国的人文地理学研究产生了重要影响。

三、在职教授

刘昌明

刘昌明(1934—　)，湖南长沙人，中国科学院院士。1956 年 7 月大学毕业后，赴莫斯科大学留学(1961～1962 年)，后又在美国亚利桑那大学做高访学者(1981～1982 年)。1964 年后曾历任中国科学院地理研究所水文室副主任、主任，1986 年聘为研究员。1995 年当选为中国科学院院士。

刘昌明是我国地理水文研究领域的倡导者与开拓者，发展了地学方向的水文学和水资源研究，在水循环、产汇流模式、水文试验、农业水文、森林水文、生态与环境水文、气候变化与人类活动对水文资源影响等方面多有建树。他将水文学的地理物理、工程方向与农田水利等学科相结合，在水文与水资源研究中开拓创新，有系统性的贡献。解决了缺少资料地区小流域暴雨洪水计算难题，有突出创新；在南水北调环境影响的研究中，发展了地理系统分析，建立了模型；在水文过程、水量转化及调控研究中提出的多水转化，深化了水循环理论。他提倡的雨水资源化具有概念上的革新意义。承担多个国家重大咨询研究，包括"两院"关于全国、西北、东北、黄河、长江等水问题以及生态和环境保护等重大项目。至 2004 年在国内外发表论著 300 余篇(部)，获国家、中科院及省部级奖励 12 次。其主持完成的"小流域暴雨径流计算"被西北地区铁路新线设计推广应用，获 1978 年全国科学大会奖，"黄淮海平原中低产地区综合治理综合发展的研究"获 1988 年国家科技进步二等奖，"四水转化和农业水文的研究"与"水资源在国土整治中的地位与作用"获 1989 年中科院科学进步二等奖，等等。

刘昌明曾任北京师范大学资源与环境学院院长(1997～2003 年)，中国地理学会副理事长(1997～2004 年)，水文专业委员会主任，北京师范大学水科学研究院首任院长；现任中国科学院问题联合研究中心主任，中国环境科学会副理事长，国际地理联合会(IGU)副主席，国际大地测量和地球物理联合会(IUGG)国家委员会委员；国际地圈生物圈计划/水文循环的生物圈方面(IGBP/BAHC)国际指导委员会委员和中国国家委员会主席，国际水文科学协会(IAHS)国家委员会副主席，全球水系统计划(GWSP)科学指导委员会委员，综合地球水循环观测计划科学咨询组成员，中国林学会森林水文与流域治理分会副理事长，并任《地理学报》与《中国生态农业学报》主编、国际科学引文索引(SCI)原刊《水文过程》(英国)与《水国际》(美国)等杂志编委。从 1978 年开始至今，已培养博士、硕士研究生 70 名，两次被中国科学院研究生院评为优秀导师。

李小文

李小文(1947—　)，四川自贡人，中国科学院院士。1968 年毕业于成都电讯工程学院(现电子科技大学)，1985 年在美国加州大学圣塔芭芭拉分校获地理学硕士、博士以及电子与计算机工程硕士学位，曾任中科院遥感所所长，现任北京师范大学地理学与遥感科学学院名誉院长，遥感与地理信息系统研究中心主任，地理学与遥感科学学院教授、博士生导师，长江学者特聘教授。2001 年当选为中国科学院院士。

李小文专长于遥感基础理论研究，是 Li-Strahler 几何光学学派的创始人，成名作被列入国际光学工程协会"里程碑系列"，SCI 引用 113 次，在国内外遥感界享有盛誉。已发表研究论著 160 余篇/部，研究成果和水平得到了国际公认，研究论文被国内外科研人员广泛引用：论文有 28 篇被 SCI 收录，38 篇 SCI 引用 557 次，44 篇被工程索引

(EI)收录，19 篇被中国科学引文数据库(CSCD)收录。其 1981 年的硕士论文 1985 年被美国权威著作《遥感手册(第二版)》收入；1990 年获国际劳力士雄才伟略奖，国际权威性“Marquis 科技名人录”1997 年第 4 版传主。

他先后主持国家自然科学基金重点项目、国家攀登项目、国家“973 计划”等重大遥感基础研究项目，1994 年获中国科学院自然科学一等奖，2000 年获中国高校科学技术一等奖，2000 年获首都劳动奖章，2001 年获长江学者成就奖一等奖，2002 年被中央组织部、宣传部、人事部、科技部共同授予“杰出专业技术人才”称号。他的一系列研究成果有力地推动了定量遥感基础及应用研究的发展，并使我国在多角度遥感研究领域保持着国际领先地位。

王静爱

王静爱（1955—　），河北定州人，教授、博士生导师。1982 年在内蒙古师范大学地理系毕业，获理学学士学位，同年留内师大地理系任教。1988 年获北京师范大学理学硕士学位，同年到北师大地理系任教。担任全国高校中国地理教学研究会理事长、北京地理学会副理事长、北师大地理学与遥感科学学院教学指导委员会主任和校级区域地理重点实验室主任，北师大女教授协会会长。2013～2017 年任教育部高等学校地理科学类专业指导分委会副主任。

长期从事区域地理教学与自然灾害、土地利用方面的研究，主持国家“863 计划”、国家自然科学基金项目、国家“973 计划”子课题和国家科技支撑项目子课题等 10 余项。出版《中国自然灾害时空格局》等专著，是《中国自然灾害风险地图集》的制图总设计，发表研究论文 200 余篇，出版专著、地图集和教材 20 余部，专利和软件登记 10 余项。在区域自然灾害时空格局和土地利用等领域卓有建树。获得教育部自然科学奖一等奖、国家土地管理局优秀科研成果一等奖、国家教委科技进步三等奖、内蒙古科技进步一等奖等 10 余项。

王静爱常年坚持在教学一线，是区域地理国家级教学团队带头人。主持并主讲国家精品课程“中国地理”课程，主编出版《中国地理教程》、《乡土地理教程》、《中国地理图集》等区域地理教材。从教 30 余年，曾先后为本科生讲授地图与测量、地学基础、地理素描、遥感导论、遥感地学分析、中国自然地理、乡土地理、中国地理、遥感区域等课程；曾先后为研究生讲授区域自然条件评价、中国自然灾害时空格局、地理教学方法研究等课程。曾获得国家级教学成果一、二等奖，宝钢教育基金优秀教师特等奖，北京师范大学最受学生欢迎的“十佳教师”称号、第二届国家级教学名师奖。

王锦地

王锦地(1955—　)，北京人。1982年毕业于北京邮电学院，曾任中国科学院遥感应用研究所助理研究员、副研究员，现为北京师范大学地理学与遥感科学学院教授、博士生导师。

1990年以来主要从事定量遥感基础研究，曾研制树冠底视扫描成像系统，发展了树冠层结构参数间接测量方法，建立了考虑开放度的树冠层辐射传输模型，发展了用多种遥感数据和模型反演地表参数的方法，主持建成"我国典型地物标准波谱数据库"等。近年研究方向主要有：基于遥感模型的地表参数反演与数据同化、遥感与地面目标环境变量观测、遥感信息动态特征建模与参量反演等。作为负责人承担过国家自然科学基金项目、"973计划"课题、"863计划"课题、"九五"攀登项目课题、教育部博士点基金项目、北京市自然科学基金项目等。发表了多篇科研论文、合著出版专著4部，1994年获中国科学院自然科学奖一等奖，2001年获教育部科学技术奖一等奖。

梁进社

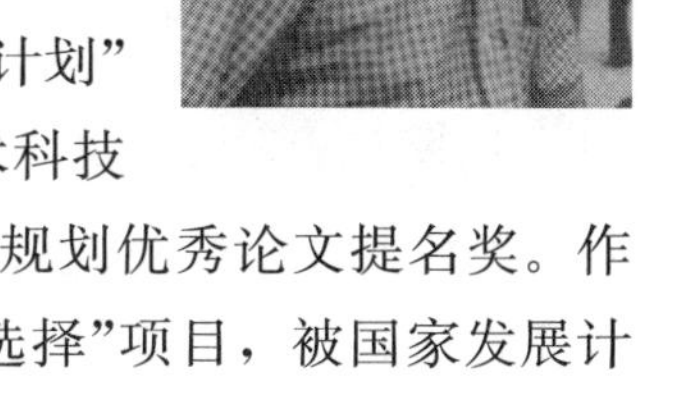

梁进社(1957—　)，陕西兴平人。北京大学地理学系本科和研究生毕业，分别获理学学士和硕士学位。北京师范大学地理学与遥感科学学院教授，博士生导师，学位委员会主任。

从事经济地理学、自然资源与环境经济学的教学与研究。负责和参与多项国家自然科学基金面上项目、重点项目、"973计划"和省部级研究项目。获第5届"挑战杯"全国大学生课外学术科技作品竞赛园丁奖，北京市优秀教学成果二等奖，金经昌城市规划优秀论文提名奖。作为主要研究者参与的"北京市区域经济功能定位及主导产业选择"项目，被国家发展计划委员会评为科技进步二等奖。

刘宝元

刘宝元(1958—　)，陕西佳县人，国家杰出青年基金获得者，教授，博士生导师。1982年在陕西师范大学地理系获学士学位，1985年和1990年在中国科学院西北水土保持研究所先后获得土壤学硕士和博士学位，1992～1996年在美国普渡大学农业部国家土壤侵蚀实验室从事博士后研究，参与开发新一代土壤侵蚀机理模型WEPP(Water Erosion Prediction Project)。1996年回国到北师大工作，同年被破格晋升为教授和博士生导师。1997～2000年、2001～2003年任资源与环境科学系系主任，2003～2004年任地理学与遥感科学学院院长。

刘宝元主要从事土壤侵蚀机理与模型、土壤侵蚀监测及其影响评价等方面的研究，贡献突出，是国家杰出青年基金获得者、国家百千万人才工程入选者、教育部优秀青年教师资助计划入选者、教育部地球科学教学指导委员会副主任委员。自1997年以来，先后主持欧盟国际合作项目、国家杰出青年基金项目、国家重点基金项目、“973”计划项目课题、国家支撑计划课题、国务院第一次全国水利普查水土保持情况普查土壤水蚀普查项目，以及教育部、水利部、北京市等多个合作项目。先后在国内外期刊发表150余篇(部)学术论文(著)。代表性成果包括：①2010～2012年，设计并主持实施了国务院第一次全国水利普查水土保持情况普查土壤水蚀普查。②2009年因推动和完善我国土壤侵蚀径流小区、小流域监测和人工模拟降雨试验，获得全国野外科技工作先进个人称号。③1997年在国家杰出青年基金的资助下，建立了中国土壤流失方程，其中的陡坡土壤侵蚀模型居于国际先进水平，因而获得国家自然科学二等奖(个人和单位排名第二)。中国土壤流失方程应用于水利部颁布的中华人民共和国水利行业标准《土壤侵蚀分类分级标准SL 190—2007》，以及2010～2012年全国第一次水利普查土壤水蚀普查。④1991～1996年建立了WEPP模型中水力传导率计算公式，解决了WEPP对地表径流预报不够准确的科学难题，获得美国农业部突出贡献奖。

王　民

王民(1958—　)，北京人。1982年毕业于北京师范大学地理系，留校任教，1998年获得中国科学院理学博士学位。现为北京师范大学地理学与遥感科学学院教授、博士生导师，担任国家特邀国土资源监察专员、全国教师教育课程资源专家委员会文科工作委员会委员、环境保护职业教育教学指导委员会委员、教育部教师教育专家委员会委员、国际地理联合会地理教育委员会执委、中国地理学会地理奥林匹克竞赛工作组组长、中国地理学会地理教育委员会秘书长、《International Research on Geography and Environmental Education》杂志编委等。

王民在地理课程论、地理教学论、中国—德国中学地理教科书合作编写、中学地理教科书理论、中学地理教师专业培训、环境意识测试、中国中小学环境教育、可持续发展教育、灾害教育、环境与遗产教育、环境教育法、绿色大学等方面有深入的研究，产生了显著的社会效果。主编《义务教育课程标准实验教科书　地理》、《普通高中课程标准实验教科书　地理》，在全国使用，影响很大。

在国内外学术刊物上发表论文100多篇，出版专著24本，译著4本。

吴殿廷

吴殿廷(1958—　)，辽宁大连人，教授，博士生导师。1981年入东北师范大学地理系学习，并于1988年获得硕士学位，1993年获得博士学位，1994年调入北京师范大学资源与环境科学系工作。1997～1999年任副系主任，2002～2005年任地理学与遥感科学学院党委书记。

主要从事区域规划、旅游规划等方面的研究，主讲“区域分析分析与规划”等课程；出版学术专著《区域发展战略规划》、《区域经济发展理论、方法与实践》等10多部，主编国家“十一五”规划教材《区域经济学》、《区域分析与规划教程》等5部教材，发表《日本的国土规划与城乡建设》、《资源优化配置与区域发展》、《高级科技人才成长的环境因素分析——以中国两院院士为例》等学术论文200余篇；获得省部级及以上科技进步奖3项、国家级及省部级优秀教学成果奖3项。现为全国经济地理研究会副会长，全国马克思主义重大理论工程建设项目首席科学家，国家级森林公园、水利风景区专家委员会委员。

史培军

史培军(1959—　)，陕西靖边人，教授，博士生导师。1982年在内蒙古师范大学地理系获理学学士学位，1984年在中国科学院兰州沙漠研究所获理学硕士学位，1988年在北京师范大学地理系获理学博士学位，并留校任教。1995～1996年在美国加州大学伯克利分校自然资源学院做博士后并参与科学研究。1992年被聘为教授，2008年当选欧亚科学院院士。曾先后担任北京师范大学地理系副系主任、资源与环境科学系主任、资源与环境学院副院长、资源学院院长。现任北京师范大学常务副校长、北京师范大学研究生院院长、地表过程与资源生态国家重点实验室主任、民政部—教育部减灾与应急管理研究院副院长。先后兼任教育部科学技术委员会副主任、国家减灾委专家委副主任、瑞士再保险公司—北京师范大学灾害与保险技术研究中心主任、中国自然资源学会副理事长、中国地理学会副理事长、中国地理信息协会副会长、国家减灾委员会专家委副主任等职务。任国际全球环境变化人文因素计划IHDP核心计划IRG联合主席、国际地圈生物圈计划中国全国委员会(CNC-IGBP)第六届委员会委员、沃尔沃环境奖(Volvo Environment Prize)陪审委员会委员、经济合作与发展组织(Organization for Economic Co-operation and Development，OECD)巨灾管理高级科学委员会委员等。

史培军主要从事自然地理学、环境演变与自然灾害方面的研究。参加或主持国家

“七五”、“八五”、“九五”、“十五”、“十一五”以及“十二五”科技支撑项目，多项“973计划”、“863计划”及国家自然科学基金项目。其研究成果对国家亟待解决的减灾防灾及灾后重建等问题产生了重要影响。发表学术论文180余篇及多部专著，并多次获得国家及省部级奖励。

史培军常年坚持为本科生授课，指导硕、博研究生，对待学生循循善诱，深受学生爱戴，曾先后获得国家教学成果一等奖和二等奖。

周尚意

周尚意（1960— ），北京人，教授，博士生导师。北京师范大学理学学士，北京大学经济学硕士，北京师范大学人文地理学博士。1988年起在北京师范大学任教。先后讲授世界经济地理、世界地理、自然资源与环境经济学、人文地理学（北京市精品课程）、社会文化地理学、人文地理学野外实习等本科课程。先后讲授发展经济学、自然资源与环境经济学、高等人文地理学等研究生课程。

周尚意曾任中国地理学会副秘书长、中国地理学会青年工作委员会主任、教育部地理教学指导委员会委员。现任中国地理学会常务理事、中国地理学会人文地理学专业委员会副主任、中国国土经济学会理事、中国老年学学会常务理事、国际地理联合会文化地理学专业委员会委员、美国地理学家联合会会员。主要研究领域为社会文化地理学。先后发表相关专著和论文。代表性著作有《中国文化地理概说》（1991年）、《天地生民》（1994年）、《文化地理学》（2004年）、《中国文化地理》（2008年）、《人文地理学野外方法》（2010年）等。

樊　杰

樊杰（1961— ），甘肃兰州人，二级研究员，博士生导师。1982年从北京大学地理系城市与区域规划专业毕业后，在中国科学院地理科学与资源研究所工作。2000年1～12月任北京师范大学资源与环境科学系系主任。现任中国科学院可持续发展研究中心主任，中国科学院地理科学与资源研究所人地关系地域系统（城市与区域发展）研究中心主任，中国国际工程咨询公司专家委员会政策研究—规划（后评价）专家组组长，国家“十一五”规划专家委员会委员。主要学术兼职是中国地理学会经济地理专业委员会主任，中国发展战略学研究会城市与区域发展战略专业委员会主任。

长期以来，主要从事产业布局、空间规划领域的研究和战略咨询工作。以中小企业、乡镇企业持续发展动力机制为研究对象，重点开展经济地理学微观机理的探讨；在区域发展和空间规划(包括城镇体系规划、区域规划、国土规划、主体功能区规划)领域开展经济地理学理论方法和应用实践的探究。近年来，主持完成了国家发改委委托的“京津冀都市圈区域综合规划”研制任务，负责国土资源部和广东省人民政府联合委托的“广东省国土规划”研制项目，主持国家发改委委托的重大课题“全国主体功能区划方案及遥感地理信息支撑系统”等。曾多次赴德国、奥地利、英国、日本等国讲学和开展合作研究，参加中央政治局和部委、地方政府的授课。

方修琦

方修琦(1962—)，吉林前郭人，教授，博士生导师。毕业于北京师范大学地理系，先后获理学学士(自然地理学，1984年)、硕士(古地理学，1987年)和博士(自然地理学，1994年)学位。1987年7月起在北京师范大学地理系任教。澳大利亚Macquarie大学气候影响中心(Climatic Impacts Centre)访问学者(1994年3月～1995年12月)，中科院地理科学与资源研究所高级访问学者(2001年1月～2002年12月)和客座研究员(2003年至今)。《古地理学报》和《北京师范大学学报》(自然科学版)编委、中国地理学会气候专业委员会副主任、国际全球环境变化人文因素计划中国国家委员会副秘书长。

先后主讲本科生课程“全球变化”、“地理学思想史”、“灾害学”及研究生课程“地球系统与全球变化”、“自然地理学基本问题”、“中国自然环境演变”，指导自然地理学专业硕士与博士以及地理教育专业硕士研究生。合著《全球变化》(面向21世纪课程教材)、《新编中国自然地理》(普通高等教育“十一五”国家级规划教材)和《灾害对策学》等大学教材。教学成果获2000年度北京市教学成果二等奖。

主要从时间维研究人地关系问题，侧重过去环境演变及人类对环境演变影响的适应研究。主持“973计划”课题“暖期气候对中国社会经济的影响与人类适应研究”、国家自然科学基金“清代华北平原气候变化难民潮的时空变化”等各类科研项目30多项，发表论文200多篇，合著《中国古地理：中国自然环境的形成》、《中国碳排放的历史与现状》等著作10余部。研究成果获教育部提名国家科学技术奖自然科学奖一等奖(2004年)、教育部科技进步奖二等奖(甲类)(1992年)、教育部科技进步奖三等奖(1990年)、国家土地局优秀成果奖一等奖(1992年)。

张科利

张科利(1962—)，陕西宝鸡人。1985年毕业于陕西师范大学地理系，同年进入中国科学院西北水土保持研究所攻读硕士学位，1988年7月获得土壤学硕士学位，并留所工作。1992年赴日留学，1996年在鹿儿岛大学获得农学博士学位。同年回国，进入清华大学水利系做博士后研究。1998年到北京师范大学地理学与遥感科学学院，2004年被聘为教授及博士生导师。

长期从事土壤侵蚀与水土保持研究，主持完成多项国家级课题，在土壤侵蚀水动力过程和坡面土壤侵蚀预报等领域作出了贡献。已用中、日、英文在《Soils & Tillage Research》、《CATENA》、《Science of the Total Environment》、《地理学报》、《生态学报》、《自然资源学报》以及日本《农业土木工程学会论文集》等十余种专业刊物上发表论文120余篇，参与编写专著4部。2007年获中国公路学会科学技术奖1等奖(B07—1—017—004)。

刘慧平

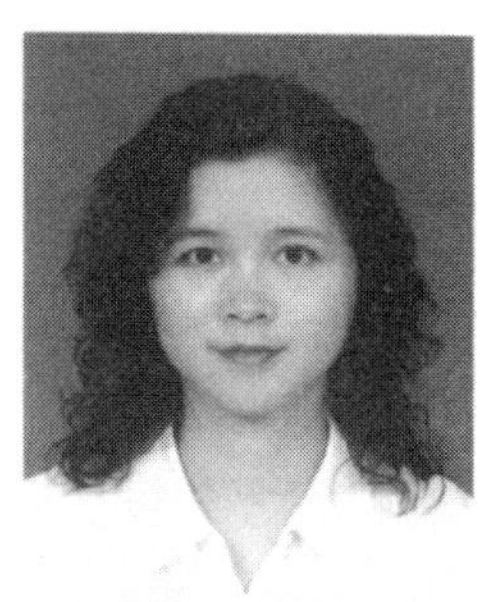

刘慧平(1963—　)，北京人，教授，博士生导师。1988年获北京师范大学区域地理专业硕士学位；于1988年留校任教；1999获北京师范大学博士学位，1989年在莫斯科参加联合国开发署(UNDP)遥感应用短期培训，2001～2002年获香港Croucher Foundation资助在香港浸会大学进行高级访学。2000～2004年任学院副院长，曾任中国GIS协会副秘书长。

主要从事遥感及地理信息系统在土地利用、城市扩展、灾害监测等领域的应用研究。讲授本科生和研究生的地理信息系统基础课程。共获得省部级科技奖2项，北京市教学成果奖2项，曾获北京市优秀教授和宝钢优秀教师等称号。主持和参加国家和省部级课题30余项。在《International Journal of Remote Sensing》、《Computers》、《Environment and Urban Systems》、《遥感学报》等国内外刊物发表论文50余篇，出版《遥感导论》、《遥感实习教材》等7部教材。

葛岳静

葛岳静(1963—　)，北京人，教授、博士生导师。1981年入读北京师范大学地理系，先后在此获得学士、硕士、博士学位，1988～1991年在中国科学院地理所工作，1991年6月开始在北京师范大学任教，历任讲师、副教授、研究员(2002年，2006年被聘为教授)。曾任北京师范大学教务处副处长、处长，本科教学迎评办公室主任，2006年起任地理学与遥感科学学院分党委书记。

长期从事世界地理教学，曾获北京师范大学青年教师基本功比赛一等奖和北京市首届青年教师基本功比赛二等奖，为"区域地理国家级教学团队"骨干教授，曾获国家级教学成果奖5项(一等奖3项，其中第一完成人1项；二等奖2项，其中第一完成人1项)。指导人文地理学"全球化与地缘环境"研究方向博士研究生，承担相关方向的国家科技支撑项目、自然科学基金项目、省部级区域发展和产业经济等多项课题。

赵 烨

赵烨(1963—)，陕西乾县人，教授、博士生导师。1981年至今在北京师范大学学习和任教，曾于1995～2000年间任北京师范大学资源与环境科学系副主任，1992～1993年赴南极长城站进行科学考察。现兼任中国土地学会常务理事、北京土地学会常务理事、中国土壤学会和中国环境学会专业委员。

赵烨从事土壤地理学、自然地理学、环境地学、土地健康评价、南极土壤与环境等方面的教学与科研工作，已出版《南极乔治王岛菲尔德斯半岛土壤与环境》、《土壤地理学》、《环境地学》、《土壤环境科学与工程》、《面向环境友好的土地资源管理模式研究》等专著及教材，发表学术论文百余篇，获得国家专利5项和6项省部级科技奖。2012年荣获北京市师德先进奖励、北京师范大学十佳教师称号；2011年荣获全国宝钢优秀教师奖；2010年主讲的课程"环境地学"被评选为国家级精品课程；2007年荣获钱瑗教育基金优秀教师奖；2002年荣获国家基础科学人才培养基地建设先进工作者称号；1993年荣获北京市优秀教师奖、励耘奖学助学基金优秀青年教师一等奖。

谢 云

谢云(1964—)，辽宁大连人，教授，博士生导师。1985年在北京师范大学地理系获学士学位，1988年和1998年在北京师范大学地理系先后获得自然地理学硕士和博士学位，1999～2000年在美国农业部农业研究局草地水土研究实验室做访问学者，从事作物生长模型研究。

主要从事气候与土壤侵蚀及其对土地生产力的影响等方面的研究。先后主持国家自然科学基金项目2项，参加2010～2012年全国第一次水利普查水力侵蚀普查、国家"973计划"课题、支撑计划课题等重大项目；主持多项水利部水土流失监测项目。先后在国内外发表几十篇(部)学术论文(著)。代表性研究成果包括：①侵蚀性降雨指标及其对土壤侵蚀影响的定量评价，研究成果应用于2010～2012年全国第一次水利普查水力侵蚀普查中的降雨因子计算；②气候和土壤侵蚀对土地生产力的定量影响评价。

戴永久

戴永久(1964—)，湖南武冈人，长江学者奖励计划特聘教授、国家杰出青年基金获得者，教授，博士生导师。2004～2008年任北京师范大学地理学与遥感科学学院院长。

戴永久是国际上陆面过程研究和模式研制的最重要学者之一，其代表性成果有：①中国科学院大气物理所陆面模式；②通用陆面模式(CoLM)，CoLM已被广泛使用，现已成为国际主流气候/天气模式的陆面分系统模式；③陆面模拟系统(TMS)，包括陆面模式、陆面数据集、参数的最优估计方法、数据同化系统、高能计算和数据分析与图形显示平台，TMS是国际上最为全面的陆面模拟系统。在学科发展方面，戴永久在北京师范大学组建了一个二级学科，即"全球环境变化学科"，该学科已发展成为一个实体研究院——全球变化与地球系统科学研究院。

杨胜天

杨胜天(1965—)，贵州贵阳人。1981～1988年于北京师范大学地理系学习，获学士和硕士学位；1998～2001年于北京师范大学资源与环境科学系学习，获博士学位。1988～1998年于贵州师范大学资源与环境学系工作，聘任讲师和副教授。2001～2004年于北京师范大学环境科学研究所博士后，留校工作并聘任副教授、教授。2004年以后在北京师范大学地理学与遥感科学学院工作，聘任教授，历任副院长、院长。

专业为地图学与地理信息系统，主要研究方向是水资源与水环境遥感。在流域生态水文过程模拟，非点源污染负荷估算与生态防治，土壤侵蚀遥感监测以及生态效益评估模型等方面开展了大量研究工作，将生态水文模型与RS/GIS技术集成，研发了生态水文评价系统EcoHAT，完善了生态水文过程的空间模拟，为流域水资源综合管理、国土资源整治和环境污染防治提供技术支撑。主持国家支撑计划、公益性项目、"863计划"项目和国家自然科学基金项目等近20项，发表论文100余篇，专著5部，获教育部科技进步二等奖3项，北京市教学成果一等奖1项、其他省部级奖项2项。任北京市环境遥感与数字城市重点实验室主任、中国地理学会副秘书长、中国地理学会环境遥感学分会常务理事、水土保持监测学会常务理事。

刘绍民

刘绍民(1967—　)，浙江绍兴人。北京师范大学地理学与遥感科学学院教授，博士生导师。2001 年获中国农业大学理学博士学位，2001 年起在北京师范大学地理学与遥感科学学院做博士后并留校任教。主要从事地表通量观测与遥感应用方面的研究。其中在国内首次构建了由涡动相关仪、大孔径闪烁仪与自动气象站组成，近似卫星像元尺度的地表通量观测系统，并在我国不同气候区组建了第一个多尺度地表通量的地面观测网络。首次开展非均匀下垫面地表蒸散发的多尺度观测试验：利用通量观测矩阵，获取了像元尺度蒸散发以及配套参数的地面观测值。主持研发了我国第一台大尺度地表水热通量观测系统，填补了我国大尺度地表通量观测仪器的空白。基于多源、多尺度的地面观测数据，提出了一套较完整的遥感监测蒸散发地面验证方法，开展了应用示范。已获省部级科技进步二等奖 1 次、三等奖 2 次，公开发表论文 100 余篇，其中 30 余篇被 SCI 收录。

宋金平

宋金平(1968—　)，山东临沂人，教授，博士生导师。1991 年、1994 年先后毕业于山东师范大学地理系，获学士学位、区域地理学硕士学位。1997 年于中国科学院地理研究所获理学博士学位。1997～1999 年在北京师范大学资源与环境科学系博士后流动站做博士后研究。1999 年始就职于北京师范大学地理学与遥感科学学院，2004～2005 年在美国华盛顿大学做访问学者。历任北京师范大学地理学与遥感科学学院副教授、教授、副院长。兼任中国经济地理研究会副秘书长、中国地理学会经济地理专业委员会委员、中国土地学会土地利用分会委员、北京地理学会理事、地理科学杂志编委。

主讲经济地理学、人文地理学专题等课程。主要研究领域为城市与区域经济发展、区域规划、旅游规划、土地利用等。先后主持承担了国家自然科学基金委、国家发改委、国土资源部、科技部、国家旅游局以及北京市、博士后基金委等部门和地方的 60 多项研究课题。主持国家旅游局重大区域旅游规划项目“东北地区旅游发展规划”，项目成果由国家发改委与国家旅游局联合发文实施，主持黑龙江省“北国风光特色旅游区开发区规划”项目，项目成果由黑龙江省委省政府发文实施。

在国内外重要学术刊物发表学术论文 70 余篇，著作 10 部，在《地理学报》发表学术论文《北京的住宅郊区化与就业的空间错位研究》，开创了我国在居住与就业空间错位方面的研究领域，引起了同行的广泛重视与大量引用。参编国家“十五”与“十一五”规划教材

《区域经济学》，在科学出版社出版著作《北京城市边缘区空间结构演化与重组》。

张文新

张文新(1968—)，广西桂林人，教授、博士生导师。北京师范大学经济地理学硕士(1992 年)、地理学博士(2004 年)。1998 年 9 月～1999 年 9 月美国亚利桑那州立大学地理系与美国加州大学洛杉矶分校地理系做访问学者。后就职于北京师范大学资源与环境科学系，历任助教、讲师、副教授、教授。任中国土地学会青年工作委员会副主任委员。主要从事城市地理学、城市发展与规划、土地利用规划等方面的教学与科研工作。主持完成国土资源部、国家发展和改革委员会、建设部以及北京市等部门和地方政府委托的有关城市与区域发展规划、产业发展与布局规划、土地利用规划、国土规划等方面的研究课题 30 多项，出版专著 5 部，发表论文 80 余篇。

张光辉

张光辉(1969—)，甘肃静宁人，教授、博士生导师。1992 年获西北农业大学水利系学士学位，1995 年获中国科学院水利部水土保持研究所硕士学位，1999 年获中国科学院水利部水土保持研究所博士学位。1999～2001 年在北京师范大学资源与环境科学系做博士后，2001 年留校任副教授，2002～2003 年任日本科技振兴团研究员，2006 年任地理学与遥感科学学院教授，2007 年被聘为博士生导师。

主要从事土壤侵蚀水动力学机理研究，在土壤分离与泥沙输移过程耦合关系、土壤分离过程及泥沙输移过程及区域土壤侵蚀对全球气候变化响应等方面，具有较为丰富的科研积累。讲授《水文学》、《工程水文学》、《水土保持工程》等课程。发表论文 90 余篇，其中 SCI 论文 21 篇。2009 年获“第十届全国青年地理科学奖”，2012 年入选中国科学院“百人计划”。

孙　睿

孙睿(1970—)，甘肃通渭人，教授、博士生导师。1992 年获南京气象学院农业气象学学士学位，1995 年获中国农业科学院应用气象学硕士学位，1998 年获北京师范大学自然地理学博士学位并留校任教，2003 年到加拿大多伦多大学进行合作研究，2009～2010 年赴美国哈佛大学做访问学者。

主要从事植被碳循环与植被生产力遥感、地表蒸散发及干旱监测、土地利用/覆盖等遥感应用研究。建立了基于遥感数据及光能利用率的植被净初级生产力(NPP)模型，实现了利用遥感数据进行中国NPP的估算，并开展了遥感数据、地面观测数据与植被碳通量模型的同化研究；结合遥感数据，实现了黄河流域、伊犁河流域多年地表蒸散的估算，并开展了区域干旱监测研究；利用不同时空分辨率遥感数据进行了土地利用/覆盖分类、城市扩展监测及模拟研究。

阎广建

阎广建(1972—)，山西应县人，教授，博士生导师。1999年于中国科学院遥感应用研究所获博士学位，同年进入北京师范大学博士后流动站工作，2001年留校任教。2005年入选教育部新世纪优秀人才支持计划。目前担任遥感科学国家重点实验室副主任、《遥感学报》编委。

阎广建长期从事遥感参数反演和真实性检验方面的研究，主持研制了我国最早的机载多角度多光谱成像仪实验样机和国内第一台机载多角度电力巡线系统，研制了多光谱冠层成像仪，实现了对不同观测角度森林区木质面积比和聚集指数的定量计算。先后主持国家“973计划”、“863计划”、自然科学基金等多项国家及部门项目，发表论文140余篇，其中SCI刊物论文29篇，被SCI他人引用260余次，曾获中国高校科学技术奖一等奖、中国电力科学技术奖二等奖和湖北省科技进步奖三等奖，拥有四项国家发明专利。

符素华

符素华(1973—)，四川岳池人，教授、博士生导师。1995年获西安理工大学给水排水专业学士学位，1998年获西安理工大学水文水资源专业硕士学位，2001年获北京师范大学自然地理学博士学位。2001～2003年在北京师范大学做博士后，2003至今在北京师范大学从事教学工作。2007～2008年在丹麦哥本哈根大学地质地理系做访问学者。主要开展了小流域土壤侵蚀模型的研究工作，曾获北京水利学会科学技术奖一等奖，发表了《北京山区小流域土壤侵蚀模型》、《北京土壤流失方程》等论文(著)40余篇。

张立强

张立强(1975—)，山东临朐人，教授，博士生导师。2004年8月进入北京师范大学地理学与遥感科学学院从事地图学与地理信息系统专业教学和科研工作，2006年

7月和2010年7月分别破格晋升为副教授、教授。

目前主要从事遥感图像处理和三维(3D)空间信息可视化等方面的研究，在激光雷达点云数据分割、海量多源空间数据三维建模与可视化分析等方面做了大量创新性的工作；自2005年以来以第一作者/通讯作者在国际摄影测量与遥感学会(ISPRS)《Journal of Photogrammetry and Remote Sensing》、《国际地理信息科学》(IJGIS)等国际著名学术期刊上发表论文近30篇。

先后入选教育部新世纪优秀人才支持计划(2007年)、北京市优秀人才(2009年)、高校GIS创新人物奖(2012年)，荣获测绘科技进步二等奖(2008年，排名第一)、教育部高等学校科学研究(自然科学奖)一等奖(2009年，排名第二)、陆增镛CAD&CG高科技奖二等奖(2010年，个人奖励)、中国卫星导航定位协会主办的中国位置创意大赛一等奖(2012年，排名第一)以及北京师范大学教育教学成果奖一等奖(2012年，排名第三)。

第二节　系友风采*

一、高校及研究机构

(一)知名学者(新中国成立后)

表 4-1　知名学者

姓名	任职及获奖情况	年级
曹述互	获国家科技进步一等奖、水利部科技进步一等奖、国家测绘局科技进步二等奖等多项奖励	1957 级本 1961 级研
象伟宁	美国北卡罗来纳大学夏洛特分校地理与地球科学系终身教授；国家第二批“千人计划”特聘教授(2009 年)；国际著名期刊《Landscape and Urban Planning》共同主编	1977 级本
邵雪梅	国家自然科学二等奖获得者；中国科学院地理科学与资源研究所研究员	1977 级本
朱阿兴	美国威斯康星大学(Wisconsin-Madison)地理系 Manasse 荣誉教授；国家“千人计划”入选者(南京师范大学 2012 年)；中国科学院“百人计划”入选者(2003 年)；中国科学院地理科学与资源研究所基地研究员	1979 级本
李　彦	国家杰出青年基金获得者(2007 年)；中国科学院“百人计划”入选者(2002 年)；2012 年度获国家科技进步一等奖	1980 级本 1984 级硕
张秀兰	美国加州大学伯克利分校社会福利学院社会福利学博士；北京师范大学社会发展与公共政策学院院长、教授；北京市政协常委；国际哈斯奖获得者；全国“五一”劳动奖章获得者	1981 级本 1985 级硕

(二)高校院系负责人

表 4-2　高校院系负责人

姓名	单位及职务	年级/届
程国璋	天津女子师范大学史地系系主任	1919 史地部
盛叙功	西南师范大学西亚研究所所长	1923 史地系
邹豹君	中山大学地理系系主任；西北师范大学史地系系主任；新加坡国家南洋大学文学院长、地理系系主任	1933 届本

* 按年级排序

续表

姓名	单位及职务	年级/届
万方祥	西北师范大学地理系系主任	1935 届本
张子祯	东北师范大学地理系系主任	1935 届本
周肇锐	华中师范大学地理系系主任	西北 1943 史地系
刘仲夫	西北师范大学地理系系主任	西北 1945 史地系
尚世英	河南师范大学地理系系主任	西北 1945 史地系
史承斋	河南师范大学地理系副主任	西北 1945 史地系
高晋卿	内蒙古师范大学地理系系主任	西北 1946 史地系
刘德生	上海师范大学地理系系主任	西北 1947 史地系
陈树生	天津师范大学地理系系主任	1947 届本
褚亚平	首都师范大学地理系系主任	1948 届本
王洪文	台湾大学地理系系主任	1948 届本
伊佩衡	首都师范大学地理系系主任	1949 届本
王　铭	山西大学地理系系主任	20 世纪 40 年代后期毕业
白　耀	北京教育学院副院长	1946 级本
李慕贞	北京经济学院人口研究中心主任	1946 级本
陈永山	厦门大学经济学院院长	1948 级本
周崇经	新疆大学地理系系主任	1948 级本
刘　濂	河北师范大学地理系系主任	1950 级本
陈冠云	湖南师范大学地理系党总支书记；河北师范大学地理系党总支书记	1951 级本
冯良植	内蒙古师范大学地理系党总支书记	1951 级本
宋迺工	包头师范学院地理系系主任；内蒙古师范大学地理系党总支书记	1953 级研
柴令文	安徽宿州师范学院副院长	1954 级本
毛昭辉	内蒙古师范大学地理系系主任	1954 级本
明世钧	北京市农业管理干部学院院长	1954 级本
李天任	华东师范大学地理系副主任、校科研处处长	1955 级本
韩玉林	天津师范大学地理系系主任	土壤地理研究生班 1954～1956

续表

姓名	单位及职务	年级/届
马裕祥	杭州大学党委书记、浙江大学副校长	经济地理研究生班 1955～1957
王文明	首都师范大学地理系党总支书记	地图与测量研究生班 1955～1957
李 涛	太原师范学院地理系系主任	1956 级本
杨述贤	山西师范学院地理系系主任	1956 级本
方 构	新疆师范大学地理系系主任、校科研处处长	1957 级本
刘占水	大庆师范学院地理系系主任	1957 级本
杨介林	广州师范大学地理系系主任	1957 级本
张敦富	中国人民大学区域经济研究所所长	1957 级本
徐庆华	佳木斯师范学院地理系系主任	1959 级本
张忠孝	青海师范大学地理系系主任	1960 级本
刘运令	中央司法警官学院副书记(二级警监)	1961 级本
陆计明	新疆乌鲁木齐职业大学党委副书记、校长	1961 级本
陈宗兴	西北大学校长、地理系系主任	1962 级本
赵秉栋	河南大学地理系系主任	1963 级本
王钧广	中央社会主义学院副院长	1964 级本
张来有	郑州教育学院教务长	1964 级本
周启鸣	香港浸会大学社会科学院副院长	1977 级本
何妮妮	北京教育学院地理系系主任	1977 级本
刘 杰	北京外国语大学出国留学培训基地主任；中国留学服务中心主任	1977 级本
石登荣	上海师范大学地理系副主任	1978 级本
许新宜	水利部南水北调局局长，现任北京师范大学水科学研究院院长	1978 级硕
姚重华	华东理工大学环境资源与环境模拟工程系系主任	1978 级硕
陈世斌	佳木斯师范学院地理系系主任	1979 级本
沈小平	美国康涅狄格州立中央大学地理系系主任	1979 级本
虞立红	北京师范大学招生办公室主任、教务处副处长	1979 级本
张海燕	河北省石家庄学院党委副书记	1979 级本
李雪莲	北京师范大学教育学部分党委副书记	1979 级本
廖赤眉	广西师范大学地理系系主任、校办主任	1980 级本
毛端谦	江西师范大学研究生院副院长	1980 级本
周 旗	宝鸡文理学院地理与环境学院副院长、灾害监测与机理模拟省重点实验室主任	1980 级本

续表

姓名	单位及职务	年级/届
张秀兰	北京师范大学社会发展与公共政策学院院长	1981级本
葛岳静	北京师范大学教务处处长	1981级本 1985级硕
宝　胜	渤海大学政治与历史学院党总支书记、科技与社会研究所所长	1981级本
王玉贵	四川师范大学地理系系主任	1981级本
海春兴	内蒙古师范大学地理科学学院院长	1982级本
陈健飞	广州大学地理学院院长	1982级硕
刘春鸿	中国人民大学图书馆党总支书记、副馆长	1983级本
胡来林	温州大学教师教育学院院长	1983级本
尤努斯	新疆教育学院成人教育学院院长	1983级本
贾　苹	中国科学院国家科学图书馆文献服务部主任	1983级本
王卫放	北京外国语大学英语学院党总支书记、副院长	1983级本
贾铁飞	上海师范大学旅游学院副院长	1984级本 1988级硕
罗　静	华中师范大学城市与环境科学学院院长	1984级本
童绍钰	楚雄师范学院地理系副主任	1984级本
王　慧	曲阜师范大学资源与规划学院副院长	1984级本
王雷亭	山东泰山学院副院长	1984级本
陈　晋	北京师范大学地表过程与资源生态国家重点实验室副主任；全球变化与地球系统科学学院常务副院长	1985级本
李　强	北京师范大学资源学院副院长	1985级本
乔志敏	中央财经大学投资经济系副主任	1985级本
史培军	北京师范大学常务副校长、研究生院院长	1986级博
邹统钎	北京第二外国语学院旅游管理学院院长	1986级硕
王　卫	河北师范大学地理学院院长	1987级硕
田　辉	北京师范大学党委副书记	1988级本
潘承辉	中央美术学院学工部部长	1988级本
吴　凡	武汉大学地图科学与地理信息工程系副主任	1988级硕
舒晓波	江西师范大学地理与环境学院副院长	1990级硕
王雷亭	山东财经大学副校长	1991级本
潘耀忠	北京师范大学全球变化与地球系统科学研究院常务副院长	1991级硕

续表

姓名	单位及职务	年级/届
普光彪	云南玉溪师范学院地理系系主任	1991 级硕
刘成武	咸宁师范学院资源与环境学院院长	1993 级硕
文体健	北京师范大学全球变化与地球系统科学研究院党委副书记	1994 级本
李晓兵	北京师范大学资源学院院长	1994 级博
何丽平	北京师范大学教务处副处长	1995 级硕
刘　臻	北京师范大学信息网络中心主任	1995 级硕
丁建丽	新疆大学资源与环境科学学院副院长	2002 级博
刘峰贵	青海师范大学生命与地理学院党总支书记	2007 级博
李增广	河北师范大学校党委书记	进修教师
许赤民	山西师范学院党委书记	进修教师

(三)研究机构负责人

表 4-3　研究机构负责人

姓名	单位及职务	年级
李　毅 (原名李国耀)	中国科学院原子能研究所党委书记	1937 届本
郑长在	中国科学院地理研究所党委书记	1952 级本
项国荣	中国科学院长沙农业现代化研究所副所长	1953 级本
屠清瑛	南京地理与湖泊研究所所长	1956 级本
宋延洲	河南地理研究所所长	1960 级本
郭震远	中国国际问题研究所	1962 级本
夏　青	中国环境科学研究院副院长、总工程师	1978 级硕
李秀彬	中国科学院地理研究所副所长	1979 级本
邵周岳	山东省土地勘测规划院副院长	1979 级本
郑凌志	国土资源部中国土地勘测规划院院长、中国土地学会副理事长兼秘书长	1980 级本
王岳平	国家发改委产业经济与技术经济研究所副所长	1980 级本 1984 级硕
岳建华	环境保护部华南环境科学研究所所长	1981 级本
范树印	国土资源部土地整理中心副主任	1982 级本
冯仁国	中国科学院资源环境科学与技术局副局长	1983 级本
陶军德	黑龙江省国土资源勘测规划院副院长	1983 级本

续表

姓名	单位及职务	年级
周　琼	江西省山江湖区域发展中心；江西省遥感信息系统中心副主任	1985 级本
刘　康	国土资源部中国土地勘测规划院规划所副所长	1986 级本 1990 级硕
唐世浩	中国气象局卫星气象研究所副所长	1998 级博

二、基础教育界负责人及特级教师

(一)中学负责人

表 4-4　中学负责人

姓名	单位及职务	年级
赵唯张	青海师范大学附属中学校长	1954 级本
唐世奎	西宁湟川中学副校长	1954 级本
王守廉	天津二十中学校长	1954 级本
安增寿	山东师范大学附属中学校长	1954 级本
管美贤	石家庄市第二中学校长	1954 级本
田佩璋	哈尔滨铁路中学校长	1954 级本
李文静	北京市海淀区外国语学校副校长	1955 级本
任培林	青岛育才中学校长	1955 级本
王厚本	北京市第十九中学副校长	1956 级本
罗善祠	乌鲁木齐铁二中校长	1958 级本
肖修明	北京市 204 中学校长	1958 级本
李福根	乌鲁木齐兵团一中校长	1961 级本
赵桂珍	北京市第十九中学副校长	1977 级本
郑文华	北京化工大学附中校长	1977 级本
王　旭	新东方教育科技集团北京铭师堂学校副校长	1979 级本
蒋立红	北京师范大学朝阳附属中学校长	1981 级本
兰　珩	贵州省贵阳市清华中学校长	1985 级本
刘继忠	北京育才学校校长	1986 级本
胡玉倩	东北育才学校副校长、沈阳二中常务副校长	1986 级本
刘红叶	北京市三帆中学副校长	1989 级本

(二)地理特级教师

戴玉贞

戴玉贞，女，北京师范大学地理系 1940 级、1944 届本科毕业生。北京第一实验小学地理特级教师。

王树声

王树声，男，汉族，1928 年生，北京人。北京师范大学地理系 1945 级、1949 届本科毕业生，北京市中学地理特级教师。毕业后就职于兰州第一初中，1954 年到 1988 年任教于北京师范大学附属中学，1988 年退休。任教期间，多次获得教学奖，多篇教学论文在中国地理学会、地理教学研究会获奖，多次参加教育部中学地理课程新大纲制定及教材编写工作，著有《地理教学的理论与实践研究》等多部教育教学书籍。1984 年，被评为北京市教育系统先进工作者，1983 年被评为全国优秀青少年科技辅导员称号，同年被评为北京市青少年教育工作先进工作者。

陈国新

陈国新，男，汉族，1928 年生，河北丰润人。北京师范大学地理系 1949 级、1953 届本科毕业生，上海市地理特级教师。曾任教于复旦大学附中、复旦业余进修学校。曾获上海“白玉兰”环境教育特别奖和香港第三届“地球奖”，1995 年被评为“全国环境教育先进个人”。

陈国新的事迹被国家教委副主任柳斌主编的《中国著名特级教师教学思想录》一书收录，他从教 60 年公开发表的论文被编为《地理教育文集》。曾担任上海市地理学会理事，教育委员会主任，上海市地理教学研究会常务理事、副理事长，中国教育家协会理事(北京)，宝山县、杨浦区第八到十一届人大代表，香港国际教育交流中心高级会员等社会职务。

贾长河

贾长河，男，汉族，1929年生，北京人。北京师范大学地理系1951级、1955届本科毕业生，天津市中学地理特级教师。毕业后在河北省中学任教，后在河北省教师进修学院唐山分院地理学科任教一年，1957～1991年任教于天津四合庄中学，曾担任教育教学研究室业余研究员及地理学科咨询委员等职。在其从教的36年以来，始终奋斗在教学一线，关心学生的学习生活，严格要求自己，不断提高教学水平，不断改进教学方法，积极参加各类教研活动，发表多篇论文。1988年被评为天津市普教系统"1987～1988学年度优秀园丁"，市级优秀教师奖、全国教育系统劳动模范并被授予人民教师奖章等荣誉称号。

裴新生

裴新生，男，汉族，1931年生，北京人。北京师范大学地理系1951级、1955届本科毕业生，北京市中学地理特级教师。曾任教于北京汇文中学，担任汇文中学顾问。曾荣获"北京市科协积极分子"、"北京市优秀科技辅导员"等称号。

唐世奎

唐世奎，男。北京师范大学地理系1954级、1958届本科毕业生，青海省中学地理特级教师。毕业时志愿到边疆工作，在青海省西宁市湟川中学任教。曾任湟川中学副校长。

教学中坚持教书育人，重视地理学科与各学科间的横向联系，课堂教学生动活泼。担任校行政工作后，仍坚持教学第一线，先后承担九届高中毕业班的地理课教学，成绩显著。1984年参加全国高考地理试卷命题工作。曾发表《诗歌在地理教学中的运用》、《等高线地形图》等多篇论文、教案。1962年、1963年两次获青海省优秀少先队辅导员称号。1989年被评为青海省中学特级教师。

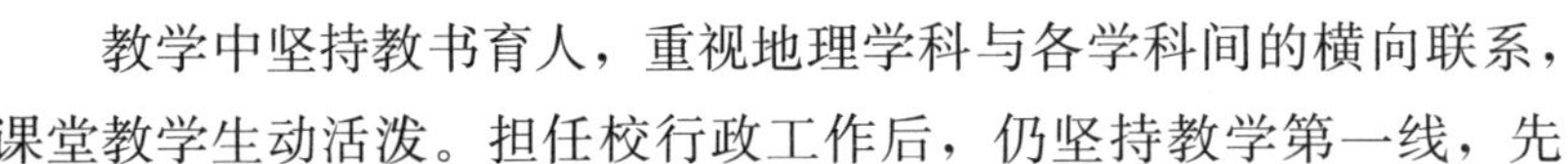

刁传芳

刁传芳，男，1937 年生，山东章丘人。北京师范大学地理系 1955 级、1959 届本科毕业生，北京市中学地理特级教师。北京教育学院宣武分院二部教师，从事中学地理教育教学和研究工作。1989 年获北京市教育科研论文优秀奖，1991 年获全国地理教学研究会优秀论文奖，同年被评为特级教师。代表性论著有《中国地理教学》、《系统理论在中学地理教育中的应用》、《有效提高地理教学能力》等。

任培林

任培林，女，汉族，1937 年生，山东莱州人，中共党员。北京师范大学地理系 1955 级、1959 届本科毕业生，山东省中学地理特级教师。毕业后留校任助教，直到 1963 年。后任教于青岛二中、青岛育才中学。先后被评为山东省优秀教师、青岛市优秀教师、青岛市专业技术拔尖人才等多个荣誉称号。1989 年和 1994 年当选为中共青岛市第六届和第七届党代会代表。1990 年被山东省政府授予中学特级教师称号。在四十多年的教学实践中，通过不断研究探索，逐步形成自己独特的教学风格，在教学的同时还不断进行教学研究，向科研型转化，多篇学术论文获省级优秀成果奖、全国一等奖和三等奖。还曾被评为“青岛市专业技术拔尖人才”、“青岛市教育名家”，获青岛市“巾帼科技成果奖”。

王宗国

王宗国，男，汉族，1935 年生，河南泌阳人，中共党员。北京师范大学地理系 1955 级、1959 届本科毕业生，新疆维吾尔自治区中学地理特级教师。曾任教于新疆第一师范学校、克拉玛依市第一中学。

张福亮

张福亮，男，汉族，1938年生，湖北枣阳人，中共党员。北京师范大学地理系1955级、1959届本科毕业生。毕业后从事地理、体育教育。1959年，在湖北省崇阳一中任地理、俄语及体育教师，于1998年退休。曾先后任崇阳一中工会主席、副校长、校长和党支部书记等职，兼任湖北省地理教学研究会常务理事，湖北省咸宁地区地理教学研究会会长，咸宁地区教师系列中(高)级职务评审委员会评委、县政协第一届委员和第二届常委等职。为推动地理课堂教学改革，曾先后应邀在省、市、地区主讲地理公开课，受到团体一致好评。1981年被评为湖北省优秀体育教师，获银质奖章；1985年所写论文《地理教学中开发学生智能的尝试》获得省学会论文一等奖；1987年出席"湖北省政协委员及各界人士为改革和建设做出贡献大会"，获得省政协颁发的"荣誉证书"。因工作成绩突出，1993年被县政府定为"优秀技术拔尖人才"。

李志瑗

李志瑗，女，汉族，1938年生，天津人。北京师范大学地理系1956级、1960届本科毕业生，北京市中学地理特级教师。毕业后在北京市九十五中任教，1978年到1993年在北京教育学院宣武分院二部任地理教研员。在其任教研员期间，能根据教育形式的发展，有前瞻性地进行师资培训，提高教师的教学水平。多次参加教育部组织的中学地理教学大纲的编写和修订工作，参加北师大"五四"学制地理教材编写工作，并获得好评。由于教学工作突出，1994年被评为北京市中学特级教师。1999年，参加编写北京版初中地理教科书并任常务副主编，获得北京市首届基础教育教学成果一等奖。在研究过程中，与他人合作，发表过数篇指导教师备课和改革课堂教学的文章。

梁蕙香

梁蕙香，女，汉族，1938年生，山西定襄人，中共党员。北京师范大学地理系1956级、1960届本科毕业生，山西省中学地理特级教师。毕业后分配到山西太原附中任地理教师，1980年任教研组长，1987年被评为中教高级教师，1988年被评为山西省特级教师。在从教几十年以来，多次获得教学奖和论文奖：1982年获得太原市观摩教学二等奖；1983 年获得太原市优秀讲课教师奖；1986 年获得太原市“教学能手”称号；1987 年获太原市教具制作奖；所著论文《地理如何教与学》，发表在太原晚报上。

刘世栋

刘世栋，男，1935 年生，2009 年去世。北京师范大学地理系 1956 级、1960 届本科毕业生，北京市中学地理特级教师。曾任北京市地理学科教学带头人、北京市地理教学研究会副理事长、东城区理科学会副理事长等职，曾获“东城区优秀教育工作者”、“东城区优秀共产党员”、“东城区教育系统先进工作者”等称号。主持过多项科研课题的研究，主编、参编近 20 本学科专业书籍，发表十余篇教学研究文章，为地理教学及改革作出了突出的成绩。

徐精华

徐精华，男，汉族，1938 年生，北京人，中共党员。北京师范大学地理系 1957 级、1961 届本科毕业生，新疆维吾尔自治区中学地理特级教师。毕业后任教于新疆塔城地区三中，后奉调地区教委历任教研室副主任、主任等职，从事基础教育研究工作近四十年。

陆长志

陆长志，男，1931 年生，河北迁西人，中共党员。北京师范大学地理系 1957 级、1961 届本科毕业生，辽宁省中学地理特级教师。毕业后在抚顺市教师进修学院地理系任教师，并兼任中学地理教研员、进修学院中学教研部主任。在从事教育教学工作过程中，针对教师备课中的问题写了《浅读钻研教材》论文，编写乡土教材《抚顺地理》和《可爱家乡——抚顺》一书中的地理篇，还受委托编写了《辽宁小学地理教学参考书》。被辽宁师范大学科研处聘为兼职教研员，共完成了市和省科研课题 11 项，撰写论文 21 篇，均被评为省或市优秀论文，受到省市政府嘉奖。1989 年经辽宁省政府批准为中学特级教师，1990 年被评为辽宁省教学改革先进工作者，1991 年被评为辽宁省优秀教师。

高培英

高培英，女，汉族，山西太原人。北京师范大学地理系1959级、1964届本科毕业生，山西省中学特级教师，九三学社社员。曾任山西省地理教学研究会理事长，山西省地理学会常务理事。在内蒙古自治区从事中学地理教学16年后，调入山西省太原市教育局教研室、山西省教育科学研究所工作，承担地理教学研究工作20年，为山西省教育科学研究所地理和社会两学科教研员，主持两学科的教研、教材编写与审查工作。历任文科研究室副主任、主任。期间被省教委评为巾帼建功模范个人、优秀教研员，被省人民政府评为中学特级教师。

金元瀑

金元瀑，男，1937年生，四川省武胜县人，中共党员。北京师范大学地理系1959级、1964届本科毕业生，黑龙江省中学特级教师。毕业后被分配到黑龙江省哈尔滨市工作，先后在哈尔滨39中、6中任教，长期从事中学政治课教学，担任过教研组长、学年组长、教导主任，1986年被任命为省重点中学哈尔滨6中主管教学的副校长。从1978年以来，先后在省、市作公开教学和经验介绍报告数十场，编写复习资料十余本，在省级以上刊物发表有关文章十余篇，参与编写出版专著两本。曾担任哈尔滨市中学政治教学研究会副理事长，黑龙江省中学政治教学研究会常务理事和黑龙江省中学德育研究会常务理事。由于业绩突出，1985年被评为省优秀教师，1986年被评为哈尔滨市劳动模范，同年又被评为黑龙江省劳动模范，1988年被评为特级教师。

刘广鹏

刘广鹏，男，汉族，1940年生，辽宁新民人，中共党员。北京师范大学地理系1959级、1964届本科毕业生，辽宁省中学特级教师。毕业后任教于沈阳市第八十中学，1979年到1993年任沈阳市回民中学教师、教导主任，1993年到1999年任教于沈阳市第一二四中学，任副校长，1999年任教于沈阳市志成中学。在其任教期间，曾多次获得国家级优秀课奖、教研课题、知识竞赛指导奖和教材奖等。获得省级优秀工作者、优秀教具、优秀论文奖等。在三十余年的中学地理教学工作中，积极进行优化教学方法、教学手段的探索，以“系统图导教学法”和研制地理教具、电教投影法见长。

温广铭

温广铭，男，汉族，1939年生，广东蕉岭人，中共党员。北京师范大学地理系1959级、1964届本科毕业生，广东省中学特级教师。毕业后至1977年，于北京密云一中、二中任教；1977年到1998年任教于广东蕉岭县蕉岭中学，曾任该校工会主席。1987年被评为中学地理高级教师，1990年被评为中学特级教师，1995年被广东省评为“南粤优秀地理教师”，并荣获广东中华文化基金奖章。

何炳华

何炳华，男，汉族，1938年生，上海人，中共党员。北京师范大学地理系1960级、1965届本科毕业生，山西省中学特级教师。毕业后到1978年在山西省平定师范任教，而后分别于山西省太谷师范和太原铁路一中任教，1998年至今受聘成为太原市教育局导师团导师、太原市老专家协会成员。1990年被评为山西省中学教学能手；1994被省政府评为山西省中学特级教师称号；1996年担任《特级教师》杂志特约主编审；1991年所著的“图像信号传递教学法再探”被评为全国优秀地理论文；20世纪80年代以来，《框架结构课堂教学模型的实践与思考》等10多篇论文在高中课改工程评比中被评为省级优秀论文。

杨正居

杨正居，男。北京师范大学地理系1960级、1965届本科毕业生，内蒙古自治区中学特级教师。毕业后志愿支边到内蒙古从事教育工作，几十年如一日，无私奉献，辛勤耕耘，严谨治学，精益求精，努力探索，力求创新，教书育人成绩突出，曾被学生誉为“最好的老师”；所教班级地理高考平均成绩都高于内蒙古和全国的平均成绩。先后在省级、国家级及国际地理学术会议、论文集和刊物上发表论文十多篇，其中四篇分别获内蒙古优秀论文三等奖、一等奖、“优秀教育科研成果”奖，两篇分别入选《中国当代教育研究成果概览》和《中国软科学文库》两书；提出了“理想彗星亮度变化图像”和“理想周期彗星亮度衰减图像”的模式以及“保护环境，关键是解决决策人的环境意识”等观点；传略先后被收入《中国当代教育家大辞典(一)》、《中国当代教育名人略(第二部)》、《中华劳模大典》、《世界优秀专家人才名典》等十余种辞书。

李福根

传李福根，男，汉族，1940 年生，上海宝山人，中共党员。北京师范大学地理系 1961 级、1966 届本科毕业生，新疆维吾尔自治区中学地理特级教师。曾任乌鲁木齐兵团一中校长。曾获“自治区先进工作者”等荣誉称号，1994 年被中国地理学会评为“全国学会活动积极分子”。享受国务院政府特殊津贴。

刘　敏

刘敏，女，汉族，1944 年生，天津人。北京师范大学地理系 1962 级、1967 届本科毕业生，山西省中学特级教师。毕业后因为“文化大革命”在校滞留一年，1968～1990 年在山西省汾西矿务局中学任教，被评为山西省教学能手、特级教师。1990 年后在山东省青岛二中任教师，2000 年被评为青岛市劳动模范。1993～1997 年任山东省第七届政协委员；1998～2002 年任山东省第八届政协委员。

洪国卿

洪国卿，男，1937 年生，湖北浠水人。北京师范大学地理系 1962 级、1967 届本科毕业生，宜昌市第二十中学(原葛洲坝高级中学)特级教师。中国地理学会会员，分别被宜昌市、葛洲坝教研室聘为兼职教研员。

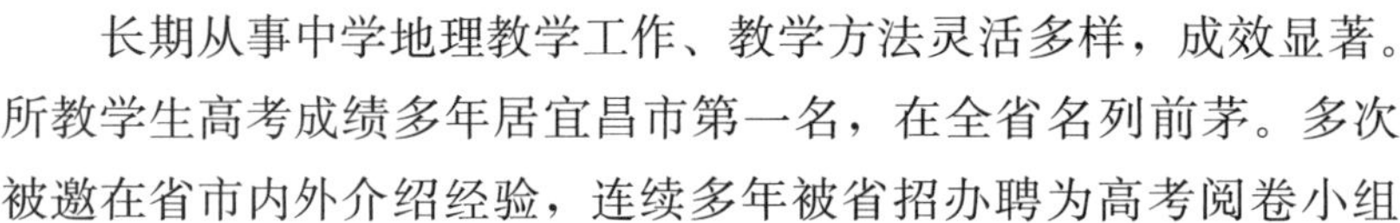

长期从事中学地理教学工作、教学方法灵活多样，成效显著。所教学生高考成绩多年居宜昌市第一名，在全省名列前茅。多次被邀在省市内外介绍经验，连续多年被省招办聘为高考阅卷小组长。多次被评为先进工作者、双文明积极分子、优秀共产党员，荣获过二、三等功以及“教学标兵”等称号。在各级刊物发表和省内外交流论文数十篇；编著有《高中地理学法指导》、《高中地理章节训练与质量评估》、《葛洲坝——三峡：工程、历史、文化风光》等。传略先后被收入《中国当代中教名师词典》、《中国当代知名学者词典》、《鄂东教育名人荟萃》等。

叶耀文

叶耀文，男，1944年生，广东平远人。北京师范大学地理系1964级、1969届本科毕业生，广东省龙川县第一中学特级教师。1970年参加教育工作，从事中学地理学科的教育教学和研究工作。1989年被评为全国优秀教师，1990年被评为特级教师。

王 丽

王丽，女，汉族，1955年生，天津人，中共党员。北京师范大学地理系1978级、1982届本科毕业生，天津市中学地理特级教师。曾任教于天津市耀华中学，现任天津市教育教学研究室地理学科室主任。2000年获欧盟和瑞典联合颁发的“环境大使”称号。

王希穆

王希穆，男，汉族，1947生，辽宁沈阳人，中共党员。北京师范大学地理系1978级、1982届本科毕业生，辽宁省中学特级教师。毕业后任职于辽宁教育学院(后改名为“辽宁省基础教育教研培训中心”)，负责辽宁省中学地理学科教学研究、指导和师资培训工作。自行设计并指导实施的教学改革实验项目“中学地理课堂教学方法优选”和“创设有利于学生学习的心态环境”均被列入了辽宁省中小学教育改革方案。公开发表了《教研员工作规范研究》等20余篇论文；1994年受聘于国家教委师范司，主编了《初中教师之友·地理卷》，2003年受教育部师范司委托，负责举办了“基础教育新课程中学地理科骨干培训者国家级培训班”。1988年被评为辽宁省直属机关先进教师，1989年被沈阳市人民政府授予模范教师称号，1996年被辽宁省人民政府评为中学特级教师。

胡玉倩

胡玉倩，女。北京师范大学地理系 1986 级、1990 届本科毕业生，北京师范大学教育学专业硕士，辽宁省中学特级教师。2001 年任东北育才学校副校长，2010 年 12 月调任沈阳二中任常务副校长。获中国创造成果奖、中国教育学会创新教育研究骨干教师、辽宁省教育科研先进工作者、沈阳市教育专家、沈阳市十大杰出青年知识分子、沈阳市地理学科带头人、沈阳市百名人才等。

三、政府机关、企业、出版与传媒界

(一)政界

丁开嶂

丁开嶂(1870—1945)，原名作霖，字小川。直隶丰润县人。1902 年入京师大学堂第二类(史地类)就读，1907 年毕业。

1904 年日俄战争在中国东北境内爆发，丁开嶂化名开山，与张榕、朱锡麟等赴东北，在奉天兴京(今辽宁新宾)、海龙(今属吉林)一带组织“关东独立自卫军”(对外称“东三省保卫公所”)，联络当地人士王阁臣等组织乡团，武装拒俄。他们宣称“捍御侮患”，“挽回主权”，“为政府之后援”，并呈请清政府备案，拟进行合法活动，被请政府勒令解散。次年回京，又组织“华北救命军”，要求清廷停止科举、革除弊政、速行宪法。1906 年赞同反清革命，加入同盟会，改“华北救命军”为“革命铁血会”，在华北清军中从事策反活动。1911 年在北京、天津、保定等地组织革命力量，拟乘清军举行永平(府治在今河北卢龙)秋操、北京空虚之机发动起义，以加速清王朝的灭亡。不久，武昌起义爆发，被湖北军政府任命为铁血军长，设军部于天津统一指挥山海关内外的革命运动。翌年初，滦州起义爆发，率铁血军往援，遭清军阻截。滦州北方革命军政府大都督王金铭等遇害后，被铁血军诸将推举为铁学会行军都督。遂在天津召集军事会议，又被推举为中华民国军政府北部民军临时大元帅。2 月，清帝退位后，任同盟部本部评议员。后退隐家中，卒于 1945 年。

杜斌丞

杜斌丞（1888—1947），原名丕功，字斌丞，陕西米脂人。1917 年北京高等师范学校史地部毕业。著名教育家、爱国民主志士。

1913 年夏末，杜斌丞考入北京高等师范学校史地部。他在校之际，正值国内外战争不断，人们饱受苦难。他深感重任在肩。他把爱国热情，救国大志化为学习的动力，博览古今中外历史、政治、经济、教育等书籍，研究各国先进的教育思想和制度，兼容并蓄，融会贯通，力求从中探索一条救国之道。他积极参加学校为提高学生的研究能力而开展的各种活动，利用暑假进行学术研究，撰写了《西安古迹考略》等演讲稿。作为一个高等师范学府的学生，杜斌丞当时选择了教育救国的道路。

1917 年秋，杜斌丞回到文化落后的陕北，任榆林中学校长。他广揽名师，改革旧教学，提出要德、智、体三育并重的办学方针。他特别要学生牢记“国家兴亡，匹夫有责”的名言。在榆林中学培养了如刘志丹、谢子长等一大批革命家，他们是开创陕北、陕甘边区革命根据地的领袖人物和中坚分子。

1922 年，杨虎城率部到陕北。杜斌丞将共产党员魏野畴介绍给杨虎城，使杨的思想大为开阔。1927 年，杜斌丞在西安结识了于右任、冯玉祥等人。1930 年，杨虎城出任陕西省政府主席，邀请杜斌丞出任省政府和国民政府军委会潼关行营高级参议、陕西省清乡局副局长、十七路军总参议、甘肃宣慰使署秘书长。杜斌丞首先提出西北各军队大联合的主张；后又提出“联合反蒋抗日”的主张。1933 年，杜斌丞出面协调十七路军与川北红四方面军关系，达成秘密停火协议。1935 年 10 月红一方面军到达陕北后，毛泽东就派有关人持亲笔信拜会杨虎城、杜斌丞、邓宝珊，表示愿“组成联合阵线”，为“救亡图存大计”。1936 年 8 月，毛泽东再致函杜斌丞，称：“先生一言兴邦，甚望加速推动之力，西北各部亦望大力斡旋。救西北救华北救中国之伟大事业，愿与先生勉之。”

1936 年 1 月，杜斌丞以“联合则生，分裂则亡”，说服并促成十七路军与东北军的联合。1936 年 12 月 12 日，爆发震惊中外的“西安事变”。杨虎城与张学良的行为，与杜斌丞的前期工作是分不开的。“西安事变”第二天，杜斌丞出任改组后的陕西省政府秘书长，主持省政府的日常工作。12 月 17 日，中共代表周恩来到达西安后，杜斌丞作为十七路军代表，参加了红军、东北军和十七路军的三方联合办公厅的工作，接受了中共中央和平解决西安事变的主张。

1941 年，杜斌丞到广西，与两广的爱国人士李济深、朱蕴山等接洽，宣传抗日、民主、救国。同年秋，他到重庆加入了中国民主政团同盟，又加入了中国民主革命同盟，并被指派为陕西小组的负责人。1944年，中国民主政团同盟改组为中国民主同盟，邀请杜斌丞主持西北盟务。1945年2月，民盟西北总支部成立，杜斌丞任主任委员。同年，当选为民盟中央常委。杜斌丞多次公开讲演，宣布他将为中国早日实现民主政治、结束一党专政斗争到底。他的言行为国民党上层所不容。1947年3月20日，国民党军队占领延安第二天，杜斌丞遭逮捕；10月7日惨遭杀害。

1948年10月7日是杜斌丞殉难一周年之日，延安举行有千余人参加的隆重追悼大会。毛泽东主席亲挽"为人民而死，虽死犹生"。周恩来总理后来赞杜斌丞："他生的伟大，死的伟大，正气磅礴，足可千秋。"

杨秀峰

杨秀峰(1897—1983)，字秀林，河北省迁安县人。1921年北京高等师范学校史地部毕业。中国共产党久经考验的无产阶级革命家，著名的教育家、法学家。

杨秀峰生于一个没落的书香之家，从小受家庭的耳濡目染立志从事教育。1916年考入北京高师史地部就读。因品学兼优，被推选为班长。1919年因病休学回原籍，曾领导当地学生参加"五四"爱国运动。1921年毕业，先后在江西、河北、北京等地中等师范学校任教。期间，如饥似渴学习马克思主义，向学生宣传革命思想，组织学生参加革命运动，如"五卅"惨案后声援上海工人等。1928年，他在天津市教育局、河北教育厅任职。1929年9月，杨秀峰被推荐为官费留法学生，入巴黎大学社会学院深造。次年3月加入中国共产党。1932年到莫斯科列宁学院学习马克思主义。

1934年回国，曾在北平师范大学(1935～1937年)、天津河北法商学院、中国大学等校任教授。开设社会主义学说史、中国政治史、法俄革命史等十余门课程，从不同角度阐述马克思主义革命基本理论，引导许多青年学生走上革命道路，当时被学生们誉为"红色教授"。

1937年七七事变爆发，杨秀峰毅然抛下不满2岁的独子，与爱人孙文淑一起并率领京津部分学生投笔从戎，奔向抗日前线。在八年抗战岁月中，他先后担任冀西游击司令，冀南行署主任，冀南、太行、太岳行政联合办事处主任，晋冀鲁豫边区政府主席等职务，为冀西、冀南抗日根据地的创建，为晋冀鲁豫边区政权的建设均作出巨大贡献。他认真执行党的抗日民主统一战线政策，正确对待各阶层人民的合理诉求，因地制宜地制定了公平负担、减租减息、优待抗属、保护工商业、取消苛捐杂税、救济灾民等一系列政策，深得人心。在环境十分艰苦的条件下，他带头遵守群众纪律，同群众一起吃大苦耐大劳，充分表现了共产党人的高风亮节。杨秀峰的嘉言懿行赢得群众的普遍拥护，群众有钱出钱，有粮出粮，有力出力。青年人争先恐后参军参战；村村户户支援前线，送军粮、送军鞋；有的开明地主乡绅倾多年积蓄，捐钱捐粮捐武器；国民党的溃军、占山为王的绿林、封建的会道门的会众等也纷纷来接受收编。在杨秀峰的辖区内，真正做到了最大多数人积极参加保卫家乡、保卫华北、保卫全中国的抗日战争。

在枪林弹雨中，杨秀峰也不忘教育，开办了游击小学、流动小学、巡回小学、夜校，解决了儿童教育问题；他还创办了冀南抗日干部学校、冀太行政干部学校、晋冀鲁豫边区行政干部学校、北方大学等，为革命队伍培训、输送了军事、政治、财经、文教及行政等各类干部数千人。边区的人民称杨秀峰是“太行山老母亲”“民众的救星”。刘伯承元帅说杨秀峰“时时刻刻和群众在一起”；聂荣臻元帅称他是“政权工作专家”；邓小平称赞杨秀峰：“文官不爱钱，武臣不怕死，他兼而有之。”新中国成立之初，周恩来总理曾指定杨秀峰专门为政务院各部门负责人介绍如何做好政府工作的经验，每晚一讲，持续了一周时间。

新中国成立后，杨秀峰任河北省人民政府主席兼河北师范学院院长。1952 年冬，他被调到中央高等教育部。为贯彻中央的统一战线政策，他主动提出由民主人士马叙伦任部长，自己任副部长兼党组书记，甘当配角。1958 年高教部与教育部合并，他出任部长兼党组书记。在那个特定的时期，他努力排除干扰，坚定不移地按照教育规律办学，尊重科学、尊重知识、尊重知识分子、尊重知识分子的劳动，积极发展新中国的教育事业。

1965 年杨秀峰任最高人民法院院长兼党组书记。十年动乱之后，他出任第五届全国政协副主席，第五届全国人大常委会委员，法制委员会副主席，中国教育学会和中国法学会名誉会长。

杨秀峰一生清廉质朴，克己奉公，艰苦奋斗，与群众同甘共苦。杨秀峰是全党学习的楷模。

楚图南

楚图南(1899—1994)，原名楚方鹏，笔名高寒、高素等，云南文山县人。曾任全国人大常委会副委员长，是中国共产党的早期党员，是中国民主同盟的卓越领导者，是新中国民间外交事业的开拓者，是我国知识分子的杰出代表。

1919 年夏，楚图南以优异成绩考取北京高师史地部云南官费生。他在刻苦读书的同时，加入了进步组织“工学会”，与李大钊、蔡和森等结识并得到他们的指引。1922 年加入社会主义青年团，曾先后创办或主编《劳动文化》、《教育新刊》。在多种刊物上发表关于教育、哲学、心理学、美学及少数民族问题的研究文章，表现出广博的知识和深邃的思考。1922 年，楚图南在《史地丛刊》上发表《云南土人状况》等文，翔实地介绍了南方少数民族的历史、语言、文学、风俗及各民族的地域分布。1924年毕业后，带着李大钊“多接触青年，多宣传革命思想”、“广种薄收”的指示回昆明任教。

后依李大钊的指派只身去东北哈尔滨、长春、伊通等地中学、师范学校任教。在学生中宣传革命思想，创办革命刊物。反动当局以“宣传与三民主义不相容主义”罪名判处他9年11个月监禁。1935年任教于上海暨南大学史地系，一面教学，一面从事著译。翻译了迪金森等著的《地理学发达史》和美国著名平民诗人惠特曼的诗作《草叶集选》。抗战时期回昆明，与李公朴、孙起孟、潘光旦、罗隆基、闻一多等人组织了“九老会”。1943年，根据工作的需要，加入了中国民主同盟，并担任领导工作，协助中共南方局做了大量统战工作。与此同时，在他高师毕业后20余年中，以教书为掩护，他培养了如艾思奇、郑键、孙骕生、于克等一大批学者与革命者。

1948年11月，经中央安排他辗转到河北平山中共中央所在地，受到毛泽东、朱德、周恩来等人亲切接见。1949年2月，他随中国人民解放军一起进北京，参加对大学和文化单位的接管工作，同时任北京师范大学历史系教授，并以民盟代表的身份，当选为全国第一届政协委员。

1954年5月，中国人民对外文化协会(后改为对外文化友好协会)成立，他出任会长。从此，他将自己大半生的精力都投入到民间外交和对外文化交流事业之中。

邵式平

邵式平(1900—1965)，字守一，江西弋阳县人。1926年北京师范大学史地系肄业。革命家，江西人民的好公仆。

1919年秋邵式平考入南昌第一中学，开始接受进步思想，尤其对刚刚传播到中国的马克思主义怀有浓厚的兴趣。1923年，邵式平以优异的成绩考入北京师范大学史地系就读。期间，他结识了许多进步青年和共产党员，他们经常在一起学习、研究马克思主义，探讨救国救民等问题。在党、团组织的教育、影响下，邵式平立志革命救国。1924年年初，邵式平担任了北师大学生会主席。1925年年底由陈毅、黄道介绍加入了中国共产党，不久出任支部书记。

1925年6月，为声援上海爆发的“五卅”运动，邵式平与北师大进步学生建立了“沪案雪耻会”，组织北师大学生自卫军参加北京区党委领导的大规模反帝示威游行。1926年3月18日，为抗议日本军队炮击大沽口和反对八国最后通牒，邵式平率师大学生参加了由爱国学生与社会各界爱国人士组成的请愿团，到政府门前请愿。请愿团遭到镇压，死伤200余人。“三一八”惨案后，邵式平在北京被通缉。根据党组织的指示，他返回江西开展革命活动。

在北师大求学的三年，锻炼并彰显了邵式平出色的组织才能和不屈不挠的斗争精神，他也做出了一生无怨无悔的选择，完成了从一个热血青年到坚定的马克思主义者的转变。

1926 年秋，邵式平在家乡弋阳建立了赣东北第一个党支部——中共弋阳特别支部，邵式平任书记。他以省政府特派员、省农协特派员等身份在赣东北发动群众，宣传革命思想，组织群众运动。1927 年，曾组织、领导了“漆工暴动”、“弋横起义”。弋横起义的胜利，为建立赣东北根据地奠定了坚实的基础。1928 年他与方志敏创建赣东北苏区。邵式平负责军事工作，指挥赣东北红军四次粉碎了国民党军队发动的局部围剿。1929 年他当选为赣东北苏维埃政府执行委员和军委主席。1933 年，邵式平奉中央命令筹建闽赣省。同年 6 月，当选为省常委、闽赣省苏维埃政府主席、省军区司令员兼政委。1934 年 10 月，他随中央红军长征，到达延安。

1937 年，他任陕北公学教育长、抗大第二分校副校长。1940 年调任他为晋察冀平山专区专员。1946 年任辽吉省委副书记、军区副政委兼政治部主任，嫩江省委副书记兼军区副政委、政治部主任等职务。1949 年 2 月，他任四野南下工作团副总团长，率部队到江西，任江西省政府主席兼南昌军管会副主任。1953 年，邵式平任省委第二书记、江西省省长。1956 年当选为党的第八届候补中央委员。

邵式平身居要职，一尘不染，为人正直，为政清廉，深受江西人民爱戴，被江西人民称为好儿子、好公仆。

陈宗兴

陈宗兴(1943—　)，河南正阳人，第九届全国政协委员，第十届全国政协常务委员，第十一届全国政协副主席。1967 年毕业于北京师范大学地理系获学士学位，1981 年获北京师范大学理学硕士学位。1991 年晋升为教授。历任西北大学地理系副主任、主任、科研处处长、教务长、副校长、校长。1997 年当选为西安市副市长，1998 年任陕西省副省长。曾兼任国家教委高校地理教学指导委员会委员及人文地理教学指导组副组长、中国研究生教育学会文理科工作委员会委员、中国区域科学协会常务理事及区域规划专业委员会副主任、中国地理学会常务理事及人文地理专业委员会副主任、陕西省地理学会理事长以及《中国地理》(英文)、《经济地理》、《世界地理研究》、《国土开发及整治》等多种全国性学术刊物编委。

现任十一届全国政协副主席，农工党中央常务副主席。

胡存智

胡存智（1955— ），广东兴宁人，壮族。1978 年 10 月至 1985 年 7 月在北京师范大学地理系自然地理学专业、环境科学研究所环境地学专业学习，分别获得理学学士、理学硕士学位。1974 年 9 月参加工作，现为研究员，兼职教授。曾任国土资源部地籍司司长、土地利用司司长、规划司司长和国土资源部总规划师。现任国土资源部党组成员、副部长，负责政策法规、地籍管理、土地利用管理工作。目前还任职中国土地估价师协会会长、全国土地估价师资格考试委员会主任、北京师范大学兼职教授。

张复明

张复明(1963—)，山西介休人。1980～1984 年在北京师范大学地理系自然地理专业学习，获理学学士学位。毕业后，先后在山西大学黄土高原地理研究所、山西省政府发展研究中心、山西省决策咨询委员会、省工商业联合会(总商会)等单位任职，并于 2007 年获管理学博士学位。现任山西省副省长、山西省工商业联合会(总商会)主席。

张复明是新世纪百千万人才工程国家级人选、国家社科基金经济学科评审组专家、享受国务院特殊津贴专家、山西省十届人大常委会委员、十一届全国人大代表。长期从事区域经济、可持续发展、城市发展研究工作，曾主持完成 30 多项研究课题。在《中国社会科学》、《管理世界》、《中国工业经济》等刊物发表论文 100 余篇，独著《资源型经济：理论解释、内在机制和应用研究》，主编《山西城镇体系发展研究》、《山西省城镇化发展战略研究》和《省会城市发展研究》，获省部级科技进步一等奖 4 项、二等奖 6 项，省社科优秀成果一等奖 2 项、二等奖 1 项，中国发展研究二等奖 1 项。

其他政界杰出人才

表 4-5 其他政界杰出人才

姓　名	单位及职务(曾任或现任)	年级/届
狄景襄 (原名狄承青)	上海市人大常委会副主任	1935 届本
朱宏富	江西省决策咨询委员会常委	1940 年肄业
林汝耕	内蒙古自治区计委常务副主任	1952 级本
侯国强	新疆维吾尔自治区乌鲁木齐铁路分局党委书记	1958 级本

续表

姓　名	单位及职务(曾任或现任)	年级/届
陈元涛	内蒙古自治区统计局局长	1959 级本
宋树恩	河北省政府顾问	1959 级本
李长润	江西省宜春市政协副主席	1960 级本
钱宗和	上海市地震局副局长	1960 级本
顾文选	国家住房和城乡建设部综合司副司长	1962 级本
孔繁德	秦皇岛市政协常委；中国环境管理干部学院副院长、生态研究所所长	1964 级本
祁　力	中纪委局级干部	1977 级本
马长辉	吉林省通化市人民政府副市长，东北地理所科技副职、吉林紫鑫药业股份有限公司副总经理	1978 级本
白云升	四川省人民政府参事；西南财经大学经济系研究室主任	1978 级本
尹　改	国家环境保护部科技标准司司长	1978 级硕
殷福才	安徽省环保厅副厅长	1979 级本
夏育民	广州市环境保护局总工程师、党委委员	1979 级本
王康友	中国科协发展研究中心主任	1980 级本
周应华	农业部发展计划司副司长	1980 级本
王　军	中国土地估价师协会秘书长	1980 级本
关文荣	国家土地督察广州局副局长	1980 级本
张秀兰	北京市政协常委	1981 级本
邹　铭	民政部党组成员、民政部优抚安置局局长；曾任民政部救灾减灾司司长，中共廊坊市委委员、常委、副市长	1982 级本
刘军萍	北京市市农村经济研究中心党组成员，北京市城乡经济信息中心主任	1983 级本
王　涛	辽宁省铁岭市国土资源调查规划局局长	1983 级本
杨汝坤	青海省环境保护厅厅长	1983 级本
康　华	宁夏回族自治区银川市司法局局长、书记；曾任银川市委副秘书长	1983 级本
高　思	新闻出版总署(国家版权局)法规司副巡视员	1983 级本
陈常松	国家测绘地理信息局计划财务司副司长	1984 级本
张卫星	民政部办公厅主任，曾任救灾减灾司司长、地名与区划司副司长	1984 级本
李加洪	科技部国家遥感中心总工程师	1984 级硕
冯文利	国土资源部地籍司副司长	1986 级本 1990 级硕
苏维词	贵州省喀斯特资源环境与发展研究中心主任，全国政协委员，第十届全国青联委员	1987 级硕
胡雪峰	北京市市委研究室副主任	1989 级本
席　宏	江西省省委办公厅副主任	1992 级硕
高俊虎	河北省承德市商业局局长，曾任市政府副秘书长	1996 级硕

(二)出版与传媒界

吴履平

吴履平(1935—　)，江苏南京人。1956年毕业于北京师范大学地理系，历任教育部普教司、中学司干部，人民教育出版社编辑、室主任、总编辑、课程教材研究所副所长。吴履平是中国地理学会科普工作委员会委员，曾参与研究制订全日制中小学工作条例、教学计划，中小学地理教学大纲和小学社会课教学大纲，研究编写和审定中小学、师范学校等地理教材，中学人口教育教材。主编有《人口教育丛书》、《初中地理教材分析和研究》。

韩绍祥

韩绍祥(1944—　)，山东章丘人。北京师范大学政教系1969届毕业生，1969～1989年先后工作于北京师范大学二附中、政教系、团委、宣传部、地理系、人事处等部门，担任过共青团北师大团委副书记、党委宣传部部长、地理系党总支书记、师资办公室主任等。1999年1月至1999年7月担任人民教育出版社党委书记兼副社长，1999年7月至2003年5月担任人民教育出版社社长、党委书记，2003年5月至2007年1月担任人民教育出版社社长。现为第八届国家督学，2006年当选为中国教育学会副会长、中国出版工作者协会副主席。

徐　岩

徐岩(1951—　)，北京人。1981年北京师范大学地理系经济地理学专业毕业，获理学硕士学位。美国加州大学伯克利分校、英国布里斯托尔大学访问学者，享受国务院政府特殊津贴。

1981年就职于人民教育出版社，历任编辑、室主任，副总编辑。1999～2005年任教育部基础教育课程教材发展中心常务副主任。2005～2011年任人民教育出版社副总编辑、总编辑，课程教材研究所副所长、所长。

曾任中国教育学会常务理事、学术委员会委员，中国教育学会地理教学研究会常务理事。现任中国编辑学会常务理事、中国国际教育交流协会常务理事、国家基础教育课程教材专家工作委员会委员。

主要研究领域为基础教育课程及中小学教材编写。曾参与起草国家中学地理和小学社会教学大纲，参与21世纪初新课程方案和课程标准的制定工作。主编过多套中小学地理教材、师范学校地理教材和小学社会课教材。担任《课程教材教法》杂志主编，曾任《中小学教材教学》、《小学语文》、《基础教育课程》杂志主编。主持全国教育科学规划“十一五”国家级课题《中小学生学科学业评价标准研究》，任国家哲学社会科学重大课题“中国百年教科书整理与研究”首席专家。

韦志榕

韦志榕(1957—　)，北京人。1982年毕业于北京师范大学地理系，获学士学位。同年到人民教育出版社工作，历任地理编辑室编辑、副编审、编审，地理编辑室副主任、主任，人民教育出版社总编助理、副总编辑。现任人民教育出版社总编辑。主要从事地理和社会课程教材的研究和编写工作，主编、主持和参与了多套地理和社会教材。

孟　白

孟白(1957—　)，北京人，学苑出版社社长兼总编辑，编审。1982年毕业于北京师范大学地理系；1982～1991年，在中国大百科全书出版社工作；1991～1993年，在商务印书馆工作；1993年至今，在学苑出版社工作，先后担任总编室主任兼编辑部主任、副社长、社长兼总编辑。九三学社中央常委，九三学社中央文化工作委员会主任。曾任中国唯一的国家级民间文化学术期刊——《民间文化论坛》总编辑，担任北京海淀工读学校名誉校长，连续两届的中国地理学会理事，中国编辑学会理事。

李栓科

李栓科(1964—　)，甘肃平凉人。1984年毕业于北京师范大学，获得学士学位。同年9月考上硕士研究生，师从周廷儒院士，1987年获硕士学位，6月进入中科院地理所工作。1989年晋升为助理研究员，1993年破格晋升为副研究员，1996年破格晋升为研究员。曾在青藏高原科考4年，南极科考4年，北极科考2年。1994年获中国“第二届优秀青年科学奖”。1995年任首次中国北极科学考察队队长。1997年任《中国国家地理》杂志社社长，2000年10月兼任总编至今。

《中国国家地理》前身为1950年创刊的《地理知识》，1998年改名为《中国国家地理》。在李栓科的带领下，杂志发行量从1998年第1期的2万余册，上升到每期发行逾

30万册，并成为国内迄今唯一完整输出版权的杂志。在台湾，繁体版的《中国国家地理》月发行量达8万册左右；在日本，日文版的《中国国家地理》月发行量达4万多册。此外，该刊还进入了西方国家的华人社区。

其他出版与传媒界杰出人才

表4-6　其他出版与传媒界杰出人才

姓名	单位及职务	年级
胡晓谦	中国青年出版社副总编	1957级本
毛继周	地域研究与开发主编	地图与测量研究生班1955～1957年
张亚立	北京师范大学出版社分党委副书记	1978年本(分校) 1986级硕
李　平	商务印书馆国际有限公司副总经理	1979级本
王　岳	人民教育出版社副社长	1979级本
莫　骄	国家一级导演；中央电视台中文国际频道“走遍中国”栏目总编、总导演	1979级本

(三)企业界

杨　卓

杨卓(1960—　)，江苏人，北京师范大学地理系1982届本科毕业、1987年硕士毕业。现任深业深港(集团)有限公司董事长、党委书记。

刘　鸿

刘鸿(1964—　)，湖南安仁人。1984年毕业于北京师范大学地理系，获理学学士学位；2005年考入清华大学经济管理学院，2007年毕业获高级工商管理硕士(EMBA)。曾任湖南大学(原湖南财经学院)经济学院副教授、副处长，湖南湘财文化传播有限公司总经理；中国作家协会会员，出版长篇小说《风流大学生》、《泡沫》，学术著作《期货交易市场与运作技巧》等。2001年下海经商，曾任湖南正湘行期货经纪有限公司总裁；阳光100(湖南)置业发展有限公司副董事长、总经理；阳光100置业(辽宁)有限公司总经理。现任天朗置业有限公司董事长、总经理。

2012年7月，刘鸿与北京师范大学地理学与遥感科学学院共同创立"经纬"系友奖助学金，刘鸿捐款110万元，成为学院首项百万级规模的奖助学金。

易小迪

易小迪(1964—　)，湖南永州人。1982～1986年就读于北京师范大学地理系，获理学学士学位。1986～1989年就读于中国人民大学计划系，获经济学硕士学位。

易小迪1991年参与创建万通企业集团，任常务董事、集团常务副总裁；1992年创建广西万通企业发展总公司，任董事长、总经理，成功开发广西南宁万通空中花园、新万通购物广场、新万通宾馆等；1998年投资北京现代城1号公寓楼，开发南宁欧景庭园住宅项目；1999年至今任北京阳光100置业集团有限公司总经理。

易小迪主持开发的多个项目，多次获得国家级奖励。主持开发北京阳光100国际公寓，获建设部"创新风暴"综合金奖、北京"双十大明星楼盘"称号；2000年主持开发柳州阳光100经典时代住宅项目；2001年主持开发济南阳光100国际新城，获建设部"创新夺标"社区规划奖；2002年主持开发天津阳光100国际新城；支持开发重庆阳光100国际新城、北京阳光100香山别墅；支持开发南宁阳光100城市广场，获建设部"创新夺标"最高奖；在北京创建"阳光100"品牌，并迅速使其成为中国最具影响力的全国性连锁品牌。

宋关福

宋关福(1969—　)，重庆铜梁人。1993年毕业于北京师范大学资环系，获学士学位；1998年毕业于中国科学院，获博士学位。现任北京超图软件股份有限公司董事、总裁。

1997年，宋关福与其博士生导师钟耳顺研究员共同创建了北京超图地理信息技术有限公司，现任北京超图软件股份有限公司董事、总裁。宋关福还担任中国地理信息产业协会副会长与中国全球定位系统协会副会长。

宋关福是中国地理信息系统(GIS)软件领域的领军人物，是著名GIS平台软件SuperMap的缔造者。1996年独自编写了SuperMap组件式GIS的前身ActiveMap，主持了 SuperMap GIS 软件后续版本的设计与研发工作，先后提出 Universal GIS(跨平台 GIS)、Service GIS(服务式 GIS)和 Realspace GIS(二三维一体化 GIS)，奠定了 SuperMap 的技术体系和核心竞争力。

宋关福曾获 2004 年年度“国家科学技术进步二等奖”，2006 年年度“中国软件企业十大领军人物”，2010 年年度“地理信息科技进步一等奖”，以及 2011 年年度“中国信息产业年度创新人物”等荣誉。

张晓军

张晓军(1968—　)，北京平谷人。北京师范大学地理系 1990 届本科毕业生；北京世纪唐人旅游发展有限公司首席分析师，中国城市经济学会休闲旅游产业委员会秘书长。

作为中国首家专业旅游休闲管理咨询机构的创办人，张晓军致力于将国内外最先进的管理咨询成果和模式导入中国旅游业，建立了中国第一个城市旅游竞争力评价体系，中国第一个休闲旅游资源分类体系。2013 年 9 月，张晓军捐资 260 万元(分五年拨付)在母校地理学与遥感科学学院设立唐人基金。其中 160 万用于奖学金，100 万元用于支持系友讲坛等活动。

周大良

周大良(1971—　)，江苏如皋人。北京师范大学资源与环境科学系 1994 届本科生；原北京山海经纬信息技术有限公司执行董事、总裁；现任方正国际软件有限公司副总裁。

周大良于 2002 年创建北京山海经纬信息技术有限公司，是 GIS 技术和行业专家，在数字制图、空间数据库、公安、数字城市方面享有较高声誉，曾先后担任中国 GIS 协会标准工作委员会委员、公安部计算机信息处理标准化委员会委员、警用地理信息系列标准编制和宣贯专家、公安部科技奖励评审专家、北京市信息化标准委员会委员。

其他企业界杰出人才

表 4-7　其他企业界杰出人才

姓　名	单位及职务	年级
赵　宁	北京国济保险代理有限公司总经理	1978 级本
秦　伟	美国甲骨文(Oracle)软件公司高级咨询师	1979 级本
廖赤眉	华夏幸福基业股份有限公司副总裁	1980 级本 1984 级硕
董跃虎	天津环渤海控股集团有限公司副总裁兼党委书记	1980 级本
李策进	美国威高利公司(Virgowill United CORP)副总裁	1981 级本
蒋云红	美国威高利公司(Virgowill United CORP)首席财政官	1981 级本
范小冲	阳光 100 置业集团有限公司常务副总经理	1982 级本 1986 级硕
刘天倪	香港皓天财经公司董事长	1983 级本
梁运斌	中国交通建设地产有限公司监事会主席、党委副书记、纪委书记	1985 级本 1989 级硕
文立玲	北京巅峰智业旅游文化创意股份有限公司总策划师	1986 级本 1990 级硕
王尔琪	北京超图地理信息技术有限公司总构架师、董事	1989 级本 1993 级硕
金　昀	北京国地不动产评估公司总裁	1991 级本
龚娅杰	北京超图地理信息技术有限公司副总裁、董事会秘书	1993 级本
冯春雷	北京中资地产及资产评估公司董事长	1989 级硕
徐　燕	北京首佳房地产评估有限公司副总裁	1994 级硕
王康弘	北京超图地理信息技术有限公司副总裁、董事	1995 级硕
郭瑞华	北京国地不动产评估公司董事长	1999 级硕

第五章

学海情缘

- 与高校地理学相关学科的联系
- 与学术团体及地理研究机构的联系
- 与人民教育出版社的联系

第一节　与高校地理学相关学科的联系

一、西北师范大学地理与环境科学学院(地理系)

西北师范大学地理与环境科学学院的前身即为北京师范大学地理系。

1937年七·七事变后，北师大奉南京国民政府教育部之命西迁至西安，10月18日与北平大学、北洋工学院三校合组为国立西安临时大学。西安临时大学文理学院设地理系，教育学院设史地系，二系均由黄国璋教授任系主任。黄国璋率北师大地理系师生于11月15日开始上课。1938年3月西安临时大学迁往陕西城固，4月国民政府教育部令西安临大改名为国立西北联合大学。1938年10月，重申任命黄国璋教授为西北联合大学地理系系主任。1939年教育学院从西北联合大学中分离出来，独立设置，称为国立西北师范学院。原西北联大的文、理、法商学院改组为国立西北大学。师范学院除原有的教育、体育、家政三系外，增设国文、史地、英语、数学、理化、博物及公民教育等系，史地系主任由黄国璋教授兼任。

1940年，西北师范学院奉命由城固迁往兰州。国民政府教育部承认西北师范学院为北京师范大学之延支。因此，西北师范大学地理系认为其"发端于1902年创办的京师大学堂师范馆史地科"。

1942～1946年，西北师范学院史地系由北师大1933年地理系毕业的邹豹君教授任系主任。此后，北师大地理系教师谌亚达、殷祖英也曾短期担任系主任。1950年地理系独立建系，北师大毕业生傅角今(1923年史地系毕业)、万方祥(1935年地理系毕业)、荣书之(1938年地理系毕业)等多人曾担任西北师大地理系主任。

西北师范大学地理系与北京师范大学地理系联系密切，相互支援、教学相长。2002年二校共同庆祝建校100周年。

二、西北大学城市与环境学院(地理系)

西北大学城市与环境学院的前身即为北京师范大学地理系。

1939年8月，国民政府行政院决定将国立西北联合大学改为国立西北大学，设文、理、法商三个学院，原地理系充实调整后改为地质地理系，于9月1日正式开学。原系主任黄国璋教授参加川康科学考察团到四川、西康考察，年底又被任命为中国地理研究所所长，经批准免去地理系系主任职务，改由原北师大教授殷祖英担任系主任。

抗日战争胜利后，西北大学由城固迁回西安，1946年系主任殷祖英教授返回北师大任教，并负责北师大校产整理工作。西北大学地理系改由郑资约教授(1925年北师大毕业生)任系主任。1937～1949年，北师大教师谌亚达、杨曾威、何作霖、王钧衡、邹豹君等多人曾在西北大学任教。

1950年傅角今教授奉西北教育部令，由西北师院调至西北大学任教兼地理系系主任，直至1965年6月。

1981年陈宗兴、尹怀庭从北师大毕业后，分配到西北大学地理系任教。1984～1989年陈宗兴被任命为西北大学地理系副主任，1989～1992年任系主任，之后又擢升为副校长、校长、陕西省副省长(主管教育科技工作)，为西北大学的发展作出了重要贡献。

西北大学地理系培养出众多著名的学者和活跃在许多领域的优秀人才。刘昌明院士于1956年毕业于西北大学地理系，1995年当选为中国科学院院士，1997年受聘于北师大，先后任北师大资源与环境学院院长、水科学研究院院长、地学部主任等职。

三、清华大学地学系(地理学系)

20世纪20年代末，曾在北京师范大学地理系任教的翁文灏先生建议在清华大学设立地理学系。1929年秋，清华大学地理学系成立，翁文灏任系主任，1933年更名为地学系，下设地理、地质、气象三个组。当时，北京只有北师大、清华大学设有地理系，两个系的教师相互交流授课。抗日战争结束后，1946年，清华大学地学系重建，由于学生数量少，与北师大地理系协商，北师大地理系学生可以同级转入清华大学地学系。在此情况下，不少北师大地理系学子转入清华大学，并以优异的成绩在清华大学毕业。

历史时期，两所大学的地理系教学相长，相互支援。清华大学地理系的翁文灏、袁复礼、冯景兰、张印堂、王成组等先生都长期在北师大授课；北师大的黄国璋、周廷儒、杨曾威等先生也在清华大学授课。更值得一提的是，曾在北师大地理系任系主任的谢家荣、黄国璋先生也在清华大学地理系担任过系主任。两个系的办学理念、讲授内容相互沟通，彼此帮助，共同前进。

新中国成立后，清华大学地学系的气象组、地质组分别独立设系，后由于院系调整，地学系、气象学系、地质学系被调整出清华大学。

四、北京大学地理系

北京大学地理系与北京师范大学地理系有很深的渊源。北大的侯仁之院士，陈传康、王恩涌、胡兆量、陈静生、崔之久、承继成、杨景春、韩慕康、崔海亭、唐晓峰、徐希儒等教授都曾在北师大讲课；北大地理系毕业生朱启疆、李容全、姜象鲤、孙秀萍、王诗佾、梁进社、谭利华、朱华晟、黄大全、潘峰华等都在北师大任教；北师大地理系毕业生曹家欣、关伯仁、邓辉、贺灿飞等也在北大任教。此外，每年相互推荐保送研究生，加强交流。在共同编写教材、专著等方面也有密切合作，颇有建树。北大杨吾杨与北师大梁进社合著《高等经济地理学》，北师大赵济与北大陈传康共同主编“面向21世纪课程教材”《中国地理》，北师大李容全参加北大杨景春教授主编的《中国地貌基本轮廓》，北师大王静爱、周尚意参加北大蔡运龙主编的《中国地理多样性与可持续发展》等专著的编写，北师大刘慧平与北大秦其明合作出版了《遥感概论实习教程》，北师大朱良参加北大毛赞猷主编的国家“十一五”规划教材《新编地图学教程》等。1981年，北大、北师大、南大、华东师大、东北师大等校联合攻关，在山西进行农业遥感调查，完成了山西省农业区划遥感调查，取得了优异成绩，并由国家计委、科委、教委联合召开现场会，在全国推广卫星遥感调查研究经验。1986年在教委主持下，高校联合遥感研究中心成立，由北大副校长沈克琦教授担任主任，北大承继成、北师大赵济任副主任，共同承担国家“六五”、“七五”、“八五”重点科技攻关任务，研究成果先后获得国家科技进步二等奖(1987年)、三等奖(1988年)各1项，山西省、内蒙古自治区、全国农业区划委员会、农业部、国家教委科技进步一等奖6次。两校地理系在教学、科研、管理等多个层面进行着深度的交流合作，共同为国家地理学科的发展谱写篇章。

1986年高校联合遥感研究中心在北京大学成立(前排右3为赵济，后排左6为李天杰)

五、中山大学地理系

1929年秋，中山大学地理系建立。

中山大学地理系师资力量雄厚，坚持野外实地考察，培养出众多著名地理学者，如黄秉维、周廷儒、周立三、林超、叶汇、罗开富、吴尚时、曾昭璇、郑度等。周廷儒先生是中大地理系的第一届毕业生，于1946年留学美国加州大学伯克利分校地理系，1948 年获硕士学位。1950 年来北师大地理系任教，1952～1983 年任系主任。周先生在教学、谈话中常常提到在中山大学学习时的往事，他在带领学生实习时，常常讲起中山大学 Panzer 教授登上白云山如何讲解山地与平地的关系，如何识别、划分基本地形面以及不同地形面的土地利用方式。中山大学地理系原系主任王益崖教授 1935 年北上到北师大地理系任系主任，蔡源明教授 1930 年在北师大地理系任教，1933 年南下到中山大学地理系任系主任，邹豹君教授 1933 年毕业于北师大地理系，毕业后留校任教，1948 年任中山大学地理系系主任。这些教授、系主任的学术活动加强了两个系之间的融合，相互学习，共同提高学术水平。

六、中国人民大学经济地理研究室(区域经济研究所)

1950 年中国人民大学成立，下设经济地理研究室，室主任为北师大 1933 年毕业的孙敬之教授。人大经济地理研究室先后主办了 7 期经济地理研究生班，培养出 150 多位经济地理专门人才，对我国经济地理学的发展作出了重要贡献。

北师大与人大是近邻，两个单位之间联系频繁。1953 年北师大地理系有 3 名毕业生(鄷慧兰、闫迪臣、高本华)到人大经济地理研究生班深造。孙敬之先生曾邀请周廷儒先生为研究生讲授自然地理课程，周先生还率领人大研究生在周口店等地进行野外实习。1956 年北师大举办外国政治经济地理进修班，人民大学派魏心镇、林雅真、张文魁、宋廼功等研究生来师大学习。人大教师顾传源先生及研究生班毕业生王本琳、孙本清先后来到北师大地理系，支援经济地理教学与研究工作。1961 年北师大中国自然地理研究生陈伯章、于庆印到人大经济地理室任教。

1973～1977 年，受“文化大革命”影响，中国人民大学一度与北师大合并。人大经济地理研究室的大部分教职工合并到北师大地理系，王经、谭稼禾、张之、周启业、祝卓、祝诚、陆大壮、张学勤、连亦同、王一飞、王家勤等 11 位同志到北师大任教，与北师大地理系师生共同学习。在此期间，王经同志任地理系总支书记，谭稼禾同志任地理系教师支部书记。

“文化大革命”结束后，原人民大学的教职员全部返回人民大学。原经济地理研究室于 1978 年改名为生产布局研究室，1987～1993 年又改称区域经济发展战略研究所，1994 年改组为区域经济研究所。由于教学、科研任务日益繁重，人民大学先后从北师大地理系调走金陵、张敦富参加人大的教学工作。张敦富教授到任不久就被选为研究所支部书记，并任研究所所长，为国家开展区域(城市)经济学研究作出了贡献。

七、首都师范大学资源环境与旅游学院

首都师范大学资源环境与旅游学院的前身为 1954 年成立的北京师范学院地理系。建系初期，接收了多位北京师范大学地理系的毕业生来此工作。多任系主任毕业于北

京师范大学地理系，如首任系主任褚亚平于 1948 年毕业，伊佩衡 1949 年毕业，王文明于 1957 年毕业于北师大地图与测量研究生班。当时，在北京师范学院任教的北师大校友还有李景波、孟德政、王蓉芳、张兴修、林作群、杨国栋等。

首师大地理系与北师大地理系长期合作，相互支援。20 世纪 50 年代后期到 60 年代初期，受北师大聘请，首师大(时称北京师范学院)刘愈之教授在北师大讲授“外国地理”，颇受师生的好评。80 年代开始招收研究生后，两系更是互派专家进行论文评审、答辩等工作。曾经共同参加北京市科委、农业区划办组织的山区资源调查、流域规划、农业资源区划等研究。在合作研究的基础上，共同完成了多种教材的编写。1986 年两系联合举办“中国自然地理青年教师培训班”，邀请李春昱、周廷儒、林超、王华东等著名学者讲课，深受学员欢迎。

八、宁夏大学地理系

宁夏大学地理系成立于 1956 年，后来受“文化大革命”的影响而停办。1983 年，宁夏回族自治区政府决定恢复宁夏大学地理系。宁夏大学通过国家教委，请北师大地理系协助筹办。宁夏大学地理系党总支书记来到北京，与北师大地理系负责人张兰生、韩绍祥、郭瑞涛、徐振溥等商谈筹办事宜。

1983 年 9 月，宁夏大学地理系开始招收地理教育专业专科生，当时宁夏大学地理系只有 7 名教师，教学任务主要由北师大地理系的教师们承担。北师大地理系领导对这项任务十分重视，总支书记韩绍祥率领任课教师前往银川授课。第一学年由张宝民讲授地质学，褚广荣讲授地图学，张如一讲授气象学与气候学，朱国荣讲授地貌学并组织地貌野外实习。第二学年、第三学年由郑新生讲授土壤地理学，刘改有讲授海洋地理学与水文学，武吉华讲授植物地理学。其他专业课由宁夏大学的教师主讲，北师大的教师担任其中部分章节的讲授，主要有贾旺尧讲授各洲自然地理、赵济讲授中国自然地理、程连生讲授中国经济地理与经济地理学导论、王淑芳讲授外国政治经济地理。北师大教师还结合教学内容带领学生到银川附近进行野外实习，郑新生协助宁夏大学建立了土壤地理实验室。1983～1986 年，北师大与宁大地理系的教师还共同承担了宁夏的研究课题，圆满地完成了任务。

九、湘潭师范学院地理系

1985 年经教育部批准，湖南省在原湘潭师范高等专科学校基础上组建湘潭师范学院(已于 2003 年和湘潭工学院合并为湖南科技大学)。1987 年，湘潭师院的领导来到北京，与北师大校领导会谈，恳请北师大派中文、地理、生物等系的老师到湘潭协助建校、授课并培养硕士研究生，湘潭师院还派教师到北师大进修。

从 1987 年秋季起，北师大每学期派众多教师到湘潭师院讲课，部分课程全部由北师大教师讲授；多数课程由北师大教师作示范性讲授。除讲课外，北师大教师还为全校师生作学术报告，介绍国内外学术动态，部分课程的任课教师还带领学生在湘潭进行野外考察。

北师大地理系为湘潭师院输送了多名硕士研究生，这些研究生后来都成为该校的骨干，湘潭师院在1988～1990年曾派遣多名青年教师来北师大进修。湘潭师院聘请赵济兼任该校地理系名誉系主任。两个单位互相帮助，建立了良好的关系。

第二节 与学术团体及地理研究机构的联系

一、中国地学会

中国地学会成立于1909年，是我国成立最早的三个学术团体之一。1909年(清光绪三十四年)，张相文在天津北洋高等学校任校长，联络国内地学界、史学界人士创建了地学会，邀集白毓昆、张伯苓、蔡元培、陈垣、白眉初、章鸿钊、章太炎、吴鼎昌等百余学者于1909年9月在天津举行中国地学会成立大会，会上推举张相文为会长，此后又陆续吸收丁文江、翁文灏、袁复礼、刘玉峰、黄国璋、殷祖英、王成组、张印堂、谭其骧、盛叙功等学者加入，组成了一支我国最早研究地学的队伍。

1910年，中国地学会编辑出版《地学杂志》，由白雅雨任编辑部长，1911年白雅雨响应辛亥革命，策动滦州起义，壮烈牺牲。1912年由北师大白眉初教授接任编辑部长。

1925～1927年，学会因缺乏经费暂停活动，《地学杂志》亦暂停出刊，后经翁文灏先生倡导，会同地学会原干事陈垣、张星烺、章鸿钊、白眉初以及会员王谟等于1928年举行地学会"复会纪念会"。地学会得以恢复，会刊亦复刊。1930年，地学会推选黄国璋任总干事，1935年，推选王益崖为总编辑，至1937年抗日战争爆发，学会被迫再次暂停活动。

1945年，抗日战争胜利以后，黄国璋会同地学会理事张星烺、王成组等共商恢复中国地学会事宜，公推张星烺为理事长，黄国璋为副理事长兼总干事。

新中国成立后，1950年筹建全国自然科学协会，中国地学会出席代表为黄国璋、王成组。会议期间，竺可桢先生召集中国地学会黄国璋等与中国地理学会代表商讨学会合并事宜，组建新的中国地理学会，推举黄国璋为理事长，"中国地学会"宣告结束。

《地学杂志》自创刊起至1937年停刊止，共出版181期，刊了文章1600余篇。北师大白眉初、刘玉峰、黄国璋、盛叙功、邹豹君、王钧衡、丁道衡、王桐龄、王金绂、徐炳昶、翁文灏、蒋丙然、谢家荣等在该刊发表数十篇论文。

北师大及辅仁大学均是中国地学会的主要发起单位。陈垣、白眉初、黄国璋等人在张相文会长之后先后担任学会的负责人，对中国地学会的发展发挥了重要的作用，有力地推动了我国近代地理学(初期)的发展。

二、中国地理学会

1934年3月，由翁文灏、竺可桢、张其昀等40余人发起，在南京成立了中国地理学会。其他主要发起人有丁文江、王庸、李四光、何炳松、胡焕庸、袁复礼、陈垣、张星烺、曾世英、黄国璋、刘玉峰、谢家荣等。采用通讯方法选举翁文灏为会长，由竺可桢、张其昀、胡焕庸、黄国璋、王益崖、张印堂、张星烺、董绍良、翁文灏等人组成理事会，中国地理学会宣告成立。同年 9 月出版《地理学报》创刊号。

从中国地理学会成立起，北师大地理系就积极参加学会组织的各项活动，与全国地理学界进行广泛交流，从中汲取营养，这对北师大地理系的壮大发展起到了至关重要的作用。

第一届全国青年地理工作者学术研讨会(1986 年)在北师大召开

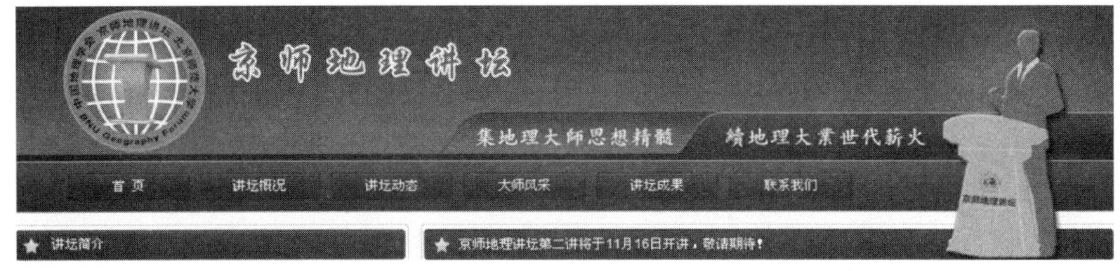

京师地理讲坛主页

北师大地理系的教师有多人曾先后担任中国地理学会的领导职务。黄国璋、张兰生曾担任学会理事长；周廷儒、张兰生、刘昌明、史培军曾担任副理事长；王钧衡担任秘书长；王益崖、赵济、刘宝元、周尚意担任常务理事；吴殿廷、王静爱担任理事；李之保担任学会党组副组长、副秘书长；赵济、梁进社、周尚意、杨胜天担任副秘书长。1950—1952 年，学会秘书处挂靠北师大。担任《地理学报》主编、副主编的有周廷儒、张兰生、刘昌明、刘宝元。此外还有一些教师分别担任学会下属专业委员会的负责人，刘培桐曾担任学会化学地理专业委员会主任，张兰生曾担任学会对应国际地理联合会(IGU)的中国委员会主席和学会青年工作委员会主任，李之保、张兰生、史培军先后担任学会教育委员会主任，周尚意担任第三届青年工作委员会主任。2013 在大连召开的中国地理学会常务理事会上批准成立“文化地理学专业委员会”，周尚意任第一届主任，委员会挂靠北师大地遥学院。学会曾多次委托北师大地理系承办全国性或专业委员会的大型学术会议，如中国地理学会第一次全国性学术讨论会(1954 年)、第一届全国青年地理工作者学术研讨会(1986 年)、中国地理学会 2002 年学术年会、中国地理学会百年庆典暨全国人文经济地理学大会(2009 年)等。2010 年起，由中国地理学会与北京师范大学地理学与遥感科学学院联合创办“京师地理讲坛”，到 2012 年，已开办四期。这类大型学术活动给全院师生以聆听著名学者精彩演讲的机会，扩大了知识领域，活跃了学术气氛，增长了见识，对青年人的成长有很大帮助。

三、北京地理学会

北京地理学会是由地理科学研究和地理教学人员组成的地方性学术团体，原称中国地理学会北京分会。最初，由孙敬之、王钧衡、林超等于 1950 年联合发起筹办，1951 年 3 月 19 日由理事长孙敬之向民政局申请立案批准，并于 1951 年 12 月 31 日召开大会正式成立。1958 年更名为北京地理学会。北京地理学会在北京市科学技术协会的领导下，以“立足北京、服务北京”为目标，紧密围绕首都北京的社会经济发展需要，积极承担北京市城市建设、资源开发、环境保护、经济发展、人口承载等领域的科研任务，广泛开展学术交流、野外考察、咨询服务与科学知识宣传等，为推动地理学发展、服务北京，做了大量富有成效的工作。

北京师范大学地理系与北京地理学会关系密切，其中北京师范大学地理系校友孙敬之(1933 届本科毕业生)任首届、第二、第三届理事长。王钧衡作为学会筹办人，历任学会第四、第五、第六、第七、第八届理事长(1954～1977 年)，为学会建设、发展作出重大贡献。北师大地理系校友白耀(1950 届本科毕业生)任第十、第十一届理事长(1984～1992 年)及第十二届理事会学会顾问。赵济任第十三届理事长(1996 ~ 2000 年)及第十四届理事会学会顾问，在其任职期间，北京地理学会被北京市科协评为“先进学会”。赵淑梅、徐振溥曾分别任第十一、第十三届理事会学会顾问。北师大地理系校友何妮妮(1981 届本科毕业生)任第十四届理事会监事长。

担任过理事的北师大地理系教师有赵淑梅、朱惠蕃、杨曾威、宋春青、李文华、徐振溥、高如珊、冯嘉萍、钟骏襄、汪家兴、孙秀萍、王民、赵烨、王静爱、宋金平等。学会早期的学术活动主要是发动会员开展科学普及，编写“地理丛书”，多方面组织培训人才，开展继续教育活动。暑期举办中学地理教师野外考察性质的短期班。1978 年以后，学会在北京市科协的领导下，围绕首都建设开展活动，组织农业区划、山区建设、流域规划、环境保护、经济发展与布局等方面的研究，北师大地理系师生都积极参加，在工作中得到锻炼提高，为北京首都建设作出贡献。

四、中国地理研究所及中国科学院自然资源综合考察委员会

中英庚款董事会于 1940 年 8 月拨款在重庆北碚建立了中国地理研究所，首任所长

为我系系主任黄国璋先生。地理研究所从成立开始就与北师大地理系有着密切联系，地理所成立之初约有50余人，周廷儒、杨曾威、刘培桐、薛贻源、郑象铣、王成敬等北师大地理系的教师都曾随黄国璋先生到地理所从事科学研究。在抗日战争时期的艰苦条件下，周廷儒先生与李承三先生合作，进行嘉陵江流域考察，对四川盆地丘陵区曲流发育形成九级阶地过程的论述，嘉陵江上游溯源侵蚀袭夺汉江上游的发现是地理学者对河流地貌研究的杰出成果。周廷儒先生还进行了青海、祁连山与河西走廊的调查，为他在美国加州大学伯克利分校完成硕士论文奠定了基础。薛贻源等对汉中盆地自然与人地关系区域地理的研究也是重要的成果，刘培桐参加了北碚地区的土地利用调查研究。

1946年年初，黄国璋先生辞去中国地理研究所所长职务，返回北京继续任北师大地理系系主任兼理学院院长，周廷儒先生赴美国深造，刘培桐、薛贻源也回到北师大。不久，北师大又派遣薛贻源赴美国威斯康星大学地理系深造。新中国成立后，1950年中国科学院接收原中央研究院、北京研究院等单位，调整为20个研究单位，其中包括设立地理所、数学所、心理所三个筹备处。聘请地理所筹备委员17人，包括竺可桢、黄秉维、黄国璋、周立三、周廷儒、孙敬之等。1951年9月，中国科学院地理研究所(简称地理所)正式成立，由竺可桢、黄秉维、周立三先生负责所务。20世纪50年代初期，周廷儒兼任地理所研究员，与施雅风、陈述彭共同完成了中国地形区划，周廷儒与宋春青还参加了铁道部与中科院组织的内蒙古铁路选线调查工作。

地理所成立后，各级领导与广大研究人员对北师大给予广泛指导和帮助。吸纳北师大教师参加众多学术讨论和研究工作，黄秉维、罗开富、吕炯、吴传钧、施雅风、陈述彭、郑度、陆大道、赵松乔、罗来兴、沈玉昌、邓静中、郭敬辉、朱震达、陈治平、廖克等百余名学者曾来北师大地理系讲课，作学术报告，指导研究生论文。地理所的许多著名学者都是北师大的兼职教授，在师资上给予了大力支持，刘昌明院士曾任北师大资源与环境学院院长，担任地学部主任，水科学研究院院长，樊杰研究员于2000～2001年任北师大资源与环境科学系主任。

北师大地理系学生陆续考取地理所硕士或博士研究生，其中一部分毕业后留在地理所工作，并作出了优异的成绩。从美国留学归来的邵雪梅研究员、美国威斯康星大学麦迪逊分校地理学教授朱阿兴均是中科院百人计划成员，李秀彬研究员曾任副所长，郑长在20世纪90年代初曾任地理所党委书记。李栓科研究员任《中国国家地理》杂志社社长及总编，自其主持该杂志社工作以来，《中国国家地理》杂志已成为中国最著名、最受欢迎、发行量最大的科普类期刊。

1956年中科院成立自然资源综合考察委员会，组织全国地学、生物学、经济学等方面的学者开展全国综合性考察。北师大地理系有许多教师学生参加了多项考察，如周廷儒、赵济、朱国荣参加了1956～1960年的新疆综合考察，周廷儒任考察队地貌组组长，完成了“新疆地貌”、“新疆综合自然区划”、“塔里木河中游河道变迁”、“罗布泊迁移问题”、“新疆古地理研究”等多项重要学术成果；徐振溥、卢云亭及薛纪渝、郭瑞涛、季和子等三十多位师生参加了1958～1959年治沙队考察工作；1960～1962年，邬翊光、张振春等参加了西南地区南水北调考察，刘吉祯参加三峡地貌考察，张如一等参加了海岸带调查；1984～1994年，武吉华、王华东、朱启疆、邬翊光、张如一等参加了黄土高原考察；赵济、李天杰、朱启疆、褚广荣、徐振溥、李容全、刘慧平、彭望球、王静爱等于1987～1990年参加了黄土高原遥感综合试验；赵俊琳、耿侃、赵烨分别参加了南极考察。这些综合考察工作，有众多的专家指导，许多年轻教师、学生参与其中，开阔了眼界，增长了野外观察、综合分析的能力，受益匪浅。综考会的孙鸿烈、石玉林、李文华、孙九林等院士，袁之恭、郭绍礼等众多学者都曾来北师大指导工作。

五、中瑞西北科学考察团

1927年中国学术团体协会与瑞典的斯文·赫定经过多次磋商，决定成立中瑞西北科学考察团。徐炳昶与斯文·赫定分别任中方和瑞方团长。徐炳昶在西北考察两年后，于1929年任北京女师大校长，1931年北平师大和女师大合校，徐炳昶任合校后的国立北平师范大学校长。

徐炳昶的办学思想一是重视学生的身心健康、全面发展，二是重视在实践中培养有用人才，三是强调科学研究对于大学的重要性。他主张扩充实验室，加强课堂的实验教学，加强学生的实际动手能力。他认为，大学是教职员率领学生研究高深学问的地方，他一到女师大就筹办研究所，出版了《女师大学术季刊》，编纂了《女师大丛书》。

西北科学考察团人才济济，在徐炳昶团长的率领下，不畏艰难，取得了丰硕的成果：地质学家丁道衡发现了白云鄂博铁矿，袁复礼在新疆发现了二齿兽恐龙等多种化石，黄文弼考察了高昌等古代遗址，刘衍淮对干旱气候有许多研究成果。徐炳昶任女师大校长后，聘请西北科学考察团中部分有杰出成就的青年科学家如丁道衡、袁复礼、刘衍淮、黄文弼等到女师大任教，这对提高北师大的教学科研水平有很大的帮助，同时，师大也为这些著名学者提供了整理西北科学考察成果的场所。

丁道衡先生在女师大任教期间，除授课外，还在《北京女子师范大学研究季刊》(简称《女师大季刊》)、《地学杂志》等杂志发表了《蒙新探险的生涯》、《蒙古新疆人民之生活状况》、《新疆矿产志》等论文。刘衍淮先生长期在女师大教授气候学、气象学等课程，他发表了《西北科学考察团之气象工作》(《师大月刊》第1期)、《天山南麓的雨水》(《女师大季刊》)、《地理学的研究和方法》(《地学杂志》1934年第2期)、《中国之气候与天气》(《地理学报》第3卷第2期)。

黄文弼先生在师大任教期间，在《女师大季刊》上发表了《西北考察团在新疆考古情形》、《天山南麓各大沙漠探险谈》、《拜城搏者克拉格沟摩崖》等论文。抗日战争期间，北师大迁徙西北，先后在陕西西安、城固、甘肃兰州办学，黄文弼先生在兰州西北师范学院史地系任教，同时继续在新疆、甘肃等地进行考古研究，发表了《新疆地形概述》、《匈奴民族之研究》等论文及多部考古方面的著作。

袁复礼先生是西北科学考察团重要的组织者。1929年徐炳昶调任女师大后，袁复礼先生担任西北科学考察团中方代理团长，其在新疆考察中有许多重要发现，在新疆奇台、巴里坤一带发现的侏罗纪恐龙化石被命名为袁氏恐龙。袁复礼先生早在1922年就在北师大历史地理部任教，当时翁文灏先生讲地震学，袁先生讲外国地理。袁先生的弟弟袁敦礼先生于1946～1948年任北师大校长，因此，袁复礼先生与师大的来往更加频繁。袁先生学贯中西，考察地区广，讲课旁征博引，深入浅出，语言生动幽默，深受学生欢迎。

六、地学界前辈

北京师范大学地理系起源于1902年，历史悠久，许多地学界前辈大多曾在北师大任教，例如著名的地质学家丁文江、翁文灏、章鸿钊、孙云铸、丁道衡、杨钟健、王竹泉、裴文中、冯景兰、谭锡畴、王嘉荫、袁复礼、何作霖、林朝棨，气象学气候学家刘衍淮、蒋丙然、黄厦千、吕炯、卢鋈、杨昌业、冯秀藻，地理学家王成组、张印堂、侯仁之、史念海、蔡源明、洪思齐、董绍良、黄玉蓉、邓时逢、郑子修，天文学家陈遵妫、刘世楷，经济学家陈瀚笙，社会学家吴泽霖，历史学家梁启超、陈垣、张星烺等。这些著名的学者来北师大授课，提高了教学质量，活跃了学术气氛，培养了众多的杰出人才，对地理系的建设发展具有不可磨灭的历史作用。

北师大地理系是重要的地理学人才培养基地，许多地学界著名学者纷纷将其子女输送到北师大学习，如我国近代地理学奠基人之一中国地学会创始人张相文将其族弟张隐仁(后改名为张天麟，华东师大地理系教授)送到北师大地理系学习，1935年毕业。改革开放以来，众多著名学者的子女都是在北师大地理系学习的，如叶笃正院士，陶诗言院士，中国人民大学校长袁宝华，中科院地理所研究员沈玉昌、邱宝剑、胡序威，北京大学地理系教授林超、毛赞猷、范心圻，福建师范大学地理系教授陈由基等。施雅风院士、长春地理研究所前所长丁锡祉的子女在北师大工作。他们的子女来北师大学习、工作，加强了北师大地理系与地学界前辈的联系，他们或来师大给学生做专题报告，或者通过了解子女的学习情况提出改进教学的意见，使北师大的师生受益匪浅。

第三节 与人民教育出版社的联系

人民教育出版社成立于1950年12月，以研究编写出版中小学教材为主要职责，与北京师范大学关系密切。人教社从建设初期60多年来与北师大地理系多方合作，为研究编写中学地理教材做出了重要贡献。

20世纪50～60年代，地理系王钧衡教授多次参加人教社编写教学大纲和中国地理教材的工作。北师大地理系毕业生田世英任人民教育出版社地理编辑室主任，李明、褚亚平等多年参加中学地理教材编写，周廷儒院士被人教社聘为地理学科顾问。

1977年，人教社恢复编写中小学地理教材，根据中央领导的指示，从各地调一些专家到人教社编写十年制教材。北师大地理系张兰生、邬翊光、高如珊，地理系毕业生刘淑梅、李涵畅(辽宁师范大学教授)应邀参加编写工作。

1980年，高中恢复开设地理课程，急需编制一套高中地学教材，北师大地理系宋春青、武吉华、李之保等根据当时地球科学的最新进展，迅速编写出高中地理教材《地学》(上、下册)，于1981年出版(北师大版)。有关单位考虑到当时高中地理教师使用这套教材有一定困难，组织宋春青、郭瑞涛、汪家兴、彭望琭等在人民剧院连续讲课十天。北京教育学院全程录音，分发到全国使用。之后，人教社在此基础上进一步修订改进，出版了新教材。1982年人教社由陈尔寿先生主编出版高中地理教材，师大地理系毕业生吴履平、徐岩、韦志榕、刘淑梅、李明均为主要编写人员。

2000年教育部组织编写义务教育地理课程标准，由北师大地理系主任樊杰教授任课标组组长。人教社聘请樊杰教授主持地理教材编写。北师大赵济、邬翊光等人任人教社地理学科顾问。

人教社领导多年来在研究、编写地理教材以及相关的研究工作方面都给北师大地理系提供了便利的条件，北师大地理系多年聘请人教社地理室的专家来系讲课、指导研究生论文。

北师大地理系原党总支书记韩绍祥后调任人教社社长，地理系毕业生多人在人教社地理室工作。吴履平、徐岩、韦志榕先后任人教社总编辑，王岳任副社长，刘淑梅、覃燕飞、丁尧清、刘健、陆军等先后在地理室工作，他们都是北师大地理系的优秀学子，进入人教社后，为地理系与人教社的合作交流提供了更广阔的平台。北师大地理系与人教社的通力合作，促进了地理前沿知识向基础教育的输入，共同引领了中学地理教育的发展。

第六章

成果荟萃

➢教学成果

➢科研成果

第一节 教学成果

1986～2012 年，北京师范大学地理学与遥感科学学院(地理系、资源环境科学系)共获得教学成果奖 48 项，其中国家级 10 项，省部级 26 项；地理系成立以来，共出版大学及专科教材 89 部，中学教材 68 部。

表 6-1 教学成果奖一览表

序号	获奖名称	获奖项目	获奖者姓名(排序)	奖励级别	获奖年份
1	国家级优秀教师		张兰生	国家级	1995
2	高等教育国家级教学成果奖一等奖	区域地理课程体系建设与改革	赵济(1)、王静爱(2)、葛岳静(3)、吴殿廷(4)	国家级	2001
3	高等教育国家级教学成果奖二等奖	注重素质教育的公共课教学改革与实践	葛岳静(1)	国家级	2001
4	国家基础科学人才培养优秀基地	国家基础科学人才培养基地	北京师范大学地理学基地	国家级	2002
5	高等教育国家级教学成果奖一等奖	励耘实验班大理科人才培养模式改革实践	葛岳静(1)	国家级	2005
6	高等教育国家级教学成果奖二等奖	地理本科生科研能力培养的研究与实践	王静爱(1)	国家级	2005
7	国家精品课程	中国地理课程	王静爱(1)	国家级	2005
8	高等学校教学名师奖		王静爱	国家级	2006
9	高等教育国家级教学成果奖一等奖	创新型人才培养体系的构建与实践	葛岳静(3)	国家级	2009
10	高等教育国家级教学成果奖二等奖	灾害风险学科建设与创新性人才培养模式	王静爱(2)、张兰生(5)	国家级	2009
11	北京市高等学校实验室工作先进集体		地理系 ^{14}C 实验室	省部级	1986
12	全国高等学校优秀教材奖	《中国自然地理》	《中国自然地理》编写组赵济等	省部级	1988
13	北京市教育教学成果奖(高等教育)一等奖	地理信息系统课程体系建设	彭望琭(1)、刘慧平(2)、朱良(5)	省部级	1997
14	北京市教育教学成果奖(高等教育)二等奖	世界地理学改革与实践	周尚意(1)、李文华(2)、葛岳静(3)、杨明川(4)	省部级	1997

续表

序号	获奖名称	获奖项目	获奖者姓名(排序)	奖励级别	获奖年份
15	北京市教育教学成果奖(高等教育)一等奖	区域地理课程体系建设与改革	赵济(1)、王静爱(2)、葛岳静(3)、吴殿廷(4)	省部级	2001
16	北京市教育教学成果奖(高等教育)一等奖	注重素质教育的公共课教学改革与实践	葛岳静(1)	省部级	2001
17	北京市教育教学成果奖(高等教育)一等奖	地理学基地创新型人才培养模式的实践	资源与环境科学学院	省部级	2001
18	北京市教育教学成果奖(高等教育)一等奖	环境教育与可持续发展教育研究与教材建设	王民(1)	省部级	2001
19	北京市教育教学成果奖(高等教育)二等奖	高等经济地理学	梁进社(2)	省部级	2001
20	北京市教育教学成果奖(高等教育)二等奖	《全球变化》课程及教材建设	张兰生(1)、方修琦(2)	省部级	2001
21	北京市教育教学成果奖(高等教育)二等奖	土壤地理学立体教材建设	赵烨(1)	省部级	2001
22	全国普通高等学校优秀教材奖二等奖	《中国地理》	赵济(1)	省部级	2002
23	北京市高等学校教学名师奖		王静爱(1)	省部级	2003
24	北京市精品课程	《中国地理》课程	王静爱(1)	省部级	2003
25	北京市教育教学成果奖(高等教育)一等奖	励耘实验班大理科人才培养模式改革	葛岳静(1)	省部级	2004
26	北京市教育教学成果奖(高等教育)一等奖	地理本科生科研能力培养的研究与实践	王静爱(1)	省部级	2004
27	北京市教育教学成果奖(高等教育)二等奖	《遥感实习课程》	刘慧平(1)、彭望琭(3)	省部级	2004
28	北京市教育教学成果奖(高等教育)二等奖	健康与文化并重的大学体育	葛岳静(4)	省部级	2004
29	北京市教育教学成果奖(高等教育)二等奖	面向现代化和国际化的土壤地理学教学改革与学生创新能力培养	赵烨(1)、张科利(2)、王晓岚(4)	省部级	2004
30	北京市高等教育精品教材	《植物地理学》教材(第4版)	武吉华(1)	省部级	2005

续表

序号	获奖名称	获奖项目	获奖者姓名(排序)	奖励级别	获奖年份
31	北京市高等教育精品教材	《植物地理学》教材	武吉华(1)、邱扬(5)	省部级	2005
32	北京市高等学校教学名师奖		王静爱(1)	省部级	2006
33	北京市教育教学成果奖(高等教育)特等奖	创新型人才培养体系的构建与实践	葛岳静(3)	省部级	2009
34	北京市教育教学成果奖(高等教育)二等奖	区域分析与规划系列教材编写和课程建设	吴殿廷(1)、宋金平(2)、苏筠(3)、王静爱(4)	省部级	2009
35	北京市教育教学成果奖(高等教育)一等奖	国家理科基地地理学“三维多元”创新型人才培养体系建设与实践	杨胜天(1)、王静爱(2)、葛岳静(3)、周尚意(4)、朱良(5)	省部级	2012
36	北京市基础教育教学成果二等奖	中图版高中地理教材编写与实践	王民(1)、蔚东英(5)	省部级	2012
37	北京高校首届青年教师教学基本功比赛二等奖		葛岳静(1)	北京市教育工会	1995
38	教育先锋号	区域地理教学团队	王静爱(1)	北京市教育工会	2011
39	全国首届优秀地理图书奖一等奖	《中国自然地理》(第2版)	《中国自然地理》编写组赵济等	学会奖励	1994
40	曾宪梓教育基金会高等师范院校教师奖三等奖		武吉华(1)	非公募基金会奖励	1993
41	全国首届优秀地理图书奖二等奖	《遥感数据的计算机处理与地理信息系统》	彭望琭(1)	非公募基金会奖励	1994
42	宝钢教育基金会优秀教师奖		程连生(1)	非公募基金会奖励	1997
43	曾宪梓教育基金会高等师范院校教师奖三等奖		彭望琭(1)	非公募基金会奖励	1997
44	宝钢教育基金会优秀教师奖		周尚意(1)	非公募基金会奖励	1999
45	曾宪梓教育基金会高等师范院校教师奖三等奖		朱启疆(1)	非公募基金会奖励	1999

续表

序号	获奖名称	获奖项目	获奖者姓名(排序)	奖励级别	获奖年份
46	宝钢教育基金会优秀教师奖		王静爱(1)	非公募基金会奖励	2000
47	宝钢教育基金会优秀教师奖特等奖		王静爱(1)	非公募基金会奖励	2004
48	宝钢教育基金会优秀教师奖		刘慧平(1)	非公募基金会奖励	2008

注：按奖励级别及获奖年份排序

表 6-2　大学及专科教材一览表

序号	书名	出版社	出版年份	作者
1	动物学基础与动物地理学	人民教育出版社	1961	张銮光 编
2	土壤学基础与土壤地理学	人民教育出版社	1961	李天杰 合作主编
3	测量与地图	人民教育出版社	1978	吉林师大、北京师大、南京师院、开封师院合编 赵淑梅、褚广荣　参加
4	地质学基础	人民教育出版社	1978	宋春青、张振春 编
5	气象学与气候学	人民教育出版社	1979	周淑贞 主编 张如一、张兰生 参编
6	气象学与气候学实习	人民教育出版社	1979	周淑贞 主编 张如一 参编
7	土壤地理学	人民教育出版社	1979	李天杰 等编
8	世界自然地理	人民教育出版社	1980	吉林师范大学、上海师范大学、北京师范大学、河北师范大学地理系 编 贾旺尧、吴廷辉 参编
9	中国自然地理(上、下册)	人民教育出版社	1980	上海师大、吉林师大、北京师大、武汉师院、西南师院、华南师院、甘肃师大 编 赵济、叶玲玲　参编
10	气象学与气候学教学参考资料	不详	1980	全国高等师范院校地理系《气象学与气候学》教学参考资料编辑组 编

续表

序号	书名	出版社	出版年份	作者
11	地学(新编)	北京师范大学出版社	1982	北京师范大学地理系地学编写组 编
12	地质学基础(第 2 版)	人民教育出版社	1982	宋春青、张振春 编
13	地图学	高等教育出版社	1983	张力果、赵淑梅 编
14	土壤地理学(第 2 版)	高等教育出版社	1983	李天杰等 编
15	植物地理实习指导	高等教育出版社	1983	武吉华、刘濂
16	植物地理学	高等教育出版社	1983	武吉华、张绅
17	北美洲自然地理	商务印书馆	1984	万方祥
18	世界经济地理	北京师范大学出版社	1984	陈才 主编 李文华 参编
19	中国自然地理	高等教育出版社	1984	赵济、陈永文等
20	环境学概论	高等教育出版社	1985	刘培桐、王华东、薛纪渝
21	气象学基础	江西教育出版社	1986	张如一、施尚文
22	水文学与水资源概论	华东师范大学出版社	1986	汪家兴参编
23	遥感概论	高等教育出版社	1986	《遥感概论》编写组
24	世界经济地理(修订版)	北京师范大学出版社	1986	陈才 主编 李文华 副主编
25	地图概论	北京师范大学出版社	1987	褚广荣 主编
26	地图学基础	高等教育出版社	1987	赵淑梅 主编
27	地图学声像教材 66 讲	国家教委师资培训中心录制	1987	赵淑梅、褚广荣 讲授
28	气象学基础	北京师范大学出版社	1987	吴永莲、涂美珍
29	土壤地理实验实习	高等教育出版社	1987	霍亚贞、李天杰等
30	自然资源与资源保护	地质出版社	1987	金永春、程连生
31	地球概论	北京师范大学出版社	1988	郭瑞涛
32	地质学基础	北京师范大学出版社	1988	刘吉祯、耿侃、李容全
33	人文地理	福建科技出版社	1988	李文华 主编 李永廉 副主编
34	中国地理	北京师范大学出版社	1988	冯嘉萍、程连生 主编
35	自然地理基础	北京师范大学出版社	1988	武吉华
36	地图学实习	高等教育出版社	1989	王建序 主编
37	海洋地理	北京师范大学出版社	1989	刘改有
38	气象学与气候学(第二版)	高等教育出版社	1989	张如一、张兰生 参编

续表

序号	书名	出版社	出版年份	作者
39	地图学(第二版)	高等教育出版社	1990	张力果、赵淑梅、周占鳌
40	环境地图应用	福建地图出版社	1990	褚广荣 主编
41	普通天文学(地学用)	北京师范大学出版社	1990	朱光华、冯克嘉、彭望琭
42	世界地理	北京师范大学出版社	1990	金陵、王淑芳
43	自然地理学	北京师范大学出版社	1990	郑新生、朱国荣、武吉华、刘改有、汪家兴
44	地貌研究方法与实习指南	高等教育出版社	1991	袁宝印、李容全等
45	旅游地学概论	北京大学出版社	1991	陈安泽、卢云亭
46	现代地理统计分析	北京师范大学出版社	1991	巢俊民
47	遥感数据的计算机处理与地理信息系统	北京师范大学出版社	1991	彭望琭
48	中国经济地理	中共中央党校出版社	1991	邬翊光
49	中国自然地理(第三版)	高等教育出版社	1995	赵济、陈永文、韩渊丰
50	地质学基础(第三版)	高等教育出版社	1996	宋春青、张振春 编
51	土壤环境学(第二版)	高等教育出版社	1996	李天杰合作主编
52	高等经济地理学	北京大学出版社	1997	杨吾扬、梁进社
53	中国经济地理(第四版)	北京师范大学出版社	1998	吴殿廷、葛岳静 参编
54	区域分析与规划	北京师范大学出版社	1999	吴殿廷 主编
55	中国地理	高等教育出版社	1999	赵济、陈传康方编
56	全球变化	高等教育出版社	2000	张兰生、方修琦、任国玉
57	中国自然地理多媒体教学软件	高等教育出版社	2000	赵济、张超 主编 王静爱、刘慧平 副主编
58	遥感导论(面向21世纪教材)	高等教育出版社	2001	梅安新、彭望琭、秦其明、刘慧平
59	遥感概论	高等教育出版社	2001	梅安新、彭望琭、刘慧平、秦其明
60	遥感实习教程	高等教育出版社	2001	刘慧平、秦其明、彭望琭、梅安新
61	遥感概论(普通高校教材)	高等教育出版社	2002	彭望琭 主编 白振平、刘湘南、曹彤编著

续表

序号	书名	出版社	出版年份	作者
62	区域经济学	科学出版社	2003	吴殿廷 主编
63	新课程地理教学论	高等教育出版社	2003	王民
64	21 世纪中国地理电子教案	高等教育出版社	2004	王静爱
65	区域分析与规划高级教程	高等教育出版社	2004	吴殿廷 主编
66	土壤地理学(第三版)	高等教育出版社	2004	李天杰、赵烨、张科利
67	土壤地理学电子教材	高等教育出版社	2004	李天杰等 编
68	文化地理学	高等教育出版社	2004	周尚意、孔翔、朱竑
69	新编地图学教程电子教案	高等教育出版社	2004	朱良
70	植物地理学(第四版)	高等教育出版社	2004	武吉华、张绅、江源、康慕谊、邱扬
71	地质学基础(第四版)	高等教育出版社	2005	宋春青、邱维理、张振春
72	环境科学专业英语教程	清华大学出版社	2005	温淑瑶
73	人文地理学	高等教育出版社	2006	赵荣、王恩涌、刘继生、张小林、周尚意 等
74	中国地理教程	高等教育出版社	2007	王静爱 主编
75	区域分析与规划教程	北京师范大学出版社	2008	吴殿廷 主编
76	新编地图学教程(第二版)	高等教育出版社	2008	毛赞猷、朱良、周占鳌、韩雪培
77	遥感原理与应用	科学出版社	2008	李小文 主编
78	区域地理论丛——地理学野外实践教学专辑	北京师范大学出版社	2009	王静爱 主编
79	区域经济学	科学出版社	2009	吴殿廷 主编
80	新编乡土地理教程	北京师范大学出版社	2009	王静爱 主编 苏筠 副主编
81	中国典型地物波谱知识库	科学出版社	2009	王锦地 主编
82	资源科学导论	高等教育出版社	2009	史培军、周涛、王静爱 主编
83	自然资源评价教程	北京师范大学出版社	2009	谢云 主编
84	地理教学论	高等教育出版社	2010	王民 主编
85	旅游开发与规划	北京师范大学出版社	2010	吴殿廷 主编
86	人文地理学野外方法	高等教育出版社	2010	周尚意 主编
87	数字环保理论与实践	科学出版社	2010	李小文 主编

续表

序号	书名	出版社	出版年份	作者
88	新编地图学教程电子教案(第2版)	高等教育/电子音像出版社	2011	朱良
89	地理综合实践教程	科学出版社	2012	杨胜天、黄大全等

注：按出版年份排序

表 6-3　中学教材一览表

序号	书名	出版社	出版年份	作者
1	人文地理(高中学生用书)	上海大东书局	1923	王益崖 编著
2	现代初中教科书本国地理(全2册)	上海商务印书馆	1924	王钟麒 编辑
3	新著人文地理学	上海商务印书馆	1925	王毕隆 编纂
4	初级中学教科书中国地理	商店发行	1925	杨蕙田
5	中学教科书	北京文化学社	1926	吕士熊 编，杨秀峰 校
6	最新教本写真中国地理	中央地学社	1927	白眉初 编辑
7	南开中学外国地理教本	天津南开中学	1928	郑资约
8	本国地理	北京文化学社	1930	程国璋
9	中国人文地理	北平建设图书馆	1930	白眉初
10	世界地理(师范用教科书)	北平文化学社	1931	殷祖英
11	高中世界地理	上海世界书局	1932	王谟
12	开明外国地理教本	上海开明书店	1932	盛叙功
13	世界地理	北平立达书局	1932	韩道之
14	外国地理新编	开明书局	1933	盛叙功
15	初中本国地理教科书(全2册)	北平立达书局	1933	王钧衡 编纂
16	新建设时代初中中国地理教本	北平建设图书馆	1933	白眉初 著
17	高中本国地理	上海世界书局	1933	谌亚达
18	新建设时代中国地理(全2册)	北平建国图书馆	1933	白眉初 著
19	世界地理(第2册)	北京建设图书馆	1933	苏从武
20	初中外国地理	上海北新书局	1933	陆光宇
21	世界地理(师范用教科书)	北平文化学社	1933	程国璋
22	最新初中外国地理教科书(全2册)	北平文达书局	1933	王谟
23	世界地志	上海商务印书馆	1934	傅角今
24	新标准初中世界地理	文化学社	1934	殷祖英
25	世界地理	上海大东书局	1934	王益崖

续表

序号	书名	出版社	出版年份	作者
26	地理学通论	上海商务印书馆	1934	傅角今
27	王氏初中世界地理(全2册)	上海世界书局	1934	王谟
28	新标准高中自然地理学	北平立达书局	1934	王金绂
29	初级中学教科书本国地理(全4册)	上海商务印书馆	1934	傅角今 编著
30	王氏高中本国地理	上海世界书局	1935	王益崖
31	高级中学外国地理	南京正中书局	1935	王益崖
32	高级中学教科书自然地理	上海商务印书馆	1935	王谟
33	高级中学自然地理	南京正中书局	1935	王益崖 著
34	谌氏初中本国地理	上海世界书局	1935	谌亚达 编著
35	高中外国地理	上海中华书局	1935	盛叙功
36	新标准高中外国地理	北平北洋图书社，北平师大中等教材研究社	1936	王钧衡
37	高中自然地理	北平北方学社	1936	万方祥 编
38	中国人文地理	中华书局	1936	盛叙功
39	初级中学本国地理(全4册)	南京正中书局	1936	王益崖、周立三 编
40	高级中学教科书地理(全3册)	上海商务印书馆	1939	王成组
41	新中国教科书高级中学本国地理	南京正中书局	1947	邓启东
42	初中本国地理纲要	北平师大地理系	1948	黄国璋等
43	初中外国地理纲要	北平师大地理系	1948	黄国璋等
44	开明新编初级本国地理(全5册)	上海开明书店	1949	田世英 编著
45	中国自然地理	科学技术出版社	1959	北京师范大学地理系中学地理教研组
46	中学世界地理	北京出版社	1973	李文华
47	地学	北京师范大学出版社	1982	北京师范大学地理系《地学》编写组
48	四年制初级中学课本：地理	北京师范大学出版社	1989	冯嘉萍 主编 王民副 主编
49	中学地图册(上、下册) 世界地图册(上、下册)	中国地图出版社	1995	王民 主编
50	“五四”学制教材：地理	北京师范大学出版社	1997	冯嘉萍、金陵、王民等
51	北京市高级中学实验课本 地理(第1～3册)	中国地图出版社	2000	王民 主编

续表

序号	书名	出版社	出版年份	作者
52	历史与社会(七年级，下册)	上海教育出版社	2001	《历史与社会》教材编写组，黄宇等
53	九年义务教育四年制中学试用课本　地理(1～4)	北京师范大学出版社	2002	王民 主编
54	地理(七、八年级，上、下册)	中国地图出版社	2003	王民 主编
55	新世纪国家基础教育课程初中地理	中国地图出版社	2003	王民 主编
56	历史与社会(七年级下)(教育部实验教材)	上海教育出版社	2005	周尚意 主编
57	地理(七、八年级上)(教育部实验教材)	商务印书馆 星球地图出版社	2005	蔡运龙、周尚意 主编
58	地理(七、八年级下)(教育部实验教材)	商务印书馆 星球地图出版社	2006	蔡运龙、周尚意 主编
59	高中地理　必修一	中国地图出版社	2004	王民 主编
60	高中地理　必修二	中国地图出版社	2004	王民 主编
61	高中地理　必修三	中国地图出版社	2004	王民 主编
62	高中地理：选修 1 宇宙与地球	中国地图出版社	2004	王民 主编
63	高中地理：选修 2 海洋地理	中国地图出版社	2007	王民 主编
64	高中地理：选修 3 旅游地理	中国地图出版社	2005	王民 主编
65	高中地理：选修 4 城乡规划	中国地图出版社	2004	王民 主编 朱青 副主编
66	高中地理：选修 5 自然灾害与防治	中国地图出版社	2007	王民 主编
67	高中地理：选修 6 环境保护	中国地图出版社	2005	王民 主编
68	高中地理：选修 7 地理信息技术应用	中国地图出版社	2005	王民 主编 朱良 副主编
69	高中地理图册(全套 10 册)	中国地图出版社	2004～2007	王民 主编

注：按出版年份排序

第二节　科研成果

1978～2012 年，北京师范大学地理学与遥感科学学院（地理系、资源与环境科学系）共获得科研奖励 94 项，其中国家级奖励 13 项，省部级奖励 72 项；1981～2012 年，获得国家重大科研项目 82 项；1983～2011 年获得国家自然科学基金 125 项；地理系成立以来，共出版专著 136 部，译著 25 部，地图集 18 册。

表 6-4　科研获奖一览表

序号	获奖者	获奖名称	获奖项目	级别	排序	获奖年份
1	王华东	国家科学大会奖	北京西郊地区环境污染调查、环境质量评价研究	国家级		1978
2	王华东	国家科学大会奖	官厅水系水源保护的研究	国家级		1978
3	北京师范大学	优秀科技成果奖	中国新生代自然环境演变	国家级		1986
4	周廷儒	国家自然科学奖二等奖	中国自然地理·古地理	国家级		1987
5	北京师范大学	国家科技进步奖二等奖	农业遥感应用研究——卫星遥感信息在山西农业自然资源定量分析中的应用研究	国家级	第 3 完成单位赵济为第 2 完成人	1987
6	北京师范大学等	国家科技进步奖三等奖	遥感在内蒙古草场资源调查中的应用研究	国家级		1988
7	周廷儒	国家自然科学奖二等奖	中国自然环境及其地域分异的综合研究	国家级		1988
8	北京师范大学	国家“七五”科技攻关重大成果奖	黄土高原综合治理与开发的总体方案、遥感制图及信息系统	国家级		1991
9	史培军	国家科技进步奖二等奖	中国北方草地草畜平衡动态监测系统试点试验研究	国家级	第 1 完成人	1997
10	北京师范大学资源与环境科学系	国家科技进步奖三等奖	西南林区等火灾监测评价	国家级	第 5 完成单位	1997

续表

序号	获奖者	获奖名称	获奖项目	级别	排序	获奖年份
11	北京师范大学	国家科技进步奖三等奖	土地动态遥感监测方法研究	国家级	第5完成单位（朱启疆参加）	1999
12	刘宝元	国家自然科学奖二等奖	黄土丘陵沟壑区土地利用与土壤侵蚀	国家级	第2完成人	2005
13	刘宝元	国家科技进步奖二等奖	黄土高原水蚀动力过程及调控技术	国家级	第8完成人	2008
14	北京师范大学地理系	北京市科技成果奖二等奖	北京地区地震地质研究	省部级	第1完成单位	1981
15	北京师范大学地理系	北京市科技成果奖一等奖	北京东南郊环境污染调查及其防治途径的研究	省部级	第1完成单位	1981
16	北京师范大学地理系	北京市科技成果奖三等奖	北京恶性肿瘤地图集	省部级	第1完成单位	1981
17	北京师范大学地理系	吉林省科技成果奖二等奖	图们江环境质量评价	省部级		1981
18	赵济	山西省科技成果奖一等奖	陆地卫星像片太原幅目视解译系列图	省部级	第1完成单位	1981
19	北京师范大学地理系	卫生部科技成果奖一等奖	中华人民共和国恶性肿瘤地图集	省部级		1982
20	赵济	农牧渔业部技术改进科研成果奖一等奖	陆地卫星像片太原幅农业自然条件目视解译系列图	省部级	第2完成单位褚广荣、张敦富	1982
21	王华东	北京市科技成果奖一等奖	北京东南郊环境污染调查及防治	省部级		1983
22	赵济	山西省科技成果奖一等奖	陆地卫星像片目视解译山西农业自然条件系列图	省部级		1983
23	北京师范大学地理系	北京市科学技术成果奖三等奖	北京主要农业土壤和粮食作物中有毒物质背景值研究工作	省部级		1984
24	北京师范大学地理系	省部级重大科技成果奖一等奖	云南腾冲区域航空遥感应用技术（地物波谱特性专题）	省部级	赵济、褚广荣等参加	1984
25	朱国荣、徐振溥	北京市科学技术奖二等奖	北京市农业地貌区划	省部级		1984

续表

序号	获奖者	获奖名称	获奖项目	级别	排序	获奖年份
26	北京师范大学地理系	山西省农业遥感信息在农业区划与管理中应用研究系列成果奖一等奖	农业资源调查和农业区划	省部级		1985
27	邬翊光	竺可桢野外科学工作奖		省部级		1986
28	北京师范大学	国家教育委员会科技进步奖一等奖	卫星遥感信息在山西农业自然资源应用研究	省部级	赵济、李天杰等	1986
29	北京师范大学	国家教育委员会科技进步奖一等奖	中国新生代自然环境演变	省部级	周廷儒等	1986
30	邬翊光	宁夏回族自治区科技成果奖二等奖	宁南山区发展畜牧业条件研究	省部级		1987
31	赵济	内蒙古自治区科技进步奖一等奖	遥感在内蒙古草场资源调查中的应用研究	省部级		1987
32	北京师范大学地理系	农业部科技进步奖一等奖	区域农业环境质量综合评价方法论的研究	省部级		1990
33	李容全	河北省科技进步奖二等奖	华北平原北部古河道及其在国民经济建设中的意义	省部级		1990
34	李文华	贵州省科技进步奖三等奖	流域开发与管理——美国田纳西河流域与中国乌江流域的对比研究	省部级		1990
35	徐振溥	农业部科技进步奖二等奖	黄土高原沟谷稳定性遥感分析	省部级		1990
36	朱启疆	林业部科技进步奖一等奖	三北防护林公共实验区的遥感综合调查技术研究	省部级		1990
37	北京师范大学地理系	北京市科技成果奖一等奖	北京东南郊环境污染调查及其防治途径	省部级		1991
38	北京师范大学地理系	计委、经委、科委、财政部重大成果奖	黄土高原综合治理与开发的总体方案、遥感制图及信息系统	省部级		1991
39	邬翊光	北京市第二届哲学社会科学优秀成果奖二等奖	北京市经济地理(专著)	省部级		1991
40	赵济 朱启疆	农业部科技进步奖二等奖	黄土高原遥感应用技术	省部级		1991
41	史培军等	国家教委科技进步奖三等奖	陕西省佳县经济发展系统研究	省部级		1992

续表

序号	获奖者	获奖名称	获奖项目	级别	排序	获奖年份
42	彭望琭	国家教委科技进步奖二等奖	灰钙土环境容量研究	省部级	GIS部分负责人	1992
43	邬翊光	中国科学院科技进步奖一等奖	黄土高原地区综合治理开发重大问题研究及总体方案	省部级		1992
44	北京师范大学地理系	1992年国家土地管理局土地利用优秀成果奖一等奖	内蒙古自治区土地利用总体规划及其专题研究	省部级		1993
45	北京师范大学地理系	水利部科学技术进步奖三等奖	黄河黄甫川流域水土保持与土地生产力开发信息系统研究	省部级		1993
46	北京师范大学	国家教委科学技术进步奖二等奖	黄土高原三川河流域区域治理与开发信息系统	省部级	彭望琭为第2完成人	1993
47	周廷儒等	国家教委科学技术进步奖二等奖	晚更新世以来环境演变及其影响评价研究	省部级		1993
48	朱启疆	中国科学院自然科学奖一等奖	地物结构特征与地物方向谱之间关系的几何光学模型	省部级	第2完成人	1994
49	朱启疆	山西省科学技术进步奖二等奖	黄土高原重点小流域治理试验示范区治理效益的遥感监测	省部级	第3完成人	1994
50	北京师范大学	农业部科技进步奖三等奖	大兴、房山沙堤观光农业项目研究与规划	省部级	卢云亭为第1完成人	1995
51	卢云亭等	国家教委科学技术进步奖三等奖	旅游地学理论研究与实践	省部级	第1完成单位	1995
52	刘宝元	Certificate of Appreciation	Water Erosion Prediction Project	美国农业部		1996
53	周廷儒等	国家教委科技进步奖二等奖	中国新生代古地理研究的理论与实践(获奖人：周廷儒、李华章、任森厚、刘清泗、张宝民、李容全、郭宪璞、赵济、郑良美、降廷梅、孙秀萍、王诗佾、张振春、刘吉祯、肖宗峰)	省部级	第1完成人	1996
54	赵济	国家教委科学技术进步奖二等奖	中国自然区域及开发整治研究	省部级	第3完成人	1997
55	吴殿廷	国家环保局科技进步奖三等奖	中国东部沿海地区21世纪资源与环境战略	省部级	第3完成人	1997
56	朱启疆	林业部科技进步奖二等奖	西南林区等火灾监测评价	省部级	第7完成人	1997

续表

序号	获奖者	获奖名称	获奖项目	级别	排序	获奖年份
57	梁进社、史培军	国家计划发展委员会科技进步奖二等奖	北京市区域经济功能定位及主导产业选择	省部级	第3完成人	1998
58	彭望琭	山西省科技进步应用科研奖二等奖	山西省高中低产农田遥感监测研究	省部级	第2完成人	1999
59	李小文	中国高校自然科学奖一等奖	定量遥感基础理论研究	省部级	第1完成人	2000
60	李小文	长江学者成就奖一等奖		省部级	第1完成人	2001
61	朱启疆	中国高校科学技术奖励委员会科学技术进步奖一等奖	定量遥感基础理论研究	省部级	第2完成人	2001
62	李小文	全国杰出专业技术人才		省部级	第1完成人	2002
63	周尚意	中国高校科学技术奖励委员会科学技术进步奖二等奖	县域可持续发展管理理论及其应用	省部级	第4完成人	2002
64	王民	首都建设突出贡献个人		省部级		2004
65	史培军、王静爱、方修琦	教育部科学技术进步奖一等奖	区域自然灾害系统研究	省部级	第1、3、7完成人	2005
66	刘宝元	陕西省科学技术奖	植物根系提高土壤抗冲性机理及其有效性研究	省部级	第2完成人	2006
67	阎广建	教育部新世纪优秀人才		省部级		2006
68	张立强	教育部新世纪优秀人才		省部级		2006
69	周尚意	北京市哲学社会科学“十五”规划优秀成果奖	《西城区“文化兴区”发展战略研究》课题	省部级		2006
70	杨胜天	西藏自治区科学进步奖	雅鲁藏布江水资源演变与水生态安全	省部级	第5完成人	2008
71	张立强	测绘科技进步奖二等奖	网络环境下海量多源地理空间数据交互式可视化的方法研究	省部级	第1完成人	2008

续表

序号	获奖者	获奖名称	获奖项目	级别	排序	获奖年份
72	刘宝元	野外科技工作突出贡献	野外科技工作突出贡献	省部级	第1完成人	2009
73	张立强	教育部自然科学奖一等奖	空间数据网络渐进传输的理论与方法	省部级	第2完成人	2009
74	张立强	北京市优秀人才计划		省部级		2009
75	王静爱	教育部自然科学奖二等奖	土地利用/覆盖变化及其生态响应机制	省部级	第4完成人	2010
76	杜克平	中国地震局防震减灾优秀成果奖	城市活断层信息管理系统	省部级	第3完成人	2010
77	吴殿廷	辽宁省科技进步奖	辽宁省国土规划的理论与实践	省部级	第5完成人	2010
78	北京师范大学 王静爱	地理信息科技进步奖二等奖	汶川地震灾害专题制图工程研究与应用	省部级	第2完成单位 第6完成人	2010
79	董卫华	北京市科技新星人才计划	基于高分辨率遥感数据的北京市精细尺度人口估算研究	省部级		2011
80	张立强	地理信息科技进步奖二等奖	地表参数提取、空间模型重建与可视化分析的方法	省部级	第2完成人	2011
81	朱良	测绘科技进步奖二等奖	中国性别平等与妇女发展地图集编制设计研究	省部级	第8完成人	2011
82	周尚意	美国国务院AEIF最终项目奖	促进北京城市郊区女性就业机会	美国国务院		2011
83	杨胜天	教育部科技进步奖二等奖	梯级水坝的生态累积效应评价方法及应用	省部级	第5完成人	2012
84	杨胜天	教育部科技进步奖二等奖	典型水资源区农业面源污染机制与防控技术	省部级	第3完成人	2012
85	北京师范大学地理系	优秀地图作品	北京恶性肿瘤地图集	学会级		1987
86	程连生	国家土地管理局三等奖	城镇土地定级	学会级		1991
87	王静爱	优秀地图作品奖一等奖	中国自然灾害系统地图集	学会级	第2完成人	2004

续表

序号	获奖者	获奖名称	获奖项目	级别	排序	获奖年份
88	北京师范大学	中国公路学会科学技术一等奖	多年冻土地区公路生态环境保护与评价技术研究	学会级	第1完成人	2007
89	王静爱	优秀地图作品裴秀奖团体金奖	汶川地震灾害地图集	学会级	第6完成人	2010
90	刘宝元	中国水土保持学会科学技术奖二等奖	中国水土保持学会科学技术奖	学会级	第1完成人	2010
91	朱良	优秀地图作品裴秀奖团体金奖	中国性别平等与妇女发展地图集	学会级	第8完成人	2010
92	王静爱、朱良	优秀地图作品裴秀奖团体银奖	中国高等教育发展地图集	学会级	第3完成人 第7完成人	2010
93	王民	优秀地图作品裴秀团体银奖	高中“地理图册”(10册)	学会级	第2完成人	2010
94	王静爱	优秀地图作品裴秀奖团体铜奖	中国地理图集	学会级	第1完成人	2010

注：按奖励级别及获奖年份排序

表6-5　国家重大科研项目(参与、主持)一览表

序号	项目、课题名称	项目来源	起讫时间	经费(万元)	负责人
1	草甸褐土中砷的环境容量研究	“六五”攻关	1981～1985		许嘉琳、杨居荣
2	三川河流域土壤侵蚀要素、侵蚀分区及治理的遥感定量分析	“六五”攻关	1981～1985		赵济、李天杰等
3	呼伦贝尔地区土壤类型草场退化评价	“六五”攻关	1983～1984		李天杰等
4	内蒙古自治区百万分之一土地利用图、内蒙古自治区百万分之一土壤图	“六五”攻关	1984～1987		赵济、李天杰
5	内蒙古土壤侵蚀遥感制图及区划研究	“六五”攻关	1984～1987	10	史培军、王静爱
6	黄土高原遥感专题研究	“七五”攻关	1986～1990		赵济等
7	黄土高原沟谷稳定性遥感研究	“七五”攻关	1986～1990	4	徐振溥
8	黄土高原重力侵蚀与潜蚀遥感分析	“七五”攻关	1986～1990	2	李容全
9	三川河流域区域治理与开发信息系统	“七五”攻关	1986～1990	3	彭望琭
10	在盐渍土动态监测中利用计算机复合技术提取信息的方法研究	“七五”攻关	1986～1990	2	彭望琭

续表

序号	项目、课题名称	项目来源	起讫时间	经费（万元）	负责人
11	黄河水系变迁	“七五”攻关	1986～1990	1.1	李容全
12	黄土高原地区工业和城市发展布局研究	“七五”攻关	1986～1990	15	邬翊光
13	内蒙古草原牧场防护林区遥感调查研究	“七五”攻关	1986～1990	8.3	范卫红、李天杰
14	黄土高原试验区遥感研究	“七五”攻关	1986～1990		赵济
15	TM—SPOT系列成图的规范化研究	“七五”攻关	1986～1990	1	褚广荣
16	黄土高原重点治理区遥感调查与系列制图	“七五”攻关	1986～1990	1	褚广荣
17	黄土高原资源与环境系列制图	“七五”攻关	1986～1990	1	褚广荣
18	黄土高原综合考察	“七五”攻关	1986～1990	1	武吉华
19	三北防护林平泉公共实验区遥感调查研究	“七五”攻关	1986～1990	0.4	朱启疆
20	山西雁北、忻州两地区（含大同市）土壤背景值研究	“七五”攻关	1986～1990	0.4	薛纪瑜、郑新生
21	典型地区土壤盐渍化动态监测和预报	“七五”攻关	1986～1990	2	李天杰、彭望琭
22	黄土高原北部地区风沙区综合治理开发研究	“七五”攻关	1986～1990	1.5	史培军
23	土壤侵蚀信息系统研究	“七五”攻关	1987～1990	2.4	朱启疆
24	黄土高原重点治理区遥感调查（山西片）与系列制图	“七五”攻关	1987～1990	23	赵济
25	TM、SPOT/HRV应用方法及森林植被信息提取、信息源评价	“七五”攻关	1987～1990	2	朱启疆
26	全国植被生态环境遥感动态监测研究	“七五”攻关	1987～1990	3	朱启疆
27	Landsat与Spot等遥感信息应用效果综合评价	“七五”攻关	1987～1990	10	彭望琭、刘慧平
28	黄土高原重点小流域治理示范区水土流失与综合整治效益的遥感监测研究	“七五”攻关	1987～1991	8.9	李天杰、朱启疆 刘改有
29	内蒙古“三北”防护林遥感综合调查	“七五”攻关	1989～1991	0.5	王静爱
30	全国草地畜牧业动态监测预报试点（北方片）	“八五”攻关	1991～1995	12	史培军
31	中国草原系统工程研究中国北方草地动态监测技术研究	“八五”攻关	1991～1995	3	彭望琭、王静爱
32	松毛虫早期灾害点遥感监测研究	“八五”攻关	1991～1995	8	朱启疆

续表

序号	项目、课题名称	项目来源	起讫时间	经费（万元）	负责人
33	全国草地畜牧业动态监测数据模型库	“八五”攻关	1991～1996	12	史培军
34	晋陕蒙接壤区环境动态监测与土地复垦	“八五”攻关	1991～1996	15	史培军
35	晋陕蒙接壤区现代化管理与技术经济政策	“八五”攻关	1991～1996	5	邬翊光
36	环境演变对区划影响的评价与土地复垦技术研究	“八五”攻关	1991～1996	15	张宝民、赵烨
37	森林火灾预警系统研究	“八五”攻关	1991～1996	3.5	朱启疆
38	火行为动态仿真研究	“八五”攻关	1991～1996	3	朱启疆
39	灾害和估产数据处理软件的集成研究	“八五”攻关	1991～1996	3	朱启疆
40	常见中上游土壤侵蚀模型研究	“八五”攻关	1991～1996	1	朱启疆
41	塔里木盆地地下水信息系统研究	“九五”攻关	1996～1998	20	黄军旗
42	珠江三角洲地区土地利用	“九五”攻关	1996～2000	10	梁进社
43	渤海海冰资源的开发利用技术研究	科技部科技攻关项目	2001～2003	50	史培军
44	燕山丘陵山地（怀来地区）防沙治沙技术示范区	科技部科技攻关项目	2001～2003	270	高尚玉
45	沙区农田、草地土壤风蚀防沙技术研究	科技部科技攻关项目	2002～2004	260	史培军
46	黄河流域水循环动力学机制与模拟	科技部“973项目”	1999～2004	3900	刘昌明
47	地球表面时空多变要素的定量遥感理论及应用	科技部“973项目”	2000～2005	2100	李小文
48	被动遥感反射、辐射机理与参数反演	科技部“973项目”	2007～2011	419	张立新
49	基于地表参数知识库的遥感综合定量反演	科技部“973项目”	2007～2011	509	王锦地
50	地表时空变化特征参数的遥感定量描述与尺度转换	科技部“973项目”	2007～2011	365	阎广建
51	机载多角度多光谱成像技术	科技部“863项目”	2001～2003	167	阎广建
52	我国典型地物标准波谱数据库	科技部“863项目”	2002～2004	850	王锦地

续表

序号	项目、课题名称	项目来源	起讫时间	经费（万元）	负责人
53	机载多角度多光谱成像技术在电力系统应用的研究	科技部“863项目”	2003～2005	330	阎广建
54	渤海海冰作为淡水资源的可行性研究	科技部“863项目”	2004～2005	260	史培军
55	非均匀下垫面条件下区域蒸散量遥感监测与验证的关键技术研究	科技部“863项目”	2007～2010	78	刘绍民
56	关键生态遥感要素空间反演时序同化的方法及应用	科技部“863项目”	2008～2011	83	杨华
57	被动微波积雪反演算法	科技部“863项目”	2008～2011	83	蒋玲梅
58	中国土壤水蚀预报模型研究	杰出青年基金项目	1998～2001	80	刘宝元
59	气候、植被生态及流域水文学数值模型	杰出青年基金项目	2003～2006	100	戴永久
60	土地利用与覆盖变化及其对农业生态系统的影响	国家自然科学基金重大项目	1998～2003	74	史培军
61	东北黑土区土壤侵蚀机理与土地退化预警	国家自然科学基金重点项目	2003～2006	140	刘宝元
62	农业自然资源综合开发利用的遥感研究	国家教委重点项目	1983～1986		赵济
63	中国自然区划	国家教委重点项目	1983～1986		张兰生、赵济
64	华北第四纪古地理研究	国家教委重点项目	1983～1986	20	周廷儒、张兰生
65	环境信息系统	国家教委重点项目	1984～1986	3	车宇瑚
66	遥感在内蒙古地区草场资源调查中的应用研究	国家教委重点项目	1984～1986		李天杰
67	热辐射方向性模型	中国—美国合作项目	1998～2001	250	李小文
68	《中国自然灾害系统地图集》编制	中国—瑞士合作项目	1998～2003	40	史培军、王静爱
69	地球表面能量交换的遥感定量研究	攀登计划	1997～2000	700	李小文

续表

序号	项目、课题名称	项目来源	起讫时间	经费（万元）	负责人
70	我国生存环境历史演变规律的研究	攀登计划	1992～1995		张兰生
71	遥感地表真实温度用于大兴安岭林区森林火险预警	攀登计划	1997～2000	15	朱启疆
72	南极地区更新世以来气候与环境演变及现代环境背景研究	部委项目	1991～1995	15	李天杰、赵济耿侃、赵俊琳
73	南极现代自然环境背景与自然过程研究	部委项目	1991～1995		李天杰、赵济耿侃、赵俊琳
74	空间多角度遥感图像植被冠层结构参数反演研究	部委项目	1996～1997	4	朱启疆
75	土地动态遥感监测方法研究	部委项目	1997～2000	15	朱启疆
76	森林火灾损失的快速评估	部委项目	1997～2001	6	朱启疆
77	NPP 光能利用率遥感模型与中国陆地植被 NPP 分布特征	部委项目	1999～2012	5.5	朱启疆
78	地表冻融过程及相变水量遥感监测算法研究	行业专项	2007～2010	198	张立新
79	中小学教材难易程度的国际比较（高中地理）	国家社科基金重大委托项目	2012～2013	20	王民

注：包括科技攻关项目、国家“863 计划”、国家“973 计划”；国家科技支撑计划、各部委项目、“火炬”计划项目、“星火”计划项目等。按项目来源及起讫时间排序

表 6-6 自然科学基金资助项目一览表

序号	项目名称	项目编号	主持人	项目性质	经费（万元）	执行年限
1	泥河湾盆地的第四纪古地理综合研究		周廷儒	自然科学基金一面上项目	4	1983～1984
2	城市人口演化的自组织理论	4860035	邬翊光	自然科学基金一面上项目	3	1987～1989
3	三万年以来内蒙古高原内陆湖泊演变的研究	4860036	张振春	自然科学基金一面上项目	2	1987～1989
4	我国北方农牧交错带全新世环境演变及未来百年环境预测	4870068	周廷儒	自然科学基金一面上项目	6	1988～1990
5	庙岛群岛及胶、辽半岛沿海全新世环境演变及其趋势研究	4880061	赵　济	自然科学基金一面上项目	5	1989～1991
6	中国灾害信息系统与灾害区划研究	48970062	张兰生	自然科学基金一面上项目	5	1990～1992

续表

序号	项目名称	项目编号	主持人	项目性质	经费（万元）	执行年限
7	空间遥感图像异常热源点的识别与监测研究	49070049	朱启疆	自然科学基金—面上项目	9.5	1991～1993
8	北京城市边缘带空间结构动态分析	49171029	程连生	自然科学基金—面上项目	4	1992～1994
9	森林与主要作物冠层二向性反射的布尔几何光学建模研究	49171052	朱启疆	自然科学基金—面上项目	9	1992～1994
10	中国自然灾害的区域规律研究	49131010	张兰生	自然科学基金—重点项目	73	1992～1994
11	中国自然灾害综合区划及晋陕蒙农牧交错带区域灾害	49131011	张兰生	自然科学基金—重点项目	34.5	1992～1994
12	地面目标二向性反射分布特征研究	49331020	李小文	自然科学基金—重点项目	90	1994～1996
13	边境贸易发展中的人地关系地域系统研究	49371029	赵　济	自然科学基金—面上	9	1994—1995
14	中国城市投资环境熟化类型研究	49471028	程连生	自然科学基金—面上项目	10	1995～1997
15	林火蔓延的自适应混合模型及其计算机模拟	49571005	朱启疆	自然科学基金—面上项目	10	1996～1998
16	土壤水蚀预报模型		刘宝元	自然科学基金—杰出青年基金	80	1998～2001
17	中国陆地植被净第一生产力的全遥感模型研究	49871055	朱启疆	自然科学基金—面上项目	18	1999～2001
18	地理学	J9930010	刘宝元	自然科学基金—人才培养	80	1999～2000
19	两个基地	49910944	朱启疆	自然科学基金—人才培养	4	2000（1～12月）
20	用热点卫星数据研究地表的热点效应	49971059	李小文	自然科学基金—面上项目	18	2000（1～12月）
21	黄河冲积扇淤积	40001003	谭利华	自然科学基金—青年项目	19	2001～2003
22	土壤侵蚀	40001014	张光辉	自然科学基金—青年项目	18	2001～2003
23	定量遥感理论的若干基本问题	4024042041	李小文	自然科学基金—国际合作	15	2002～2003

续表

序号	项目名称	项目编号	主持人	项目性质	经费（万元）	执行年限
24	植被真实结构知识库	40171068	王锦地	自然科学基金—面上项目	24	2002～2004
25	中国降雨侵蚀力应用研究	40171059	谢　云	自然科学基金—面上项目	29	2002～2004
26	利用ATSR－2数据提取地表组分温度的方法研究	40101020	阎广建	自然科学基金—青年项目	20	2002～2004
27	东北黑土区土壤侵蚀机理与土地退化预警	40235056	刘宝元	自然科学基金—重点项目	140	2003～2006
28	气候、植被生态及流域水文学数值模型	40225013	戴永久	自然科学基金—杰出青年基金	80	2003～2006
29	人类适应气候变化与机理的实证研究	40271115	方修琦	自然科学基金—面上项目	28	2003～2005
30	粗骨土壤中砾石对降雨入渗及土壤侵蚀的研究	40201031	符素华	自然科学基金—青年项目	23	2003～2005
31	产业依存关系中的北京“基本部分”及其时空演变	40271035	梁进社	自然科学基金—面上项目	23	2003～2005
32	非均匀下垫面区域蒸发（散）量遥感估算机理与模型研究	40201038	刘绍民	自然科学基金—青年项目	24	2003～2005
33	异质景观中水土流失的空间尺度变异及其影响因子研究	40201003	邱　扬	自然科学基金—青年项目	30	2003～2005
34	区域农业旱灾灾情形成过程中的脆弱性诊断与分析	40271005	王静爱	自然科学基金—面上项目	28	2003～2005
35	直方图变差尺度转换方法研究	40201037	杨　华	自然科学基金—青年项目	25	2003～2005
36	中国北方侵蚀严重区土壤可蚀性及其估算	40271072	张科利	自然科学基金—面上项目	29	2003～2005
37	季节冻结地表土壤参数的微波遥感研究	40271080	张立新	自然科学基金—面上项目	30	2003～2005
38	植被覆盖和管理对土壤水蚀的影响评价	40201030	章文波	自然科学基金—青年项目	28	2003～2005
39	北京城市绿地生态效益的定量遥感	40271081	朱启疆	自然科学基金—面上项目	27	2003～2005
40	基于结构真实像元场景的遥感计算机模拟与尺度转换方法研究	40371078	苏理宏	自然科学基金—青年项目	30	2004～2006

续表

序号	项目名称	项目编号	主持人	项目性质	经费（万元）	执行年限
41	叶面积指数的定量遥感反演算法及其尺度效应研究	40301034	唐世浩	自然科学基金—青年项目	25	2004～2006
42	基于植被指数和土地表面温度的干旱监测方法研究	40371083	王鹏新	自然科学基金—青年项目	30	2004～2006
43	北京城市文化空间与实体空间整合研究	40371037	周尚意	自然科学基金—面上项目	25	2004～2006
44	典型农作物特征叶片生命周期中的光谱变化规律研究	40471094	刘素红	自然科学基金—面上项目	10	2005～2007
45	MODIS海色数据反演的代数法与神经元网络相结合快速新算法研究	40401043	杜克平	自然科学基金—青年项目	25	2005～2007
46	冲积扇发育过程的数值模拟研究	40401005	朱忠礼	自然科学基金—青年项目	30	2005～2007
47	东北黑土区土壤侵蚀对土地生产力的影响	40471082	王志强	自然科学基金—面上项目	31	2005～2007
48	利用AATSR和SPECTRA联合反演植被组分温度的方法研究	40471095	阎广建	自然科学基金—面上项目	37	2005～2007
49	基于地物波谱数据库的多尺度地表参数反演	40571107	王锦地	自然科学基金—面上项目	36	2006～2008
50	复杂地形和复杂林分条件下森林冠层净第一性生产力空间尺度转换与验证研究	40571109	朱启疆	自然科学基金—面上项目	35	2006～2008
51	东北地区过去300年土地覆盖空间格局变化研究	40571165	方修琦	自然科学基金—面上项目	35	2006～2008
52	新时期北京城市边缘区空间结构优化重组与再开发	40571040	宋金平	自然科学基金—面上项目	30	2006～2008
53	三维数字城市模拟的提取和网络可视化的研究	60502008	张立强	自然科学基金—面上项目	26	2006～2008
54	多平台PSInSAR的关键技术研究	40501044	张　红	自然科学基金—面上项目	22	2006～2008
55	城市化对生态系统碳循环影响的定量研究	40501045	孙　睿	自然科学基金—面上项目	28	2006～2008
56	城市边缘带土地利用变化空间过程多时相遥感监测与模拟	40671127	刘慧平	自然科学基金—面上项目	32	2007～2009
57	非均匀下垫面上卫星像元尺度地表通量的研究	40671128	刘绍民	自然科学基金—面上项目	38	2007～2009

续表

序号	项目名称	项目编号	主持人	项目性质	经费（万元）	执行年限
58	遥感地表参数混合反演方法研究	40601059	屈永华	自然科学基金—青年项目	25	2007～2009
59	科技信赖对公众的灾害风险认知与响应行为的影响——以洪水灾害为例	40601035	苏　筠	自然科学基金—青年项目	27	2007～2009
60	区域农业旱灾灾后恢复性评价方法与综合减灾机制研究	40671003	王静爱	自然科学基金—面上项目	35	2007～2009
61	耦合叶片 BRDF 物理模型的植被冠层遥感辐射度模型研究与验证	40601060	谢东辉	自然科学基金—青年项目	26	2007～2009
62	维持可持续土地生产力的定量标准：容许土壤流失量	40671111	谢　云	自然科学基金—面上项目	35	2007～2009
63	基于估计先验知识分布的定量遥感多阶段反演方法	40671129	杨　华	自然科学基金—面上项目	30	2007～2009
64	岸边缓冲带对非点源污染控制效应的遥感解析研究	40671123	杨胜天	自然科学基金—面上项目	35	2007～2009
65	小流域道路侵蚀及路网对侵蚀产沙影响的研究	40671112	张科利	自然科学基金—面上项目	35	2007～2009
66	北京师范大学地理学基地	J0730532	葛岳静	自然科学基金—人才培养	180	2007～2009
67	中国大城市工业设计企业集聚模式与网络创新绩效研究：以北京为例	40701039	朱华晟	自然科学基金—青年项目	17	2008～2010
68	基于主动支持向量机的遥感影像分类研究	40701101	刘志刚	自然科学基金—青年项目	19	2008～2010
69	耦合陆面过程模型的多尺度遥感数据地表参数动态反演研究	40701102	肖志强	自然科学基金—青年项目	19	2008～2010
70	被动微波积雪参数化模型发展与雪水当量物理反演算法研究	40701115	蒋玲梅	自然科学基金—青年项目	19	2008～2010
71	多尺度植被冠层辐射度模型研究及其在地表参数反演中的应用	40701116	宋金玲	自然科学基金—青年项目	19	2008～2010
72	基于辐射传输模拟的云对 MODIS 业务化反演算法影响研究	40771149	杜克平	自然科学基金—面上项目	38	2008～2010
73	复杂条件下典型农作物覆盖度和叶面积指数的遥感估算研究	40771150	刘素红	自然科学基金—面上项目	38	2008～2010

续表

序号	项目名称	项目编号	主持人	项目性质	经费（万元）	执行年限
74	中国全新世环境演变的集成研究	40771211	方修琦	自然科学基金—面上项目	40	2008～2010
75	陆面过程模拟中参数的不确定性和随机误差传播研究	40775041	戴永久	自然科学基金—面上项目	30	2008～2010
76	大气气溶胶光学性质对近地面臭氧生成的影响	40775076	张　晶	自然科学基金—面上项目	12	2008～2010
77	北京师范大学地理学基地	J0730535	葛岳静	自然科学基金—人才培养	180	2008～2010
78	遥感分类中的尺度效应机理与多尺度遥感数据分类方法研究	40871161	柏延臣	自然科学基金—面上项目	40	2009～2011
79	中国区域陆面模型强迫场生成方法研究及其数据集建设	40875062	戴永久	自然科学基金—面上项目	59	2009～2011
80	利用 MODIS 多光谱和多角度信号改善地表分类精度的研究	40871193	焦子锑	自然科学基金—面上项目	29	2009～2011
81	耦合遥感瞬间模型与过程模型的地表参数反演	40871163	王锦地	自然科学基金—面上项目	37	2009～2011
82	复杂地形区热红外方向性辐射建模及组分温度反演	40871164	阎广建	自然科学基金—面上项目	38	2009～2011
83	产业转移背景下中国制造业集聚的动态变化	40801050	张　华	自然科学基金—青年项目	17	2009～2011
84	机载激光雷达数据与光学图像联合提取地表高程	40801131	张吴明	自然科学基金—青年项目	19	2009～2011
85	北京社会文化空间演替的结构主义研究	40871074	周尚意	自然科学基金—面上项目	32	2009～2011
86	过去 300 年农垦区扩张与现代农牧交错带东段的形成	40901099	叶　瑜	自然科学基金—青年项目	20	2010～2012
87	星载高光谱热红外数据的温度与发射率分离算法研究	40901167	程　洁	自然科学基金—青年项目	20	2010～2012
88	库滨带生态水文过程与非点源氮素动态响应机制研究	40901280	王雪蕾	自然科学基金—青年项目	18	2010～2012
89	冻土微波辐射有效穿透深度研究	40971195	张立新	自然科学基金—面上项目	56	2010～2012
90	遥感数据与植被生态系统碳循环模型的同化研究	40971221	孙　睿	自然科学基金—面上项目	40	2010～2012

续表

序号	项目名称	项目编号	主持人	项目性质	经费（万元）	执行年限
91	地表水热通量的时空尺度扩展研究	40971194	刘绍民	自然科学基金—面上项目	40	2010～2012
92	大数据量空间信息实时传输和三维可视化的技术与方法	60972128	张立强	自然科学基金—面上项目	33	2010～2012
93	黄土丘陵小流域生态退耕的时空格局及生态效应	30970503	邱　扬	自然科学基金—面上项目	30	2010～2012
94	基于遥感和数据通话方法的海河流域水文通量预测研究——SP2：不同尺度蒸散量和土壤水分的观测研究	30911130504	刘绍民	自然科学基金—对外交流与合作项目	45	2010～2012
95	清代华北平原气候变化难民潮的时空变化	41071127	方修琦	自然科学基金—面上项目	45	2011～2013
96	西南喀斯特地区坡面土壤侵蚀机理及估算模型	41071184	张科利	自然科学基金—面上项目	45	2011～2013
97	基于辐射传输模拟与准分析机理模型的水体二向性反射校正模型研究	41071223	杜克平	自然科学基金—面上项目	40	2011～2013
98	复杂地表条件下 PAR 和 FPAR 多尺度计算机模拟与应用研究	41071224	谢东辉	自然科学基金—面上项目	40	2011～2013
99	基于探地雷达面反射法的土壤水分观测实验研究	41071225	朱忠礼	自然科学基金—面上项目	40	2011～2013
100	竞争性交通方式对城市空间结构影响的模型分析及模拟研究	41001071	戴特奇	自然科学基金—青年项目	18	2011～2013
101	空间认知对等原则下道路网示意性地图自动综合算法与模型研究	41001303	董卫华	自然科学基金—青年项目	18	2011～2013
102	复杂地表冻融过程被动微波遥感机理研究	41030534	张立新	自然科学基金—重点项目	245	2011～2014
103	植被微波辐射模型参数化研究	41171259	柴琳娜	自然科学基金—面上项目	60	2012～2015
104	温带水源区坡溪断面植被缓冲体系中内外源氮的互馈机制	41171360	陈锡云	自然科学基金—面上项目	60	2012～2015
105	我国周边地缘环境解析与安全评价	41171097	葛岳静	自然科学基金—面上项目	60	2012～2015
106	基于辐射传输模型和过程模拟的湿雪判识研究	41171260	蒋玲梅	自然科学基金—面上项目	65	2012～2015

续表

序号	项目名称	项目编号	主持人	项目性质	经费（万元）	执行年限
107	应用植被角度指度反演植被生物物理参数的研究与应用	41171261	焦子锑	自然科学基金—面上项目	60	2012～2015
108	典型植被群落结构和光谱参数季节变化的多尺度实验研究	41171262	刘素红	自然科学基金—面上项目	60	2012～2015
109	关联遥感与站点观测数据的多尺度地表参数反演	41171263	王锦地	自然科学基金—面上项目	65	2012～2015
110	区域农业旱灾适应性评价模型与风险防范模式研究	41171402	王静爱	自然科学基金—面上项目	65	2012～2015
111	集成时间序列多源遥感数据的叶面积指数反演方法研究	41171264	肖志强	自然科学基金—面上项目	65	2012～2015
112	基于构造实体几何模型整合机载激光雷达与航空影像重建建筑物三维模型的研究	41171265	张吴明	自然科学基金—面上项目	60	2012～2015
113	集群情境下的务工人员异地创业研究：基于经济地理学与遥感科学视角	41171098	朱华晟	自然科学基金—面上项目	60	2012～2015
114	利用中等分辨率遥感数据估算复杂地形区植被覆盖度的研究	41101309	穆西晗	自然科学基金—青年项目	25	2012～2014
115	高级人才集群成长研究——以高级科技人才和杰出体育竞技人才为例	41140007	吴殿廷	自然科学基金—专项基金	20	2012（1～12月）
116	黑河流域生态——水文过程综合遥感观测试验：水文气象要素与多尺度蒸散发观测	91125002	刘绍民	自然科学基金—重大研究计划	500	2012～2015
117	北京师范大学地理学基地	J1103403	杨胜天	自然科学基金—人才培养	400	2012～2015
118	基于时空统计方法的多源定量遥感产品融合方法研究	41271347	柏延臣	自然科学基金—面上项目	75	2013～2016
119	植被叶面积指数时序贝叶斯网络反演方法及应用	41271348	屈永华	自然科学基金—面上项目	75	2013～2016
120	北京城市中心区服务功能疏解与新区协调发展研究	41271132	宋金平	自然科学基金—面上项目	70	2013～2016
121	中高纬冻融区农业非点源污染中磷富集机制及其时空变化规律研究	41271414	杨胜天	自然科学基金—面上项目	75	2013～2016

续表

序号	项目名称	项目编号	主持人	项目性质	经费（万元）	执行年限
122	棉花雹灾脆弱性分析与风险评估研究	41271515	岳耀杰	自然科学基金—面上项目	75	2013～2016
123	输沙对坡面侵蚀的影响及其水动力学机理研究	41271287	张光辉	自然科学基金—面上项目	60	2013～2016
124	北京不同区域地方性的刻画及形成机制研究	41271152	周尚意	自然科学基金—面上项目	60	2013～2016
125	企业上市和区域发展：基于金融地理视角的研究	41201107	潘峰华	自然科学基金—青年项目	23	2013～2015
126	基于多源数据同化方法的地表水热通量估算研究	41201330	徐同仁	自然科学基金—青年项目	25	2013～2015

注：按执行年限及项目来源排序

表 6-7 专著一览表

序号	书名	出版社	出版年份	作者
1	怎样看地图	通俗读物出版社	1956	赵淑梅 著
2	祖国的矿产	通俗读物出版社	1956	宋春青 编写
3	中国地形和土壤概述	商务印书馆	1959	周廷儒、刘培桐 著
4	新疆地貌	科学出版社	1978	周廷儒、赵济等
5	中国自然地理·地表水	科学出版社	1981	张兰生、刘培桐、王华东、薛纪瑜等 参编
6	古地理学	北京师范大学出版社	1982	周廷儒
7	洋流与气候	北京师范大学出版社	1982	郭瑞涛、刘改有
8	拉丁美洲动物猎奇	北京师范大学出版社	1982	卢云亭
9	大洋洲动物猎奇	北京师范大学出版社	1983	卢云亭、墨工
10	中国自然地理古地理(上册)	科学出版社	1984	周廷儒、任森厚等
11	奇异的北极地区	中国少年儿童出版社	1984	李容全、耿侃
12	中国自然地理总论	科学出版社	1985	赵济 参编
13	北京猿人遗址综合研究	科学出版社	1985	李容全 参编
14	中国地学集锦	江苏科技出版社	1986	卢云亭
15	祖国河山的神话故事	江苏科技出版社	1986	卢云亭
16	内蒙古自治区赤峰市自然条件与草场资源地图及说明	科学出版社	1987	赵济等

续表

序号	书名	出版社	出版年份	作者
17	内蒙古草场资源遥感应用研究 1—3	内蒙古大学出版社	1987	赵济、史培军、王静爱、范卫红、廖赤眉(参加)
18	中学地理教学(中学教育科学丛书)	《光明日报》出版社	1987	高如珊 参编
19	海洋知识丛书：海峡	海洋出版社	1987	卢云亭 参编
20	环境影响评价手册	中国环境科学出版社	1987	蔡贻谟、郭震远、褚广荣等
21	北京市经济地理	新华出版社	1988	邬翊光、况鸿璋、冯嘉苹等
22	现代旅游地理学	江苏人民出版社	1988	卢云亭
23	中国当代游记选	北京教育出版社	1988	卢云亭
24	中华大地丛书锦绣中华	地质出版社	1988	冯嘉萍、卢云亭 参编
25	资源·环境·区域开发	吉林文史出版社	1988	吴殿廷 主编
26	地图制图参考手册	测绘出版社	1988	陆权 主编 王建序 参编
27	中国科学史讲义	北京师范大学出版社	1989	杜昇云、白尚恕、宋春青、彭亦欣、陈毓敏、田荷珍
28	流域开发与管理——美国田纳西河流域与中国乌江流域对比研究	贵州人民出版社	1989	李文华、金陵、徐勇
29	内蒙古土壤侵蚀研究——遥感技术在内蒙古侵蚀研究的应用	科学出版社	1989	史培军 参编
30	中国东部第四纪冰川与环境问题	科学出版社	1989	李华章、刘清泗 参编
31	古特提斯海北支、塔里木古海湾岩相古地理	科学出版社	1989	张振春、任森厚、张宝民 参编
32	世界钢铁工业地理	冶金工业出版社	1989	李文华、杨明川 参编
33	The Natural History of China	McGraw-Hill	1989	赵济、郑光美、王华东、许嘉琳
34	陕西省佳县经济发展研究	海洋出版社	1990	《佳县经济发展系统研究》项目组 编著
35	内蒙古鄂尔多斯高原自然资源与环境研究	科学出版社	1990	史培军 参编
36	内蒙古高原湖泊与环境变迁	北京师范大学出版社	1990	李容全、郑良美、朱国荣
37	环境地图应用	福建地图出版社	1990	褚广荣

续表

序号	书名	出版社	出版年份	作者
38	黄土高原综合治理开发区研究	中国经济出版社	1990	武吉华、冯嘉萍、程连生、邬翊光等 参编
39	中国中学教学百科全书(地理卷)	沈阳出版社	1990	宋春青、刘清泗等
40	黄土高原地区农业气候资源的合理利用	中国科学技术出版社	1990	张如一、施尚文 参编
41	中国大百科全书地理学	中国大百科全书出版社	1990	张兰生、武吉华 参编
42	区域·环境·自然灾害　地理研究	科学出版社	1990	赵济、徐振溥
43	遥感大词典	科学出版社	1990	陈述彭 主编 褚广荣 副主编
44	泥河湾盆地新生代古地理研究	科学出版社	1991	周廷儒、李华章、刘清泗、李容全、孙秀萍
45	地理环境演变研究的理论与实践——鄂尔多斯地区晚第四纪以来的地理环境演变研究	科学出版社	1991	史培军
46	黄土高原地区工业发展与城市工矿区的合理布局	科学出版社	1991	邬翊光、程连生、冯嘉萍参编
47	内蒙古自治区 1∶150 万土地利用图及说明	科学出版社	1991	赵济、梅安新等
48	黄土高原地区自然环境及其演变	科学出版社	1991	武吉华、李容全 参编
49	中国文化地理概说	山西教育出版社	1991	赵世瑜、周尚意
50	中华人民共和国地名词典·北京市	商务印书馆	1991	赵淑梅 参编
51	中国自然保护区猎奇	上海教育出版社	1991	卢云亭
52	中华文明史(共十卷)	台湾地球出版社	1991	宋春青、史培军 参编
53	新兴技术巡礼	中国青年出版社	1991	褚广荣(遥感技术部分)
54	农业地图编制	测绘出版社	1991	廖克 主编 褚广荣(自然条件图编制)
55	黄河黄甫川流域土壤侵蚀——土地生产力与水土保持模型与模式	海洋出版社	1992	史培军、赵焕勋、侯福昌参编
56	中国地区农牧交错带全新世环境演变及预测	地质出版社	1992	周廷儒、张兰生

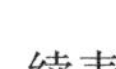
续表

序号	书名	出版社	出版年份	作者
57	银川地区：过去、现在及未来——晚第四纪地理环境演变的过程、特性及规律	测绘出版社	1992	耿侃、单鹏飞等
58	周廷儒文集	北京师范大学出版社	1992	周廷儒
59	中国自然区域与国土整治	科学出版社	1992	张兰生、赵济、史培军参编
60	北京密云县旅游发展总体规划	不详	1992	北京师范大学地理系
61	胶东半岛沿海全新世环境演变	海洋出版社	1992	赵济
62	晋西黄土高原地区遥感应用研究	北京师范大学出版社	1992	赵济
63	遥感系列成图方法研究	测绘出版社	1992	褚广荣 主编
64	化学地理学	北京师范大学出版社	1993	刘培桐等 编著
65	现代旅游地理学	地景企业股份有限公司	1993	卢云亭 著
66	黄河水沙时空图谱	科学出版社	1993	刘宝元等
67	地理科学与地理技术	东北师范大学出版社	1994	吴殿廷等 著
68	中国各大山川	北京京华出版社	1994	汪家兴 编
69	遥感数据的计算机处理与地理信息系统	中国出版者协会、中国地理学会	1994	彭望琭
70	密云风光与旅游开发	北京出版社	1995	卢云亭 主编 刘清泗、宋剑霞、王建军参编
71	中学地理教材教法	高等教育出版社	1995	王树声 主编 王民 参编
72	观光农业	北京出版社	1996	卢云亭、刘军萍 著
73	环境制图	测绘出版社	1996	褚广荣 主编 朱良 参编
74	人类社会活动中心——享誉人类活动的84座名城	青年出版社	1996	申维丞、李文华 主编
75	Die Volksrepublik China and Die Bunderrepublik Deutschand—Erweiter Ungen Schulbuchbezogener Wahnehungshorizonze	Verlag Hahnsche Buchhandlung, Hannover	1997	Dieter Böhn、王民 著
76	德国—中国地理教科书视野的扩展	中国地图出版社	1998	王民、Dieter Böhn 著
77	可持续发展教育教师手册	北京师范大学出版社	1999	王民等

续表

序号	书名	出版社	出版年份	作者
78	环境意识及测评方法研究	中国环境科学出版社	1999	王民 著
79	中国中小学环境教育研究	中国环境科学出版社	1999	王民 著
80	中国农村经济区划	科学出版社	1999	宋金平 副主编
81	文化与地方发展	科学出版社	2000	周尚意、孔翔 著
82	全球变化	高等教育出版社	2000	张兰生等
83	国外中小学环境教育课程设置方式	海南出版社	2000	王民
84	中国地区经济发展不平衡问题研究	商务印书馆	2000	葛岳静
85	中国资源百科全书·资源地理卷	中国大百科全书出版社，石油大学出版社	2000	孙鸿烈 主编 葛岳静 参编
86	日本、德国中小学地理课程与教科书	海南出版社	2000	王民
87	生态旅游学	旅游教育出版社	2001	卢云亭、王建军 合著
88	区域经济发展：理论、方法与实践	吉林科学技术出版社	2001	吴殿廷等 著
89	景观生态学与土地持续利用景观生态学原理及应用	科学出版社	2001	邱扬、傅伯杰
90	乡土地理教学研究	北京师范大学出版社	2001	王静爱
91	聚落地理专题	北京师范大学出版社	2001	宋金平
92	环境教育资源库	华夏出版社	2001	方修琦
93	自然地理基本过程和基本规律	人民教育出版社	2001	赵济、张如一、赵烨
94	国外地理教育动态	北京师范大学出版社	2001	王民、贺小飞 著
95	土壤侵蚀预报模型	中国科学技术出版社	2001	刘宝元、谢云、张科利
96	遥望地球感知大地	国际文化出版公司	2001	刘慧平、周慧娟、孔令彦
97	遥感图像判读方法研究	北京师范大学出版社	2001	刘慧平、张红
98	地理课程论	广西教育出版社	2001	王民
99	黄土丘陵沟壑区土地利用结构与生态过程	商务印书馆	2002	傅伯杰、陈利顶、邱扬、王军、孟庆华
100	可持续发展教育	中国轻工业出版社	2002	王民、霍志玲、王英、胡静、左海芳 译
101	中国土壤侵蚀图册	中国标准出版社	2002	杨胜天

续表

序号	书名	出版社	出版年份	作者
102	浙江产业群：产业网络、成长轨迹与发展动态	浙江大学出版社	2003	朱华晟
103	聚落地理专题	北京师范大学出版社	2003	宋金平
104	地理新课程教学论	高等教育出版社	2003	王民 主编
105	基础教育新课程师资培训指导——初中地理	北京师范大学出版社	2003	王民
106	水体景观旅游开发实务	中国旅游出版社	2003	吴殿廷 主编
107	地理课程标准(试验)解读	江苏教育出版社	2003	王民 参编
108	土地利用/覆盖变化与生态安全响应机制	科学出版社	2004	史培军、江源、王静爱、梁进社、李晓兵、陈晋、陈云浩、何春阳
109	中学试用教材(黑龙江分册)——环境教育 初中 4 册，高中 4 册	中国环境科学出版社	2004	王民
110	普通高中新课程教师研修手册——地理课程标准研修	高等教育出版社	2004	王民
111	课程标准与教学大纲对比分析——高中地理	东北师范大学出版社	2005	王民
112	水土流失测验与调查	中国水利水电出版社	2005	张光辉
113	可持续发展教育概论	地质出版社	2006	王民 主编
114	可持续发展教育研究项目与国际动态	地质出版社	2005	王民 主编
115	可持续发展教育与绿色大学	地质出版社	2006	王民 主编
116	可持续发展教育评估探索	地质出版社	2005	王民 主编
117	可持续发展教育实践	地质出版社	2005	王民 主编
118	可持续发展教育案例研究	地质出版社	2006	王民 主编
119	中国自然灾害时空格局	科学出版社	2006	王静爱 主编 史培军、王平 参编
120	旅游研究与策划	中国旅游出版社	2006	卢云亭
121	山岳景观旅游开发规划实务	中国旅游出版社	2006	吴殿廷 主编
122	基于 RS 和 GIS 的黄河流域水循环要素研究	黄河出版社	2006	杨胜天
123	非点源污染模型理论方法与应用	环境科学出版社	2006	杨胜天

续表

序号	书名	出版社	出版年份	作者
124	土地生态学综述土地科学学科发展蓝皮书	北京中国大地出版社	2007	郭旭东、邱扬、刘世梁、吕一河
125	定都与迁都：兼论中国迁都问题	东北师范大学出版社	2008	吴殿廷、袁俊、常旭 著
126	中国文化地理	科学出版社	2008	王恩涌、胡兆亮、周尚意、赫维仁、刘岩
127	区域发展战略规划理论、方法与实践	中国农业大学出版社	2010	吴殿廷、宋金平、姜晔等
128	初中地理教学策略	北京师范大学出版社	2010	王民 主编
129	旅游规划新论	中国旅游出版社	2011	吴殿廷、宋金平、王丽华等
130	全国教师资格考试学习参考书《地理学科知识与教学能力》(适用于初级中学地理教师资格申请者)	高等教育出版社	2011	王民 主编
131	全国教师资格考试学习参考书《地理学科知识与教学能力》(适用于高级中学地理教师资格申请者)	高等教育出版社	2011	王民 主编
132	生态水文模型与应用	科学出版社	2012	杨胜天
133	Interpretation Evaluation for Geoparks: Theory into practice.	Italian Society of Geography	2012	蔚东英
134	中国古地理——中国自然环境的形成	科学出版社	2012	张兰生、方修琦

注：按出版年份排序

表 6-8 译著一览表

序号	书 名	出版社	出版年份	译者(原作者)
1	自然地理学原理	北平京城印书局	1932	王钧衡
2	人文地理学	上海世界书局	1933	谌亚达(白吕纳 著)
3	人文地理学概论	上海开明书局	1935	盛叙功(野口保市郎 著)
4	地形学	上海商务印书馆	1936	谌亚达(龙井重次郎 著)
5	地理学发达史	昆明中华书局	1940	楚图南(德铿生，霍威尔士 著)
6	外国经济政治地理讲义	北京师范大学	1957	北京师范大学地理系翻译室(C. H. 拉柯夫斯基 著)

续表

序号	书　名	出版社	出版年份	译者(原作者)
7	土壤地理学	科学出版社	1959	北京师范大学地理系(C. A. 莫宁 著)
8	南美洲	商务印书馆	1960	北京师范大学地理系(A. Д. 哥热夫 著)
9	经济区划和经济区问题	商务印书馆	1960	北京师范大学地理系经济地理教研组(П·M·阿拉姆皮耶夫等 著)
10	美洲经济地理问题	商务印书馆	1961	北京师范大学地理系经济地理教研组(Я. Г. 费根等 著)
11	北美洲	商务印书馆	1974	北京师范大学地理系(A. W. Coysh, M. E. Tomlinson 著)
12	美国现代地理	北京人民出版社	1976	北京师范大学地理系
13	加拿大——区域分析	北京出版社	1980	段宝林、万方祥等
14	现代叙利亚	北京出版社	1981	邬翊光、贾旺尧等
15	大气、天气和气候	高等教育出版社	1982	施尚文、张如一、吴永莲、巢俊民
16	环境科学导论	科学出版社	1983	刘培桐、林大任、许嘉琳、李天杰、王华东、赵济
17	欧洲家庭史	华夏出版社出版	1987	赵世瑜、赵世玲、周尚意(雷德尔 著)
18	人文地理——文化、社会与空间	北京师范大学出版社	1988	王民、王发曾等
19	地理教学法——概念	北京师范大学出版社	1997	王民 译
20	World Book(大英百科)	中国商务印书馆	1998	葛岳静
21	先知的土地——伊斯兰世界	山东画报出版社	2001	周尚意(时代一生活图书公司 编著)
22	遥感与图像解译(第四版)	电子工业出版社	2003	彭望琭
23	可持续发展教育实施指南	地质出版社	2005	王民、蔚东英等
24	逃避主义	新店(台北县)立绪文化事业有限公司	2006	周尚意、张春梅(Tuan Yi-fu 著)
25	现代地理学思想	商务印书馆	2007	周尚意等(理查德·皮特 著)
26	区位和土地利用——地租的一般理论	商务印书馆	2007	梁进社、李平、王大伟等

续表

序号	书　　名	出版社	出版年份	译者(原作者)
27	鲁尔区：一个杰出的欧洲区域的结构变化	德国鲁尔地区联合会出版社	2008	李滢、丁洪娟、王民 译
28	地球系统	高等教育出版社	2010	张晶、戴永久

注：按出版年份排序

表 6-9　地图、地图集一览表

序号	名　　称	出版社	出版年份	编、著者
1	中国恶性肿瘤地图集	中华地图学社	1979	卫生部肿瘤防治研究室 主编 褚广荣 参编
2	北京恶性肿瘤地图集	北京市测绘处	1980	北京市肿瘤防治研究办公室 赵淑梅 主编 褚广荣、王建序 参编
3	北京市东南郊环境图集	北京市测绘处	1981	赵淑敏 主编 褚广荣、王建序 参编
4	航空遥感图集(腾冲试验区)	科学出版社	1981	陈述彭 主编 褚广荣 参编
5	陆地卫星像片太原幅农业自然条件目视解译系列图	科学出版社	1981	赵济、李天杰、褚广荣等
6	安塞资源与环境系列图一黄土高原遥感调查研究	测绘出版社	1988	陈光伟、赵济、褚广荣 主编
7	黄河流域地图集	中国地图出版社	1989	水利部黄河水利委员会 王建序 参加
8	内蒙古土壤侵蚀图(附图) (1∶400 万)	科学出版社	1989	王静爱
9	陕西省佳县经济发展系列图	海洋出版社	1990	王静爱、史培军、朱良、张卫星等
10	内蒙古土地利用图 1∶150 万彩色大挂图	科学出版社	1991	赵济、梅安新 主编 王静爱 参编
11	中国自然灾害地图集(中、英文版)	科学出版社	1992	张兰生 主编 刘恩正、赵淑梅、赵济 副主编 王静爱等 参编
12	中国自然灾害系统地图集	科学出版社	2003	史培军 主编 王静爱 第一副主编

续表

序号	名　　称	出版社	出版年份	编、著者
13	中国自然灾害系统电子地图集	科学出版社	2004	史培军 主编 王静爱 第一副主编
14	中国地图集	中国地图出版社	2004	《中国地图集》编委会编 王静爱、杨春燕等 文字编撰
15	中国地理图集	中国地图出版社	2008	王静爱、左伟 主编
16	中国高等教育发展地图集	高等教育出版社	2009	钟秉林 主编 王静爱 副主编 朱良 参编
17	汶川地震灾害地图集	科学出版社	2009	史培军 学术主编 陈军 地图主编 王静爱 副主编
18	新课标中学地理学习与考试地图系列	中国地图出版社	2012	朱良、吉小梅 主编

注：按出版年份排序

附录

- 地理学与遥感科学学院在职职工名录(2012 年)
- 北京师范大学史地部、地学系、地理系教职员名录(1902～1949 年)
- 地理系/地理学与遥感科学学院离退休/离院教职工名录(1949～2012 年)
- 博士后名录
- 校友名录

附录 1　地理学与遥感科学学院在职职工名录（2013 年）

序号	姓名	性别	出生年月	籍贯	职称职务	入职(年份)
1	李小文	男	1947.03	安徽	中科院院士；教授；名誉院长；学术委员会主任	1999
2	王锦地	女	1955.04	北京	教授	1999
3	王静爱	女	1955.08	内蒙古	教授；国家级教学名师	1988
4	梁进社	男	1957.03	陕西	教授；学位委员会主任	1985
5	王　民	男	1958.04	山东	教授	1982
6	刘宝元	男	1958.04	陕西	教授	1996
7	吴殿廷	男	1958.06	辽宁	教授	1994
8	周尚意	女	1960.01	广西	教授	1988
9	张科利	男	1962.01	陕西	教授	1998
10	方修琦	男	1962.11	吉林	教授	1987
11	葛岳静	女	1963.08	北京	教授；分党委书记	1991
12	刘慧平	女	1963.04	广东	教授	1988
13	谢　云	女	1964.01	辽宁	教授	1988
14	杨胜天	男	1965.01	贵州	教授；院长	2003
15	张立新	男	1966.04	甘肃	教授	2003
16	刘绍民	男	1967.09	浙江	教授	2003
17	宋金平	男	1968.01	山东	教授；副院长	1999
18	张文新	男	1968.06	广西	教授	1992
19	张光辉	男	1969.01	甘肃	教授	2001
20	孙　睿	男	1970.11	甘肃	教授	1998
21	阎广建	男	1972.08	山西	教授；遥感科学国家重点实验室副主任	2001
22	符素华	女	1973.01	四川	教授	2003
23	张立强	男	1975.01	山东	教授	2004
24	朱　青	女	1961.05	江苏	副教授；工会主席	2001
25	邱维理	男	1961.12	辽宁	副教授	1989

续表

序号	姓名	性别	出生年月	籍贯	职称职务	入职(年份)
26	朱　良	男	1962.10	北京	副教授；副院长	1987
27	蒋立红	女	1963.11	北京	副教授	1985
28	刘素红	女	1967.03	四川	副教授	2002
29	王志强	男	1968.11	宁夏	副教授	2005
30	邱　扬	男	1969.03	四川	副教授；副院长	2001
31	焦子锑	男	1970.05	山东	副教授	2002
32	屈永华	男	1971.01	河南	副教授	2007
33	杨　华	女	1971.02	湖北	副教授	2001
34	章文波	男	1971.06	湖南	副教授	2001
35	黄大全	男	1971.09	福建	副教授	2006
36	陈锡云	男	1972.09	甘肃	副教授	2009
37	柏延臣	男	1972.12	甘肃	副教授	2004
38	黄　宇	男	1972.12	广东	副教授	2003
39	苏　筠	女	1974.01	云南	副教授	2002
40	朱华晟	男	1974.06	安徽	副教授	2005
41	杜克平	男	1974.07	山东	副教授	2006
42	肖志强	男	1976.01	湖南	副教授	2006
43	张吴明	男	1976.03	黑龙江	副教授	2006
44	董卫华	男	1976.04	山东	副教授	2008
45	刘志刚	男	1976.07	江西	副教授	2006
46	蒋玲梅	女	1978.01	浙江	副教授	2005
47	宋金玲	女	1978.01	河北	副教授	2008
48	叶　瑜	女	1979.12	新疆	副教授	2007
49	殷水清	女	1980.08	湖南	副教授	2010
50	程　扬	女	1982.01	四川	副教授	2012
51	张卓栋	男	1984.09	湖南	副教授	2012
52	温　良	男	1956.07	北京	讲师	1985
53	谭利华	男	1966.01	湖南	讲师	1998
54	朱忠礼	男	1972.11	河南	讲师	2005
55	岳耀杰	男	1975.01	山东	讲师	2008
56	谢东辉	女	1976.01	吉林	讲师	2007

续表

序号	姓名	性别	出生年月	籍贯	职称职务	入职(年份)
57	蔚东英	女	1976.07	山西	讲师	2009
58	赵长森	男	1977.02	山东	讲师	2013
59	张　华	男	1979.08	湖北	讲师	2007
60	戴特奇	男	1980.05	四川	讲师	2008
61	柴琳娜	女	1980.06	湖北	讲师	2010
62	穆西晗	男	1981.01	河北	讲师	2009
63	徐同仁	男	1982.05	山东	讲师	2011
64	潘峰华	男	1982.08	江苏	讲师	2011
65	严　帅	男	1983.08	江西	讲师；分党委副书记	2012
66	王晓岚	女	1961.01	辽宁	高级实验师	1985
67	温淑瑶	女	1967.03	江苏	高级实验师	2000
68	高晓飞	男	1979.02	山东	高级实验师	2006
69	周红敏	女	1980.01	浙江	中级实验师	2007
70	魏　欣	女	1977.12	内蒙古	实验师	2007
71	徐自为	男	1981.12	吉林	实验师	2009
72	赵少杰	男	1984.01	河北	实验师	2011
73	刘　静	女	1987.09	内蒙古	助理实验师	2013
74	林冬云	女	1970.01	广东	工程师	2001
75	刘敬中	男	1955.01	广东	助研；会计	1976
76	黄　琳	女	1969.05	江苏	助研	2003
77	张　英	女	1981.12	浙江	助研	2007
78	党一诺	女	1983.06	新疆	助研；办公室主任	2009
79	倪佳琪	女	1988.03	山东	助研；团委书记	2013
80	李国强	男	1953.09	河北	传达室值班员	1985

注：按职称及出生年月排序

附录 2　北京师范大学史地部、地学系、地理系教职员名录(1902～1949 年)

（史地部）　武学易　俞肇康　俞寿沧　秦　开　马寅初　高嵛瑾　张之轩　符鼎升
陈翰笙　黄人望　熊　遂　刘大钧　瞿桐岗　朱　炎　李宝圭　李　潢　李恩纯
李泰棻　李光忠　李树峻　李宗武　周传儒　林天枢　徐鸿逵　高一涵　张杰民
张泰昌　张大和　张金书　张之军　张亮丞　张赓虞　张傧生　梁启超　陈　怀
陶履恭　陆鼎吉　傅　鳌　程国璋　刘　彦　刘玉峰　刘朝阳　吕士熊　钱　夏
李嘉齐　萧一山　邹豹君　张云波　吴澄华　王钧衡　阎文儒　万九河　万方祥
卢蕴璋　廉立之　吴宏中　李存禄　李根固　朱振声　蒋益明　张建侯　李　旭
李名章　刘熊祥　沈汝生　朱晓寰　王德基　林冠一　刘天民　董文朗　冯绳武
陈世杰　魏晋贤　王树民　何汝弼　杨淑秀　罗志甫　徐炳昶　涂序瑄　王曰伦
（地学系）　陈振先　杨钟健
（地理系）　王成组　王恭睦　王金绂　王雪涛　王华隆　王竹泉　祁森焕　张鸣韶
陈遵妫　游风池　黄国璋　杨新声　董绍良　蔡源明　郑资约　谢家荣　苏振潼
刘衍淮　卫梓松　谭锡畴　冯景兰　张印堂　邹豹君　张恩护　张寿增　黄厦千
王心正　王益崖　邓启东　崔文继　殷祖英　姜玉鼎　谌亚达　郁士元　韩宪纲
刘培桐　刘玉峰　张印堂　薛贻源　宋春青　童卓然　崔文继　郑象铣　赵毓珉
张景华　张泽熙　黄玉蓉　卢念能　赵淑梅

附录3　地理系/地理学与遥感科学学院离退休/离院教职工名录(1949～2012年)

序号	姓名	性别	出生年份	籍贯	职称职务	在职时间	备注
1	刘玉峰	男	1883	河北	教授 系主任	1915～1949	
2	殷祖英	男	1894	河北	教授	1925～1966	
3	王钧衡	男	1907	河南	教授	1934～1977	
4	黄国璋	男	1895	湖南	教授 系主任	1936～1952	调西北大学
5	谌亚达	男	1901	江西	教授	1936～1981	
6	张嘉琳	男	1904	通县	办事员	1939～1971	
7	崔文继	男	1901	河北	绘图员	1945～1961	
8	张恩护	男	1905	河北	讲师	1946～1949	调东北师大
9	魏文泽	男			助教	1946～1949	调东北师大
10	卢念能	女	1919	湖北	助教	1946～1952	调中学
11	童卓然	男	1911	北京	绘图员	1946～1965	
12	刘培桐	男	1916	河南	教授	1946～1983	调北师大环科所
13	宋春青	男	1919	山东	教授	1946～1987	
14	赵淑梅	女	1923	辽宁	教授	1946～1991	
15	王嘉荫	男	1911	河北	兼职教授	1949～1951	北京大学地质系
16	爨风臣	男		大城	工友	1949～1952	调北师大幼儿园
17	卢　鋈	男	1911	安徽	兼职教授	1950～1951	军委气象局
18	冯秀藻	男	1916	湖南	兼职教授	1950～1951	中央气象局
19	盛叙功	男	1902	浙江	教授	1950～1955	调西南师大
20	吴泽霖	男	1898	江苏	兼职教授	1951～1952	清华大学
21	吕　炯	男	1902	江苏	兼职教授	1951～1952	中国科学院地理所
22	侯仁之	男	1911	河北	兼职教授	1951～1952	燕京大学
23	侯学煜	男	1912	安徽	兼职教授	1951～1952	中国科学院植物所
24	薛贻源	男	1912	福建	讲师	1951～1952	调民政部
25	周　卡	男	1915	四川	兼职教授	1951～1952	北京地质学院

续表

序号	姓名	性别	出生年份	籍贯	职称职务	在职时间	备注
26	梁酉生	女			助理	1951～1952	
27	杨昌业	男	1907	江苏	兼职教授	1951～1952	
28	周廷儒	男	1909	浙江	教授 系主任	1951～1983	
29	段宝林	男	1925	河北	副教授	1951～1979	
30	张桂森	男	1906		办事员	1952～1953	
31	陈　荣	男	1919	河北	工人	1952～1954	
32	任金城	男	1927	天津	讲师	1952～1956	调国家图书馆
33	朱蕙芗	女	1914	浙江	讲师	1952～1971	
34	金瑞莘	女	1915	安徽	讲师	1952～1975	
35	秦　牧	男	1924	江苏	讲师 翻译	1952～1979	
36	杨曾威	男	1905	江苏	教授	1952～1985	
37	武吉华	男	1929	河北	教授	1952～1994	
38	张兰生	男	1928	浙江	教授 系主任	1952～1998	
39	李艳芳	女	1925		办事员	1952～不详	调校图书馆
40	黎　民	男	1933		绘图员	1952～不详	
41	孟德政	男	1934	河北	助教	1953～1956	调首都师范大学
42	张靖宜	男	1925	河北	助教	1953～1958	调财经学院
43	郝允充	男	1929	山东	讲师	1953～1958	调内蒙古师范大学
44	刘逸浓	男	1930	河北	教授	1953～1983	调北师大环科所
45	张如一	男	1929	河北	教授	1953～1990	
46	李文华	男	1930	河北	副教授	1953～1990	
47	李华章	男	1931	河北	副教授	1953～1991	
48	赵　济	男	1930	内蒙古	教授 系主任	1953～1995	
49	马瑞俊	男	1930	浙江	讲师	1954～1956	调西北师大
50	谷敬祖	男	1931	河北	讲师	1954～1956	调北京中学
51	戴鹤之	男	1925	湖南	助教	1954～1960	调湖南师大
52	李之保	男	1931	天津	讲师 副系主任	1954～1977	调教育部
53	万方祥	男	1907	河北	教授	1954～1986	
54	贾旺尧	男	1928	江西	副教授	1954～1988	
55	彭庆祥	男	1928	山东	副教授	1954～1988	
56	邬翊光	男	1931	湖南	教授 系主任	1954～1996	

续表

序号	姓名	性别	出生年份	籍贯	职称职务	在职时间	备注
57	郭忠骥	男		河北	秘书	1955～1956	
58	亢殿选	男	1926		资料员	1955～1958	调河北中学
59	顾传源	男	1919	河北	教员	1955～1961	调财经学院
60	梁尚智	女	1924	山西	资料员	1955～1961	调山西
61	白大菊	女	1930	北京	办事员	1955～1962	调化学系
62	林尚志	男	1927		翻译	1955～1962	
63	张銮光	男	1929	福建	讲师	1955～1976	调南开大学生物系
64	李秋璇	女	1925	北京	副研究馆员	1955～1987	
65	褚广荣	男	1928	河北	教授	1955～1988	
66	秦　琪	女	1935	北京	资料员	1955～1990	
67	张景华	男	1929	河北	教员	1956～1957	调北师大二附中
68	关雯云	女		内蒙古	助教	1956～1957	
69	李世玢	男		四川	翻译	1956～1957	调中山大学
70	周开群	女	1927	四川	助教	1956～1958	调上海中学
71	焦景华	女	1934	四川	助教	1956～1958	调北京中学
72	叶国贤	男	1933	广东	助教	1956～1958	调昌平二中
73	卞干年	女	1933	江苏	助教	1956～1959	调辽宁师大
74	李仲三	男	1928	辽宁	翻译	1956～1961	调宁夏社科院
75	杨　涵	女	1933	北京	助教	1956～1962	调北师大二附中
76	李天杰	男	1929	山东	教授	1956～1983	调北师大环科所
77	王华东	男	1933	北京	教授	1956～1983	调北师大环科所
78	吴廷辉	男	1933	四川	讲师	1956～1984	调福建师大
79	高如珊	女	1931	河北	副教授	1956～1986	
80	刘吉祯	男	1930	河北	副教授	1956～1990	
81	徐振浦	男	1933	辽宁	副教授 副系主任	1956～1993	
82	张振春	男	1933	河北	副教授	1956～1993	
83	冒海天	男	1925	宁夏	党总支书记	1957～1960	调北师大教务处
84	孙永清	男	1925	辽宁	助教	1957～1961	调西北师大
85	王本琳	女	1931	四川	助教	1957～1961	调长春地理研究所
86	郑维平	女	1931		系秘书	1958～1959	
87	高士冰	女	1930	福建	党总支副书记	1958～1960	调北师大环科所

续表

序号	姓名	性别	出生年份	籍贯	职称职务	在职时间	备注
88	刘愈之				兼职教授	1958～1960	首师大
89	张长生	男	1932		助教	1958～1961	
90	陈晋华	男	1934	山西	助教	1958～1961	调山西太原中学
91	林宗节	男	1934	四川	助教	1958～1961	调四川
92	郭月珍	女	1936	山东	助教	1958～1961	调青岛中学
93	任培林	女	1937	山东	助教	1958～1961	调青岛二中
94	方开路	女	1938		党总支秘书	1958～1961	调北师大党委
95	邓淑平	男	1932	广东	助教	1958～1962	调中学
96	彭润平	女	1934	广东	团总支书记	1958～1962	调北京中学
97	魏兴明	男	1934	山东	助教	1958～1962	调北京某中学
98	宋英飞	男	1935	浙江	助教	1958～1962	调中学
99	吴兴汉	男	1935	安徽	助教	1958～1962	调北京中学
100	杨　立	女	1936	广东	讲师	1958～1962	调北京某中学
101	刘淑梅	女	1937	山东	助教	1958～1964	调人教社
102	张鸿宾	男	1929	河北	党总支书记	1958～1974	调北师大校部
103	叶志华	男	1931	广东	系秘书 助教	1958～1978	调海南科委
104	郁光影	男	1931	江苏	党总支副书记	1958～1978	调北师大图书馆
105	卢云亭	男	1935	河南	副教授	1958～1995	
106	朱国荣	男	1935	上海	副教授	1958～1995	
107	郑新生	男	1935	江苏	副教授	1958～1996	
108	冯嘉萍	女	1936	上海	教授	1958～1996	
109	汪家兴	男	1933	江西	副教授	1959～1993	
110	何秀琴	女	1927	北京	党总支书记	1960～1961	调北师大组织部
111	李志安	男	1932	广东	助教	1960～1961	调北师大天文系
112	陈海珊	女	1936	上海	助教	1960～1961	调上海
113	周特先	男	1939	湖北	助教	1960～1961	调宁夏地质局
114	王国宾	男			绘图员	1960～1961	
115	王钜峥	男	1929	北京	助教	1960～1962	
116	蒋行慈	女	1933	天津	助教	1960～1962	
117	黄毓灵	女	1937	山西	助教	1960～1962	调中学
118	季和子	女	1936	江苏	助教	1960～1963	调成都地理所

续表

序号	姓名	性别	出生年份	籍贯	职称职务	在职时间	备注
119	李 富	男	1934	河北	实验员	1960～1964	
120	王淑敏	女	1935	山东	助教	1960～1964	调山东某中学
121	林汝舟	男	1936	浙江	助教	1960～1964	调河南
122	贾曰仲	男	1932	四川	人事秘书	1960～1976	调校部
123	殷宗慧	女	1936	河北	副教授	1960～1983	调北师大环科所
124	郭瑞涛	男	1936	天津	讲师	1960～1986	调北师大出版社
125	涂美珍	女	1937	浙江	副教授	1960～1993	
126	任森厚	男	1936	陕西	教授	1960～1996	
127	钟骏襄	男	1938	上海	副教授	1960～1999	
128	朱启疆	男	1937	江苏	教授	1960～2005	
129	陈炎离	男	1936	河南	实验员	1961～1976	调河南油田中学
130	傅佑和	女	1930	北京	办公室主任	1961～1991	
131	刘改有	男	1937	河北	副教授 党总支书记	1961～1997	
132	许嘉琳	女	1934	安徽	教授	1963～1983	调北师大环科所
133	薛纪瑜	男	1937	河北	教授	1963～1983	调北师大环科所
134	屠清瑛	女	1932	浙江	助教	1964～1965	调南京地理所
135	刘清泗	男	1938	辽宁	教授	1964～1998	
136	宋延洲	男		河南	团总支书记	1965～1976	调河南地理所
137	刘秋芳	女	1941	江苏	办公室主任	1965～1996	
138	程连生	男	1937	山西	教授	1965～1997	
139	蒲恩竹	女	1942	山东	副研	1965～2002	
140	王钧广	男	1945	辽宁	助教	1969～1976	调校团委
141	郭 瑛	女	1944	河南		1969～1983	调北师大环科所
142	王淑芳	女	1945	辽宁	讲师	1969～1988	调北师大校史办
143	周凤花	女	1943	山东	党总支副书记	1971～1976	调北师大统战部
144	王逸飞	男	1924	河南		1972～1977	调回中国人民大学
145	祝 卓	男	1924		教授	1972～1977	调回中国人民大学
146	王 经	男	1925	河北	党总支书记	1972～1977	调回中国人民大学
147	陆大壮	男	1926	江苏	教授	1972～1977	调回中国人民大学
148	周啟业	男	1927		教授	1972～1977	调回中国人民大学

续表

序号	姓名	性别	出生年份	籍贯	职称职务	在职时间	备注
149	连亦同	男	1928		教授	1972～1977	调回中国人民大学
150	张学芹	女	1928			1972～1977	调回中国人民大学
151	王家琴	女	1929	山东	绘图员	1972～1977	调回中国人民大学
152	祝　诚	男	1929		教授	1972～1977	调回中国人民大学
153	杨树珍	男	1930		教授	1972～1977	调回中国人民大学
154	张　之	男			教授	1972～1977	调回中国人民大学
155	孟宪樵	男		辽宁		1973～1978	
156	魏凤华	女	1955	辽宁	打字员	1974～1997	调北师大资源所
157	郑良美	女	1940	浙江	高级实验师	1975～1995	
158	金雅玲	女	1949	北京	党总支副书记	1976～1990	调北师大科技园
159	葛家满	女	1949	山西	实验员	1977～1983	调北师大环科所
160	刘增森	男	1953	河北	助教	1977～1985	调北师大工会
161	施尚文	女	1927	北京	副教授	1977～1987	
162	降廷梅	女	1950	北京	高级实验师	1977～1997	调北师大资源学院
163	杨明川	男	1950	江苏	副教授	1977～1997	调北师大资源所
164	刘显忠	男	1952	北京	办公室主任	1977～2000	调北师大审计处
165	陈　征	女	1956	北京	科员	1978～1979	
166	韩绍祥	男	1944	山东	党总支书记	1978～1982	调北师大人事处
167	鲍子平	女	1934	安徽	副教授	1978～1983	调北师大环科所
168	王素芬	女	1939	河北	副教授	1978～1983	调北师大环科所
169	张文照	男	1930	河北	党总支副书记 副系主任	1978～1984	调北师大人事处
170	张宝民	男	1956	北京	副教授	1978～1994	调石油规划院
171	吴永莲	女	1935	上海	副教授	1978～1995	
172	王建序	男	1935	河北	副教授	1978～1996	
173	李容全	男	1937	河北	教授	1978～1997	
174	耿　侃	男	1955	北京	副教授	1978～1997	调北师大资源所
175	巢俊民	男	1937	辽宁	副教授	1978～1998	
176	彭望琭	女	1945	北京	教授	1978～1999	调北师大信息科学与技术学院
177	朱阿兴	男	1963	浙江	助教	1979～1980	留学美国
178	陈益秋	男	1925	浙江	教授	1979～1983	调北师大环科所

续表

序号	姓名	性别	出生年份	籍贯	职称职务	在职时间	备注
179	宁大同	男	1937	江西	教授	1979～1983	调北师大环科所
180	姜象鲤	男	1938	安徽	副教授	1979～1983	调北师大环科所
181	贺建群	女	1939	湖南	副教授	1979～1983	调北师大环科所
182	杨居荣	女	1939	河北	教授	1979～1983	调北师大环科所
183	郭宪朴	男	1949	河北	助教	1979～1985	调地质力学研究所
184	王诗佾	女	1937		副教授	1979～1989	调浙江地质局
185	孙秀萍	女	1938	山东	副教授	1979～1989	
186	金　陵	女	1940	北京	副教授	1979～1990	调中国人民大学
187	肖宗峰	男	1938	贵州	副教授	1979～1994	
188	孟淑华	女	1944	北京	工程师	1979～1999	
189	尹怀庭	男	1946	河北	讲师	1980～1981	调西北大学
190	陈小颖	女	1936	广东	工程师	1980～1991	
191	金玉华	女	1939	天津	工程师	1981～1983	调北师大环科所
192	车宇瑚	男	1946	江西	讲师	1981～1983	调北师大环科所
193	侯然杰	男	1945	吉林	讲师	1981～1983	调北师大环科所
194	周启鸣	男	1956	安徽	讲师	1981～1984	公派留学澳大利亚
195	象伟宁	男	1957	北京	讲师	1981～1985	公派留学美国
196	姚重华	男	1946	浙江	讲师	1982～1983	调北师大环科所
197	李远航	男	1957	广西	团总支书记	1982～1985	调北京电影学院
198	祁　力	男	1956	北京	团总支书记	1982～1985	调中纪委
199	庄志荣	男		福建	讲师	1983～1985	调北京联合大学
200	沈小平	女	1954	浙江	教员	1983～1989	留学美国
201	刘金钊	男	1930		副教授	1983～1990	
202	虞立红	女	1961	浙江	副研 办公室主任	1983～2005	调北师大教务处
203	叶玲玲	女			讲师	1984～1985	调高教社
204	李　恂	女	1962	北京	团总支书记	1984～1986	移民美国
205	范卫红	女	1958	吉林	助教	1984～1988	留学美国
206	张亚立	男	1956	北京	副教授	1984～1990	调北师大出版社
207	郝建设	男	1962	北京	工人	1984～1990	调北师大图书馆
208	刘　稷	男	1961	北京	讲师	1984～1991	离职
209	乐寒梅	女	1942	湖南	实验员	1984～1992	调到北师大理科学报

续表

序号	姓名	性别	出生年份	籍贯	职称职务	在职时间	备注
210	李向东	男	1962	山东	助教	1984～1992	留学美国
211	江春祥	男	1965	北京	会计	1984～1997	调北师大资源所
212	马安成	男	1961	河北	教员	1986～1991	留学美国
213	赵　葵	女	1964	北京	实验员	1986～1991	留学美国
214	赵　烨	男	1963	陕西	教授	1987～2007	调北师大环境学院
215	史培军	男	1959	陕西	教授 系主任	1988～1997	调北师大资源所
216	陈　晋	男	1967	山西	副教授	1988～1997	调北师大资源所
217	邱维安	男	1948	北京	司机	1988～2008	
218	高伟华	男	1966	辽宁	团总支书记	1989～1990	离职
219	胡　江	男	1956	四川	讲师	1990～1998	调国土资源部土地整理中心
220	贾　炅	男	1966	内蒙古	讲师	1990～2000	留学美国
221	田晓平	男	1962	北京	实验员	1991～1993	离职
222	于　芳	女	1966	山东	讲师	1991～1995	留学美国
223	仪垂祥	男	1955	内蒙古	副教授	1991～1998	美国
224	姜秀梅	女	1963	北京	助研 办公室主任	1991～2013	调北师大研究生院
225	田　辉	男	1968	山东	团委书记	1992～1997	调北师大团委
226	黄军旗	男	1956	山西	副教授	1992～1997	调北师大资源所
227	管　丽	女	1955	辽宁	讲师	1993～2000	美国
228	宗跃光	男	1952	河南	副教授	1993～2002	调南京大学
229	杜　群	女	1968	浙江	讲师	1994～1997	调北师大资源所
230	闫建平	男	1957		副教授	1995～1996	
231	黄崇福	男	1958	云南	教授	1995～1997	调北师大资源所
232	谢昆青	男	1957	陕西	副教授	1995～1998	调北京大学
233	张　微	女	1960	辽宁	科员	1995～2002	调北师大图书馆
234	江　源	女	1960	甘肃	副教授	1996～1997	调北师大资源所
235	郝　冰	女	1972	黑龙江	讲师	1996～2000	调自然之友
236	王雯菲	女	1975	湖北	团总支书记	1997～2000	留学美国
237	张　红	女	1972	安徽	讲师	1997～2005	调遥感卫星地面站
238	张素丽	女	1963	山东	讲师	1998～2004	移民加拿大
239	储齐人	男	1950	江苏	实验师	2000～2001	调北师大心理系

续表

序号	姓名	性别	出生年份	籍贯	职称职务	在职时间	备注
240	戴永久	男	1964	湖南	教授 院长	2002～2009	调全球变化与地球系统科学研究院
241	张 晶	女	1967	辽宁	副教授	2004～2009	调全球变化与地球系统科学研究院
242	刘 锐	男	1957	四川	教授	2004～2011	离职
243	刘术艳	女	1976	辽宁	讲师	2005～2007	美国
244	刘冷馨	女	1979	黑龙江	团委书记	2005～2008	调北师大外事处
245	杜春光	女	1978	吉林	教学科研秘书	2006～2008	调北师大教务处
246	叶爱中	男	1978	安徽	讲师	2007～2009	调全球变化与地球系统科学研究院
247	林小鹃	女	1984	福建	助研 团委书记	2009～2013	调北师大科技处

注：按在职时间排序

附录 4　博士后名录

序号	姓　名	性别	进站时间	出站时间	备注
1	伍永秋	男	1995 年 7 月	1997 年 9 月	
2	闵祥军	男	1997 年 1 月	1999 年 9 月	
3	宋金平	男	1997 年 7 月	1999 年 9 月	
4	杨　华	女	1999 年 7 月	2001 年 6 月	
5	袁建平	男	1999 年 7 月	2001 年 6 月	
6	阎广建	男	1999 年 8 月	2001 年 6 月	
7	蔡玉梅	女	1999 年 8 月	2001 年 7 月	
8	任东明	男	2000 年 7 月	2002 年 4 月	
9	苏理宏	男	2000 年 9 月	2003 年 4 月	
10	张立新	男	2000 年 11 月	2002 年 8 月	
11	刘绍民	男	2001 年 6 月	2003 年 7 月	
12	王鹏新	男	2001 年 7 月	2003 年 7 月	
13	窦　群	男	2002 年 1 月	2009 年 12 月	退站
14	朱忠礼	男	2003 年 3 月	2005 年 1 月	
15	李春晖	男	2003 年 7 月	2005 年 6 月	
16	张宇清	男	2003 年 7 月	2005 年 7 月	
17	杜克平	男	2003 年 7 月	2006 年 1 月	
18	辛晓洲	男	2003 年 8 月	2006 年 3 月	
19	李　慧	女			
20	吴险峰	男	2003 年 8 月	2006 年 4 月	
21	温仲明	男	2004 年 5 月	2007 年 7 月	
22	张吴明	男	2004 年 6 月	2006 年 6 月	
23	刘志刚	男	2004 年 7 月	2006 年 8 月	
24	肖志强	男	2004 年 9 月	2006 年 1 月	
25	赵彦伟	男	2004 年 9 月	2006 年 1 月	
26	吴春华	女	2005 年 1 月	2007 年 1 月	
27	宋小宁	女	2005 年 1 月	2009 年 6 月	

续表

序号	姓　名	性别	进站时间	出站时间	备注
28	王　军	男	2005 年 5 月	2009 年 9 月	
29	耿修瑞	男	2005 年 6 月	2007 年 1 月	
30	廖万金	男	2005 年 7 月	2007 年 6 月	
31	廖赤眉	男	2005 年 9 月	2009 年 6 月	
32	曹　康	男	2005 年 12 月	2007 年 12 月	
33	杜永明	男	2006 年 1 月	2008 年 12 月	
34	邱淑兰	女	2006 年 7 月	2008 年 1 月	
35	徐　凯	男	2006 年 7 月	2008 年 6 月	
36	郭建侠	女	2006 年 7 月	2008 年 6 月	
37	胡　刚	男	2006 年 7 月	2009 年 6 月	
38	张国明	男	2007 年 7 月	2009 年 7 月	
39	王树东	男	2007 年 7 月	2009 年 8 月	
40	朱　凌	女	2007 年 7 月	2009 年 7 月	
41	仲小敏	女	2007 年 9 月	2009 年 7 月	
42	李世华	男	2008 年 4 月	2010 年 1 月	
43	程　洁	男	2008 年 7 月	2010 年 1 月	
44	邸凤萍	女	2008 年 7 月	2010 年 1 月	
45	赵小芳	女	2008 年 7 月	2010 年 1 月	
46	程华琼	女	2008 年 7 月	2010 年 6 月	
47	孟庆岩	男	2008 年 7 月	2012 年 7 月	
48	付新峰	男	2008 年 9 月	2010 年 11 月	
49	黄俊雄	男	2008 年 11 月	2010 年 11 月	
50	王　翼	男	2009 年 1 月		联合培养
51	卢丽萍	女	2009 年 1 月		联合培养
52	赵　旭	男	2009 年 6 月	2011 年 1 月	
53	郭　伟	男	2009 年 6 月	2011 年 7 月	
54	李　媛	女	2009 年 6 月	2012 年 2 月	
55	郭熙凤	女	2009 年 6 月		
56	韩　鹏	男	2009 年 9 月		
57	程　杨	女	2010 年 9 月	2012 年 7 月	
58	杨大兵	男	2010 年 9 月		

续表

序号	姓　名	性别	进站时间	出站时间	备注
59	王　兵	男	2011 年 7 月		
60	高丽丽	女	2011 年 9 月		
61	蒲　晓	男	2012 年 6 月		
62	花　菲	女	2012 年 6 月		

注：按进站时间排序

附录5　校友名录

本科生

京师大学堂优级师范科第一届(1907年)史地类毕业生

32人(未查到名单)

京师大学堂优级师范科第二届(1909年)史地类毕业生

28人(未查到名单)

北京高等师范学校第三届(1916年)史地部

曹鸿文　陈朱虬　杜秉义　丰桂丹　冯祖铭　傅绍曾　高秉纲　高荣魁　金传珩
林　干　林乃腾　卢书勋　陆承赉　陆光宇　孟世杰　俞肇康　袁藩夏　张大栻
张宗良　章微颖　赵俊明　赵夔龙　郑定谟　周　梁

北京高等师范学校第四届(1917年)史地部

杜丕功(杜斌丞)　房玉辉　郭　翊　黄守性　李泰棻　练　璋　林翰儒　林时学
刘渭广　卢广镕　毛保恒　盘　璧　秦儒杰　孙宝贤　孙耀华　武学易　夏光南
夏建寅　徐懋秩　许锡安　许　毅　姚裕源　张金书　张羡东　赵　铸

北京高等师范学校第六届(1919年)史地部

程国璋　楚明善　董成昭　刘裕序　苏从武　孙尔昌　王继儒　王金绂　魏继祖
熊梦飞　徐鸿逵　薛起昌　殷祖英　曾善祥　张景贤　张润芝　张森祯　张兴礼
周汝华　庄尧年

北京高等师范学校第七届(1920年)史地部

蔡祖陈　曹葆清　曹树坚　常乃德　范光珺　方庆尧　高鸿威　高文敏　郎宗林
李永清　刘　勍　刘　爽　柳报青　卢成章　米增兆　曲灿文　施俊霖　孙成乐
王德本　王　价　王维升　王希禹　吴相如　武庆云　杨逢时　杨蕙田　叶明辉
叶尚宽　张佩铭　赵　贵　郑霆升　钟　瑞　朱建勋　邹日昆

北京高等师范学校第八届及第九届教育研究科(1921年)史地部

陈春阳　崔士杰　丁颂卿　丁镇华　韩兆颚　江奂若　李蓬源　李树竣　李荫清
刘百衡　刘殿魁　刘广震　吕士熊　罗　鲲　彭晋云　乔长汉　宋仁龄　王　昺
王耀卿　魏凤标(魏野畴)　邬翰芳　萧　澄　杨秀峰　赵　炳　赵鸣钧　郑朝楹

北京高等师范学校第十一届及研究生科(1923年)史地系

楚图南　丁声玉　董寝滋　傅鳌(傅角今)　侯毓春　黄肇吉　贾逸君　李铭文
梁绳筠　蔺植春　邵　侪　盛叙功　宋志刚　童裕恩　王燮阳　王　邺　徐作樑
杨玉如　于炳祥　曾纪堂　张培伦　赵东济　周传儒　庄观澜　邹宗儒

北京师范大学第十二届(1924年)史地系

狄观图　丁　裕　冯光荣　冯世称　高拱宸　古　典　谷凤池　韩致温　胡治陈
李骐年　李新河　李郁文　李钟骥　任成德　宋文藻　苏荫楠　王恩爵　王鸿度
王　迥　王云瞿　杨桂林　杨如桐　元汝琳　袁守泉　张荣春　张　桐　张元凯
钟存荣　钟　岚

北京师范大学第十三届及第一届研究生科(1925年)史地系

崔士杰　高荣魁　贾俊奇　姜松年　蒋崇谦　梁　杰　逯义芳　罗驭雄　孟宪章
孙耀华　孙祖绳　汤学庸　汪汉宗　王燮阳　王振江　王钟鹏　王作宾　翁　德
吴　琬　徐晋沄　杨田政　姚长龄　张登魁　张明德　张莆沺　章条昌　郑资约
钟　瑞

北京师范大学第十五届及第二届研究生科(1927年)史地系

鲍冠英　曹荃荣　曾湘彦　陈　圣　楚中元　冯光荣　高拱宸　高淑芳　耿光汉
韩镜明　李荣官　李树峻　李文典　李玉华　刘垂萱　刘家芝　刘　瑛　吕鹏龄
邱朝注　苏玉琢　王　邺　徐光民　徐鸿逵　杨惠田　杨新声　殷宗甲　张炳垣
张鸿翔　张锦光　张　震　赵章云　朱元铭　宗家瑞

北京师范大学第十六届(1928年)史地系

丁知之　乔照然　任子男　铁　铮　王绪兴　尹梦笔　张景澜　张淑良　赵吉元
甄　波　周　右

北京师范大学第十七届(1929年)地理学系

单　宣　邓时逢　郝超薰　李　淑

北平师范大学第十八届(1930年)地理学系

吴大猷　萧　萱　詹子高　周清缉

北平师范大学第十九届(1931年)地理学系

何斯瑾　王希哲　王英联　鄢　瑞　延广誉　张　鑫

北平师范大学第二十届(1932年)地理学系

常履贞　傅彩琴　蒋　恂　刘德徽　卢蕴璋　倪建德　王心正　杨喜英　尹榴英

北平师范大学第二十一届(1933年)地理学系

白鸿书　李世平　王世芳　王书田　王泽泉　杨梦花　邹豹君

北平师范大学第二十二届(1934年)地理学系

白汝漪　房锦堂　高玉钟　靳福祥　孔福民　李春堂　李兴渠　刘德徽　龙世芳
聂贵华　史麟祥　陶　桂　王瑞云　王　映　王作楫　席尚谦　袁之峻　张恩护
赵钟勋　周治典

北平师范大学第二十三届(1935年)地理学系

白鸿书　陈娇男　狄承青　董蕴荣　高玉钟　郭克明　郭秀敏　靳福祥　孔继升
李春堂　尼淑英　沈滋兰　万方祥　王　映　姚殿杰　张葆庵　张传薪　张儒翰
张诗仙　张守信　张天泰　张维干　张隐仁　张子祯　赵毓岷　周孝宗　周振唐

1936届无毕业生：1932年下半年，北平师范大学历经教育部命令停止招生、取消师范大学的风波，未招生

北平师范大学(1937年)地理学系

程为箴　何　让　姜玉鼎　李国耀　李立楷　李兴渠　李燕昌　刘世琦　刘之彤
刘子镇　盛福尧　王　澄　王　恒　王　暎　王振鸿　萧廷奎　杨文肇　张景华
赵其芳　赵书文

北平师范大学(1938年)地理学系

韩宪纲　黄绍鸣　梁广模　梁祥厚　卢蕙如　牛传钦　荣若绅　王毓梅　张中会
赵廷鉴　郑象铣

北平师范大学(1939 年)地理学系

皇甫珪　吉作哲　贾秉温　焦福星　林一山　卢念祖　王成敬

北平师范大学(1940 年)地理学系

金瑞莘　刘培桐　屈履泰　田世英　薛贻源　杨建勋　袁　昭　赵寿祺

北平师范大学(1941 年)地理学系

艾去病　白　健　陈元德　韩　芳　李国英　李永声　倪　颖　庞丕统　王秉成
王启明

北平师范大学(1942 年)地理学系

白淑贞　陈黛莉　陈毓庄　董益蓉　高文鸾　郭正和　黄素一　贾玉兰　焦　谦
刘春麟　刘海阔　刘琳琲　刘芝城　卢念能　罗文芳　马瑞芝　秦家遯　田宝璜
王　敬　王之燕　阎丙辰　袁书玉　张桂珍　张基绍　张淑敏　张奕华　张玉华
张志秋　赵瑛阶　赵贞元　朱学郭　庄开正

北平师范大学(西北 1943 年)史地系

曾德荃　陈克爽　董文朗　韩梅芬　刘思诚　戚式循　任君实　谭文印　万芳琼
王铎章　王维民　王震义　姚子舜　袁重华　张良珠　赵汇泽　周肇锐

北平师范大学(1943 年)史地系

安桂芝　陈洪文　陈汝辉　陈树亭　陈毓龄　高冠众　郝宝贞　何泽定　李淑瑛
李文秀　刘庆墀　鹿怀清　寿纪佺　孙素志　田本裕　汪恩源　王文彬　吴敬敏
吴砚华　邢育轩　阎月秋　应成祥　月淑璋　岳廉礼　张 * 言　张腾凤　张之屏
周　琬

北平师范大学(西北 1944 年)史地系

崔弘毅　耿福冒　龚积善　郭怀银　郭嘉桓　郭嘉植　郭效良　胡敬主　李效纲
梁鹤鸣　刘朝贵　刘承五　刘显仁　龙　章　马福善　马英莪　尚锡经　孙崇基
孙兰芳　田丰年　王彦信　王振华　王之政　吴文秀　席孔昭　杨茂修　杨友蓉
张慕虞　张秀灵　张逸芳　张玉珩　赵　铭　朱士琪

北平师范大学(1944 年)史地系

白桂琴　戴玉贞　樊曼君　范　琦　傅　毅　冷淑贞　李蕴华　刘鸿志　刘晶葳

刘瑞荣 孟广溶 尚树芝 盛兆琦 石鸿璧 宋玉珍 王树勋 杨荣竹 俞 敏
张荣第

北平师范大学(西北 1945 年)史地系

艾海泉 曾汉华 陈第棻 陈积禄 陈英坡 丁争荣 杜正明 段宗三 樊化南
方冠方 封中定 冯泰鑫 胡秉让 胡伯才 胡山农 李炳文 李根固 李鸿藻
李书田 梁昌彦 刘尚志 刘寿琳 刘叙宝 刘仲夫 马 忻 聂培德 牛振业
乔森茂 秦毓荃 闫同宪 尚世英 史承斋 孙嘉鼎 田淑贞 童永康 万 良
王伯生 王建槐 王廷琳 王通传 王学斌 王学谟 王贻选 谢志纯 徐永章
薛淑静 杨春秀 杨东皋 姚作兴 张 辰 张允衡 赵宝俊 赵以庄 朱仵梓

北平师范大学(1945 年)地理学系

杜维静 洪绍文 胡宝城 刘效良 聂云鸿 秦嘉贡 宋鸿年 汪广平 王韵秋
翁友春 徐 耀 宣桂清 张 杰 张素文 郑福蕙

北平师范大学(西北 1946 年)史地系

陈槐古 费昌仁 高晋卿 高升泰 金鸿范 冷 渊 李德俊 李玲善 李荣滏
李志岗(未毕业从军) 刘朝贵 刘遵海 罗耀武 任乐天 尚长江 宋茂恒
孙效康 陶立范 王 蕙 王 鉴 王润苍 王文熙 谢锦章 徐贵重 许步云
阎成新 阎贵仁 杨育堃 杨允宁 张从逸 赵乃信 郑 钧 郑瑞华 朱同先

北平师范大学(1946 年)地学系

姜润宇 申庆荣 宋春青 苏建藩 唐树琈 田 英 王 锐 王兴启 夏荣峰
杨克明 张毓崧 赵世祯 赵淑梅 赵淑玉

北平师范大学(西北 1947 年)史地系

白鉴清 程敬箴 郭柏年 郭文藻 何汝璧 黄 铎 贾有惠 贾志杰 焦九锡
雷允中 李景曜 李玲善 李庆典 李荣典 李为善 李秀琴 李园林 刘德生
马文卿 马永福 庞锦龙 彭树梅 乔曾瀛 屈希哲 申致敏 宋学濂 铁鸿鹄
王枫柚 王观杰 王 峻 魏登晋 魏玉文 吴岳泰 徐五福 严景遵 阎擎宇
阎镇国 杨治宋 于守珍 张 超 张国潘 张恒渤 张作摸 郑 钧 周维新

北平师范大学(1947 年)地理学系

白传心 陈穆女 陈树生 邓树义 关乃和 刘润兰 庞锦春 魏文泽 张 浚

钟　榷

北平师范大学(1948年)地理学系

褚继良　高铎远　高士林　贡承先　何定涛　呼润民　贾志杰　马文卿　石桂岭
孙瑞祥　孙少川　孙正才　王洪文　郗吉庆　阎擎宇　杨治宋　张　超　张　洪
卓英哲

北平师范大学(1949年)地理学系

安震泽　陈俊卿　陈慕琴　陈英实　陈玉华　杜玉林　樊蕙贞　范元彬　方其辉
高家驹　高维普　韩茂森　何宗兴　贺建基　黄纯曙　纪经明　孔祥生　李涵畅
李坤华　李梦乔　李　明　李　荣　李振泉　梁秀荣　刘承泽　刘培新　马炳麟
宁学臣　宋　宸　宋淑忱　孙士存　孙　恕　童恒祥　涂慕莹　汪名林　王树声
吴桂荣　杨素容　杨云卿　伊佩衡　易光轸　余祚贞　张殿富　张鸿亮　张金瑞
张　琦　张汝宾　郑　林　周福云　周锦琳　周庆玺

北京师范大学1950届(1946级1946～1950年)地理系

白　耀　常振家　车质彬　陈中一　丁峥嵘　亢殿选　李宏绪　李靖埏　李茂林
李慕贞　李善芳　林善西　潘祖虞　沙　汶　孙寿荫　陶文林　田继宗　王育璋
徐敬熙　杨春秀　杨志诚　张家兰　张逸芬

北京师范大学1951届(1947级1947～1951年)地理系

段宝林　高连生　何金铸　贾懋谦　李　诚　李风林　刘嘉龙　马淑贤　彭家杞
任金城　石宝琛　石照明　田世棣　张武堂

北京师范大学1952届(1948级1948～1952年)地理系

陈永山　程名华　方其辉　梁其璞　王　锟　武吉华　张　琦　周崇经　邹迺慎

北京师范大学1953届(1949级1949～1953年)地理系

曹家欣　陈国新　段　森　酆慧兰　傅立勋　高本华　关伯仁　韩学道　郝允充
李渤伦　李华章　李景波　李文华　李　霞　刘逸浓　刘永新　孟德政　潘履诚
孙金鳌　王恩民　王振弟　许贵计　闫迪臣　杨溥田　张静宜　张如一　章文溶
赵　济

北京师范大学1954届(1950级1950～1954级)地理系

陈家琏　戴鹤之　戴玉生　谷敬祖　贾旺尧　李天杰　李之保　刘　濂　马瑞俊

闵华敏　彭庆祥　祁洪光　王凤阙　王华东　王者海　邬翊光　张慰组　朱云生
邹亚明

北京师范大学1955届(1951级1951～1955年)地理系

陈冠云　褚广荣　杜　通　冯良植　傅　维　贺竹厂　贾长河　姜廷楷　蒋望安
金慧英　金祚德　李蓬莱　刘　玉　牛焕光　裴新生　宋兆谦　吴谨如　吴志远
熊金波　杨继仁　喻　正　袁伟伦　赵秋鸾　郑妙琼　朱元冬

北京师范大学1956届(1952级1952～1956年)地理系

卞干年　陈继述　高如珊　黄可光　蒋荣林　蒋允吉　焦景华　李文霞　李燕芬
林汝耕　林作群　刘滨和　刘吉祯　齐洪涛　任亚龄　孙承煌　唐　海　陶云虹
王美珍　王容芳　吴东郊　吴履平　吴淑娴　杨　涵　吴廷辉　徐振溥　叶国贤
于迎西　张黄勤　张兴修　张振春　郑长在　周开群

北京师范大学1957届(1953级1953～1957年)地理系

曹云岫　曾繁辉　陈洪宽　陈鸿强　陈政勇　成　瑛　范泽墀　侯彦周　侯钟焕
黄德芬　黄佩绵　黄士奇　蒋喜生　黎文楠　李必谦　李灿尧　梁颖仪　刘福琴
刘淑云　刘树青　刘尉军　刘振宇　马新义　任登朝　史道一　孙凤楼　孙振康
汤钟赞　唐淑如　王万芳　巫家襄　吴　铎　吴志渊　项国荣　谢淮耘　许嘉琳
许义海　杨楚君　杨国华　杨金城　叶姚贺　余琼章　张爱芬　张桂祥　张惠敏
张路义　张庆缘　张　新　郑裕敏　朱光康　邹文发

北京师范大学1958届(1954级1954～1958年)地理系

安增寿　蔡健康　蔡　钰　曹富有　柴令文　陈敏初　陈世德　程静芬　戴汉生
傅蕙衡　高乾德　谷惠兰　关景龙　管美贤　郭谦逊　胡曼涟　贾文翊　江葆康
蒋竺奎　晋佐发　睢嘉平　寇俊周　赖增牧　李东军　李光天　李文源　刘以兰
栾淑仁　吕德玺　毛昭辉　明世钧　潘永康　彭润平　蒲兆荣　丘思聪　施景学
沙拉买提　石玉麟　时金根　孙蓉莉　孙毓洁　汤德善　唐世奎　田佩璋　王克平
王佩琪　王守廉　王文贵　王文贤　王锡静　王镇光　魏淑彦　吴在蓉　肖明彬
徐宝廷　杨德越　杨昭辉　殷娴美　张坚侣　郁光影　翟博生　张玉庚　赵唯张
周菊奎　周湘亭　周则凤　朱学政　庄义进　邹洁卿　邹连观

北京师范大学1959届(1955级1955～1959年)地理系

蔡体良　曹克强　陈伯章　陈传德　陈晋华　崔宝忠　刁传芳　方开路　冯国芬

冯嘉萍 高培莲 高敢申 高云卿 戈寄尘 郭月珍 何铭珍 黄茂勋 黄美英
黄祥康 黄雨霖 金爱礼 李凤英 李敬珍 李明金 李天任 李文静 李长英
李卓侯 连宏源 梁振镒 林启明 林宗节 凌沛君 刘淑梅 刘铜文 卢云亭
马俊敏 潘定国 祁雅廉 任培林 沈振芳 时其芹 宋耀光 宋英飞 孙茂金
孙云仙 汪家兴 王殿清 王发龙 王继增 王守廉 王渭俊 王盈昌 王宗国
魏兴明 吴思敬 吴相宏 吴兴汉 吴毓冥 吴月华 吴兆钧 夏良炉 项其意
徐济安 许冠玉 阎超众 叶志华 阎惠林 杨 立 于庆印 虞相才 张福亮
张惠坪 张舜裔 张秀荣 张长生 张自强 赵兰英 赵天新 郑思铨 郑新生
周君达 周青云 朱国荣 朱国兴 左奉坛

北京师范大学1960届(1956级1956～1960年)地理系

蔡佩勇 蔡允武 陈敦义 陈鸣达 陈郁华 陈志刚 程锦美 方惠源 冯思麟
葛怡禔 古汉如 顾也萍 郭瑞涛 何忠明 衡宗英 黄企明 嵇训炫 黄毓灵
季和子 姜固中 蒋行慈 金 符 金淑章 金在邦 康志瑛 赖文瑢 赖增牧
李鼎馥 李佩珍 李思敏 李 涛 李希礼 李泽喜 李增昌 李志瑗 励月珍
梁蕙香 林福海 林汝舟 林荫堂 林永才 凌荫崧 刘桂贞 刘世栋 刘天霞
刘五峰 刘兴汉 刘卓澄 卢惠娟 陆希汾 罗文斌 毛秀英 潘宝林 潘祖虞
齐应莺 钱瑞梁 秦福庭 任森厚 石志刚 史曼玲 宋福田 苏玉玲 孙克勤
孙淑兰 孙毓苓 涂美珍 屠清瑛 万保之 王德华 王国烘 王厚本 王均维
王荣斌 王绅孔 王淑敏 吴寿鑫 徐大业 徐金璋 徐静莉 徐士戈 徐文佩
薛纪渝 阎国藩 杨良琳 杨述贤 杨永和 叶于彬 殷宗慧 于 海 余慰初
余希慈 张爱芳 张风梧 张景林 张 坤 张立成 张丽君 张六政 张润生
张万钟 张兆鑫 张珍基 张 钟 章嘉树 赵尔纯 赵赓华 赵秀芳 郑可琴
郑松莉 钟广娣 钟骏襄 朱文郁 卓英震

北京师范大学1961届(1957级1957～1961年)地理系

班士舜 布仁多楞 蔡尚志 曹述互 陈柏林 陈家暖 陈乃先 陈淑云 陈余忍
程伟民 丁成儒 董文敏 范文化 方 构 房淑云 傅俊蓉 高明新 郭维泳
胡宏贵 胡晓谦 惠萩生 金 陵 赖 澄 李光正 李连惠 李佩英 李 文
李玉明 李裔云 李占春 李志贤 刘改有 刘金书 刘学智 刘占水 陆长志
马惠林 孟广和 施国芬 史家林 宋铭身 孙纪庄 涂纪恒 王绿茵 王淑华
王秀平 王 元 魏焕章 魏金周 魏昭启 徐精华 徐善能 阎维卿 杨国栋
杨介林 杨锦光 杨秀霞 姚蓉儿 姚以文 叶桂英 张敦富 张化义 张连春
张品元 张菀莹 赵恩荣 郑建晞 郑子斐 周有双

北京师范大学 1963 届(1958 级 1958～1963 年)地理系

安瑞云　曾广健　陈宝林　陈林福　陈守玉　陈　昕　陈　英　陈永昌　成汝霖
池明华　崔秀枫　董绍明　范克臻　高培英　高铁安　郭宝森　郭光玺　过秋泉
侯本梅　侯春安　侯国强　胡雪钧　华有才　黄锡钊　贾作民　蒋元观　金有龙
亢祥仁　李念机　李绍俭　李维有　李文秀　李运金　李蕴琦　梁少玲　刘虎矩
刘开岚　刘锁臣　楼礼坦　陆银龙　罗善祠　孟繁明　裘鑫炎　邵长明　石恕文
苏敬仪　隋福田　孙经惠　孙兴根　王邦绪　王　栋　王鸿增　王文昌　王玉彬
王筱楚　王学林　王学秀　奚　冰　肖为先　肖修明　徐　诚　徐依铭　许得增
许玉海　闫克忠　杨景章　杨裕山　叶广礼　伊岱英　易植刚　于　澄　于建贵
翟立民　张爱国　张鼎新　张风翊　张广礼　张俊升　张明弟　张清海　张万智
赵成彦　赵平福　赵荣先　朱元康　庄可颖　宗世铎　左淑惠

北京师范大学 1964 届(1959 级 1959～1964 年)地理系

柏文明　曾荣轩　陈代梧　陈广珠　陈国民　陈元涛　陈长庸　褚文杰　戴尔君
戴屏野　高培英　龚胤苏　贺建芬　胡立功　黄凌云　黄　敏　贾发仁　焦俊文
金元瀑　孔繁信　雷宏江　李玉玺　李宗强　梁永明　刘广鹏　刘清泗　马大明
马维鹏　缪　瑞　秦学淑　宋树恩　孙秋生　汤书明　王大蓉　王　刚　王国文
王继衡　王梦周　温广铭　伍为民(原名伍治民)　夏远东　萧成山　徐庆华
闫美华　羊凌方　杨连凤　杨荣坚　杨　武(原名杨举才)　杨仪贞　由彩霞
张德坤　张恩泽　张明莳　张庆祥　张学林　张振祥　赵继德　赵喜明
朱　磊(原名朱泰昌)　丁秀琴

北京师范大学 1965 届(1960 级 1960～1965 年)地理系

阿伊尼莎　车承芬　陈凤英　陈俊华　陈敏铭　陈秀容　陈炎离　陈云玲　程连生
道尔基　邓志敏　冯美文　管泽祥　郭成德　郭春花　郭元培　郝占山　何炳华
贺　新　黄健生　黄水福　江本荣　姜建华　姜日明　焦书乾　金永春　康达桩
孔祥德　匡献庭　兰文敬　李国英　李吕金　李世林　李先春　李　琰　李永祥
李长润　刘大年　刘久珍　刘俊义　刘明坤　刘素梅　刘智勤　刘宗武　罗爱娟
吕书文　马景寿　茅念新　苗连枝　蒲恩竹　钱宗和　乔华秀　秦钦堂　屈　强
阮荣珩　宋延洲　宋有庆　孙寒雪　陶家元　王贵兴　王焕荣　王金星　王清元
王荣芬　王　胜　王世泽　王素绵　王秀全　王之伦　王宗义　魏建华　向宗依
肖承俊　肖发全　阎家恒　杨其昌　杨运维　杨正居　姚媛媛　叶康先　尹邦跃
余贤朴　张珩栋　张诗清　张文武　张燕娟　张元金　张振华　张忠孝　张卓仁

章水根　甄必芙　郑良美　周纯茹　周伦启　周廷全　邹菊兴　邹瑞英

北京师范大学1966届(1961级1961～1966年)地理系

陈光伟　崔柏年　崔体广　丁立仁　方锡林　方振威　方志铨　冯聪敏　高祥集
耿富荣　贺雅娟　黄紫英　李福根　李　江　李圣文　李树春　连世权　林基友
林玉珠　刘宝华　刘富娟　刘一鹏　刘一山　刘运令　陆计明　罗秀英　罗　勇
马桂荣　纳爱琼　沈荣祥　孙武合(原名孙五合)　谈子然　滕鸿玲　王秀敏
王雅楣　奚国金　邢文昌　许昌祯　杨玲娥　袁国亭　张　超(原名张昌保)
张增顺　郑文灿　周立民　朱明山　祝全杰　邹香莲　邹幼琳

北京师范大学1967届(1962级1962～1967年)地理系

陈立德　陈汝联　陈宗兴　崔承仁　丁继承　高铁治　顾文选　郭震远　洪国卿
侯敬波　黄志思　纪昌达　姜淑卿　金贻国　景建新　李经祥　李世蓉　林可彬
刘春荣　刘缇萦　刘　敏　刘文琴　刘艳荣　马方明　齐露宾　秦嗣绥　邱长富
瞿正昌　阮绪光　孙芙蓉　王永昌　王之伦　吴重远　谢梦梦　张立康

北京师范大学1968届(1963级1963～1968年)地理系

陈丽芳　陈胜生　池宏康　邓淳华　杜金岭　杜开锐　郭友蒲　郝新华　贺乔奇
侯爱兰　李淑明　李正华　刘琴华　刘淑珍　刘尊峰　鲁荣霞　马孝纯　门凤祥
缪培德　邱贤泽　曲籍田　唐启文　王秉珊　王洁卿　王沛泽　魏岱熙　吴国豫
吴巧兰　夏连瑞　肖君亮　谢谷兰　徐汉光　徐宏田　尤广蕴　岳瑞艳　张其祥
张秀林　张致蓉　赵秉栋　赵怀儒　赵纪勤　朱来东　朱肖蓉

北京师范大学1969届(1964级1964～1969年)地理系

陈晶勋　从治康　戴丽华　高廷珍　龚秦纪　顾人和　郭同振　郭　英　郝永三
槐树芳　黄伯林　黄宗强　姜庆根　孔繁德　刘淑琪　栾德兴　潘葆宇　宋淑贞
唐盛武　田小恩　王钧广　王难生　王泉河　王淑芳　王秀英　魏伦华　吴国语
吴翔云　徐美珍　徐三计　杨含璋　叶耀文　翟富云　张光展　张来有　赵学勇
周伯谦　周风花　朱天运

因文化大革命影响，1965级同学转系，后停止招生，直至1973年开始招收工农兵学员

北京师范大学首届工农兵学员(1973～1976年)地理系

常志海　陈志山　戴景礼　戴玉敏　丁锡玉　董志勇　关翠兰　侯　林　胡世杰

焦文利　金雅玲　李德强　李文龙　李振武　刘鼎铨　刘建国　刘兰珍　刘淑兰
刘显忠　马淑玲　闵乃林　申伯金　石　韧　王汉清　王惠兰　王灵芝　王淑芝
王秀荣　王振中　吴淑清　邢彦峰　徐连二　张树青　赵文深　郑立荣　郑万山
郑秀英　周占斌　宗国琴　左文科

北京师范大学第二届工农兵学员(1974～1977年)地理系

艾荣芳　白元英　范雨启　高秀林　胡国浩　胡元忠　胡振云　贾长春　降庭梅
焦玉芳　刘凤荣　刘桂萍　刘援朝　刘增森　刘长德　刘忠泽　骆健军　马宝霞
穆甫才　穆祥智　秦　旺　冉景凤　宋德恒　宋　慧　孙志琴　王桂芬　王桂荣
王　江　王淑霞　王毓林　苑向阳　张　健　张永旺　赵秉辉　周德建

北京师范大学1981届(1977级1978～1982年)地理系

(恢复高考后第一届学生，1978年3月入学，1982年2月毕业。
至此，学制恢复为本科四年制)

白振平　卞　玲　陈长思　程　宏　程志刚　杜广慈　冯　真　韩英英　何妮妮
金　健　乐平兰　李天璐　李燕军　林宁辉　刘　杰　罗曼嘉　马小莹　孟　白
倪　挺　彭建军　祁　力　钱小芙　曲小波　容　耀　邵雪梅　申永明　陶礼文
万维刚　王福强　王　民　王晓东　韦志榕　温　良　吴向前　象伟宁　叶立梅
殷志刚　于德深　余存龙　张立新　张　强　赵桂珍　郑文华　周启鸣　朱　江
朱陆真　宗跃光

北京师范大学1982届(1978级1978～1982年)地理系

白云升　陈　动　陈浩钿　陈　力　成　舜　范嘉泉　郭　谦　郭造强　何　祥
侯文通　胡存智　黄康权　黄正光　鞠旭照　李海文　李玉轩　李远航　刘　棣
刘　坚　刘景双　刘子午　马永红　马长辉　裴广魁　邱维理　石登荣　时晨生
宋　起　谭惠卓　唐殿杰　唐荣湘　王成瑶　王　岚　王　丽　王日升　王希穆
王振江　夏为军　杨　卓　叶持耀　郁　斌　袁　优　张海霞　张　华　张素娟
张志军　赵　宁　周　彬　周　冰　周绍宇

北京师范大学1983届(1979级1979～1983年)地理系

陈世斌　程　柯　董　翀　杜超英　甘予华　关秀玲　海　山　何　宇　胡　江
胡运军　金惠良　雷　磊　李　平　李秀彬　李雪莲　李忠敏　林文杰　刘爱荣
刘慧敏　刘慧霞　刘　芸　陆　军　马定国　莫　骄　秦　伟　任虞榕　邵周岳
沈小平　苏平贵　孙国华　孙继凤　汤虎良　唐建华　特木尔　王爱平　王微微

王　旭　王育京　王　岳　吴宇华　武雅婷　夏育民　许晓芳　杨　枫　杨　红
殷福才　虞立红　袁　朱　张　艾　张贵民　张海燕　张乐因　章　煦　赵建平
赵建新　赵宁曦　周尚意　朱阿兴　朱宏星

北京师范大学1984届(1980级1980～1984年)地理系

车文韬　陈瑞明　陈松苓　丁　萍　董跃虎　方修琦　关文荣　侯　锋　黄雨生
李　杰　李晋军　李　军　李丽萍　李少君　李慎伦　李栓科　李雪梅　李　恂
李　彦　梁　韬　廖赤眉　刘　鸿　刘　稷　罗秋宫　毛端谦　孟胜修　牟神州
平　静　钱冬林　秦玫芬　任世存　尚佳莉　孙冬冬　孙若梅　陶少坚　王　瑾
王　军　王康友　王铁军　王艳平　王岳平　王振丰　肖　慧　信亭荷　许安智
杨晓勇　杨运恒　杨志荣　叶　武　余冰心　张复明　张晓川　张远儿　郑凌志
周　苹　周　旗　周应华　周在泉　朱建德　朱　良　朱　玲　邹积林

北京师范大学1985届(1981级1981～1985年)地理系

安详生　包　翔　宝　胜　陈　捷　陈　敏　迟志敏　崔　岱　高　颖　葛岳静
关琰珠　郭学建　韩国义　呼日庆　姜　鸿　姜　鹏　蒋立红　蒋云红　李策进
李　刚　李晗涛　李　颖　刘慧平　罗永平　毛宛红　史妍媚　宋文杰　孙春凤
王　铁　王玉贵　吴永红　夏永霞　谢　云　徐　燕　徐　勇　严正风　杨　平
杨胜天　殷效彩　原　林　岳建华　张　魁　张利田　张　冉　张秀兰　张玉环
赵丽华　赵　烨　钟　茵　周凤杰　邹　竣

北京师范大学1986届(1982级1982～1986年)地理系

陈东伟　陈　敏　邓春朗　邓　辉　邓文胜　丁成日　范树印　范小冲　高青霞
贡　森　海春兴　韩广彬　郝润梅　宏　结　侯　林　黄妙芬　蒋清海　李春平
李　丰　李桂飞　李海萍　李　虹　李　健　李　静　梁品文　刘玉芬　罗荣生
马吉苹　牛祝田　沈朱飞　宋东刚　宋珊萍　唐　群　田　民　汪阳红　王昌佐
王　洁　王心平　王心源　吴　影　吴玉萍　肖汉平　肖明辉　谢伟平　熊建波
徐民英　徐宁彤　易代昌(易小迪)　尹　玉　余又生　张继慧　张　净　张　莉
张培燕　张琼霓　张香平　张晓宁　张玉清　赵　葵　周小梅　邹　铭

北京师范大学1987届(1983级1983～1987年)地理系

比拉勒丁　曾宇怀　陈春艳　戴银萍　段新安　范常忠(84年转入84级)　蔡晓红
冯仁国　冯万德　高　思　巩　劼　何树京　胡来林　胡友明　贾　利　贾　苹
康　华　李　宁　李岩梅　李子田　刘春鸿　刘军萍　刘天倪　刘　伟　刘振江

骆　青　马贺山　丘　山　邱　琼　舒雪来　孙树群　陶军德　田智慧
土尔逊·姑丽　汪晓梅　王洪权　王　涛　王卫放　王　晓　王学锋　辛晓利
杨建新　杨汝坤　尤努斯　于承锦　袁　青　张凤琴　张素娟　周建华　庄　为

北京师范大学1988届(1984级1984～1988年)地理系

阿孜古丽　曹纲跃　陈常松　陈　卫　崔　成　崔木顺　丁贤忠　段红霞　段景春
范　敏　傅奇志　付一静　高振青　郭海荣　郭鹏勤　何兴刚　何　雨　胡天新
黄林秀　黄文胜　贾铁飞　贾　文　李桂芳　李平涛　李　钦　林　波　刘素霞
卢从高　路　越　罗　洁　罗　静　马俊红　秦永先　卿晓红　石　伟　石　英
宋久成　孙爱民　唐胜成(85年转入85级)　童绍玉　王　慧　王雷廷　王廷辉
王兆辉　吴颖慧　吴　云　徐红宁　亚　伟　焉　明　杨建国　余　球　袁爱萍
张补雄　张春林　张国华　张锦屏　张卫星　张晓东　张晓丽　张忠南　赵川平
周世玲　周　熙　周振宇　朱俊勤　朱　群　朱　韬

北京师范大学1989届(1985级1985～1989年)地理系

蔡　莉　陈　晋　丁宇明　方秀云　冯东方　高伟华　龚红梅　郭小庆　韩　旭
黄　明　黄兴文　姜　红　蒋国鸿　兰　珩　李　宏　李军革　李　强　李延红
李月秀　李作明　梁运斌　廖志添　林春腾　刘　锋　刘锦法　刘　琳　刘育明
陆　凡　吕蕊莉　马　娟　马文华　马有清　米　楠　彭本荣　彭立新　乔志敏
孙　宇　唐胜成　汪四文　王春玲　王国林　王林增　王　玲　王　政　许　蓉
严　艳　严志强　杨春志　杨望春　殷　红　余世友　张京凯　张　伟　张炜前
张文新　张　昕　张颖质　赵红卫　郑霄梅　周　俊　周　谦　周　琼　周天蓉

北京师范大学1990届(1986级1986～1990年)地理系

白迎玖　曹俊忠　陈育峰　陈　元　刁　轩　杜昌明　杜　捷　范　文　冯文利
高　静　高　璞　合玉文　胡星星　胡玉倩　吉小梅　李东方　李显良　刘洪涛
刘继忠　刘　康　刘立新　刘文勇　刘艳秋　卢铁城　鲁宝华　路　群　罗承平
马胜福　马玉凡　美　多　潘天士　彭　湃　施为民　宋　彤　孙长立　唐仕忠
田　红　童　薇　王澄宇　王　刚　王　济　王　剑　王京红　王京露　王　玮
王　岩　魏丽萍　文立玲　吴飞鸣　吴红梅　吴志雁　夏　明　杨江林　于景伟
张根存　张显峰　张晓军　张学进　赵　波　赵　东　周立文

北京师范大学1991届(1987级1987～1991年)地理系

程翠烟　丁　利　范俊盼　高小龙　官　彤　官泳忠　郝传宝　贺海朝　黄　英

贾宇平　蒋胜兰　金　镝　康　靖　李琍娜　李风林　李　林　李　曼　李日岩
李首红　李向阳　李宗尧　刘　佳　刘　健　刘金昌　刘　钧　刘　祥　吕艳利
马关遵　马新阳　莫　武　彭司先　裘天云　饶英俊　石朝阳　宋剑霞　孙宏利
孙林杰　唐秀兰　田传平　万剑敏　王爱东　王桂红　王国平　王惠东　王　烈
温广志　吴唐生　吴　勇　肖承椿　谢叙祎　徐卫权　许波江　杨承强　杨海标
杨海英　殷培红　张建忠　张　捷　张　镜　张　皿　张文胜　张　引　赵红英
赵　维　周建垒

北京师范大学 1992 届(1988 级 1988～1992 年)地理系

白文莉　薄雪萍　鲍振葵　蔡红宇　曹艳清　陈　灿　陈　雷　陈新兵　程春涛
戴　红　邓小炼　丁邦恒　丁迎春　董　进　杜铁屹　费新乐　俸丽琴　付　晏
高爱霞　高　宏　高培英　勾双宝　郭彩霞　韩明霞　何　兵　何秀珍　胡　坤
扈海波　贾　军　康玉天　李聪聆　李海平　李　泉　李　翔　李晓飞　李晓奉
李晓梅　李正涛　栗军英　林　莉　刘德忠　刘光红　刘莉莉　刘　葳　娄庆庆
卢　欣　吕　静　糜　佳　尼加提　潘承辉　沙力哈尔　盛广耀　束　梅　宋　爽
隋晓云　孙兆杰　田　辉　田　青　王　琛　王澄宇　王　辉　王　瑾　王群英
吴昌明　吴晓玲　肖旭光　熊绣程　徐宏江　薛爱华　杨兴惠　袁晓红　翟　波
张慧娟　张景安　张　静　张仕平　张　伟　张晓梅　张　勇　张　宇　张远程
张振兴　赵国红　赵役兵　钟高焦　周业芳　朱晓忠　诸立尚

北京师范大学 1993 届(1989 级 1989～1993 年)资源与环境科学系

边　凯　邴朝霞　苍晓艳　曹前德　曹世勇　曾小莉　董　征　高　青　高玉红
葛海涛　葛润智　葛兆帅　郭春华　郭文华　郝　冰　胡文岩　胡雪峰　黄瑞民
金晓林　李　强　李向真　李幸福　梁　勇　刘东宇　刘红叶　刘学文　刘　芸
马恩源　米　娜　聂保青　潘红平　彭　磊　史春云　宋关福　覃兰悦　佟少平
汪　江　王爱军　王尔琪　王　军　王　平　王韶生　王　桢　邬英英　武玉宁
向晓山　许力俐　易德生　阴淑芬　袁　操　张春生　张　彤　张兴飞　张一如
张振兴　赵　宇　钟海平　庄海萍

北京师范大学 1994 届(1990 级 1990～1994 年)资源与环境科学系

陈静茹　陈鹏君　陈石华　陈　彦　富　钰　郝红霞　何　庆　贺灿飞　胡安君
胡唯亚　黄　宇　贾海清　金晓辉　兰晓红　李才兴　李宏定　梁愈东　梁转仙
刘敏生　刘　艳　陆　璐　罗金洪　罗松麟　裴冰雁　全廷静　孙　波　覃燕飞
唐志祥　汪世平　王发良　王　华　王　健　王　晶　王舒昀　王　新　吴　军

吴月萍　熊腊元　徐立松　徐永利　阎永焱　杨　珂　杨　堃　杨　灵　杨　莹
叶　宇　张　静　张　强　张新铜　张学波　赵翠玲　郑　琪　郑晓云　郑自强
钟海平　周大良　朱海伦　朱江洪　朱　萌

北京师范大学 1995 届(1991 级 1991～1995 年)资源与环境科学系

阿不都　陈　锋　陈炎平　戴伟伟　董丽萍　方宇飞　高　建　谷光灿　韩庆山
郝学岗　何雪梅　何英姿　黄建平　黄学军　姜树昕　解得益　金　昀　李明霞
李韶辉　梁美莲　刘晶茹　刘亚南　刘　彦　刘　峥　马尔干　马佩鸿　马雄飞
牛宇闳　彭后生　齐玉春　秦　红　阮关鸿　塞尔格灵　石海深　孙立群　唐　芝
滕寿威　王春艳　王丽娟　王晓波　王依楠　韦振彪　闻　艳　吴怀民　吴洁芬
伍育鹏　武健伟　谢平华　严佐魁　杨世华　杨昭峰　张　洁　张立群　张书盈
张霄羽　张咏梅　张玉红　赵崇福　周武光　程　华

北京师范大学 1996 届(1992 级 1992～1996 年)资源与环境科学系

白　荧　包　敏　才让草　曾海霞　陈海波　陈剑胜　陈南晓　陈　宁　陈　薇
陈小瑞　底　艳　董文萱　范小艳　房青山　费川云　付　辉　桂志强　何　洁
何英茹　侯红燕　侯家选　黄水生　贾　颖　金光泽　李　军　李祥进　李燕玲
刘继东　刘　梅　刘小勇　刘秀霞　刘玉莲　刘志军　马　丽　倪建芳　宁东云
牛丽洁　潘志林　庞　澄　祁昌辉　任传芝　善　军　沈付晓　沈继红　石祝月
宋　浩　宋　颢　苏　筠　孙明利　孙　宁　孙哲宁　王士伶　王曦江　王　永
吴承进　吴青杨　许晓辉　闫云霞　杨泽民　姚浩宇　姚文国　余　伽　袁振丽
张海珊　张惠玲　张丽雅　张晓燕　张艳玲　张　颖　郑燕伟　周飞飞　周　彦
周宗丽

北京师范大学 1997 届(1993 级 1993～1997 年)资源与环境科学系

白海玲　曾维平　查春利　陈　程　陈文辉　陈晓蓉　程卫杰　高　彤　高　勇
龚娅杰　韩　英　侯春红　胡　文　胡志福　华亚松　季　晟　冀付军　晋景兰
孔　翔　孔　颖　赖发昱　赖彦斌　李学峰　李亦钢　李　喆　李志敏　梁诚梅
梁　汀　刘开渝　刘乃柱　刘兴春　龙　亮　罗海江　吕　明　梅桂平　牟雄鹰
牛　栋　齐　欢　石志刚　宋　鑫　孙丽芬　佟永生　王凤霞　王灵莲　王雯菲
王欣太　王永民　王　勇　王志成　韦小宁　韦勇兰　文冬辉　文　丰　吴晓天
徐　宙　杨　艳　杨　洋　姚丽辉　殷桂星　尹　文　余卫红　俞坚松　袁　文
袁　艺　张家奎　张妙桂　张前进　张清春　张　燕　张业利　张志军　赵雪蕾
赵一如　钟玉燕　朱高龙　朱云燕

北京师范大学 1998 届(1994 级 1994～1998 年)资源与环境科学系

蔡永明　陈学军　单鉴明　丁湘蓉　丁　芸　高　亮　郭乔羽　韩锦秀　韩艳梅
贾验宏　江小芹　江子瀛　蒋晓建　金雪花　鞠彦梅　李　滨　李俊红　李丽平
李陶冶　梁　炜　林晓锋　林　铁　刘　丰　刘海鹏　刘伟宏　刘欣伟　柳　斌
马翠芳　马东元　马　佳　马俊红　马　楠　莫朝霞　钱江明　任春菊　孙明尘
孙雪娟　谭勇剑　王凤鸣　王改珍　王　志　魏亚西　文体健　吴海峰　夏细祥
肖依赉　谢阳生　徐　霞　许　波　许玉亮　杨　咏　叶　平　由　强　于　涌
张　磊　张晓芬　张友谊　赵鸿颖　赵圆圆　赵子鹰　郑玉坤　周海丽　周　颖

北京师范大学 1999 届(1995 级 1995～1999 年)资源与环境科学系

陈敬有　程　靖　褚孝岩　丁仕进　丁晓强　董　欣　高慧清　辜智慧　韩　冰
何明熹　侯利华　胡廷兰　黄　剑　黄婉雅　黄文彬　黄中华　霍志玲　蒋玉麒
金建君　琚列丹　李高峰　李建江　李　霞　李云婷　梁　强　林家元　刘进峰
刘　敏　刘培芳　刘文卉　刘颖慧　刘玉玲　刘紫楠　卢晓燕　路炳军　宁宝坤
宁文新　彭　建　申新华　盛静芬　宋治清　苏　辉　孙　枫　孙纪瑞　孙　晶
孙长泉　田文颖　田云锋　佟桂敏　王　敏　王雁飞　王又丰　王聿贤　卫海燕
吴　辰　吴　荣　武聪颖　席安霞　席发科　席　鑫　辛朝霞　辛　黎　邢东进
徐镔镔　徐积勇　闫书云　杨凤君　杨　晓　于姝婷　于永涛　张黎梅　张　莉
张　宁　张文江　张　毅　种法良　周海荣　周燕林

北京师范大学 2000 届(1996 级 1996～2000 年)资源与环境科学系

阿力甫　蔡宴朋　曾　思　曾志明　陈　盈　邓　砚　杜　瑄　付金生　付　琦
付　强　官　莹　郭琴颖　黄利春　黄晓霞　江海洲　江艳红　姜宝华　亢何军
李　玲　李绍俊　李书娟　李双才　李　岳　连鹏灵　刘华安　刘　玲　刘　璇
刘　翊　罗琼华　罗艳琳　马丹诚　马海涛　马　吉　马云飞　倪　超　潘国华
齐学奎　陕　娟　施婷婷　舒　艳　田　杰　王海英　王　娟　王立娅　王新峰
王新如　王永涛　王　勇　王　志　吴文浩　伍静茹　谢丹青　辛　静　徐　笑
杨晓灵　姚　嘉　姚卓宁　叶芝菡　易卫星　于园园　余　岚　张桂芳　张立立
张先根　张仲石　赵丽娟　赵明媚　赵延治　郑永高　周俊华　朱忠焱

北京师范大学 2001 届(1997 级 1997～2001 年)资源与环境科学系

白利建　陈明非　陈秋锦　陈卫卫　程丽敏　戴　岱　丁镇琴　方　萌　龚甲强
郭　森　韩有祥　何星炜　黄凤玲　黄　琼　黄　荣　黄文军　黄　英　黄芷娟

霍豫英　纪翠玲　季文华　景海龙　雷军周　李达强　李　莉　李　璐　李　勤
李文波　李文航　李　兴　李　旸　李　铮　廖洪洲　林　燕　刘杰文　刘　莉
刘瑞峰　刘妍华　刘　莹　鲁瑞洁　罗利芳　吕俊荣　麦地娜　宋晶晶　孙　恒
孙金玉　孙中平　汤益先　田砚宇　王宏斌　王回来　王敬义　王亚辉　吴　班
吴丽华　吴丽娜　武双情　夏　洁　夏连珠　邢秋茹　邢文科　熊　敏　徐斌恩
徐香兰　徐学才　雪和来提　杨春燕　杨祖虎　姚春生　于　良　云雅如　张　华
张黄勤　张俊平　张　聆　张　冉　张舜英　赵会霞　郑　鹏　郑昕鑫　周宇宇
朱晓禧　左海芳

北京师范大学 2002 届(1998 级 1998～2002 年)资源与环境科学系

安代伟　蔡春霞　曹　彤　曹　鑫　陈　磊　陈学文　陈　瑶　戴新羽　董艳春
冯　伟　高　玲　顾晓鹤　和克俭　侯进锋　胡辰璞　黄军昌　黄　宁　黄正文
贾发兵　寇振涛　李静峰　李俊波　刘瑷薪　刘建平　刘俊鹏　刘荣霞　刘晓颖
刘　鑫　刘业森　刘　莹　罗彬怡　罗　丹　马　敏　马庆琳　马燕萍　毛　睿
苏俊强　孙晓虹　汪丽娅　王大伟　王　丹　王殿中　王海亮　王华斌　王　宁
王伟波　王颖丽　吴　晶　习　微　谢里欧　徐秋霞　徐　伟　薛　勇　杨　吉
杨秀华　杨许红　叶　宇　尤春菊　喻　锋　张继南　张佳蕾　张晶晶　张凯江
张瑞红　张素敏　张　颖　赵中华　庄怀耀

北京师范大学 2003 届(1999 级 1999～2003 年)资源与环境科学系

陈　婧　陈泽富　陈卓奇　程　杨　楚　波　丁志军　董建峥　段生才　范丽娜
付安平　高永刚　顾苏丹　郝春燕　何龙娟　胡婷婷　胡小琴　黄树青　黄钟鸣
贾　娜　姜苗苗　金玉婷　靳晓燕　黎惠芬　李红亮　李惠民　李　勍　李玮顾
李雪光　李烛宇　刘　娜　刘鹏鹏　刘玉丹　刘韵丽　吕红峰　马冠英　马征楠
沈　斌　石　文　孙　慧　孙　雷　孙　洋　童　飞　万金红　王　斌　王飞鸽
王　好　王姣娥　王圆圆　王镨森　魏　斌　萧凌波　徐　鸣　严　超　严　龆
姚礼焰　姚　畋　殷水清　袁　晶　张桂华　张　珲　张江雪　张　萌　张　若
张少辉　张　珅　张廷龙　赵中华　朱　琳　朱文嘉

北京师范大学 2004 届(2000 级 2000～2004 年)地理学与遥感科学学院

澳　琳　蔡宗洋　曾早早　陈　果　陈　玲　陈启英　程红芳　崔欣婷　范砾瑶
方雅琴　房巧敏　盖永芹　龚　群　胡立超　黄明蔚　黄术根　贾秋淼　李红秀
李力卓　李　亮　李　蔚　李英明　梁炳南　梁　涵　梁红梅　廖丽鹏　刘　婧
刘小青　刘玉轩　龙双双　罗英铭　毛　佳　毛清清　仁青措　任仕伟　石龙宇

唐于渝 王　皓 王红兵 王　慧 王　宁 王　甜 王　钰 韦志军 魏媛媛
温庆可 徐　亮 闫　冬 杨　云 杨自力 叶　涛 张　菲 张赋兴 张　洁
张　萌 张鹏英 张　平 张　茜 张　桐 张　英 张　章 赵　航 赵　鹏
郑　璟 志　丞 周　娟 周　玲 朱　明 朱文娇 朱　源 左丽君

北京师范大学2005届(2001级2001～2005年)地理学与遥感科学学院

曾李发 戴荔珠 邓医杰 邸　超 符　娜 高　菁 高美玲 龚宣渤 谷　立
郭　杰 郭　扬 何　飞 何玲仙 何宇宁 胡争光 江　君 孔　爽 冷　剑
黎建智 李　昂 李　莉 李　莉 李　凌 李瑞平 李新莲 李一方 林碧扬
刘和平 刘思含 卢　莹 陆　璐 罗　杰 罗晓强 马兰若 裴　盈 彭勤生
蒲　秋 任　佶 苏管冲 苏　航 苏　敏 孙丽平 孙若青 孙　振 谭　奇
陶　静 王　平 王　蓉 王玮玮 王兴华 魏　乐 吴莉萍 肖　敏 鄢　琦
姚　谦 于　凯 张　峰 张　昊 张　杰 张　曼 张文柳 张晓丹 张　莹
赵　江 赵　珍 种瑞娟 周　亮 庄　立 卓　亚

北京师范大学2006届(2002级2002～2006年)地理学与遥感科学学院

阿布拉江 包　红 常超一 陈　波 陈烽栋 陈　静 陈生义 陈　曦 陈　颖
成　亦 程　灿 党一诺 樊喜乾 顾黎黎 桂长浩 郭海晶 何　苗 何　婷
胡珊珊 黄大为 黄庆旭 黄　夏 黄园淅 金文浩 赖益新 雷渝东 李　钢
李孟莹 李溢涵 连　莉 林国添 林文彬 林小鹃 刘　琼 刘小茜 龙慧灵
卢建府 马　斌 马　丽 宁　红 彭　亮 彭　睿 强　毅 任智星 沙慧君
石　蕾 孙　晔 王佳雨 王剑清 王若嘉 夏米斯亚 肖月庭 谢舒莹 徐园媛
闫国安 闫瑞涛 颜莉娟 阳　光 杨　曦 杨　阳 姚　望 印　轶 张　丹
张　简 张卫香 张文金 张闻晓 张　艳 张　莹 张卓栋 赵少杰 赵　伟
左一鸥

北京师范大学2007届(2003级2003～2007年)地理学与遥感科学学院

艾尔肯 白先陆 班　尧 陈江春 陈龙清 陈启超 陈　思 谌　丽 谌　唯
董　嫣 范文戈 冯　科 付　蓉 高　超 高　龙 高　翔 顾银军 洪丽璇
黄可嵩 黄　易 姜梦阳 蒋　林 金庆娜 孔庆杨 李　成 李桂明 李俊佳
李　攀 李衫影 李　远 梁　璐 林　隆 刘　斌 刘　冰 刘畅畅 刘　鸽
刘　京 刘南江 刘晓男 罗　拓 马　栋 马小燕 明　鑫 努尔买买提
庞墨涵 彭　瑶 祁　菲 乔　瑜 秦　龙 沈智琪 司振中 苏学光 佟　淼
汪驰升 王　佳 王佳时 王九一 王梦麦 王　雨 王元楣 王远征 王赟之

韦小燕　吴　颖　习　鑫　夏梦莹　肖寒天　谢仁伟　熊　玲　熊　茵　徐乐乐
徐　栩　许祎明　鄢莎丽　颜韵旋　杨保跃　杨　飞　杨荔阳　杨　玲　杨旭光
杨　扬　杨镇钟　于　杰　张静雅　张晟宇　张　伟　张玉平　赵天杰　赵芸芸
周　瑾　朱　可

北京师范大学 2008 届(2004 级 2004～2008 年)地理学与遥感科学学院

阿不都拉　阿孜古丽　白　媛　陈　倩　陈　伟　陈雪琴　崔亚飞　段吉丹　范以林
冯　涛　付丽佳　龚冰蕾　郭乾坤　韩　静　何亚琼　胡蕾秋　黄　合　黄　益
纪李梅　江周祥　郎　从　李佳琪　李　柯　李　凌　李　貌　李亚楠　李　妍
李　扬　李　莹　梁星涛　林熙卿　林旭东　刘　波　刘　壑　刘　洁　马　骞
闵晓平　莫莉蓉　穆晓东　秦为夷　邱　林　瞿　瑛　任华忠　宋闰柳　孙　颖
唐笑飞　陶　勇　腾艳丽　田晓燕　王　蓓　王　佳　王菁兰　王立钊　王文飞
王祎婷　王占伟　魏　群　文廷刚　吴平静　伍国凤　刑开雄　徐品泓　徐笑歌
亚库提　严晓丹　姚晓婧　原　媛　张娇霞　张　靖　张维祎　张晓军　张晓亮
张永萱　张禹欣　张媛媛　赵　莹　钟景鼐　周公器　周　璞　周　夏　周　钰
朱晓丽

北京师范大学 2009 届(2005 级 2005～2009 年)地理学与遥感科学学院

阿力亚　艾克拜尔　柏　岩　陈枫楠　陈开旭　陈　蕾　陈亚娇　丁　悦　董永清
甘　露　高　松　龚　萍　郭　城　何岑蕙　卡丽毕努尔　赖四维　雷星松
李　超　李春梅　李家杰　李　霞　李　燕　梁天一　刘　静　刘　璐　刘如心
刘　上　卢德岫　卢岩君　罗玉洪　潘金梅　彭　勃　邱邵龠　阮智星　申小林
石榴花　石　宇　史海珍　孙小青　孙晓彬　孙晓倩　谭　静　谭卓智　万　千
万　为　王贝西　王　策　王　露　王　萌　王诗乔　王铁淳　王玉洁　王　震
吴浩然　武　芳　谢玉玲　邢晓明　徐珊珊　杨　洁　杨文念　姚冬萍　尹懿行
张家琛　张　静　张　曼　张　趣　张　颖　张玉洁　赵　鑫　赵　越　钟日昕
仲佳爱　周夏君　周　游　庄柳冰

北京师范大学 2010 届(2006 级 2006～2010 年)地理学与遥感科学学院

阿依古丽　陈　琛　陈晓炜　陈　洋　董彩香　董琛辰　丰学兵　冯可心　顾天时
侯泉存　侯　帅　胡晓磊　江　舸　孔　锋　孔赟珑　劳　昕　李东丰　李　斐
李佳明　李　芮　李婷婷　李　雅　林　要　林钰源　刘宁博　刘秋璐　刘亚琳
路　青　罗　奎　马黎立　买尔孜亚　潘雅婧　潘云海　庞　晶　乔晓萌　曲尼央宗
冉　静　任宝罗　沈乐尧　盛中尧　孙寅乐　唐　立　唐　侥　童星亮　王　蕾

王茜　王小燕　吴凤敏　吴瑶　武磊　肖雨琳　徐超　徐小奇　许洋
薛晓娟　杨欢　杨柳柳　伊娜　尹君　游冬琴　袁洁龄　张桂铭　张洁
张晓静　张兴明　张悦　张粤　赵大山　赵圆圆　郑娟娟　周越　朱少波
朱小丽

北京师范大学2011届(2007级2007～2011年)地理学与遥感科学学院

卜建华　曹俊　常方圆　陈超　陈婉婧　陈文雯　陈西羽　陈鑫弘　次珠桑布
旦增旺姆　邓先武　董茹　董亚冬　冯贻翔　高爱玲　韩洁　贺煜　侯毓雯
胡廷宇　胡永伟　黄世仙　黄一村　姜瀛蛟　亢阳卉　孔子逸　黎诗扬　李方方
李飞飞　李俊盛　李凯　李丽　李泠　李锐　李也　李银鹏　连慧
梁丹丹　林山　刘贺　刘涛　罗智德　吕国玮　马飞燕　马静平　马良
米娜　牛妞　潘国源(转系)　彭道生　饶烨　石永赟　孙琦　王洁玉
王琨　王琼　王睿宁　王思怡　王越　魏笑　谢静晗　徐昉　许静
严思齐　杨敏　杨晓梦　杨宜晨　苑伟超　张红元　张开　张磊　张玉瑶
赵光龙　赵娟娟　赵莹　郑利娟　郑晓虹　周代许

北京师范大学2012届(2008级2008～2012年)地理学与遥感科学学院

鲍昕　边巴次仁　常婧　陈春霞　陈会芳　陈萌　陈泽文　程晨　次仁卓玛
德庆曲珍　杜亚萍　方快　冯云荷　符姝　高卉　郭梦媛　郭思彤　韩加强
胡容海　加力哈斯·卡斯力哈依甫　姜建元　蒋靖怡　蒋云　孔德婧　赖志勇
黎璐枝　李程洋　李丹　李梦婕　李瑞　李贤恩　栗健　梁珂　梁玲玲
梁龙　梁振隆　刘宏远　刘铠　刘小川　刘忆秋　罗滔　马箐　马懿宁
玛丽亚·米吉提　莫开峰　农海燕　农晓蕾　潘红梅　裴霞　漆建波　其米卓玛
秦龙洋　裘骏一　石林鹏　田燕　王博　王大伟　王浩　王嘉鸿　王素美
王维　王渭然　王玉芳　魏海　吴捷　吴兰若　武洁　夏婷　肖梦竺
徐浩友　徐雨帆　闫琛　闫维娜　杨鸿雁　杨进伟　杨强　杨夏　殷兵
于淑珍　于志岗　余伟　詹银萍　张辰　张光伟　张蕾　张黔升　张宇
郑进　郑蔚恒　周成成　朱静轩　祝航

研究生班、硕士研究生

土壤地理研究生班(1954～1956 年)

冰　洁　蔡琴芳　陈新秋　韩玉林　胡双熙　黄泳诗　吉义林　李天杰　刘博学
刘经雨　刘兆谦　陆　铎　宋淑贤　王东华　王文卿　王　云　文启愚　吴雯云
杨萍如　尤广有　张海东　张万清　郑应顺　周祜生

地图与测量研究生班(1955～1957 年)

陈安庆　陈冠云　陈淑贤　冯良植　李承杰　李桂芳　李蓬莱　梁义冰　刘佩琪
毛继周　唐庆山　王家萱　王文明　徐樵利　杨慧娴　张从宣　张丽蝶　张文彩

经济地理研究生班(1955～1957 年)

冯舜华　何自强　李和瑞　林惠滨　陆心贤　陆卓明　马裕祥　宋迺功　唐兴夏
王风阙　王建堂　王淑琴　魏心镇　邬诩光　吴壮达　严重敏　张文奎　张远广
钟功甫　周之桐　朱云成

中国自然地理/土壤地理研究生班(1959～1961 年)

(中国自然地理)陈伯章　李天任　于庆印　胡碧云
(土壤地理)黄茂勋　黄雨霖

化学地理研究生班(1960～1963 年)

陈郁华　刘桂祯　刘卓澄　毛秀英　潘宝林　屠清瑛　王国烘　薛纪瑜　张立成
张丽君　朱文郁

中国自然地理研究生班(1961～1964 年)

曹述互　董文敏　李　文　徐华鑫　杨国栋

古地理研究生班(1965～1968 年)

李国瑛　刘明坤　刘清泗　乔华琇　王金星

1981 届(1978 级 1978～1981 年)

车宇瑚　陈为民　陈宗兴　顾文选　郭震远　侯然杰　解之龙　王志远　伍　英
夏　青　徐　岩　许新宜　姚重华　尹　改　尹怀庭

1982届(1979级 1982.2～1985.1年)

孔繁德　刘锡清　邢道隆

1984届(1981级 1981～1984年)

白振平　程志刚　范卫红　李燕军　温　良　宗跃光

1985届(1982级 1982～1985年)

陈飞星　胡存智　马小莹　邱维理　石登荣　王日升　周　彬

1986届(1983级 1983～1986年)

陈　动　李立勇　刘　枫　秦　伟　沈小平　孙国华　王爱平

1987届(1984级 1984～1987年)

陈旭舟　方修琦　郭　谦　李加洪　李　杰　李栓科　李　彦　梁　韬　廖赤眉
王康友　王岳平　杨运恒　杨志荣　杨　卓　朱　良

1988届(1985级 1985～1988年)

安祥生　陈友民　葛岳静　姜　鸿　李　刚　李　平　刘慧平　刘家强　马定国
田其云　谢　云　徐　勇　杨　平　杨胜天　于冬梅　张利田　张秀兰　赵丽华
钟　茵

1989届(1986级 1986～1988年)

陈佑启　程　柯　范小冲　贡　森　黄妙芬　李晓东　李　恂　刘　强　毛端谦
宋再兵　汪阳红　王勤学　魏永明　余又生　张晓宁　张亚立　邹　铭　邹统钎

1990届(1987级 1987～1990年)

高美真　胡　江　贾　炅　贾　利　蒋云红　林建国　刘军萍　刘天倪　饶国斌
苏维篪　王　涛　王　卫　杨汝坤　张　魁　张素娟　周建华

1991届(1988级 1988～1991年)

陈常松　陈　红　陈计旺　甘大勇　何　雨　侯乐锋　贾铁飞　贾　文　李　钦
刘　稷　马俊红　欧阳安蛟　王建军　吴　凡　游长江　于　芳　张卫星　周德芳

1992 届(1989 级 1989～1992 年)

陈　晋　冯春雷　谷文艳　李　强　梁运斌　王春玲　王法专　严　艳　杨望春　张文新　周　琼

1993 届(1990 级 1990～1993 年)

陈　浩　方　晶　冯文利　李　敬　刘洪涛　刘　楷　刘　康　齐乌云格日乐　沈曙文　舒晓波　文立玲　武乐清　闫　林

1994 届(1991 级 1991～1994 年)

陈良赞　丁尧清　刘　佳　马　娟　普光彪　饶英俊　宋剑霞　王玉贵　魏　信　张更立　张化永　张　捷　张振威　赵红英　朱　骊

1995 届(1992 级 1992～1995 年)

付宝军　高培英　龚道溢　金之易　柯晓洪　黎四龙　李海萍　李含涛　李俊英　李　焱　卢美华　马乐平　潘耀忠(提前攻博)　索秀芬　王群英　王书源　席　宏　杨益明　张本昀　张远明(提前毕业)

1996 届(1993 级 1993～1996 年)

柏　松　郭凌云　郝　冰　胡雪峰　巨军昌　孔　健　李雪梅　刘成武　刘洪明　马新华　孟胜修　田　辉(提前毕业)　曾小莉　王尔琪　王　平　武羡慧　武玉宁　张惠远　张梅青　张伟明

1997 届(1994 级 1994～1997 年)

贺灿飞　黄　宇　刘　静　聂瑞丽　屈晓辉　盛广耀　覃燕飞　徐　燕　杨　珂　于江涛　张　红　张晓萍　赵利平　竺嘉明

1998 届(1995 级 1995～1998 年)

段海涛　付晓强　何丽平　胡卫民　姜安源　李　昭　刘　臻　田　青　王桂红　王忠泽　肖建成(在职)　陈丽珍　杨彦明　张　霞　章文波

1999 届(1996 级 1996～1999 年)

曹　彤　陈新莓　底　艳　方伟华　冯文勇　高俊虎　扈海波　贾　颖　李　莉　李志尧　刘继忠　刘　芸　麻　健(在职)　马　丽　马修军　沙志刚(在职)

王　瑛　徐宏彦　周忠霞

2000 届(1997 级 1997～2000 年)

陈先念　季　晟　李　静　廖翌华　刘　光　罗海江　戎太宗　汤艳冰　王　旻
王文宇　王雯菲　尹　文　张清春

2001 届(1998 级 1998～2001 年)

蔡永明　陈红春　陈　科　龚丽娟　贺小飞　李令军　李雁梅　刘海鹏　刘　利
谭勇剑　徐　霞　殷春敏　张卫国

2002 届(1999 级 1999～2002 年)

郭瑞华　霍志玲　焦子锑　孔亚平　李　君　李小英　孙承平　田云峰　王　理
王燕津　卫海燕　伍育鹏　武聪颖　徐　艳　殷　平　余卫红　周慧娟

2003 届(2000 级 2000～2003 年)

邓小炼　董蓬勃　付金生　高晓飞　胡　静　孔令彦　李淑方　李双才　李小丽
连鹏灵　刘　霄　邵　阳　田　杰　王兰英　王　英　叶芝菡　张　颢　张同升
张振世　赵金涛　周俊菊

2004 届(2001 级 2001～2004 年)

白鸿叶　陈　晨　陈庆美　陈志凡　杜红亮　杜　瑜　韩丽娟　胡嘉骢　姜青香
景娟娟　李江涛　李　莉　李　璐　李文航　李　新　林　燕　刘　超　刘目兴
陆进业　路炳军　罗利芳　马玉玲　彭　萍　秦　军　石玉立　苏　娅　孙中平
王海宁　王　华　王培娟　王　欣　徐香兰　荀　怡　杨春燕　姚延娟　于　良
于喜江　张　华　张耀东　赵芳敏　赵　峰　赵开广　赵　祥　周公乐　周宇宇
朱海峰　朱立艾　朱晓禧　左海芳

2005 届(2002 级 2002～2005 年)

曹尚兵　常艳春　陈万辉　陈　瑶　崔红霞　戴　君　郭晓英　贾雅慧　姜艳艳
焦林喜　兰俊美　李　丽　李　琼　李艳梅　刘春霞　刘　刚　刘洪有　刘俊鹏
柳锦宝　卢宏升　马敏力　毛德发　牟文忠　彭　慧　乔佃峰　秦　波　史泽艳
苏俊强　孙芳芳　孙延珍　田美芳　王　芳　王　锋　王沛球　王　旭　王志强
辛羽飞　徐宪立　杨红丽　杨世岐　姚云军　要吉花　岳耀杰　张佳蕾　张　宁
张庆业　张瑞红　张霄羽　张雪红　张永福　郑　飞　周　伟　朱　楠　朱晓禧

朱秀妹　朱　樱

2006届(2003级 2003～2006年)

边　柳　楚　波　戴玉娟　杜春光　方　岚　付安平　高永刚　郭　英　郝春燕
胡珺皓　姜丽黎　姜苗苗　焦　彬　李红亮　李莲华　李　敏　李庆花　李　彤
李香芹　李　向　林皓波　刘　然　刘绥华　刘　莹　刘元章　吕红峰　马景宇
庞　玲　任春艳　申山亮　沈　玲　石　文　唐　怡　王春刚　王　晶　王晓侠
魏全伟　吴　骅　吴之正　萧凌波　薛娟娟　严　䴇　严　哲　杨利娜　杨　琳
于小飞　于　艳　云　洁　张春梅　张廷龙　张宇胜　张　芸　赵继敏　郑　蔚
钟耀武　周洪建　周会珍　朱玉华

2007届(2004级 2004～2007年)

白亚男　曹荣龙　陈　锋　陈启英　陈素云　陈骧君　陈向玲　陈永俊　程红芳
杜宾宾　冯　雪　高凤飞　何艳微　何昭宁　胡秀丽　胡玉梅　扈　光　黄丽华
嵇峰宇　郎玲玲　李红军　李红秀　李丽英　李　爽　李文利　李亚平　李玉峰
刘玲玲　刘　同　刘小青　刘　馨　刘　雁　刘　珍　罗　军　马茵驰　买海峰
毛　佳　彭　亮　祁　洋　邱　莉　仁青措　任丽英　沈　斌　孙建红　孙知文
唐科明　唐义闵　唐于渝　王红强　王宏斌　王磊波　王丽岩　王　龙　王　宁
王　倩　王永刚　韦　韧　吴　昊　肖兰英　徐　丽　徐　亮　徐　涛　许　喆
杨　玲　杨晓颖　易湘生　於　凡　张　戈　张　洁　张天宇　张　英　张英姬
赵　瑾　赵俊峰　赵　鹏　赵晓辉　志　丞　周红敏　周　娟

2008届(2005级 2005～2008年)

曹龙熹　柴琳娜　陈　敏　陈声海　陈永梅　邓医杰　邸　超　丁洪娟　杜　娟
段四波　段兴武　高　菁　高　霞　宫丽娟　还　磊　韩艳峰　侯晓颖　胡　昊
胡　玲　贾慧聪　江　君　焦　剑　金复鑫　靳翔宇　康　洁　冷　剑　李　飞
李井宇　李俊秋　李　茜　李新莲　厉文平　梁　晓　林碧扬　蔺　涛　刘和平
刘　鹤　刘建平　刘瑛娜　柳玉梅　卢　莹　鹿　征　吕晋美　潘东华　齐　腊
邱维真　戎　鑫　上官微　盛浩然　史　迪　宋春晓　孙　亮　谭秀华　陶　静
万金红　王婵娟　王红兵　王　平　王　蓉　王向亮　王新茹　王旭艳　王　燕
魏本勇　魏　乐　吴莉萍　奚　歌　肖　敏　邢军伟　徐同仁　许富庭　许　芳
闫　冬　杨　磊　杨晓燕　余　瀚　于　凯　袁　华　袁乃念　张　静　张灵燕
张　凌　张　萌　张真真　赵　丽　郑袁志　周　杰　周立军　周淑娟　庄　立
卓　亚

2009届(2006级 2006～2009年)

白洁　白晓辉　包红　曹颖　常胜　陈超　陈虹　陈建东　陈静
陈颖　程涛　崔玉娟　党一诺　范兰　封铨贤　冯硕　冯艳杰　高立龙
高路　高云飞　耿志远　宫彦萍　顾黎黎　郭鹏　郭新平　郭中领　和清华
胡波　胡楚焱　胡志远　黄广辉　黄文丽　江波　姜晔　李波　李泯
李娜　林小鹃　刘翠华　刘红艳　柳丰燕　栾庆祖　马斌　马丹丹　彭婉君
曲伟　任杰　任智星　沈红　石蕾　石伟　双喜　宋芳晓　孙黎然
唐晓旭　王昊　王辉　王俊友　王强　王秀颖　王雅楠　魏佳丽　温志群
吴涛　肖月庭　谢淑莹　邢伟坡　徐雪雅　杨金林　杨威　英丽娜　于崇超
余莹洁　张春燕　张峰　张美华　张萍　张茹　张树林　张卫　张卫香
张学会　张亦洲　张英　张志玉　张卓栋　赵少杰　赵小林　赵玉明　郑小凡
郑越　周丹　周晓芳　左一鸥

2010届(2007级 2007～2010年)

白雪　柴源　常燕　陈晨　陈思　成亦　戴俊骋　高廷　高扬
顾笑筱　洪丽璇　胡耀伟　花溪　黄茜　康国婷　李蓓蓓　李静　李俊佳
李睿　李伟　李炜　李远　厉香蕴　梁婵芬　梁冬坡　林晓梅　蔺荣彦
凌莉萍　刘冰　刘华飞　刘京　刘骝　刘倩　刘银　刘誉　罗榕婷
吕志鹏　马爱华　马秀　马云川　乔瑜　司振中　宋旦霞　宋文龙　孙青松
孙振宁　孙志超　王超　王海楠　王颢星　王莉莉　王楠　王倩　王元楣
闻振平　吴骏毅　吴熙彦　吴颖　谢娜　谢情　熊玲　熊茵　徐建伟
严甲真　杨玲　杨扬　杨镇中　尹衍雨　游娟　张迪　张学刚　张勇攀
张玉平　赵景辉　赵天杰　赵芸芸　郑东海　周晓罗　朱秀秀　庄茂国　邹金伟

2011届(2008级 2008～2011年)

白红敏　白媛　毕健　蔡明勇　蔡文文　陈伟　陈悦丽　崔柳　戴海伦
董健　付晶　付丽佳　顾长春　郭杰　郭乾坤　韩静　黄合　霍荣荣
贾贞贞　姜富斌　郎从　朗杨　李貌　李喜佳　李欣欣　李莹　李云青
凌子燕　刘镕源　刘新圣　楼武林　鲁红梅　陆星劼　罗来军　吕红迪　穆晓东
乔晨　瞿瑛　任华忠　邵玉宁　沈瑞昌　宋维念　粟敏　谭诗　滕艳丽
王培　王蔚丹　王焰辉　夏江周　徐品泓　严晓丹　晏朝强　叶琳　叶玉芳
尹圆圆　应恺然　元晓庆　袁海红　张晶　张少伟　张涛　张向萍　张艳平
袁洋　张永萱　张宇　张玉珍　张媛媛　张云　赵珉　钟景鼐　周盼

周 璞 周 蓉 朱丽明 朱 旭 朱 振 庄晓东

2012届(2009级2009～2012年)

曹 茜 陈 平 丁 闯 丁 楠 丁 悦 董建志 杜君平 樊 星 冯丽超
甘德强 高胜国 耿瑞丹 韩琳琳 郝韶楠 郝振国 纪小乐 蒋 寒 蒋 巍
雷永登 李剑铎 李 婧 李 琴 李晓娜 林柳莺 刘 静 刘如心 刘 艳
刘耀开 卢岩君 罗玉洪 孟 夏 潘金梅 彭 勃 齐丽丽 任灵芝 沈 鸿
石榴花 史海珍 苏 倩 万 为 王红叶 王 佳 王 娟 王乐乐 王 萌
王鸣程 王 鹏 王 杨 王 颖 王玉洁 魏 丽 吴浩然 吴业荣 席 芳
肖丽娇 谢文慧 谢玉玲 熊建国 杨 冰 杨俊杰 杨 帅 叶 倩 尹雪君
张 虎 张 曼 张鹏韬 张 鑫 张秀梅 张雪姣 张 颖 赵 静 周 瑶
朱明佳 祝 赢

双证专业学位教育硕士

2011届(2009级2009～2011年)

黄　瑶　李　倩　刘　冰　刘艳妮　王　荣　夏　菁　邢晓明　于　芳　臧　静　张　趣　庄柳冰

2012届(2010级2010～2012年)

高　静　兰　玲　李　斐　李　慧　李珊珊　屈淑燕　王志伟　向梨丽　于　薇　张兴明　赵大山

单证专业学位教育硕士

2003届

陈晓侠 申大魁 万年华 王红玲 魏智勇 张丽雅 张艳梅 赵 静

2004届

崔 莹 窦树德 管秀梅 姜 政 雷勇鸿 马卫华 秦淑慧 宋志军 于 萍
周艳萍

2005届

陈 程 耿夫相 何伟兰 鞠彦梅 李海琴 李 涛 刘建沛 刘晓燕 孙保军
魏 明 夏维菊 徐湛秋 闫金红 杨兴惠 张明礼 赵敏丽

2006届

葛秀娥 韩俊霞 康玉天 李 昕 刘 齐 刘先荣 吕芙萍 宋克杰 宋 鑫
吴瑾峰 夏焕春 闫焕印 喻 江 张晶香 张素君 张晓峰

2007届

傅 青 高 昕 黄秀芳 张桂红 周 箐

同等学力硕士

1998 届

肖建成

1999 届

麻　健　沙志刚

2002 届

谭　霞　殷培红

2003 届

黄　威　蒋　涛　赖彦斌　林春腾　彭　飞　赵　军

2004 届

曹　静　胡秀清

2005 届

段淑怀　傅俏燕　郝　璐　李燕玲　林冬云　吴敬东　张旭如

2006 届

耿　红　吴晓玲　周京英

2007 届

刘铁军　吕少冈

2011 届

林国迁

2012 届

宋慧媛

研究生课程班

1996 年(北京教育学院)

曹彦彦　岑　廷　陈建江　陈松苓　程　玉　董　进　冯　云　傅　晏　关京竹
侯世英　焦春玲　鞠海红　李春英　李东方　李　晶　李岩梅　李永久　李宇红
梁淑芝　林励楠　刘立凡　刘文静　陆　军　孟　佳　祁素梅　祁　伟　沈　平
唐　勤　陶　琍　童　薇　王　方　王　红　王乃壮　王　宁　王　蕊　王　韬
徐　炼　薛　梅　杨燕忠　张　静　张　悦　赵　军　周建萍　周培祥　周绍宇

1997 年(北京教育学院)

安　迎　曹永利　陈春蕊　陈晓华　程绍红　高振奋　胡　坤　李立华　李笑宇
李玉红　李玉霞　廉　辉　梁　辰　刘德忠　刘　冬　刘京徽　刘小胜　陆　璐
谭建华　腾　云　田　红　王凤霞　王富强　王　华　王　瑾　王守民　王小冬
吴京梅　吴　云　徐立松　燕　晖　杨莉君　杨　旭　张爱娣　张保军　张　静
张立新　张　昕　张　莹　张跃民　赵　蓓　赵　东　赵　琳　赵小荣　赵　欣

1998 年(北京教育学院)

薄雪萍　蔡红宇　陈炎平　冯世宏　甘育山　韩黎利　何英茹　何　征　胡彦玮
李江红　李　泉　李先平　李向珍　刘翠萍　刘海燕　刘　彤　刘　欣　刘　艳
卢通生　裴红丽　齐小兵　茹立群　苏文斌　王春元　王　华　王文兰　王晓慧
王鑫英　卫　平　肖专红　杨　红　杨艳君　殷培红　张芋丽　张　勤　张益军
朱克西　左朝辉

1999 年(北京教育学院)

蔡立新　陈国秀　程之宪　代　阿　高家宏　高俊华　谷凤芝　顾晓平　郭德志
韩明霞　何亚青　吉小梅　李春雨　李泉福　李　翔　李　新　李燕玲　李元海
刘冬梅　刘　英　刘跃轩　吕其文　马　莉　裴谷芳　任立松　宋燕生　唐秀兰
田学和　王春艳　王丽宏　王晓侠　王玉荣　王之明　邬雪梅　吴晓玲　徐　洁
杨京津　杨　欣　翟　莉　张　炳　张述林　张雅文　张　玥　赵文军　郑文华

1999 年(山西教育学院)

陈起峰　成晋霞　郭其锁　韩丽君　黄春红　李海荣　李惠玲　李晚生　李新萍
刘培义　刘全科　马爱军　马虎龙　全　斌　石　虹　孙　军　王　佳　王丽萍
王　萍　杨彩云　杨红刚　杨　军　岳秀云　张　炜　赵秀芳

2000 年(北京教育学院)

陈明华 程翠烟 崔洪彬 单 平 董金锁 董立新 胡卫华 季玉莲 贾晓飞
贾怡敏 金丽花 李会荣 李瑞娟 李胜利 廖 红 林海霞 刘红英 刘景霞
刘秀红 刘 志 马卫华 齐 欣 束 梅 苏雪静 孙冠芳 王丽荣 王 莉
王玲玲 王文忠 王晓波 文彩云 徐恩民 徐永利 阎德文 杨万珍 姚福英
于 凤 于敏霞 张 净 张 静 张 琳 张燕玲 张 颖 周德江 周 莉

2001 年(北京教育学院)

白 洁 程木昌 范中义 高国华 郭 涛 候立新 胡振军 黄玉玲 李蕴涛
林 琳 林中弘 刘文明 刘艳丽 卢凤琪 钱雪芹 宋 颢 孙育红 田 红
汪铁华 王东青 王文惠 王 烨 吴云英 武长亭 谢爱娟 邢书剑 杨兰君
杨 宁 杨 树 喻国才 喻 江 张凤梅 张 桦 张建军 张铁军 张玉华
周 立 周 全

2002 年(北京教育学院)

曹 婧 方玉艳 高 娟 顾海萍 顾 乡 郭芙蓉 郭艳青 郝伟敬 虎 彬
黄 爽 李东生 李 莉 李文胜 梁宝萍 刘玉梅 卢春梅 陆晓星 沈 莉
时爱华 宋 波 王海英 王会响 王 静 王亚荣 吴 琳 霄锋利 邢冬梅
许志国 杨 静 杨少英 杨希凤 殷海霞 张爱军 张 兵 张 军 张丽娟
张雄英 张振旗 赵保双 郑 辉 种凌晨

2003 年(北京教育学院)

陈 诚 陈 静 程 铭 鄂得志 桂雪琳 候绘春 黄岳东 孔凡颖 梁志弘
吕 静 孟 梅 饶晓波 宋 丽 孙 刚 佟少平 王洪芳 王秀芬 吴亚南
武 娜 谢亚菲 杨 文 杨晓红 杨雪萍 袁天发 张 涛 张 颖 赵瑞朴
周乾坤

博士研究生

1988届(1986级 1986～1988年)

史培军

1989届(1985级 1985～1989年)

韩春雨

1990届(1986级 1986～1990年)

费安玮

1991届(1988级 1988～1991年)

肖　平

1994届(1991级 1991～1994年)

方修琦　任国玉

1995届(1992级 1992～1995年)

贾　炅　赵　烨

1996届(1993级 1993～1996年)

杨志荣

1997届(1994级 1994～1997年)

高　峰(延期)　李晓兵　潘耀忠

1998届(1995级 1995～1998年)

苏桂武　孙　睿　谢昆青　谢　云

1999届(1996级 1996～1999年)

刘慧平

2000届（1997级 1997～2000年)

邱维理　翟秋敏

2001届（1998级 1998～2001年）

唐世浩　杨胜天　张文新（延期）　符素华　章文波

2002届（1999级 1999～2002年）

赵登峰　周晓东

2003届（2000级 2000～2003年）

海春兴　蒋立红（延期）　马晓微　彭文英　王志强　吴门新　徐春达　张　岩
赵红蕊

2004届（2001级 2001～2004年）

葛岳静（延期）　何立明　何小武　童进军　王昌佐　王　岩（延期）
魏信（延期）　温美丽　张钟军

2005届（2002级 2002～2005年）

丁建丽　黄妙芬　黄文江　蒋玲梅　刘宪春　屈永华　帅艳民（延期）　田　青
王　岩　王　媛　吴　磊（延期）　谢东辉　叶芝菡　张　颢　周尚意（延期）

2006届（2003级 2003～2006年）

鲍艳松　蔡建勤（延期）　陈　雪　崔建勇　窦有俊（延期）　高晓飞　韩丽娟
胡嘉骢　李　翔　吕京国（延期）　孟春雷　秦　军　石玉立　宋金玲　王培娟
吴计亮（延期）　杨　新　长　安　赵　祥　朱海峰

2007届（2004级 2004～2007年）

陈　红（延期）　陈云坪　黄生斌　纪多颖（延期）　焦子锑（延期）　李巧枝
刘洪鹄　罗海江　马金峰　沈　涛　田振坤　万华伟　王　芳（延期）　王树东
王　欣　王修信　魏　欣　伍育鹏　席　颖（延期）　徐　霞　叶　瑜　殷培红
尤淑撑　云雅如　赵芳敏

2008届（2005级 2005～2008年）

陈冬冬　陈　莉　戴　东　樊笑英　何龙娟　胡　妮　李海勤　刘　刚　刘睿文
卢　俐　缪驰远　穆西晗　潘英姿（延期）　齐晓波　任玉玉　孙　雷　王东伟
王雪蕾　王镨森（延期）　蔚东英　魏代永　吴巧新　吴学睿　吴铮争　徐　清

姚　旼（延期）　殷水清　袁　俊　袁顺全　岳耀杰　张学珍（延期）　曾宪勤
朱晓禧

2009届（2006级2006～2009年）

常华锋　常　旭　杜鹏飞（延期）　郝　璐　侯光良　胡传东　竞　霞　李武艳
李育华　林皓波　欧廷海（延期）　钱永刚　宋晓宇　王金岩　萧凌波　熊亚兰
徐自为　阎波杰　于长水　曾早早　张广花　张丽华　张旭如　张永光　张　芸
赵西君　郑　蔚　周洪建　邹　杰

2010届（2007级2007～2010年）

白　穆　曹龙熹　柴琳娜　陈　玲（延期）　段兴武　方琳娜　付　卓　耿建忠
贾慧聪　李生明　廖　捷　廖要明（延期）　刘峰贵　刘　艳（延期）　马玉玲
潘东华　齐　腊　上官微　孙　亮　王爱娟　王晓东　王玉娟（延期）　魏本勇
岳晓燕　曾红娟　张洪政（延期）　张锦宗　张　宁　张清春（延期）
张天宇（延期）　周　杰　朱　良（延期）

2011届（2008级2008～2011年）

白　洁（延期）　曹　颖　陈柏松　邓　浩　顾志宏　姜　晔　焦　剑　靳华安
李爱华　李丹丹（延期）　李　飞　林碧扬　刘和平　刘　洋（延期）　曲　伟
谭家伦　王　辉　王天星　王秀颖　王　英（延期）　王　瑜　温志群（延期）
吴莉萍（延期）　徐同仁　余海英　张　化　张建萍　张建松　张　倩（延期）
张廷龙　张亦洲（延期）　张志玉　赵金涛　赵少杰　朱寿东（延期）
祝真旭（延期）　庄　立（延期）

2012届（2009级2009～2012年）

陈　动　崔玉娟（延期）　戴俊骋（延期）　董国涛　冯徽徽　高云飞　高中灵
郭中领　黄晓云（延期）　江　波　李蓓蓓　李　冰　刘　苏　刘瑛娜（延期）
刘　勇（延期）　刘雨亭（延期）　罗菊花　罗星薇（美国留学生）　马继刚
毛小岗　史志刚（延期）　唐科明　汪邦稳　徐建伟　薛华柱　尹衍雨
袁　华（延期）　张瑞红　张　伟（延期）　张　英　赵天杰　赵玉明（延期）
周彬学　朱桃杏

气象班、水利班

气象班（第一期）（1975～1976 年）

催加文 董国义 胡爱萍 康春荣 刘彩芹 刘桂芳 刘宏艳 卢俊义 孟京山
潘　涛 宋若彤 田秀华 王存喜 王庆友 王庆祝 王玉兰 吴志海 阎及春
杨玉华 袁清祥 叶秀苹 张宝泉 张德启 张桂英 张秀荣 宗宝君

气象班（第二期）（1976～1977 年）

崔月生 邓少利 邓月芬 董桂芳 何　宁 何士乾 贾　锢 刘春廷 刘树清
刘占忠 刘振文 裴名江 宋淑玲 卫振华 邢国倩 徐佑平 徐　越 叶维明
于晓华 臧如涛 张俊江 张路新 郑　燕 周宝德

气象班（第三期）（1977～1979 年）

常印章 常振祥 陈丽芳 陈秀芬 段秀珍 高士英 高玉才 郭家军 胡爱群
介文博 康建军 李宝香 李贵和 李桂琴 李桂英 李　勇 刘桂林 刘新超
马广奎 马秀英 马　增 秦　庚 孙瑞萍 王桂龄 王联军 王秀兰 王玉英
王漳河 夏元超 谢小丽 谢志敏 张聪德 张风英 张长铎 赵福良 赵建成
朱风君 訾　程

水利班（第一届）（1975～1976 年）

曹　富 陈金芳 段凤岐 高　斌 高元生 黄玉梅 焦士忠 金玉财 李泉会
刘　慧 刘景霞 刘玉宏 马树江 孟洋周 宁宝泉 孙贵庭 孙京都 王彩霞
王菊花 吴敏英 谢尚锋 于久军 张桂云 张秋来 张秀珍 张玉芳 赵国余

水利班（第二届）（1976～1977 年）

边义起 蔡天启 耿　侃 郭宝义 郝义平 黄金城 李宝珠 李建华 李金环
李玉林 李宗福 刘玉清 马广芹 马孟超 马志敏 齐宝城 钱文仓 沈春生
孙景于 孙俊茹 王凤国 王巨海 王曼春 吴洪柱 奚秀芳 闫克祥 姚淑芝
游玉华 袁继章 张　安 张宝民 张慧敏 张文平 张玉爱 张玉忠 赵庆英
郑淑平

北京师范大学二分校地理系 1982 届（1978 级 1978～1982 年）

陈农园　陈照玉　付永庆　高建瓴　韩　枫　黄士正　籍　茜　李　明　李　通
李　峥　李立华　李佩清　刘　俊　刘　凯　刘　珊　刘汉勋　卢凤琪　马洪舜
孟　佳　孟燕星　倪立新　史计春　田　宪　王建荣　王振义　夏　扬　熊路生
闫　林　杨海燕　叶桂云　张　杰　张　明　张　焫　张凤羽　张福荣　张立娟
张欣荣　张亚光　张亚立　张毅江　赵燕生　朱武建

夜大生

1988届（1985级 1985～1988年）

白菊生	暴惠娟	陈　东	冯四奇	冯晓玲	付在亮	何　江	侯京京	胡京茜
姜晓京	冷　宁	李春林	李　宏	李连增	李振东	刘广义	刘绍中	刘素芬
刘雪峰	刘亚军	马金禄	苗英钢	穆　谦	裴文晶	彭　彦	邵小宜	舒　翦
宋恩来	苏玉秋	孙明玉	郃向荣	汤祖铭	田　原	汪　燕	王文坚	王小君
王迎选	吴宁京	肖　军	徐亚龙	薛丽君	杨光荣	杨玉琴	叶　毅	于晓浩
俞　宁	禹红梅	张海鹰	张黎明	张文华	张新政	张战军	赵国联	郑　义

大专生

1982届（1980级1980～1982年环境保护与监测大专班）

陈一心 韩 戈 蒋晓田 金 瓯 李国荣 李惠全 刘 虹 刘 坚 刘卫平
刘艳军 蒙 宇 任 燕 沈晓悦 孙金永 孙丽燕 佟 羽 王 军 王力平
王晓岚 王永红 魏丽珍 于立新 袁 铎 张赤眉 张桂花 张金亮 张 平
张 晓 张志一 赵淑艳 种玉宝 周 文

1993届（1991级1991～1993年）

陈建玲 陈俊英 丁元威 傅桂秋 胡祥斌 姜 毅 李爱媛 李仁军 李英姿
林小芹 刘荣文 吕丰波 牟军皋 牟彦飞 孙春广 孙翠珍 孙 宁 孙青勇
王俊德 王钟灵 吴宝梅 徐伟华 杨福学 尹咏梅 于均浩 翟春梅 张爱英
张秀娟 赵建蛟 周旭虹

1995届（1993级1993～1995年）

程英才 高 山 郭太领 胡爱兰 黄宗桥 姜桂珍 姜所民 李成芳 李文亮
李 智 刘进鸣 马福轩 孙相连 王海燕 杨芙蓉 杨树浩 杨玉建 张二明

1996届（1994级1994～1996年）

别智广 陈 薇 董运山 杜雪梅 丰明胜 冯敏娟 郭海梅 郭小亮 侯 华
侯明祥 李新燕 李雪芳 梁玲中 梁雪恒 吕耀举 聂常选 庞彩芳 任 鑫
宋 涛 汪芬芳 王 栋 魏俊星 项贤权 项映平 徐 伟 杨海霞 杨 冉
岳修斌 岳学辉 张振军

函授生

1961届（1956级1956～1961年）

白占一　常　珍　陈丞训　陈嘉祥　陈书明　陈毓儒　迟景澄　戴富贵　丁浩文
董国政　董芸生　董正举　杜守义　冯　纲　冯　素　高景漪　国光华　郝文阳
何　平　侯建荣　侯斯璞　焦素珍　金倩文　雷通衢　李　澄　李崇淦　李德先
李家琦　李家珍　李琴音　李维世　李温如　李志韶　李子君　林祖华　刘家勋
刘世栋　鹿　遊　罗大缃　马名博　马振寰　甯文英　裘渊懿　任桂馨　任行乐
沙钟隽　沈如珠　沈新芳　盛式衡　师德成　石德馨　石　正　宋振华　苏子玉
孙　乾　谭孝睿　唐永亮　腾惠芝　涂学颜　王定玺　王化珍　王其增　王瑞兰
王　莹　吴志清　吴子珍　夏兰立　谢奇高　谢宗周　刑世骏　徐守溶　杨保林
余克定　袁伟杰　张果中　张美芳　张文亭　张志田　赵克谙　赵兆云　郑国邦
郑继周

1963届（1958级1958～1963年）

白金林　陈家隆　陈　中　成应浩　迟景澄　丁荫培　董鸿威　杜霭芝　杜锡锟
傅永生　顾宪荣　郭秀峰　何克超　黄　克　回柏林　李明书　李士麟　梁凤举
梁卓生　刘青峰　刘醒民　马秀蓉　孟宪民　任振亚　商树鹏　史杰昌　孙家琦
王霁茹　王家瑢　王乃科　王杖依　吴洁泉　吴兰英　吴晓蓉　邢继远　徐秀文
许　佑　杨书田　杨树森　杨耀昇　杨毓民　于世纯　袁长澍　越具成　张景征
张迺垚　张雅琴　赵炳华　赵恕祥　赵文纲　赵雅筠　祖志铎

1965届（1960级1960～1965年）

白宝郇　白宝深　毕俊英　曾玉珊　陈曾杨　陈增礼　程　璇　邓锡武　董素清
杜春煦　杜克颐　杜秀琴　段本正　段　晶　段砚清　樊伯石　范桂珍　范若珑
方茂澜　高茂先　耿立周　顾鹏义　郭景华　郭锡如　韩法营　郝连芳　郝如翼
贾晋彦　康志英　李恩梁　李蒲田　李庆生　李士瑛　李延伶　李杨荣　连恒湘
刘寄箴　刘燕铭　刘毓和　刘志灵　龙昌宇　龙憬濒　卢亚明　罗文藻　孟锦郡
潘政先　庞玉忠　彭　健　秦启荣　赛生太　尚世家　沈兴唐　沈学强　宋　敏
孙朱生　唐永辉　田少春　佟德元　王昌懋　王钜彬　王曼林　王乃仁　王士芳
王守仁　王文续　王学忠　吴　澍　吴铁生　武天泽　谢绍礼　许大筠　许天祥
许元凯　阳士奎　杨次中　杨汝淑　杨瑞安　杨绍安　杨信慈　姚　飞　尹国义
尹　文　袁永田　张光第　张克勤　张寿延　张毅民　张　原　赵寅生　郑玉成
钟　纲　周　良　朱士宝　朱喜全　郝吕新　贺兰梅　蒋郁若　景士清　康美琴

雷秀英　李彩香　李桂华　李静华　李淑辉　梁玉珍　凌国贤　刘壁鸿　刘冠英
刘金娟　刘丽霞　刘学贤　刘瑶华　刘曾益　刘治容　吕崇音　吕静富　马丽如
马淑文　沈菁华　孙淑堃　陶素绘　田晓美　王玉洁　吴炳芬　吴兰英　吴淑宜
邢宝霞　徐佩芝　徐玉文　杨淑清　袁文英　臧琨秀　张孟春　张树云　张亚玉
郑红珍　周志云　朱葆华　朱林竹　朱婉雯

1967届（1963级 1963～1967年）

安静霞　陈葆光　戴鸿锐　冯克敏　郭景华　韩法营　韩家祥　郝维祥　和庆安
贺华峰　胡文斗　胡曰涌　黄大川　霍　潜　纪树森　蒋迺勤　景焕琴　李惠兰
李健雄　李静华　李绍先　李淑辉　刘冠英　刘　伟　刘治容　马淑文　毛淑勤
梅静英　绳以约　KB泽英　陶素绘　田晓芙　王贵珍　王乃仁　王文成　王文续
王秀荣　王振耀　王仲源　吴培荣　谢宗祜　徐海河　徐鸿璋　杨福江　杨兰敏
尹　文　于有功　张春深　张桂臻　张怀印　张雅楠　张玉珍　张志诚　张治明
张仲浓　赵文秀　郑久存　钟　刚　周可夫　周志严　朱葆华　朱竹林　祖定亚

1991届（1988级 1988～1991年）

白桂兰　陈金球　龚德淑　谷彩芳　胡丕锋　黄生桃　黄有能　雷文锋　李春艳
李桂清　李永平　廖生仿　刘建衡　龙采莲　陆安成　罗雄甫　毛瑞碧　彭爱国
彭共雄　沙　云　石志芳　唐诗莲　唐晓平　唐逸农　田有虎　汪作华　王东莲
王恩松　王文生　吴月松　夏应平　肖晓晔　徐　兵　严奉梅　颜　艳　阳菊华
张　超　张乐云　张武常　张小波　赵晓珍　周诗忠　周庭中　朱家权

1992届（1989级 1989～1992年）

包尔中　边建红　曾广寿　陈美兰　褚永生　崔映澄　邓春玲　董　淳　董旦昕
董立峰　杜建华　段惠林　樊晓平　冯　刚　高锦彪　关建勋　郭晓峰　韩曾峰
韩洪波　韩素兰　胡台东　胡志宏　黄勋昇　黄　政　霍明正　纪选尚　纪云常
姜　琳　姜新红　姜宗波　焦英俊　康　曲　李吉龙　李玉梅　连云峰　梁启国
林青山　刘宝鸣　刘　新　刘延征　刘云华　柳志洲　吕明泉　马宏图　马洪强
马玉华　毛连波　毛志永　孟宪忠　潘健芬　曲信广　任庚新　任卫东　邵　军
沈维德　时永刚　宋书岭　孙杰胜　孙守宝　孙学用　唐远敬　腾新媛　王爱芳
王　斌　王彩华　王继锋　王捷平　王慷瑞　王　巍　王西双　王玉胜　蔚庆汕
温宗远　吴晓东　辛军平　徐春波　闫学民　杨　斌　杨立冰　杨向东　杨正大
尤陶江　于国荣　于家昭　袁希义　原林虎　臧日清　张小亮　赵爱众　赵国忠
赵建勋　赵俊德　周国宾　周慧民　王桂芳　王丽华　王　琳　王萍萍　王　涛

王　雁　王祖平　武转仙　杨美玲　喻　丹　张滨泉　张桂梅　张　清　张维娜

1993届（1988级 1988～1993年）

宾银星　常善喜　陈杰灵　陈石凤　陈怡亮　崔丽凤　邓杜员　杜润生　范　文
高福仙　管佳卫　郭培田　韩贵平　何瑞明　何上卫　胡才平　黄丽炜　黄平本
冀先贵　贾昭文　姜爱民　蒋芳宗　金　斌　雷向阳　黎中伏　李进平　李景湘
李伶松　李润欧　李太平　李一农　李映红　李月平　连引娟　梁金彪　廖凤鸣
凌本钦　刘新荣　龙双喜　吕贻民　孟迁三　潘文科　彭　群　彭月球　彭云江
秦翠兰　沙北国　宋献元　孙伟伟　谭春华　谭晓峰　王建增　王金国　吴　雷
郗新民　向际昌　肖长华　邢丽雯　邢　燃　闫保元　闫青松　杨杰君　杨启华
姚升强　易明忠　詹祥生　张　群　张文杰　张志美　张志宇　赵保林　赵立新
赵妹平　郑　洲　周东方　周良华　周小兰　周小栀　朱旭红

1994届（1991级 1991～1994年）

蔡　旺　曹　军　陈　岸　陈白高　陈步章　陈洪伟　陈　昆　陈少龙　陈正军
褚文军　崔荣胜　崔玉胜　邓星安　董仁贵　杜　锋　杜声波　段小文　方存峰
符卫兵　付寿敏　龚玉坤　郭传宝　郭光辉　郭金清　郭宗君　国承明　韩凤庆
韩克俭　韩坤武　韩启中　韩兆双　郝虎山　贺海平　贺业利　胡庆基　姜伟先
雷文锋　黎　毅　李　甫　李海涛　李　华　李辉雄　李君成　李信远　李兴防
廖普春　刘爱民　刘宝泉　刘　峰　刘孔学　刘连坤　刘　青　刘先武　刘永彪
刘玉平　刘正明　刘志远　陆安成　陆佳伟　罗雄甫　罗　永　吕学军　马文章
毛瑞碧　孟广大　牟文坤　欧再水　潘四保　彭朝晖　秦安孝　盛　平　孙少娥
孙少明　孙兆锋　孙振宇　谭文明　唐东春　唐向丰　田昌军　王成光　王福照
王俊华　王圣东　王兴宇　王元祥　王召友　魏立兵　吴发忠　吴国华　吴松强
夏侯泼　夏应平　向全常　肖屈平　肖永贵　肖用成　肖植文　谢建钦　谢建伟
徐林航　徐明亭　杨光辉　杨建忠　杨树德　叶乃云　尹文奇　游丹书　曾广忠
翟慎亮　张福林　张光辉　张金康　张天一　张兄友　张振忠　章学清　赵明恕
赵晓珍　周剑波　周棉伟　周庭中　周希伦　周跃平　朱传光　朱卓超　庄培群
曹玉秀　陈　杰　陈小浪　崔明美　邓红艳　邓月锋　董　军　冯爱梅　高　华
高惠卿　韩淑兰　贺定波　黄有能　姜冬梅　姜艳玲　解红涛　李爱香　李晶美
李　梅　梁大力　刘长兰　刘桂梅　刘红燕　刘金花　刘　丽　刘云秀　柳伟艳
潘树华　秦　凯　邱秀玉　石　慧　司尚兵　孙彩霞　孙长青　孙国春　孙　琦
孙学俊　孙元臻　谭友能　田桂芳　王爱欣　许月英　薛晓梅　阳菊华　杨乃桂
姚玉梅　游占敏　张桂荣　张金辉　赵福仙

1995届（1992级1992～1995年）

陈雪莲　程伟信　仇伟霞　崔芳梅　崔树平　崔　鑫　刁学武　范宜鹏　范宗明
傅德玉　高树成　高树光　高玉良　郭世香　郭　永　郭振芹　韩红岩　江春昉
姜巧红　姜志华　金俊凯　康翠玲　李华永　李琳祚　李茂平　李茂山　李　梅
李明杰　李荣华　李万宏　李　颖　李永忠　梁　栋　刘兵杰　刘芳军　刘丰凯
刘长峰　卢典辉　吕冰洋　吕芳晨　孟庆娟　牟曙光　幕殿英　牛伟国　曲秀庆
任旭辉　宋光洁　宋国民　宋　毅　隋日辉　孙宝和　孙金宁　孙玉军　唐培森
仝忠义　王　红　王嘉武　王胜凤　王淑芳　王树波　王文胜　王湘杰　王玉林
王志宏　尉显龙　吴培宏　肖兆辉　徐俊燕　徐立安　徐　泉　徐维建　杨少华
杨世华　仪策欣　于　波　于红英　岳玉琳　张汉川　张洪生　张丽敏　张明潭
张铭红　张士叶　张显彩　张志萃　张志光　赵光同　赵　莉　赵新辉　赵学锋
赵永红　郑振波　郑振永　周　丽

1996届（1993级1993～1996年）

常兴旺　陈静川　崔镇美　段争春　付蓉蓉　郭慧君　贺艳林　胡　瑾　胡晓琴
焦富厚　景颖超　李爱军　李　钢　李利英　李润卿　李素芬　李银川　李真辉
梁　珍　林　玮　刘改玲　刘淑萍　刘晓平　马晓峰　马泽民　孟开祁　孟永琴
石锦江　石玉泓　史丽琴　宋恋英　王　进　王连芳　王　琪　王文芳　王晓松
温凤兰　吴梁峰　武爱香　杨旭鹏　张承林　张海玉　张锦蓉　张晋文　张　丽
张贤之　张长义　赵丽华　赵　卫　周兴华

1997届（1994级1994～1997年）

范进花　付晓玲　高建业　谷淑萍　贾海芝　刘乙丁　吕世宏　孟宪文　彭润友
苏彦秋　孙　军　于迎伟　赵秀芳　赵秀莲

1998届（1995级1995～1998年）

白玲玲　董莉萍　高志慧　郝晓红　李青松　李雁平　刘吉宝　马爱莲　马文利
庞小红　闫心金　闫学杰　姚晓静　张锦华　张俊丽　张玉明

1999届（1996级1996～1999年）

安　忠　常　超　陈　杰　陈景冬　陈晓伶　陈秀凡　丁彩云　董桂香　冯雷生
郭显锋　霍爱冬　纪翠芝　李红艳　李建国　李学侠　刘　丽　刘荣珍　卢海明
彭丽君　齐海芳　秦文兰　唐宪静　田荣青　王朝璇　王军民　王清海　王增军

魏彦辉　项建忠　邢宏伟　杨　杰　杨俊巧　杨玉荣　张春风　张春梅　张文胜
张雅茹　赵红英　赵金贵

2001届（1998级 1998～2001年）

艾义国　卜玉萍　陈文献　陈　勇　仇玉霞　崔新娥　戴　毅　戴志昕　丁晓芳
范红霞　冯红坤　傅双芸　高曙光　高　欣　郭丽莉　郭志义　侯文爽　侯玉蝉
呼晓侠　胡成珍　黄　伟　李爱英　李保强　李　芳　李　刚　李金萍　李永德
李志红　李志珉　梁惠明　刘文义　刘艳洁　吕利民　孟菊霞　孟庆华　戚永刚
任纪业　任伟峰　施万胜　苏全华　孙保祥　孙　霞　孙育红　陶金凤　万志峰
王大胜　王海宾　王海龙　王慧杰　王克军　王　坤　王　磊　王培华　王小丽
王晓菲　王新强　魏新桥　吴青梅　徐利红　薛志丽　阎利理　杨俊德　杨利红
杨　莉　杨玉侠　杨治娟　姚华先　易平建　于洪翠　翟广鑫　张红菊　张丽华
张其亮　张守娟　张玉刚　张宗钢　赵德华　甄　慧　郑　成　郑成先　郑秀季
钟安然　钟万书　周金刚　周　啸　朱宝红　朱汉卫　朱艳红

后记 POSTSCRIPT

2004年年末，以戴永久为院长的新一届行政领导班子正式上任，为了全面继承、发扬北师大地理学人百年育人、执著求索的地理精神，为了激励新一代学人、年轻学子投身地学，勤奋耕耘，舆地兴邦，再创辉煌，经院长提议，院行政与院分党委一致同意，启动了北师大地理院系百年院史的整理编制工作，以尽快抢救、挖掘老一辈地理学人的精神财富、历史见证，全面梳理、总结提炼地理教育与地理学科的百年积淀、发展脉络与演变规律。为此，院务会于2005年2月21日讨论通过了《关于编制整理院史的意见》，成立了院史编写组，并计划于2006年年底全面完成编写、出版工作。然而，实际编写过程以及所遇到的困难却远远超出我们的想象，确非数月一年之功。期间领导组、编写组人员数度更迭，编写工作几近停滞。2006年6月，学院分党委换届；2008年12月，学院行政班子换届，以杨胜天为院长、葛岳静为书记的新一届党、政领导班子上任，对院史编制给予了更多的支持、鼓励，激励着大家攻坚克难、坚持不懈。

作为历经百年、积淀深厚的地理院系，在中华民族百年复兴、国民素质全面提升的艰难奋斗过程中，从人才培养、学科发展、科学研究到服务社会都作出了显著成就。其创建、成长、发展、壮大，经历了长期艰难困苦、辗转曲折、几代奋争、千百先贤的毕生努力……随着编制工作的正式启动，面临的各种问题与困难层出不穷，院史整体框架七易其稿，各章节内容纷繁复杂，跨越百十年，涉猎人物与事件众多，而客观、翔实的记录又十分有限。为此，参与编写院史的老一辈学者及学院在职的教师们克服了难以计数的困难，整理、汇集了院史相关的浩繁素材，历经八年，终有所成。然百年历程，厚重有余，我们无法确保搜集到所有的历史资料，难免有诸多不足与疏漏。因此，我们曾于2012年9月，北师大110周年校庆、地理学与遥感科学学院院庆期间先期推出《地藏经纬——北京师范大学地理学与遥感科学学院院史》征求意见稿，广泛赠阅来访校友及在校师生，希望充分吸纳学校、各院系领导、本院教职工、校友、学生及其他各界人士的宝贵意见，以便尽快修改、补充、完善。随后的半年多时间里，我们收到了来自四面八方、院校内外众多校友、同行，以及关心学院发展的朋友们的热烈回应和反馈信息，更有部分校友、学者亲自来学院与我们面谈、研讨，为我们全面梳理、细致修订、充实完善百年院史提供了宝贵的意见和补充信息，更督促我们竭尽全力、精益求精完成院史的正式出版。本版院史的学科发展部分由各分支学科、方向负责组织撰写，“文化大革命”后任教的教授个人介绍由其本人撰写。素材整理、稿件梳理工作主要由刘静、张英、党一诺负责完成。全书的时间截点主要为2012年，对2013年的部分信息进行了适当补充和完善。

恰值学院百十华诞，院史付梓，无疑为我们追昔抚今提供了翔实的历史佐证，不失为北师大地理学与遥感科学学院发展及政治生活中的一件大事。为此，特向参与院史编纂而辛勤工作的教师、校友、同行及各界朋友们表示感谢，向提供资料和帮助的校档案馆、校史办、校友会、校图书馆及其地学分馆，以及各级各界校友表示感谢。还要特别向教育部李之保老师、北师大数学科学学院李仲来教授、中国地理学会秘书长张国友教授、中国科学院科技促进发展局副局长冯仁国研究员、北京市城乡经济信息中心刘军萍主任、贵州省遵义市湄潭县气象局陈中智先生、台湾师范大学地理系主任丘逸民教授、台湾师范大学公共事务中心主任林安邦教授和陈映廷老师、台湾图书馆陈雪玉馆长及参考特勤组的老师们、本色年华文化发展有限公司张浩先生表示诚挚的谢意，感谢他们为百年院史的编著作出的贡献。

回顾过去，北师大地理人栉风沐雨、弦歌不辍，创造了可歌可泣的地理学发展史。展望未来，续写北师大地理学更加绚丽的篇章，任重而道远。在这恢弘激荡且令人心动的历史里，我们看到的是进步，是成绩，是荣誉；我们读到的是奉献，是努力，是奋斗。当前人仆仆风尘远去，后来者理当奋勇前行。我们做到的必然是继承，是发展，是创新！

整部院史虽经大家千辛万苦、竭尽全力，但毕竟跨越京师百年，历经杏坛沧桑，书中涉及人员、事件、时间及地点纷繁复杂，疏漏偏差在所难免，恳请读者见谅的同时，更期待您提出宝贵意见或建议，待日后再版时，必臻于完善。

通讯地址：
北京市海淀区新街口外大街19号 北京师范大学地理学与遥感科学学院
邮编：100875
电话：010－58807657　　**传真：**010－58806955
电子邮件：zhuliang@bnu. edu. cn
学院主页：http：//geog. bnu. edu. cn

编委会
2013年8月

历届毕业生合影

本科生

1903 年京师大学堂第一期学生暑假合影

1924 年国立北京师范大学 1924 年毕业师生合影

1925年国立北京师范大学史地研究科毕业纪念

1925年国立北京师范大学史地系毕业师生合影

1926年国立北京师范大学第十四届毕业合影

1927 年国立北京师范大学史地研究科毕业生暨教员合影

1927 年国立北京师范大学史地系毕业同学暨教员合影

1929 年国立北京师范大学史地系毕业同学暨教员合影

1931 年国立北平师范大学地学系毕业同学暨教员合影

1931 年国立北平女子师范大学史地系毕业同学合影

1932 年国立北平师范大学地理系毕业同学合影

1933 年国立北平师范大学地理系毕业同学合影

1933 年国立北平师范大学(原女师大)史地系毕业同学合影

1934 年国立北平师范大学地理系毕业同学合影

1935 年地理系毕业生合影

1937 年地理系毕业生合影

1948 届地理系毕业生合影

1949 届地理系毕业生合影

1950 届地理系毕业生合影

1952 届地理系毕业生合影

1953 届地理系毕业生合影

1954 届地理系毕业生合影

1955 届地理系毕业生合影

1956 届地理系毕业生合影

1957 届地理系毕业生合影

1958 届地理系毕业生合影

1958～1959 届地理系毕业生合影

1960 届地理系毕业生合影

1961 届地理系毕业生合影

1963 届地理系毕业生合影

1964 届地理系毕业生合影

1965 届地理系 1 班毕业生合影

1965 届地理系 2 班毕业生合影

1966 届 1962 年欢送辅导员集体照

1969 届 1965 年 6 月欢送“四清”工作队员全班照

1976 届地理系毕业生合影(首届工农兵学员)

1977 届地理系毕业生合影(第二届工农兵学员)

1981 届地理系毕业生合影

1982 届地理系毕业生合影

1983 届地理系毕业生合影

1984 届地理系毕业生合影

1985 届地理系毕业生合影

1986 届地理系毕业生合影

1987 届地理系毕业生合影

1988 届地理系毕业生合影

1989 届地理系毕业生合影

1990 届地理系毕业生合影

1991 届地理系毕业生合影

1992 届地理系毕业生合影

1993 届资环系毕业生合影

1994 届资环系毕业生合影

1995 届资环系毕业生合影

1996 届资环系毕业生合影

1997 届资环系毕业生合影

1998 届资环系毕业生合影

1999 届资环系毕业生合影

2000 届资环系毕业生合影

2001 届资环系毕业生合影

2002 届资环系毕业生合影

2003 届资环系毕业生合影

2004 届地遥学院毕业生合影

2005 届地遥学院毕业生合影

2006届地遥学院毕业生合影

2007届地遥学院毕业生合影

2008届地遥学院毕业生合影

2009 届地遥学院毕业生合影

2010 届地遥学院毕业生合影

2011 届地遥学院毕业生合影

2012 届地遥学院毕业生合影

研究生班、硕士研究生

1956 届土壤地理研究生班毕业合影

1957 届地图与测量研究生班毕业生合影

1964 届化学地理研究生班毕业生合影

陈为民　陈宗兴　顾文选　徐　岩　尹怀庭

车宇瑚　郭振远　侯然杰　王志远　伍　英

夏　青　解之龙　许新宜　姚重华　尹　改

1981届硕士毕业生照片

1990届硕士毕业生合影

1997 届硕士毕业生合影

2001 届硕士博士毕业生合影

2002 届教育硕士毕业合影

2002 届硕士毕业生合影

2003 届硕士毕业生合影

2004 届硕士毕业生合影

2006 届硕士毕业生合影

2007 届硕士毕业生合影

2008 届硕士毕业生合影

2009 届硕士毕业生合影

2010 届硕士毕业生合影

2011 届硕士毕业生合影

2012 届硕士毕业生合影

博士研究生

史培军
1988 届

韩春雨
1989 届

费安玮
1990 届

肖　平
1991 届

方修琦

任国玉

1994 届

贾　炅

赵　烨

1995 届

杨志荣
1996 届

李晓兵

高　峰

潘耀忠

1997 届

苏桂武

孙　睿

谢昆青

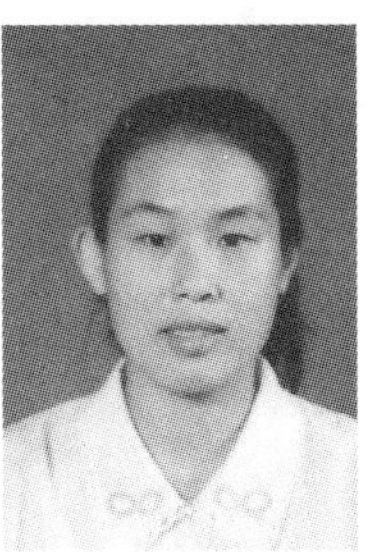
谢　云

1998 届

刘慧平

1999 届

邱维理

翟秋敏

2000 届

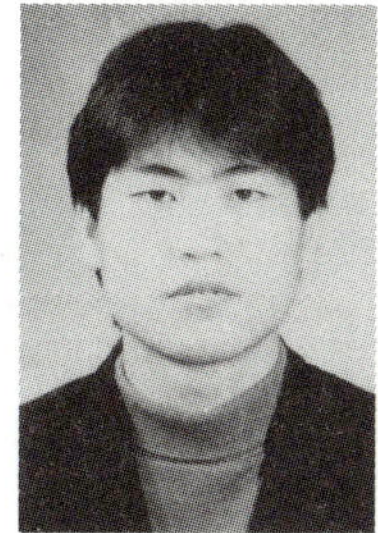

唐世浩

杨胜天

符素华

章文波

张文新

2001 届

赵登峰

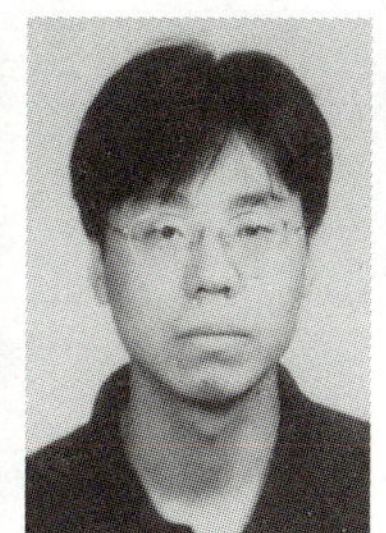

周晓东

2002 届

2003 届博士毕业生合影

2005 届博士毕业生合影

2006 届博士毕业生合影

2007 届博士毕业生合影

2008 届博士毕业生合影

2009 届博士毕业生合影

2010 届博士毕业生合影

2011 届博士毕业生合影

2012 届博士毕业生合影

其他

1960 届(1956～1960 年)地理系函授班毕业合影

1976 届(1974～1976 年)第一期气象班毕业合影

1977 届(1975～1977 年)第二期气象班毕业合影

1979 届(1977～1979 年)第三期气象班毕业合影

1977 届水利班毕业合影

1978届水利班毕业合影

1982届(1978～1982年)北师大二分校地理系毕业合影

1979年环境科学教师进修班结业合影

1982届(1980级)地理系环境保护与监测大专班毕业合影

1988届(1985级)地理系夜大生毕业合影

1986级地理系地图及土壤助教班毕业合影

1989 级地理系山东莱阳函授班毕业合影

1993 年地理系山东淄博函授班学员合影

1994 届地理系长沙市教育学院函授班毕业合影

1995 届资环系大专班毕业合影

1996 届资环系大专班毕业合影

2001 级资环系专升本学员毕业合影